生态法学著作导读

黄勇　陈悦　主编

中国林业出版社
China Forestry Publishing House

图书在版编目（CIP）数据

生态法学著作导读/黄勇，陈悦主编. —北京：中国林业出版社，2020.4

ISBN 978-7-5219-0422-2

Ⅰ. ①生…　Ⅱ. ①黄…　②陈…　Ⅲ. ①生态环境—环境法学—著作—介绍　Ⅳ. ①D912.604

中国版本图书馆CIP数据核字（2020）第001706号

总 策 划： 刘家玲　杨长峰

策划编辑： 杜　娟

责任编辑： 杜　娟　曹潆文

电话： (010)83143553　　**传真：** (010)83143516

出版发行	中国林业出版社 (100009 北京市西城区德内大街刘海胡同7号) E-mail：jiaocaipublic@163.com　电话：(010)83143500 http://www.forestry.gov.cn/lycb.html
经　　销	新华书店
印　　刷	北京中科印刷有限公司
版　　次	2020年4月第1版
印　　次	2020年4月第1次印刷
开　　本	787mm × 1092mm 1/16
印　　张	18
字　　数	416千字
定　　价	68.00元

《生态法学著作导读》
编　写　组

主　　编　黄　勇　陈　悦

副 主 编　宋　蕾　胡潇潇　罗　艺　高　敏

编写人员　（以姓氏拼音为序）

陈　磊　陈　悦　高　敏　郭诗华

胡潇潇　黄　勇　罗　艺　欧阳杉

邱寅莹　宋　蕾　宋向杰　谢嗣强

姚俊颖　张　强　郑晨蓉

前 言 PREFACE

纵观人类社会的发展历史，生态兴则文明兴，生态衰则文明衰。生态环境的变化直接影响文明的兴衰演替。历史上的四大文明古国都发源于水量丰沛、森林茂密、生态良好的地区。而生态环境衰退特别是土地荒漠化导致古埃及、古巴比伦衰落，我国古楼兰文明同样被湮埋于万顷流沙之下。自唐朝中叶以来，我国经济中心逐步向东、向南转移，很大程度上同西部地区生态环境变迁有关。特别是自工业革命以来，由于人与自然矛盾激化，世界范围内不少国家包括我国虽然实现了经济快速发展、创造了巨大社会财富，但同时也付出了非常沉重的环境代价。直到进入新时代，我们才越来越意识到，保护生态环境、建设生态文明，既是关乎建设美丽中国、谋求全民幸福的当代要务，也是关乎全球可持续发展的长远大计。

依法治国是中国特色社会主义的本质要求，法治是生态文明建设的根本保障。新时代的生态文明建设提出新要求，我们要站在全面推进依法治国的高度，统筹研究生态文明建设的法治保障问题，推动生态环境保护纳入法制化轨道，用最严格制度最严密法治保护生态环境。环境保护，教育先行。教育是改造人的灵魂、塑造人性的重要途径，建设生态文明，普及生态文明观必须加强生态教育。加强生态法学教育，提高公民特别是青少年保护环境的法治意识，是促进生态文明建设的重要途径之一。

生态法学作为法学一个年轻的分支学科，在全面推进依法治国和加强生态文明建设的背景下，经过多年来教育界、法律界及其本专业学者的共同努力下，学科、专业建设都获得了迅速发展。生态法学教育不仅是建设法治中国、美丽中国的客观需要，而且还肩负着培养追求公平正义、社会和谐、学法用法的法律人才的重要使命。要完成这一重要使命，关键是抓好教材建设。在适应社会发展的需要和生态法学类人才培养的需求下，本书的编写旨在为生态法学以及相关专业的学生提供一本简明扼要地介绍现当代中外生态法学著作的阅读范本，指导他们阅读原著、领会要义，增强其学习研究生态法学的兴趣。目前，介绍古今中外法学著作的书籍有很多，而专门介绍生态法学著作的书籍并不多见，本书的编写作为一种新的尝试，在国内尚属首次。正因为如此，在编写本书的过程中，深感责任重大、决非易事，无论是章节篇目的选择，还是体例结构的安排，我们都作了认真的研究，力求所选篇目要具有代表性，撰写之前认真精读原著，尽心尽力做到介绍原著客观、准确。

本书立足于生态文明建设的客观需要，以加强生态文明教育为主线，共选取了 26 部现当代涉及生态法学的有关著作，内容包括生态伦理学、生态经济学、生态法学共三篇。第一篇生态伦理学是生态文明建设的理论基础，第二篇生态经济学是生态文明建设的具体运用，第三篇生态法学篇是生态文明建设的根本保障。对每一部著作的介绍，主要从作者简介、写作背景、作品版本、主要内容和思考题五个方面来写作。第一篇生态伦理学篇选取了《寂静的春天》[（美）蕾切尔·卡逊]，

《敬畏生命》[（法）阿尔贝特·史怀泽]，《沙乡年鉴》[（美）奥尔多·利奥波德]，《环境伦理学》[（美）霍尔姆斯·罗尔斯顿]，《大自然的权利：环境伦理学史》[（美）罗德里克·弗雷泽·纳什]，《中国环境史：从史前到现代》[（美）马立博]，《环境哲学：生态文明的理论基础》（余谋昌）7 部著作。第二篇生态经济学篇选取了《增长的极限》[（美）德内拉·梅多斯、乔根·兰德斯、丹尼斯·梅多斯]，《封闭的循环：自然、人和技术》[（美）巴里·康芒纳]，《多少算够——消费社会与地球的未来》[（美）艾伦·杜宁]，《我们需要一场变革》（曲格平），《生态经济学》（王松霈），《我们共同的未来》（世界环境与发展委员会）6 部著作。第三篇生态法学篇选取了《基于生态文明的法理学》（蔡守秋），《环境法原理》（吕忠梅），《生态法新探》（曹明德），《环境法新视野》（吕忠梅），《环境法治的中国路径：反思与探索》（汪劲），《我国民法典制定中的环境法律问题》（周珂），《刑法生态法益论》（焦艳鹏），《俄罗斯生态法》（王树义），《日本公害诉讼理论与案例评析》（冷罗生），《美国环境法》（第四版）[（美）詹姆斯·萨尔兹曼、巴顿·汤普森]，《环境法故事》[（美）理查德·拉撒路斯、奥利弗·哈克]，《国际环境法》（王曦），《公平地对待未来人类：国际法、共同遗产与世代间衡平》[（美）爱蒂丝·布朗·魏伊丝]13 部著作。

本书由中国林业出版社策划组织编写，由西南林业大学黄勇教授、陈悦副教授任主编，华南农业大学、中南林业科技大学、甘肃政法大学、湖北省环境科学研究院、云南财经大学、西南林业大学、普洱学院等院所的专家、学者参加撰写。在写作过程中，除原著外，还参考了大量涉及中外生态法学的文献资料和研究成果，在此不一一列举，谨致谢意。值此《生态法学著作导读》一书即将出版发行之际，谨向中国林业出版社领导与编辑的支持和帮助，以及所有同行、专家、学者的关心与指导，一并表达崇敬与感激之意。

由于水平所限，不足之处难免，恳请同行和读者批评指正！

编　者

2019 年 9 月 2 日于昆明

目　录 CONTENTS

第一篇　生态伦理学篇

第二篇 生态经济学篇

第三篇 生态法学篇

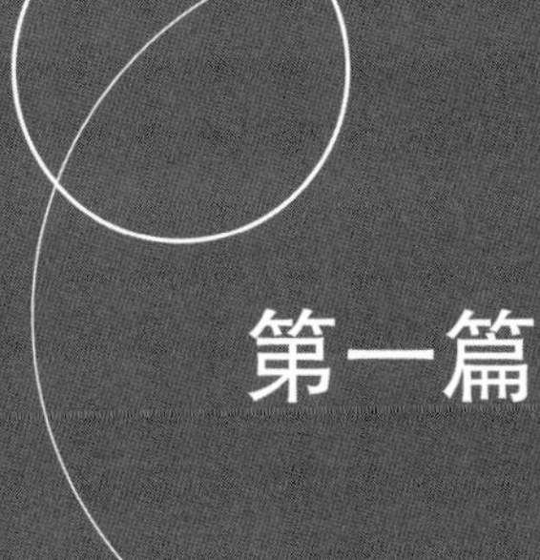

生态伦理学篇

第一章

《寂静的春天》
——（美）蕾切尔·卡逊

【本章提要】

本章学习《寂静的春天》，作者论证了化学药剂的危险性以及其对环境、对人类的危害，在经历种种争议之后最终得到了当时美国全社会对环境保护的认可，直接推动美国政府设立环境保护部门，本书的出版可以被视为当代环境保护运动的起始点。

本书学习重点之一是掌握环境行政保护部门在美国的产生历史，扩展环境行政保护的国际视野，增强对环境行政保护重要性的认识；学习重点之二是掌握环境保护与经济发展存在阶段性矛盾的历史规律，从本书作者卓绝的科研良知与信念中汲取灵感，坚定绿色发展道路和社会主义生态文明建设，激发环境保护的创新思维；学习重点之三是学习作者独特的论证风格，作者论证问题时注重事实、注重证据、注重说理，同时不乏关怀与情思，这种论证风格有助于环境保护工作获得公众的理解和认可。

一、作者简介

蕾切尔·卡逊（Rachel Carson，1907—1964 年），美国海洋生物学家，以其著作《寂静的春天》（*Silent Spring*）引发了美国以至于全世界的环境保护事业。

卡逊出生于宾夕法尼亚州的斯普林达尔的农民家庭，1929 年毕业于宾夕法尼亚女子学院，1932 年在霍普金斯大学获动物学硕士学位。毕业后先后在霍普金斯大学和马里兰大学任教，并继续在马萨诸塞州的伍兹霍尔海洋生物实验室（Woods Hole Marine Biological Laboratory）攻读博士学位，但由于 1932 年她父亲去世，老母亲需人赡养，她的经济条件不允许她继续攻读博士，只得在渔业管理局找到一份兼职工作，为电台专有频道广播撰写科技文章。1936 年她通过了严格的考试筛选，突破了当时行政部门对妇女工作的歧视，作为水生生物学家，成为渔业管理局第二位受聘的女性。有一次，她的部门主管认为她的文章太具有文学性，不能在广播中使用，建议她投到杂志，没想到居然被采用，出版社建议她整理出书，因此 1941 年她出版第一部著作《海风的下面》，主要描述海洋生物。

1949 年，她在管理局（已经更名为“鱼和野生动物管理署”）内晋升为出版物主编，这时她开始撰写第二部著作，但被不同的杂志退稿 15 次，直到 1951 年被《纽约客》杂志以《纵观海洋》的标题连载。《自然》杂志又出版了她的另外一部著作《我们周围的海洋》，这部著作连续 86 周荣登《纽约时代》杂志最畅销书籍榜，被《读者文摘》选中，获得自然图书奖，这也使卡逊获得两个荣誉博士学位。由于经济情况有了保障，1952 年卡逊辞职，开始专心写作，1955 年完成第三部著作《海洋的边缘》，又成为一本获奖的畅销书并被改编成纪录片电影，虽然卡逊对电影耸人听闻的手法和任意曲解的改编不满，拒绝和电影合作，这部电影仍然获得奥斯卡奖。几年中她仍然继续为杂志和电视撰写稿件。她收养了去世外甥女的 5 岁儿子，为了给这个孩子一个良好的成长环境，同时照顾已经年届 90 的老母亲，她在马里兰州买了一座乡村宅院，正是当时所处的环境促使她关心一个重要的问题，并促使她创作了最重要的作品《寂静的春天》。马萨诸塞州一位鸟类保护区的管理员给她写了一封信，告诉她 DDT 造成保护区内鸟类濒临灭绝，希望她能利用她的威望影响政府官员去调查杀虫剂的使用问题，她觉得最有效的方法还是在杂志上提醒公众，但出版界不感兴趣，她决定要写一本书。

作为当时已经具有世界影响的作家，她得到了著名的生物学家、化学家、病理学家和昆虫学家的帮助，她掌握了许多由于杀虫剂、除草剂的过量使用，造成野生生物大量死亡的证据，同时她以更文学化的、更生动的方式将其写出来，她用了 4 年时间完成了这部著作，其间她还得了乳腺癌。《寂静的春天》尚未出版，她就受到了杀虫剂等化工产品的生产商们，和农业部支持的各种媒体的攻击，骂她是“一个歇斯底里的妇女”。1962 年《寂静的春天》正式出版后，许多大公司施压要求禁止这本书的发行，但没有成功，反而让这本书在社会上引起更大的反响，卡逊收到了几百封要求她去演讲的请柬，这本书后来成为美国和全世界最畅销的书。

《寂静的春天》出版后，杀虫剂开始引起全社会的广泛关注。1963 年，在哥伦比亚广播公司的电视节目中，卡逊和化学公司的发言人进行了一场辩论，这时她的病情已经很严重。该年底她被选为美国艺术和科学学院院士，并获得许多奖项，包括奥杜本学会颁发的奥杜本奖章和美国地理学会颁发的库兰奖章。最重要的是杀虫剂引起美国政府的重视，她最后一次在公众中露面就是在参议院调查委员会上作证并最终促成 1972 年在美国全面禁止 DDT 的生产和使用，美国厂家开始向国外转移，但其后世界各国纷纷效仿美国的做法。目前全世界几乎已经没有 DDT 的生产厂了。《寂静的春天》成为促使环境保护事业在美国和全世界迅速发展的导火线。

蕾切尔·卡逊因乳腺癌不治于一年后逝世，时年 56 岁。在她去世后，1980 年美国政府追授她美国对普通公民的最高荣誉——“总统自由奖章”。美国有十多个州在当天举办了各种形式的纪念活动，各大报章纷纷刊文，以示缅怀与纪念，并分析她的精神遗产对当今世界的重要意义。美国前副总统、环保主义者艾尔·戈尔公开表示，他当年之所以投身环保事业，正是受了卡逊女士的启迪。他说，“《寂静的春天》播下了新行动主义的种子，并且已经深深植根于广大人民群众中”。戈尔在该书中文版的序言中写道：“1964 年春天，蕾切尔·卡逊逝世后，一切都很清楚了，她的声音永远不会寂静。她惊醒的不但是我们国家，甚至是整个世界。《寂静的春天》的出版应该恰当地被看成是现代环境运动的肇始。”他甚至说：“《寂静的春天》的影响可以与《汤姆叔叔的小屋》媲美。两本珍贵的书都改变了我们的社会。”《寂静的春天》已经成为现代环保运动的经典，多年来畅销不衰。

二、作品版本

作品《寂静的春天》1962 年在美国出版问世，在 1979 年至 2014 年陆续被翻译为中文，开首几章曾在中国科学院地球化学研究所编辑出版的学术刊物《环境地质与健康》上登载。全书于 1979 年在科学出版社正式出版。此处选用 2008 年由吕瑞兰、李长生翻译并于上海译文出版社出版的版本。

三、写作背景

《寂静的春天》一书于 1962 年在美国出版，在当时是一本引发争议的著作，受到生产农药的工业集团和使用农药的农业部门的猛烈抨击。在那个年代，“环境保护”的字眼从未被关注过，更不必说被提上日程，那个年代是人类“向大自然宣战”的年代，征服自然、称霸世界仿佛成为人类的终极目标。无论是社会的公共意识还是科学研究的发现导向，均没有和自然和谐相处的意识。在这个年代，人类文明在不断发展，生活水平在提高，但“大自然是人类征服与控制的对象，而不是和谐相处的朋友”这一观念根深蒂固。

1939 年，DDT（双对氯苯基三氯乙烷）被发现有杀虫的特性，其发现者瑞士的保罗·穆勒曾因此获得诺贝尔奖。紧接着 DDT 被神化为可以根绝害虫传染的疾病、帮助农民战胜庄稼虫害的天使。没有人关注 DDT 对人体健康的影响。20 世纪 40 年代，人类开始大量使用 DDT 和六六六（六氯环己烷）作为农药来灭害从而提高粮食产量，到了 20 世纪 50 年代，这些有机氯化物广泛被应用到人类的生活生产当中，粮食产量大大提高。但是，此时的人类，完全没有意识到他们日常接触的这些“神药天使”实际上含有剧毒，不仅仅杀死庄稼地里的害虫，更是把庄稼地里的益虫也杀个精光。更要命的是，这些剧毒不会消失，而是潜入到农作物，继而通过食物链或空气进入人体，在人体内累积起来，从而严重破坏人类的肝脏系统和神经系统，虽然这些药物的使用使得害虫失去抵抗力，但也会改变生物链结构从而使原本有益的昆虫变为害虫。

1958 年，作者收到奥尔加·欧文斯·哈金斯的信，奥尔加在信中写道，1957 年夏，州政府租用的一架飞机，为消灭蚊子喷洒了 DDT，飞过她和她丈夫在达克斯伯里的两英亩私人禽鸟保护区上空。第二天她的许多鸟儿都死了，她为此感到十分震惊。这时的卡逊正在考虑写一本有关人类与生态的书，她决定收集杀虫剂危害环境的证据。期初卡逊计划用一年的时间来写本小册子，后来随着资料的增加，卡逊感到问题比想象的复杂得多。为了使论述确凿，卡逊阅读了数千篇研究报告和文章，寻找有关领域的权威专家。《寂静的春天》出版两年之后，卡逊心力交瘁，与世长辞。

四、主要内容

本章的阅读可以分成三个部分：第一部分，从第一章至第十四章讲述了滥用杀虫剂造成的严重污染以及对人类、土壤、水源、植被、鸟类的直接的毒害；第二部分，即第十五、十六两章阐述了为什么使用杀虫剂没有达到控制害虫的目的；第三部分，即第十七章指出科学界已经找到了一条不破坏自然平衡的控制、消灭害虫的新道路。

（一）第一章：明天的预言

作者在第一章虚拟了一个被杀虫剂扼杀的美丽村庄，村庄从生机勃勃到万籁俱静，死亡的气息笼罩着田野、树林和沼泽。

作者认为，虽然并没有一个村庄经受过她所述的全部灾祸，但是其中每一种灾难实际上已经在某些地方发生，并且确实有许多村庄承受了大量的不幸，在美国和世界的其他地方都可以轻易的找到第一章所描述的虚拟寂静城镇的翻版。

作者表示将在这本书中一步一步论证：是什么东西使得美国无数城镇的春天之声沉寂下来？

（二）第二章：忍耐的义务

本章详细说明了各类杀虫剂的危害，旗帜鲜明地提出：民众既然承受了杀虫剂的已知或者未知危害，就应该拥有知情的权利！杀虫剂对人类的危害应当被充分调查和公之于众！

作者指出：人类对环境的袭击令人震惊，在环境的普遍污染中，化学药品的危害甚至可以与放射性危害相提并论。化学药品是人工合成物，自然界要去平衡和调节它的侵害是十分困难的；化学药品造成的危害无孔不入，它们可以不断侵入生物组织的内部，以至改变生物的基因；化学药品是作为化学杀虫剂被广泛使用的，但是它在消灭害虫的同时也消灭了益虫，给地球表面蒙上一层烟雾弹，给所有生物带来危害。

作者在这里提出化学杀虫剂的巨大危害并不代表作者反对消灭害虫。相反，作者是从更高的视角考虑人类的未来，作者不希望这些化学药品将地球上的生物全都送上绝路，包括人类。作者认为应该先了解关于动物繁殖和它们与周围关系的基本知识，寻找一种能让自然和人类保持平衡的方法，在遵循大自然的规律的基础上去达到人类想要的目的。

作者强调：化学杀虫剂在土壤、水、野生生物和人类自己身上的效果从未被调查；人们都迷信专家，而专家看待问题太偏狭，只盯着眼前的利益却很少考虑杀虫剂的严重后果；既然使用化学杀虫剂后果由民众承担，那么民众有权现在就知道杀虫剂的严重后果并决定是否继续使用。

（三）第三章：死神的特效药

本章作者将杀虫剂的致死剂分成两大类（氯化烃类、烷基和有机磷酸盐类）七小类，详细阐述了杀虫剂的危害，并深入分析了这些化学药品的威力。作者指出：化学合成杀虫剂使用才不到 20 年，就已经传遍生物界与非生物界；早在数十年前施用过化学药物的土壤里仍有余毒残存；这些现象之所以会产生，是由于生产具有杀虫性能的人造合成化学药物的工业突然兴起；新的合成杀虫剂能毒害人体、而且能参与体内最重要的生理过程，使这些生理过程产生致命的恶变。

现在杀虫剂中的化学药物大致分为两大类，其中一类就是著名的氯化烃——以 DDT 为代表；另一类由有机磷杀虫剂构成，以大众略为熟悉的马拉硫磷和硫磷为代表。

1. 第一大类：氯化烃

（1）DDT（双对氯苯基三氯乙烷）。DDT 会残留在动植物中，人类通过摄取食物导致 DDT 在人体内不断积累，其以微小药量就能引起体内的巨大变化。它可以通过食物链由一种生物传到另一种生物，还可以通过母体传递给胎儿，在体内继续积累。

（2）氯丹。毒性极强，它具有 DDT 所有的属性，外加几种它自身独特的属性。它的残毒能长久的存在于土壤和食物中，或可能附着在与其接触的物体的表面，它利用一切可利用的途径进入人体。七氯是氯丹的成分之一，它具有在脂肪里贮存的特殊能力，还能变化成为一种化学性质不同的物质——环氧七氯，它比原来的药性毒性更强。

（3）狄氏剂。是一种慢性毒药的氯化烃，当把它吞食下去的时候，其毒性约等于 DDT 的 5 倍，但当其溶液通过皮肤吸收之后毒性就相当于 DDT 的 40 倍。中毒后发病会对神经系统有可怕的作用——使患者发生惊厥，狄氏剂残毒持续期漫长，并且有杀虫功效。

（4）艾氏剂。毒性同样很强，它不仅仅会引起肝脏和肾脏的退化病变，还会引起不孕症。

（5）安德奈。是所有氯化烃药物中毒性最强的。它的毒性相当于狄氏剂的 5 倍。它的毒性对于哺乳动物是 DDT 的 15 倍，对于鱼类是 DDT 的 30 倍，而对于一些鸟类则是大约 300 倍。

2. 第二大类：烷基和有机磷酸盐

该类化学药物属世界上最毒药物之列。

（1）对硫磷。是用途最广的，有机磷酸酯之一，它也是药性最强、最危险的药物之一。

（2）马拉硫磷。是另一种有机磷酸酯，被广泛使用于园艺，在人体肝脏的酶不能正常工作的情况下，马拉硫磷的毒性会全部显现。

在介绍了各类杀虫剂的危害后，作者提醒我们对这些广为散播的化学药物不能掉以轻心。接下来的章节主要介绍杀虫剂对人类生存环境——水、土壤、植物、动物等的严重破坏。

（四）第四章：地表水和地下海

作者在本章指出了化学杀虫剂造成的严重水污染问题。作者指出：化学杀虫剂的喷洒物超越了放射性物质的危害；化学药物内部相互作用，毒效转换叠加，污染物相互化合而产生的新物质常常不能被辨认出来；而相关部门也没有对自行合成的有机污染物进行定期检测，这使其造成的损害更加神秘和恐怖。

作者举实例证明地表水和地下海的水源已经被污染，生活在其中的生物不断死亡，水中的毒药随水一起参加自然循环，滞留在各个生物体的组织内部。作者提出，在自然界没有东西是孤立的，水在生物链循环当中起着重要作用，联系着整个生物界，水的流动性以及与其他生物的密切关联性决定了地下水的污染是世界水体的污染，后果不堪设想。

（五）第五章：土壤的王国

作者在本章指出了杀虫剂所造成的严重的土壤污染问题，作者明确告知：我们正在朝着麻烦前进。

作者认为，生命创造了土壤，丰富多彩的生命存在于土壤之中，只有当这个生命综合体繁荣兴旺时，土壤才能成为地球上生机勃勃的一部分。自然界依赖于生物数量间巧妙的平衡，但问题是这种巧妙的平衡被破坏了，土壤中一些种类的生物由于使用杀虫剂而减少，另一些种类的生物出现爆发性的增长，从而扰乱了摄食关系。这样的变化很容易变更土壤的新陈代谢活动，并影响到土壤的生产力。在考虑使用杀虫剂时，还必须记住的一件非常重要的事情是，它们不是月计，而是长以年计地盘踞在土壤中，在这种土壤中所生出来的农作物也携带各种制毒物质，无法被民众食用。

可笑的是，人类使用化学杀虫剂的一系列不妥当的处置，可能引起土壤生产力的毁坏，而那些人类最初想要消灭的害虫却安然无恙，甚至更猖獗。

（六）第六章：地球的绿色斗篷

本章作者指出化学杀虫剂对植物的严重破坏，并从两个角度对植物的破坏进行分析，提出两个控制植物的有效措施，呼吁选用此类措施来管理植物，摒弃原来的高成本低效益的化学控制办法。

化学杀虫剂对植物的破坏主要体现在两个方面。一方面，人类通过地毯式喷药对植物进行强行移植。然而，大地植物是生命之网的一部分，在这个网中，植物和植物之间，植物和大地之间，存在着密切的、重要的联系，广泛使用除草剂的方法，只顾达到眼前的目的，其结果显然是使整个紧密联系着的生命结构被撕裂，依赖土地的野生生物被毁灭，整个生态系统被破坏。化学除草剂就像是一个华丽的新兴玩具，它以一种惊人的方式发挥作用，在那些使用者面前，它们显示出征服自然的使人眼花缭乱的力量，但是它的使用所带来的持久恶性损害和它对所要清除的对象并不能起到根本的作用这一事实，却被忽略；另一方面，喷药也毁坏了目标之外的大量植物，也许还有我们不太了解的其他一些植物正在对土壤进行有益的作用，可是我们过去残忍地将他们根除，现在通常被斥之“野草”的自然植物群落的一项非常有效的作用是可以作为土壤状况的指示剂，当然这种有效的作用在使用化学除草剂的地方已经丧失了。

作者也提出两种管理植物群的方法：①选择性喷洒。能将渗透到土地中的化学药物总量减到最少，能够长期控制植物生长，而不必在大多数植物中反复喷药。对道旁和路标界植物进行选择性喷洒并不是为了消灭某个特别种类的植物，而是要把植物作为一个活的群落来加以管理，这样环境的完整性就被保存了下来，对野生动植物的潜在危害也降到最低。②生物控制——引入天敌。在控制植物方面最好、最廉价的方法不是化学药物，而是引入能控制植物的天敌。在制止那些不需要的植物方面，生态控制方法取得了惊人的成就，大自然会通过自己的方法解决同样困扰着我们的问题，只要我们善于观察，潜心借鉴大自然的调节之法，必会有不错的结果。例如，引入吃植物的昆虫可以达到对许多不理想的植物的有效控制，这些昆虫高度专业的摄食习性很容易为人类产生利益。

（七）第七章：不必要的大破坏

作者指出：当人类向着他所宣告的征服大自然的目标前进时，已写下了一部令人痛心的破坏大自然的记录；这种破坏不仅直接危害了人们所居住的大地，而且也危害了与人类共享大自然的其他生命；不加区分地向大地喷洒化学杀虫剂，致使鸟类、哺乳动物、鱼类、各种类型的野生生物受到直接侵害，如此大面积的破坏并非必要。作者发出了愤怒的呼吁：作为人类，如果默认对活生生的生命采取这样大屠杀的行径，我们中间有哪一个不曾降低了我们做人的身份呢？

作者在本章中提到了两类人的意见：保护者和许多研究野生生物的学家认为喷洒杀虫剂所造成的损失一直是严重的，有时甚至带来重重灾难；但是治虫机关却企图否认这种危害，认为即使有什么损害也无关紧要。

作者举了实例来告诉我们真相：喷药一般都是反复进行的，在这种高频率喷药环境下野生生物很难自主恢复；如此喷药毒化了环境，在这种环境中不仅原来的生物死去了，而且那些移居进来的生物也遭到同样的下场；喷洒的面积越大，危险性就越严重。我们都知道实际上正是由于这些生物伙伴们的存在才使得人类的生活更为丰富多彩，然而人类却用突然的、令人毛骨悚然的死亡来"酬谢"他们，令人痛心。

（八）第八章：再也没有鸟儿歌唱

作者在本章开头描述：鸟儿的歌声突然沉寂，这个世界的美丽和色彩也在消失，这一切迅速而悄然。作者提出设问：是什么东西使得美国无数城镇的春天之声沉寂下来？

作者回忆了曾经的美国到处可以听到鸟儿的美妙歌声，而现今再也听不到鸟儿报春，二者形成强烈对比。作者列举了血淋淋的实例和研究让我们了解到，喷药不仅杀死了昆虫而且杀死了它的天敌——鸟类。喷药区已经成为了一个致死的陷阱，这个陷阱可以在很短的时间内将一批迁徙而来的鸟类消灭，而我们只能看着它们在死亡前挣扎战栗。那究竟为何会如此呢？经过分析，有两个原因：①杀虫剂通过食物链使得鸟儿死亡。如：杀虫剂—榆树—蚯蚓—知更鸟。②杀虫剂带来了不孕症。不孕的阴影笼罩着所有的鸟儿，并且其潜在威胁已经衍生到了所有生物，即使生物脱离了与杀虫剂的初期接触，杀虫剂的毒性也是能够影响到下一代的，正所谓，覆巢之下，岂有完卵？

作者指出，这种对害虫的化学控制只能得到暂时的安逸，最终还是要失败的，大自然的卫兵——鸟若由于中毒而死尽，这真的是令人愤怒，鸟儿似乎已经不是毒剂的附带被害者而是直接杀害的目标了。

作者认为我们不仅应该去思考如何去不破坏大自然而帮助大自然恢复平衡，而且我们更应该勇敢地去质问，是谁不曾与千百万人民商量，做出这种滥用杀虫剂的决定，使得制毒的连锁反应产生作用？这个决定者是被暂时委以权力的独裁主义者，他完全忽略了大自然的美丽和秩序在千百万人心中的重要意义。

（九）第九章：死亡的河流

作者在本章提到杀虫剂对鱼类的伤害是空前的，并分析给鱼带来空前灾害的杀虫剂主要有三种：第一种是少量的，扩散性比较小的杀虫剂（主要是 DDT）对鱼类的影响；第二种是蔓延性强且大量的可以影响广泛的杀虫剂（主要是异狄氏剂、毒杀芬、狄氏剂、七氯）对鱼的影响；第三种是在逻辑上关联的，虽未检测出来，但改变了整体生态系统从而对鱼类产生影响的杀虫剂。

作者指出：凡是有大森林的地方，一旦政府开始实行喷药计划，都会威胁到树荫下鱼类栖息的溪流；反复的喷药已经彻底改变了河流的环境，作为鱼类食料的水生昆虫已经被杀死；更糟糕的是控制害虫的目的并未达到，即使不再进一步的污染，要改变这条河流里鱼类的数量也要花多年时间，一些仅存的天然品种可能永远不会再恢复了。

作者再次强调，是有一些方法可以做到既达到人类的目的又不使鱼类受侵害，我们必须用我们的智慧和资源去发展新方法，要多利用自然控制，要在这一方面投入更多的资金去研究，这才是明智之举。

（十）第十章：无人幸免的天灾

在本章作者指出，对于杀虫剂等化学药剂，人类缺乏畏惧之心，正所谓“无知者无畏”，使用化学药剂的人不关注其危害，却为此付出了沉重的代价。大面积的“空中喷药”已经变成了撒向地球的“骇人死雨”，不仅仅毒害了昆虫和植物，地球上的所有生物和非生物都无可幸免。

研究证明，空中喷药是一个缺乏想象力、执行糟糕、十分有害的做法，是成本最高、危害最大、收益最小的办法，不仅成本高，还给生命带来毁灭，并且使公众对农业部丧失信任，因为农业部不对所使用的化学物质的既有知识进行最起码的调查，只是进行自己的计划，即使进行了调查也对所发现的事实置之不理。

因此，作者以佛罗里达州的火蚁控制为例，提出了采用“集中小区域的控制办法”控制昆虫和植物。

（十一）第十一章：超越波吉亚家族的梦想

在这一章里，作者描绘出一幅“无处不藏毒”的画面。一方面，毒药充斥在我们生活的每一个角落，厨房、洗涤剂、擦脸油、喷雾剂、打蜡地板等，源源不断的毒药供应和使用已经形成了一种习惯；另一方面，食物中普遍有农药残留，一个人若想食用不含农药的食物，要以放弃现代文明舒适生活为代价去到遥远原始的地方。作者指出，政府在保护我们免受这些危害面前能力有限，并提议我们应该积极探索非化学方法来对昆虫进行有效控制。

作者认为，对于我们大多数人来说，日复一日、年复一年所遭受的无数小规模毒剂暴露要比大规模喷药所遭受的损害来的更严重，大多数人由于受到那些只顾眼前利益的人的花言巧语，根本没有意识到自己在使用如此可怕的毒物，毒物的使用已经广泛到任何一个人都可以在商店随便买到。而关于食物中的农药残毒问题，被工业界贬低为无所谓的问题，调查者们有充分理由得出结论，几乎不存在可使人们信赖、完全不含 DDT 的食物，更可怕的是，人所接触的农药不仅种类多，而且大部分是未知的、无法测量的和不可控制的，通过食物摄入的杀虫剂仅仅是人类摄入量的一部分。

作者提出，执行计划的人应该完全防止任何残毒的出现，而且还需要对公众进行宣传教育，使他们知道化学物质的性质，少用一点有毒化学物质，这样就会使滥用这些化学物质所引起的公共危害迅速减少。

作者也继续申明她一开始就有的坚定态度：我们应该勤奋探索非化学方法的可能性，极有可能使用不在食物中留下残毒的方法来对昆虫进行有效的控制。

（十二）第十二章：人类的代价

在这一章里，作者指出，造成一系列环境健康问题的原因是多方面的：一是由于各种形式的辐射；二是由于化学药物在源源不断地生产出来，杀虫剂仅仅是其中的一部分，现在这些化学药物正向着我们所生活的世界蔓延，它们直接或间接地、单个或联合地毒害着我们。作者进一步说明化学药剂对人类的肝脏系统和神经系统造成的极大危害。她警醒世人：化学药物在生态环境中和人体内慢慢蔓延，“温水煮青蛙”式的悲剧在戏剧性上演。作者指出，化学药物对生物的影响是可以长期积累的，并且对一个人的危害取决于她一生所摄入的总剂量，而人们平常只对症状明显的疾病极为重视，正因为如此，这些潜在的毒害才会乘虚而入，继续使用化学药剂将会使人类付出更大的代价。

氯化烃对肝脏的伤害是极大的。肝脏在人体系统中对分解毒药起着巨大的作用。一个受到杀虫剂危害的肝脏不仅不能保护我们免受毒害，而且它多方面的作用也可能被损害。不仅仅是人体肝脏系统，神经系统同样遭受到化学杀虫剂的破坏。通过大量的动物和人体实验表明，氯化烃和有机磷酸盐，这两种主要的杀虫剂都直接影响到神经系统。例如，同足量的 DDT 接触会产生刺痛、发热、瘙痒、发抖甚至惊厥等感觉。

作者痛心地告诉我们，在各类医学文献中所报道的错乱、幻觉、健忘、狂躁——这些就是为了暂时消灭一些昆虫所付出的沉重代价，如果我们坚持使用那些直接摧残我们神经系统的化学药物，我们将继续被迫付出这一代价。

（十三）第十三章：通过一扇狭小的窗户

在这一章，作者从宏观角度转移到微观分析，通过细致入微地研究人体细胞结构，进而分析化学物质进入人体后如何对人体进行大扫荡大破坏，进而使人类认识到化学物质对人体环境破坏的深重影响。

作者指出：我们应该把我们的研究工作焦点先放在人体的个别细胞上，再放在细胞内部的细微结构上，最后放在这些机构内部的基础反应上，只有这样，我们才能领悟到偶然将外部化学物质引入我们体内环境所带来的严重而长远的影响。经过研究发现，通常用作杀虫剂的化学物质如果进入了产生某细胞的组织中，就意味着它进入了这种细胞本身，阻止细胞能量产生的整个过程，并剥夺细胞中的可用氧。这些化学药物还可以妨碍细胞的有丝分裂，细胞的染色体结构可能被改变，基因可能会产生突变，这对生物的兴旺发展以及其后代都是一个严重的威胁。

作者指出：我们真的不能再无视这些现实了，难道眼睁睁看着这些化学物质去直接打击染色体？难道法律不应该要求去检验这些化学物质对基因的确切影响吗？

（十四）第十四章：每四个中有一个

这一章作者提到，癌症是人类至今依旧不能攻破的难题，每四个人中就有一个癌症患者。致癌物总是很容易的击破人体脆弱的防线，作者本人也是是癌症的受害者。

作者指出：人类能够创造致癌物，一些人造致癌物已经成为环境的一部分，自然环境正在迅速被人为环境所取代，而这个人为环境是由许多新的化学和物理因素所组成的，其中许多因素具有引起生物学变化的强大能力，这使得癌症有多种多样的病因存在。我们对癌症起因的认识一直进展迟缓，而且很不成熟，我们应该研究清楚到底是哪些化学物质对癌症的发生起着直接或间接的作用。作者在列举了砷、有机型农药、DDT、IPC、CIPC 等直接致癌的物质后又进一步指出，引发癌症的道路有可能是间接的，有些物质它不是致癌物，但它可以妨碍某些部分的正常功能，并由此引起恶性病变。

作者最后发声：我们容忍致癌因素在环境中存在，就要对它可能产生的危险负责。作者明确告知我们将全部力量集中到治疗癌症的办法上将会是失败的，因为这种办法没有考虑到致癌物质的存储地——环境。我们应该从环境入手，做好癌症的预防工作，通过改变我们的生活方式，限制并最终杜绝向环境中排放致癌物质，这才是医治我们时代性癌症的根本途径。

（十五）第十五章：大自然在反抗

在本章作者指出，化学治虫不仅没有达到目的，反而遭受到了大自然的反抗。因为化学治虫破坏了大自然的生态平衡。作者提到，我们大量的使用化学物质正在削弱环境本身所固有的、阻止昆虫发展的天然防线，遭受了大自然的反抗。

自然平衡是一个将各种生命联系起来的复杂的、精密高度统一的系统，自然平衡并不是一个静止固定的状态，它是一种活动的、永远变化的、不断调整的状态。人也是这个平衡中的一部分，有时这一平衡对人有利，有时会变得对人不利，但这一平衡受人本身的活动影响过于频繁时，其总是变得对人不利。

现代的人们在制定控制昆虫的计划时忽略了两个重要事实，第一是对昆虫真正有效的控制是由自然界完成的，而不是人类。昆虫繁殖数量受到限制是由于存在一种被生态学家们称为环境预防作用的东西，但是糟糕的是，往往在这种天然保护作用丧失之前，我们总是很少知道这种由昆虫的天然敌人所提供的保护作用。化学药剂不加区分的滥杀已然破坏了自然界的真正防线与平衡；第二个被忽略的事实是，一旦环境的防御作用被削弱了，某种昆虫的真正具有爆炸性的繁殖能力就会复生，许多种生物的繁殖能力几乎超出了我们的想象。害虫猖獗，杀虫剂数量逐年增大，环境的预防能力却全面持续降低。

作者充分认可 C.C. 尤里特的观点：我们必须放弃我们认为人类优越的态度，我们应当承认我们能够在大自然实际情况的启发下发现一些限制生物种群的设想和方法，这些设想和方法要比我们自己想出来的更为经济合理。化学控制生物种群不具有科学性，不仅对整个生态系统没有好处，反而扰乱生态系统，贻害无穷，只有生物控制种群才是科学合理的办法。

（十六）第十六章：崩溃声隆隆

本章中作者提到，适者生存，存活下来的昆虫产生了抗药性。这使得人们不得不从一种化学药剂换成另外一种化学药剂，然而昆虫却不断产生抗药性。作者指出，昆虫在漫天毒药中因抗药性越来越强，可我们生存的世界却逐渐崩溃，这是人类的悲哀！

作者提出，正如布里吉博士所说的，昆虫给我们造成一定的损害，我们宁愿多忍受一点也不应该连续用尽各种办法使其消灭以求暂时免害。我们需要一个更加理智的方针和一个更远大的眼光，生命是超越了我们理解能力的奇迹，甚至在我们不得不与它们进行斗争时，我们仍需尊重它，依赖杀虫剂这样的武器来消灭昆虫足以证明我们只是缺乏自信、能力不足，不能控制自然变化过程，因此使用暴力也无济于事。科学上需要的是谦虚谨慎，没有任何理由可以骄傲自满。

（十七）第十七章：另一条道路

作为本文的结束章节，作者给予了未来脱离有毒化学物质世界的希望。作者呼吁：对昆虫进行控制是基于对生物所依赖的整个生命世界结构的理解而不是用化学药物暴力控制。作者提出：用多种多样的生物学技术控制来代替化学药剂的控制，并通过举例证明昆虫的声音、毒液、引诱剂、趋避剂以及目前所研究的“青春激素”能够阻止昆虫幼虫阶段的发育。这给予了人们另辟蹊径的希望。

最后，作者再一次发出警告，呼唤一场新的绿色启蒙。“控制自然”这个词是一个妄自尊大的想象产物，是当生物学和哲学还处于低级幼稚阶段的产物，如此原始的科学已经用最现代化、最可怕的化学武器武装起来了，这些武器在对付昆虫之余反过来威胁着我们整个大地，这就是我们巨大的不幸。

我们仅仅是为了杀虫、除杂草，就到处撒播致癌物，把地球搞的乌烟瘴气，所有生物、非生物都一副病殃殃的态势。最终，昆虫抗药性越来越强，生态平衡被打破，短浅的目光使得我们在这场战役中败下阵来。我们的未来在哪里？

我们必须与其他生物共同分享我们的地球，为了解决这个问题，我们发明了许多新的、富于想象力和创造性的方法。随着这一形势的发展，我们要知道，我们是在与生命——活的群体、它们经受的所有压力和反压力、它们的兴盛与衰败打交道，只有认真的对待生命的力量，小心翼翼地设法将这种力量引到对人类有益的轨道上来，我们才有希望使昆虫群落和我们本身之间形成一种合理的协调。卡森说过，能够控制自然的只有大自然本身，化学控制技术的危害已经日益凸显，只有生物控制技术才是未来的大势所趋，人心所向。

五、结语

作者运用抒情散文的笔调，采用文学作品的写法，使得文章通俗易懂、趣味盎然。《寂静的春天》在阐述了杀虫剂对生态环境的危害的同时，还告诫人们，保护环境不仅仅是政府的责任，更是每个人的分内事。正因如此，这本书才引起了广泛的争论，为美国民间环保运动蓬勃发展勃发展奠定了坚实的基础；推动了美国政府成立环境保护部并限制杀虫剂的使用；更引发世界范围内人们对化学药物，尤其是农药、杀虫剂等对环境影响的关注。当今中国，一定要走健康可持续发展道路，在经济发展的同时保护生态环境，采用科学无害的生物控制技术来科学管理生态。

六、思考题

1. 调查中国目前使用了哪些种类的杀虫剂，使用在哪些领域，并分析这些杀虫剂的影响。

2. 分析《寂静的春天》一书从倍受争议到获得世界范围内的巨大关注及认可，其成功的因素有哪些？

3. 围绕“如何避免、减少使用化学杀虫剂，又能达到除虫目的”提出你的建议。

（撰稿人：欧阳杉）

第二章

《敬畏生命》——(法)阿尔贝特·史怀泽

【本章提要】

阿尔贝特·史怀泽是生命伦理学的开拓者和创始人。《敬畏生命》一书收集了阿尔贝特·史怀泽截止到1963年的有关著述，这些著述概括了史怀泽的基本见解。他从神学和哲学的角度出发，论证了“敬畏生命”这一伦理原则，主张生命的权利包括人类和自然生命的权利，包括它的自由尊严、它的发展、它的价值，明确提出“善是保存和促进生命，恶是阻碍和毁灭生命”这一敬畏生命的基本原则，开创了生命伦理学研究的先河。敬畏生命的原则体现了人类对自然生命的道德义务，越来越为人们所接受和认同，并诉诸于我们的认识和行为。

一、作者简介

阿尔贝特·史怀泽（Albert Schweitzer，1875—1965年），法国人，出生于德、法边界阿尔萨斯省的小城凯泽尔贝格（此地第一次世界大战前属于德国，第一次世界大战后归还法国），精通德语、法语，思想家，哲学家，神学家，诺贝尔和平奖获得者，生命伦理学的创始人。作为20世纪西方家喻户晓的伟人，他一生中先后获得哲学、神学、医学和音乐等多个博士学位，他与文坛大师罗曼·罗兰、茨威格及科学巨匠爱因斯坦因为早年友谊而成为终身的挚友。史怀泽研究领域广，著述众多，计有《康德的宗教哲学》《耶稣生平研究史》《德法两国管风琴的制造与演奏风琴的技巧》《文明的哲学》《非洲杂记》等，其生命伦理学方面的代表作则是《敬畏生命》。史怀泽作为生命伦理学的奠基者，前美国总统约翰·肯尼迪在给他的回信中说，“您是我们这个世纪杰出的道德家之一，我真诚地希望您将来能以这巨大的影响力推动普遍和安全的裁军运动”，爱因斯坦则称他为“与圣雄甘地齐名的西方人道主义楷模”。

二、作品版本

阿尔贝特·史怀泽撰写的《敬畏生命》(汉斯·瓦尔特·贝尔编，陈泽环译)著作，由上海社会科学院出版社出版，1992 年出版。全书总字数约 9.86 万字，总页数为 149 页，主要由《敬畏生命理论的产生及其对我们文化的意义》《敬畏生命》《要求和道路》《文化危机和它的精神原因》《青年时代的回忆》《作为耶稣基督精神生命的伦理》《哲学和动物保护运动》《人类思想发展中的伦理问题》《当今世界的和平问题》《人道》《当今和平之路》和《回顾与展望》12 篇讲话和文章构成。

三、写作背景

阿尔贝特·史怀泽出生的时代，正处在资本主义迅猛发展的阶段。欧洲工业革命基本完成，技术的巨大进步与物质生产的丰富带来了普遍的繁荣，也大大刺激了帝国主义与殖民主义的涌现，物资、市场与武力混乱地交织在一起，尼采“超人”学说的主人道德思想充斥整个欧洲，对当时的人们特别是年轻人，产生了很大影响。对此，史怀泽深感忧虑。他认为精神与伦理不仅并未随着科技、物质的进步而进步，甚至是落后、麻木、被利用了。第一次世界大战的爆发使他更加相信这是文化衰落的现象。他开始从宗教和哲学的角度来探寻其原因，并试图建立一种新的伦理文化。1915 年 9 月，史怀泽首次提出了“敬畏生命”的概念，也开启了生命伦理学的研究。他认为，只涉及人对人关系的伦理学是不完整的，也不可能具有充分的伦理功能。敬畏生命伦理区别于以往伦理学之处就在于其伦理关怀的对象不仅仅局限于个人、家庭、社会，而是扩展到了生物、自然和宇宙。虽然人依然是行为关系中的主体，但其外延与内涵都得到了扩张，形成了一种敬畏前提下的生命共生依存关系。1919 年 2 月，史怀泽在斯特拉斯堡圣尼古拉教堂布道时，第一次公开阐述敬畏生命的观念。1923 年，《文化与伦理》一书出版，通过对战争和文化危机的反思，史怀泽敬畏生命的基本理论和观点逐步确立。之后，史怀泽通过文章和演讲，不断扩大敬畏生命这一思想的影响。第二次世界大战以后，人们对战争的深刻反思，使越来越多的人更容易接受敬畏生命的思想。

四、主要内容

《敬畏生命理论的产生及其对我们文化的意义》是该书收录的第一篇文稿，是史怀泽晚年对自己“敬畏生命”伦理学思想的回顾与总结，全篇用 5 个部分阐述了生命伦理学产生的时代背景、基本原则、写作过程、出版完成及其社会影响。

史怀泽在青少年时代，就有同情动物的慈悲心怀。他小时候上山打鸟，听到教堂的钟声，扔下弹弓，惊走鸟儿，心中想起“你不应杀生”的命令时，他的心里就深深埋下了“敬畏生命”的种子。他说：“在我青年时代就存在的动物保护运动的复兴，也给我留下了深刻的印象。人们终于敢在公众中坚持并宣告：同情动物是真正人道的天然因素，人们不能对此不加理睬。”

史怀泽大学期间，深受尼采和托尔斯泰各种著作的影响。他反对尼采只对生活的自豪和勇敢加以肯定、“超人”并不受任何约束的文化伦理，而是欣赏托尔斯泰通过自己的经历和思考获得深刻真理的文化伦理。作为 19 世纪末的一名青年大学生，他一直与这样两种不同的世界观打交道。围绕着“我们模仿者”这个课题，史怀泽一直在探讨和思考一个基本问题：一种持续的、深刻的和有活力的伦理文化是怎样产生的？通过深入学习和领悟，他终于找到了答案：就是敬畏生命的伦理学。史怀泽认为只涉及人对人关系的伦理学是不完整的，从而也不可能具有充分的伦理功能。他说：“由于敬畏生命的伦理学，我们不仅与人，而且与一切存在于我们范围之内的生物发生了联系，关心它们的命运，在力所能及的范围内，避免伤害它们，在危难中救助它们。我立刻明白了：这种根本上完整的伦理学具有完全不同于只涉及人的伦理学的深度、活力和动能。”生命伦理学把道德关怀的范围从人扩展到一切生物，这种全新的文化伦理将使我们以一种比过去更高的方式生存和活动于世，进而提升了人的道德境界。

敬畏生命的本质以及它对文化的意义又是什么呢？他说：“善是保持生命、促进生命，使可发展的生命实现其最高的价值。恶则是毁灭生命、伤害生命，压制生命的发展。这是必然的、普遍的、绝对的伦理原理。”过去的伦理学是不完整的，因为它只涉及人与人的行为。只有当人认为所有的生命，包括人的生命和一切生物的生命都是神圣的时候，它才是伦理的。生命伦理学的目标就是：“实现进步和创造有益于个人和人类的物质、精神、伦理的更高发展的各种价值。”敬畏生命的伦理学，是把人生与伦理、人类精神与伦理完善、追求和平与拒绝战争融为一体。只有能使敬畏生命的信念在其中发挥作用的思想，才能在当今世界开辟和平的时代。

《敬畏生命》是 1919 年 2 月 23 日史怀泽在斯特拉斯堡圣尼古拉教堂布道的节选，也是史怀泽第一次公开阐述“敬畏生命”的伦理思想。他明确提出敬畏生命的伦理原则。他说：“善是保存和促进生命，恶是阻碍和毁灭生命。如果我们摆脱自己的偏见，抛弃我们对其他生命的疏远性，与我们周围的生命休憩与共，那么我们就是道德的。只有这样，我们才是真正的人；只有这样我们才会有一种特殊的、不会失去的、不断发展的和方向明确的德性。”史怀泽认为，敬畏生命、生命的休戚与共是世界中的大事。自然界不懂得敬畏生命，它以最有意义的方式产生着无数生命，又以毫无意义的方式毁灭着它们，动物之间相互争斗，给其他生命带来痛苦或死亡。这一切尽管无罪，却是有过的。自然教导的是这种残忍的利己主义，而只有人才懂得敬畏生命。他说：“受制于盲目的利己主义的世界，就像一条漆黑的峡谷，光明仅仅停留在山峰之上。所有生命都必须生存于黑暗之中，只有一种生命能摆脱黑暗，看到光明。这种生命是最高的生命——人。只有人能够认识到敬畏生命，能够认识到休戚与共，能够摆脱其余生物苦陷其中的无知。”敬畏生命的伦理学，让人们懂得我们生存在世界之中，世界也生存于我们之中。他认为，只有认识到与自然界其他生命休戚与共是人的内在必然性，保存生命才是善，才是唯一的幸福，人才是伦理的。

《要求和道路》一文选自 1923 年出版的《文化与伦理》一书。史怀泽认为敬畏生命的伦理的本质是奉献给生命，是人的一种生命意志，是内心修养与外部行动的统一。他认为，伦理就是敬畏我自身和我之外的生命意志。只有在深沉地为自己的生命意志奉献的过程中经历了内在自由的人，才能深沉持续地为其他生命奉献。敬畏生命的伦理促使任何人关怀他周围的所有人和生物的命运，给予需要他的人真正人道的帮助。史怀泽特别强调敬畏生命的伦理关键在于行动。只有外部行动和内心修养相结合，行动的伦理才能有所作为。而敬畏生命的伦理能做到这一切，它不仅能回答通常的问题，而且能深化伦理的见解。他认为，敬畏生命的伦理要求所有人，把生命的一部分奉献出来。至于以何种方式和在何种程度上这么做，各人应按其思想和命运而定。这样人行善的使命才能通过各种方式加以实现。

敬畏生命的伦理学主张："只有保存和促进生命的最普遍和绝对的合目的性，即敬畏生命所关注的合目的性，才是伦理的。"史怀泽认为，只有我的生命意志敬畏任何其他生命意志才是伦理的。无论是为了个人的生存和幸福还是为了大多数人的生存与幸福，只要是毁灭或伤害任何生命，都是非伦理的、有过失的，区别仅在于为了个人的是自私过失，而为了大多数人的是无私过失。因而，他反对那种打着为大多数人或是集体利益旗号而损害敬畏生命原则的伪伦理学。

敬畏生命不仅是保持和促进生命，而且要实现生命的最高价值。他说："敬畏生命绝不允许放弃对世界的关怀。敬畏生命始终促使个人同其他周围的所有生命交往，并感受到对他们负有责任。对于其发展能由我们施以影响的生命，我们与他们的交往及对他们的责任，就不能局限于保持和促进的生存本身，而是要在任何方面努力实现他们的最高价值。"

史怀泽认为，敬畏生命规定人的内在完善的内容，并使它达到日益深化的敬畏生命的精神性。敬畏生命的伦理学是对人类文化的完善，是世界进化的精神体现。他说，文化的本质在于我们的生命意志努力实行敬畏生命；敬畏生命日益得到个人和人类的承认。因而，文化不是世界进化的现象，而是我们内心对生命意志的体验。

真正的人道是既善待自己，更要善待周围其他的生命，只有做到敬畏生命，才是真正的人道。他认为，人应尽可能地发展自己的所有能力，并应用尽可能广泛的物质和精神自由，为真诚地对待自己，同情及帮助周围所有的生命而努力。无论是对待自己还是对待世界，都要在自己的行为中体现教养。只有敬畏生命并对世界和人生的肯定，做一个伦理的人，才是真正的人道。

史怀泽认为，敬畏生命的伦理学旨在把现代国家塑造成文化国家。现代国家由于经济斗争和政治斗争而四分五裂，正处于史无前例的物质和精神困境之中，一切道德权威都丧失殆尽，只是在各种不断出现的困境中为自己的生存而挣扎。他说："文化国家是由敬畏生命的思想决定的。我们要求现代国家成为精神和伦理的，这是对每个国家的要求。只有追求真正的理想才是进步的。"只有使敬畏生命的信念发挥作用的思想，才能够开创永久的和平。只有这种新的信念在国家中占据主导地位，现代国家之间才能实现内部和平，才会相互理解并停止相互残杀。

《文化危机和它的精神原因》选自1923年出版的《文化与伦理》一书。史怀泽认为，20世纪20~30年代人类文化已经陷入了严重的危机之中。从表面上看，似乎危机是由战争引起的，但是，根本的原因是物质发展过分地超越了精神发展，破坏了它们之间的平衡关系，人们过高地估计了文化的物质成就，而忽视了精神文化的重要性。因此，战争不是文化退化的根源，只是动摇了文化的根基。通过对文化的反思，史怀泽进一步探寻了敬畏生命伦理学的文化根源，更加强调精神文化的重要性。他说："文化的本质不是物质成就，而是个人思考人的完善的理想，民族和人类的社会及政治状况改善的理想，个人信念始终为这种有活力的理想所决定。""某些东西能否或多或少列为物质进步，这对文化并不具有决定性。决定文化命运的是信念保持对事实的影响。"正如"航行的出路不取决于船开得快慢，它的动力是帆或蒸汽机，而是取决于它是否选择了正确的航道和它的操纵是否正确"。由此可见，史怀泽认为精神文化比物质文化更重要，它对社会的进步起到指引和导向作用。敬畏生命的伦理学主张理想主义和乐观主义的文化理想。因为"只有肯定世界和人生的世界观，即乐观主义的世界观才能激励人从事以文化为目的的行动；同样，只有伦理的世界观才具有使人在这种行动中放弃利己主义利益的力量，并在任何时候促使人把实现个人的精神和道德完善作为文化的根本目标"。

《青年时代是回忆》选自 1924 年撰写的《我的青少年时代》一文。史怀泽在开篇就明确写道："思考不应杀害和折磨生命的命令，是我青少年时代的大事。除此之外，一切都被逐渐遗忘了。"他回忆了青少年时期用棍子教训狗、用鞭子抽打马、与小伙伴一块去钓鱼等给其他生命带来痛苦或死亡的惭愧经历，剖析了自己敬畏生命伦理学的思想认识根源，正是对这些在人们看来习以为常的行为的反思，使得史怀泽逐渐认识并形成了坚定的信念，即只有在不可避免的必然条件下，我们才可以给其他生命带来死亡和痛苦。作为一名理想主义者，青年时代的史怀泽致力于追求敬畏生命、敬畏他人的一种生命理想主义，他始终把爱、真理、和平、温柔、善良作为自己一生的追求。他说："决定一个人的本质和生命的理想以充满神秘的方式存在于他的心中。当他走出童年时，它就开始在他的心中发芽。当他充满年轻人对于真和善的热忱时，它就开花结果。我们以后的收获，都取之于我们的生命之树在春天的萌芽。"理想必须付诸实施，才会发挥作用。"我们应该达到的成熟，是我们不断磨砺自己，变得日益质朴、日益真诚、日益纯洁、日益平和、日益温柔、日益善良和日益富于同情感。这是我们应走的唯一道路。通过这种方式，青年理想主义之铁锻炼成不会失落的生命理想主义之钢"。

《作为耶稣基督精神生命的伦理》选自 1930 年撰写的《使徒保罗的神秘主义》一文。史怀泽试图通过对保罗基督神秘主义的探讨，阐释敬畏生命伦理学的宗教本质。他认为，基督教应与时代精神生活相联系。保罗的基督神秘主义就是通过思想和体验实现与基督的一体化。因此，保罗的神秘主义不断地由自然转变为精神和伦理。"自然性——来世论只构成神秘主义的外在本质，而它的内在本质则取决于救赎观念和对天国信仰的深刻联系。即使是天国概念由自然转变为精神，这种联系仍具有意义"。史怀泽认为，尽管保罗的天国信仰否认了从自然世界发展成为天国的可能性，但是，在本体意义上精神与伦理是统一的，产生于内在必然性的天国精神与获救者的劳作是统一的。保罗就是"要让基督教的救赎客观地在其生命中成为行动"。保罗的救赎理论不只是思想上、精神上的忏悔，而是一种客观的、行动上的直接体验。保罗耶稣基督精神生命的救赎思想在史怀泽敬畏生命的伦理学上打下了深深的神秘主义的烙印，意味着敬畏生命不仅是上帝的旨意，也是自我救赎的伦理行为。

在《哲学和动物保护运动》一文中，史怀泽从哲学的视角，对西方伦理学和东方伦理学进行了哲学反思，认为传统伦理学道德关怀的范围是有限的，只涉及人对他人和人类社会的行为，这是不彻底、不完整的伦理学，明确提出只有承认善待动物和善待人类是绝对相同的伦理要求才是完整的伦理学。他说，西方哲学中如笛卡尔、边沁、康德等都认为，伦理本来就只与人对人的义务有关，同情动物的行为只是与理性伦理无关的多愁善感。尽管中国哲学、印度哲学中包含不杀生、不伤生的要求，却不要求人用行动去帮助生命，也没有教育人承受起人对动物责任的重担。因而，无论是西方还是东方的伦理学都没有真正解决人与动物的关系问题，仅只是一种对动物的天然同情而已。其根本原因在于以往的“伦理学只涉及人对他人和人类社会的行为，而对生物之爱则在一定程度上只是真正的伦理学的附带物”。他说：“如果只承认爱人的伦理，人们就可能无视这一事实：由于承认爱的原则，伦理就不可规则化。但是，如果爱的原则扩展到一切动物，就会承认伦理的范围是无限的。从而，人们就会认识到，伦理就其本质而言是无限的，它使我们承担起无限的责任和义务。”“把爱的原则扩展到动物，是对伦理学的一种革命。”“陈旧的、有界限的伦理学必然被扬弃，无界限的伦理学必然得到承认。”敬畏生命的伦理学就是敬畏一切生命和爱一切生命的伦理学。而为爱一切动物的伦理学即敬畏生命的伦理学制定细则，就成为当代的艰巨任务。

《人类思想发展中的伦理问题》一文出自史怀泽 1952 年 10 月 20 日在法国科学院的演讲内容。史怀泽认为，伦理关怀的范围是随着人类社会进步而不断扩大的。在人类早期，伦理关怀仅局限于血缘亲属、氏族成员，而当人认识到自身以及与他人的关系，人本身就是他的同类和同胞时，人的责任范围就扩大了，甚至把所有与自己有关系的人都包括在内。关于这种不断发展的伦理观念，中国先哲、以色列先知等都有相关的阐释。在如何看待世界的问题上，他认为存在着肯定世界与否定世界两种不同的世界观。肯定世界的世界观认为，世界上的万物以及在这一世界中生存都是有意义的；反之，轻视世界，提倡对与世界相关的一切采取冷漠的态度，就是否定世界。印度思想家和古代世界以及中世纪的基督教提倡对世界的否定。中国思想家，以色列先知，查拉图斯特拉和文艺复兴以及现代的欧洲思想家则肯定世界。史怀泽主张肯定世界的世界观，它能使我们感受到这个世界就是“家园”，并在其中活动。他说：“伦理就其本质而言是肯定世界的，它要在善的意义上活动并发挥作用。”“只有肯定世界的伦理才可能是天然的和完备的。”

史怀泽认为，“伦理学发展到一定阶段，它就要求扩展其深度。这一倾向体现它对研究善的本质的需要中。伦理学不再满足于对不同德行和义务的定义、列举和推荐，它已要求把握这些德行和义务的共性及其共同目标”。对此，他从基督教提出爱的律令，古希腊、古罗马的思想家承认博爱为德中之德，边沁、康德、休谟等哲学家从不同角度论证了博爱的合理性，阐释了博爱已成为一种伦理共识和理性认识，并非还停留在仅仅是一种天然的同情和感性认识。但是，休谟等人并未深入探讨实现博爱的伦理原则问题。

史怀泽认为，伦理不仅与人，而且与动物有关。动物和人类一样渴求幸福，承受痛苦和畏惧死亡，对动物的善良行为是伦理的天然要求。事实上，面对杀生还是不杀生的两难选择，仅仅依靠同情或良心是不够的。因此，“人是否以不可避免的必然性为基础而给生物带来痛苦或杀死它们并因此而负有责任，对此作出决定已是我们每个人的义务”。我们要坚持不懈地反对诸如斗牛、围猎等非人道的传统和习俗，把杀生看作人类文化的耻辱柱，只有认识到保护生命是我们的义务，满怀同情地对待生存于我之外的所有生命意志，伦理才是完整的。善的本质是保持生命，促进生命，使生命达到其最高的发展；恶的本质是毁灭生命，损害生命，阻碍生命的发展。敬畏生命的伦理与爱的伦理是一致的，但它又超越了爱的伦理，因为敬畏生命的伦理要求同情所有生物。

《当今世界的和平问题》是 1954 年史怀泽在接受诺贝尔和平奖时的讲话。史怀泽通过对两次世界大战的反思，认为两次战争都以最非人道的方式进行，战后既没有缔结和平协定，也没有建立比较令人满意的、公正的国际新秩序。那种认为战争具有促进和倒退的双重性以及速战速决的理论都是错误的，因为现代战争是毁灭性的战争，造成的灾难比过去的战争严重得多，是过去的战争不可比拟的。究其原因，史怀泽认为，现代人已成为了有知识和能力的“超人”，这种超人“不仅能支配着他身体内的物质力量，而且还能支配着自然中的物质力量，并能利用这种力量”。“但是，超人苦于致命的精神不完满性。他得不到与其拥有的超人力量相应的超人理性。为了把他所获得的力量只用于实现善和有意义的事，而不用于杀伤和毁灭，他需要这种超人的理性。因此，知识和能力的成就与其说给他带来了好处，毋宁说成了他的厄运”。要实现和平，消除战争中的非人道行为，肩负起人道主义的责任，需要通过一种新的精神，达到更高的理性，使我们不会充满灾难性地使用我们所有的力量。只有敬畏生命的伦理精神才能产生和平的力量。他说：“精神进一步认识到，扎根于伦理的同情，如果它不仅涉及人，而且也包括一切生命，那它就具有真正的深度和广度。除了至今缺乏最终深度、广度和信念力量的伦理，现在出现了敬畏生命的伦理，并得到了承认。”他明确表示：“我意识到，我关于和平问题所讲的一切，本质上没有什么新东西。我的信念是，战争使我们犯下非人道的罪过，因此只有从伦理根据出发谴责战争，才能解决和平问题。”

《人道》是史怀泽 1961 年 9 月 12 日写于兰巴雷内的一篇文章。史怀泽通过此文章阐释了人道是与人的本质相符的深刻内涵。他认为，人道主义的思想并非与生俱来，是社会历史发展到一定程度才出现的，是从不完整的人道思考走向完整的人道思考的过程。敬畏生命的思想体现了人道主义与自然主义的统一。他说：“人类并非从来就具有人道思想。它的实现是个历史过程。”他从古罗马、古希腊先哲的思想，中国老子、孔子的论述，印度佛陀和基督教的教义，以及近代以来新知识的出现中，精辟地阐述了人道主义思想的理论和宗教渊源；分析了起初人们认为“人是动物的主人，能按自己的爱好随意对待动物”到后来“人不应把自己当作动物的主人，而是动物的兄弟的思想”的认识转变过程；明确提出“敬畏一切生命是自然的，完全符合人的本质”。“现在，对于我们每个人来说，就是要去实行符合我们本质的完整善行，它显示为一种具有历史作用的力量，并开辟人道的时代”。我们知道，人的本质是自然属性与社会属性的统一，敬畏生命的思想深刻体现了自然主义与人道主义的统一。

《当今和平之路》是史怀泽 1963 年 8 月 3 日写于兰巴雷内的文章。主张销毁现存的核武器，放弃大规模的核试验。致力于实现世界和平是史怀泽一生的追求。他明确指出："由于人类已难以承受由大规模核试验导致的极危险的放射物对大气、大地和水的污染，放弃这种实验具有重大的意义。"他强烈呼吁美英苏等核大国要遵守莫斯科协定，停止大规模和毫无意义的核军备，提出"我们最迫切的目标是：销毁大量现存的核武器，只有这样做和平才可能来临。但是，对这种措施不存在完全足够的控制。如果任何已商定的一切都被遵守，那么这才会成为可能。在销毁现存核武器和由此而带来和平的未来谈判过程中，大国之间必须遵守协定的可信任方面，相互承认和信任"。

《回顾与展望》选自史怀泽撰写的《我的生平和思想》。史怀泽既反对物质主义的观点，又对怀疑主义思潮作了深刻批判，他主张理性主义的思想，并明确指出"放弃思想就是精神的破产"。他认为，现代人尽管具有巨大的物质生产力，但是，缺乏思考能力和理性精神，而一旦人类丧失了通过思考认识真理的信念，怀疑主义就会盛行。他说："人们深信不疑地接受的怀疑主义的真理，它并不具备产生于思想的真理的精神特质，它是表面化的和僵化的，它能影响人们，但不能够内在地与人的本质相结合，有生命力的真理只能是产生思想的真理。"

他进一步阐述了敬畏生命的真理。他说："由于敬畏生命思想的特性，它能以特殊方式承担起反对怀疑主义的斗争。它是基本的。"这种从人对世界的关系、生命意义和善的本质等问题出发的思想是基本的。敬畏生命的思想直接与任何人心中的思想相联系，必须关注、扩展并深化它。尽管斯多葛主义、老子哲学都蕴含着人和世界相统一，即"天人合一"的思想，但是，它们并不认为，行动和精神成熟的人的伦理行为很有意义。因此，斯多葛主义只是思想的顺从命运，而老子则是善意的无为。而婆罗门教、佛教以及叔本华哲学等，则认为时空中的存在没有意义。因此，"哲学不是促使人去持续地反思自身以及他与世界的关系，而是把认识论、逻辑学、自然科学、心理学或社会学的成果推荐给人们，以便简单地确定人对世界和人生的看法"。虽然，神秘主义直接探求了人与世界建立精神关系，但他认为这不能通过逻辑思维达到并退回到幻想的直觉中。只有敬畏生命的哲学才更深入地探讨了自然科学、历史和伦理学的问题。因为敬畏生命的哲学深刻探讨了人与世界的关系，并阐释了生命存在的价值和意义。

史怀泽认为，人与世界的关系，不仅是一种自然关系，而且是一种精神关系。他说："世界不仅是过程，而且也是生命。""敬畏生命的观念客观地回答诸如人和世界属于一个整体的客观问题。人只知道世界像他本身一样，存在的一切都是生命意志的现象。他与这个世界具有既受动又能动的双重关系。一方面，人从属于这个生命总体；另一方面，人则能对他所接触的生命施加各种影响，如阻碍或促进、毁灭或保存。""人不仅为自己度过一生，而且意识到与他接触的所有生命是一个整体，体验它们的命运，尽其所能地帮助它们，认为他能分享的最大幸福就是拯救和促进生命。这一切使人作为行动的生物与世界建立了精神关系。"

史怀泽认为，敬畏生命本身包括顺从命运、肯定世界和人生、伦理，这三种世界观的基本要素是不可分割、密切相连的。他说，迄今为止，存在着顺从命运、肯定世界和满足伦理的三种世界观，但是，没有一种世界观能把这三种要素统一起来。“只有从敬畏生命的普遍信念出发，根据它们的本质把握这三种要素，并认为它们共同包含在这个普遍信念中，才可能统一它们。顺从命运、肯定世界和人生决不会无视伦理，它们从属于伦理”。因此，“敬畏生命的伦理是无所不包的爱的伦理，是符合思想必然性的耶稣伦理”。

史怀泽反对把生命区分为不同等级的观点，主张一切生命都是神圣的，不能完全以人的主观尺度来判别。他明确提出“敬畏生命的伦理否认高级和低级的、富有价值和缺少价值的生命之间的区分”，认为“一切生命都是神圣的，包括那些从人的立场来看显得低级的生命也是如此，只是在具体情况和必然性的强制下，他才会做出区别。即他处于这种境况，为了保存其他生命，他必须决定牺牲哪些生命。在这种具体决定中，他意识到自己行为的主观和随意性质，并承担起对被牺牲生命的责任”。

当然，史怀泽也明确表示，“敬畏生命的世界观具有宗教的特性，承认和实行它的人具有根本的虔诚”。尽管敬畏生命的世界观本质上类似基督教的世界观，但是敬畏生命的虔诚并不简单等同于基督教和泛神论。因为伦理的虔诚并不是在自然中发现爱的上帝，而是通过上帝在我心中显示为爱的意志而知道它，从而高于一切泛神论的神秘主义。也就是说，敬畏生命是对基督教生命意志的扬弃。

史怀泽虽然对现实持有悲观主义的看法，但又对未来充满乐观主义的意志。他说：“对于我是悲观主义还是乐观主义的问题，我的回答是：我的认识是悲观主义的，但我的意志和未来是乐观主义的。”悲观主义在于现实世界的残酷性和无意义性，他对发生在现实中包括人类和动物的一切痛苦事实感到痛心，但他坚信敬畏生命的真理早晚能够得到大多数人和社会的广泛认可。他说：“由于我信赖真理和精神的力量，从而相信人类的未来。伦理的肯定世界和人生本身始终包含着乐观主义的意志。因此，它并不怕面对目前糟糕的现实。”

五、思考题

1. 敬畏生命伦理思想产生的时代背景是什么？

2. 如何理解“善是保持生命、促进生命，使可发展的生命实现其最高的价值。恶则是毁灭生命、伤害生命，阻碍生命的发展。这是必然的、普遍的、绝对的伦理原理”这一敬畏生命的伦理原则？

3. 人与自然的关系是一种道德关系吗？请回答问题并简要分析。

4. 如何理解“只有保存和促进生命的最普遍和绝对的合目的性，即敬畏生命所关注的合目的性，才是伦理的”这一观点？

5. 为什么说“敬畏一切生命是自然的，完全符合人的本质”？

6. 如何理解“世界不仅是过程，而且也是生命”？

7. 如何认识“以人为中心”的价值观和“以生命为中心”的价值观？

（撰稿人：黄勇）

第三章

《沙乡年鉴》
——（美）奥尔多·利奥波德

【本章提要】

《沙乡年鉴》是美国被称为新环境理论创始人的奥尔多·利奥波德所著。这本书可以说是奥尔多·利奥波德耗一生精力、结合一生经历和思考的成果。作者被后世学者称为“生态伦理之父”。

《沙乡年鉴》在自然文学领域可以与梭罗的《瓦尔登湖》媲美，二者被称为自然文学典范。《沙乡年鉴》被称为土地伦理学的开山之作，主要描述了土地和人类的关系。整本书涵盖学科知识丰富，文字优美清新，内容深邃严谨，对大自然观察入微，能让读者看出奥尔多对自然生物、花草植物的热爱，称得上是一部传世经典，值得读者品味。在美国，该书是让孩子走进大自然、培养生态意识和环保意识的启蒙读物，曾被美国纽约公共图书馆评为“20世纪自然写作领域十大好书之一”。

一、作者简介

奥尔多·利奥波德（Aldo Leopold，1887—1948），美国享有国际声望的科学家和环境保护主义者，被称作美国新保护运动的“先知”“美国新环境理论的创始者”。一生共出版了3本著作和500多篇文章，内容大多数是与科学和技术有关。《沙乡年鉴》是一部随笔和哲学论文集，同时是土地伦理学的创始之作。其中的《大雁归来》，曾被人民教育出版社定为其八年级语文教材的课文。

1887年1月11日，利奥波德出生在美国衣阿华州（现爱荷华州）的伯灵顿市，是家里的大儿子，他父亲卡尔（Carl Leopold）和母亲克拉拉（Clara Leopold）都是德裔移民。父亲是课桌商，祖父是园艺师。从家庭来看，利奥波德不但有德国血统里对自然的喜爱，对美感的注重也可以让人联想到他做景观建筑师的外祖父。伯灵顿位于密西西比河畔，自然风景优美，利奥波德孩童时就曾在密西西比河畔钓鱼和打猎，他对大自然的热爱与他成长的自然环境也有关系。他对大自然的热爱让他没有服从父母的安排，去继承他父亲课桌生产公司的事业，而是选择去读书，1906 年他考入耶鲁大学森林系攻读硕士学位。因为自 19 世纪以后，美国自然理论主要关注研究大自然的利用方向、方法等，利奥波德波所就读的耶鲁大学森林系，就是倡导资源充分开发利用的学术殿堂。

为从大自然中攫取对人类有用的资源，利奥波德曾经主张要把新墨西哥州的野狼和山狮赶尽杀绝。1909 年，利奥波德毕业，获林业硕士学位，进入联邦林业局工作。他最早担任亚利桑那州白山地区的林务官。在这个白山牧牛区，利奥波德初次感受政府关于控制肉食动物数量的体验。猎人们被政府雇佣，射杀猎人视线内的熊、狼、山狮与野狼等食肉野生动物。通过这件事利奥波德感受到不安，但他还是参与了猎杀白山地区野生食肉动物的工作。此后的他还参与了一些如灭杀亚利桑那和新墨西哥的野狼活动等。1924 年，应林业部门调派，他到威斯康星州麦迪逊市的美国林业生产实验室做负责人，1928 年离开林业局。可以说一直到 1928 年，这个期间的他是资源保护运动的坚定支持者，坚信应该用“有用”和“无用”以及“有利”和“无利”来区分资源。他的《野生动物管理》这一著作可以反映出他这一时期的思想。1928 年，因为不满意林业局那种完全从经济利益出发的林业管理思想，他离开了林业局，通过对美国 9 个州的考察，开始了野生动物管理的研究，他发现布鲁河沿岸约有 90% 的可耕地被冲蚀，西南部 30 条河流中的 27 条被破坏或毁坏。这让他重新思考环境内在的联系，特别是对环境的人为影响。

20 世纪 30 年代初，爆发了全球性的经济危机，利奥波德受此影响而失业。虽然生活困难，但他仍然潜心研究，写出了《野生动物管理》这本以整体主义的生态世界观为指导思想的著作，并以此为标志成为这门学科的创始人。1933 年，利奥波德受聘于威斯康星大学成为农业管理系野生动物管理学的一名教授，主讲课程为“野生动物管理”。

1935 年他与环境史学家马什一起创建了荒野学会，宗旨是保护和扩大面临被侵害和被污染的荒野大地以及荒野上的自由生命，利奥波德担任学会主席。同年 4 月，利奥波德在威斯康星河畔一个叫“沙郡”的地方买了一块被废弃的农场，他和家人一起动手，多年经营，种植了上千棵树，目的是恢复土地的健康。他基于“沙郡”的木屋生活经历写出许多随笔文章，后来汇编成为著名的《沙乡年鉴》一书（被誉为“绿色圣经”），这是一本自然随笔和哲学论文集，出版于 1949 年，后来与 19 世纪最有影响的自然主义著作经典作品《瓦尔登湖》一同占据着重要位置。

1948 年 4 月 21 日，邻居农场起火。利奥波德在赶赴扑火的途中，不幸因心脏病猝发逝世。

利奥波德的主要成就为：奥尔多・利奥波德把人的道德观念的发展层次按三个层次来思考，第一个层次是处理人与人的关系，第二个层次是处理人与社会的关系。这两个层次的道德观是协调了人以及族群之间的竞争，最后目的是共生共存。但随着人类对生存环境的认识，逐渐出现了第三个层次：人和土地的关系。但是长期以来，人和土地的关系主要内容就是经济，人的习惯和传统都是把土地看成财产，只有对土地的权利而没有任何义务。

奥尔多·利奥波德首次提出土地共同体的概念，认为土地不只是土壤，还包括气候、水、植物和动物；而土地道德是要求把人类从土地征服者的角色，变成土地共同体中平等的一员的角色。它包含着对共同体中每一个事物的尊重，也表达着对土地共同体本身的敬意，任何对共同体不敬，或对共同体某一个角色和事物不敬都将带来灾难性后果。

利奥波德反思了人类的文明，认为真正的文明“是人类与其他动物、植物、土壤互为依存的合作状态”，真正的伦理应当是大地伦理，是将人类视为“生物共同体中的一个成员”，并自觉维护大地共同体的伦理。“我们尊重整个大地，不仅是因为它有用，而且因为它是活的生命存在体”。他进一步提出了生态整体主义的核心准则：“有助于维持生命共同体的和谐、稳定和美丽的事就是正确的，否则就是错误的。”这个准则的提出是人类思想史上石破天惊的大事，它标志着生态整体主义的正式确立，标志着人类的思想经过数千年以人类为中心的发展之后，终于超越了人类自身的局限，开始从生态整体的宏观视野来思考问题。提出这一准则，是利奥波德对生态文明构建的最大贡献，利奥波德也因此而成为生态整体主义真正的奠基人。

利奥波德还是生态美学和生态文学的奠基人。他认为，大自然的美不仅仅通过共同体中各个元素体现出来，更重要的是作为整体的共同体的美，整体的美才是最高的美。利奥波德用他优美的文字吸引一代又一代读者融入大自然，倾听河流奏出的音乐，像山一样思考：“在一个静谧的夜晚，燃着低低的篝火，昴星挂在悬崖边时，静静地坐着听听狼的嗥叫，尽力地去想起你所见过的所有事物并试着去理解。然后你会听到一阵极度和谐的共振，它的乐谱嵌入成千上万座小山，发出的是动植物生存或死亡的音调。这种节奏跨越了几个世纪。”

利奥波德出版的著作：奥尔多·利奥波德以一生的心血写下了一部关于土地的著作——《沙乡年鉴》（又译为《沙乡的沉思》）。在这部著作里，利奥波德以其对大自然细心敏锐的观察，用艺术的语言描绘了一个荒弃的农场上一年 12 个月的不同景象。他深刻地提出了一系列土地环境保护的问题，最后，也是最重要的一点，利奥波德提出了他的“土地道德”观点。

二、写作背景

1941 年 11 月 26 日，利奥波德收到亚菲诺普（Alfred A. Knopf）出版社的编辑施特劳斯（Harold Strauss）的书信，信中表示希望找人写一本书，是“属于个人单独在田野探奇记录的书，要以温馨、生动和具有感召力的笔法来写。这本书是给业余读者看的，作者可以将自己对生态和环保的观点融入真实的田野经验架构中”。利奥波德收到信后认真思考，他本就打算写一系列小品文来表达他的思想和观点。在接受了约稿后，虽然出版社总是在催问写作进度，他也一直尝试调整成出版社建议的方向和方式写作，但双方还是产生了很大的意见分歧。出版社希望利奥波德能够写一本纯属自然观察的书。他们认为自然作品必须是个人的、故事性的，它必须是记录了在田野的冒险、经验和知识，内容则一定要具备温馨而感人的力量。而利奥波德却坚持，这本书必须有内涵，要深入生态观察，因此他一直以生态保护的角度来行文，对大自然的描述只是陪衬。

出版社感觉他的文章内容中生态观念部分文字太多，认为读者不容易理解，而且也不受目标读者喜欢。或者可以把小品文的内容限定在一个区域里，而不是像利奥波德所写的，包括了美国中西部与西南部多地截然不同的环境，没有统一的主题和原则。

结果，这些分歧让书稿修改了 6 年，直到 1947 年 8 月 5 日，利奥波德才把名为《巨大的领地》(*Great Possessions*) 的书稿向牛津出版社交稿。经过一系列细微调整和修改，1948 年 4 月 14 日，他才接到了牛津大学出版社接受书稿的电话。

根据这些细节我们可以了解，通过利奥波德个人的极力坚持和努力，《沙乡年鉴》才能够以最接近他的思想的方式整理出来并出版。他提出平等的“土地伦理”，希望世人以善良、谦恭的姿态对待土地。

1949 年，经过利奥波德的儿子鲁纳的最终编辑审查，《巨大的领地》这部书稿终于以《沙乡年鉴》为书名正式发表。此时正值战后经济复苏时期，人们都在充满信心地征服和利用自然，生态学的意识和概念对人们来说也还十分陌生，这本书的出版在当时并没有引起很大影响。

三、框架结构

《沙乡年鉴》是一本经典著作，但很难将其进行归类，因为它涵盖了生态、哲学、伦理学、文学等范畴。全书共分为三个部分。第一部分《一个沙乡的年鉴》，基本按照时间顺序从一月到十二月，以荒废的沙乡农场为景物的中心描述了不同的大自然景象。这是 1935 年利奥波德和他的家人在威斯康星河畔买下了一个荒废的农场后的现实经历和观感，他和家人一直在农场及周边进行恢复生态完整性的研究和试验。在这个部分，他写到了农场周边土地上的植物、动物以及天气、河流等自然景观及他们全家在这里的乡村生活细节，如狩猎、伐木、种植等。共 21 篇小品文，是他一生的观察结晶，投入了对大自然的崇敬和赞美，非常容易引起读者们的共鸣。

第二部分是《随笔——这儿和那儿》，这部分以利奥波德的所见所闻为主要内容，利奥波德把他 40 年间在美国各州和墨西哥等地对各个地域的动物、植物、河流、山脉的考察陈述出来，再提炼出资源保护主义方面的问题。这部分随笔为保护主义的各种问题提供了一个非常好的样板。随着在生态保护领域的体会及个人研究的不断深入，他的生态观点也发生了变化，即从自然只有工具价值的观点到认识到自然系统中有天赋价值的观点的转变。我们可称这一新观点为“生态意识”(ecological conscience)，这个新观点经过数十年的发展于 20 世纪 40 年代末成为“土地伦理学”。

第三部分《结论》是全书思想的浓缩。这部分描述和描写的内容少了，而逻辑和推理的文字多了，用了四篇保护主义美学、人与环境的关系和土地伦理学思考的论文作为全书的结尾。其中“土地伦理”是这部分最有代表性的一篇。该篇用奥德修斯

（Odysseus）与其女奴的故事开始其土地伦理的阐述，随后从全新的角度解释了道德的起源及其意义。利奥波德认为土地伦理“要把人类在共同体中以征服者的面目出现的角色，变成这个共同体中平等的一员和公民。它暗含着对每个成员的尊敬，也包括对这个共同体本身的尊敬”。

四、主要内容及观点

利奥波德的思想通过《沙乡年鉴》这部代表作充分表达出来，主要阐述了他“土地伦理”的生态观，而该书所包含的土地伦理思想，主要向读者提出了“生态道德”“土地共同体”“土地共同体的义务”“伦理尺度”4 个方面的思考。

（一）生态道德

利奥波德在他当年的社会环境下提出和倡导一种人与自然和谐共同发展的土地伦理思想。而在那个时代环境下，早已普及人心的观点是：大自然只是供人攫取的一种资源，只是人类实现物质满足的一种工具，并且人类想从大自然中攫取多少就能获取多少，并不用在意和为大自然担心。基于这种普遍思想，人们是没有考虑过大自然的权利的，人类破坏大自然的各种行为，如垃圾排放、废气排放、污水排放等，是根本不存在犯罪感的。总之，人和大自然，一个是施动者一个是被动者，当然是施动者掌握绝对的权利，而大自然作为被动者，毫无地位，没有能力和代言人可以获得话语权，似乎就是奴隶社会中一个不会说话的奴隶，而人类则是奴隶主，双方关系根本没有道德可言。在这种以人类为中心的环境主义下，人类造成了逐渐恶化的环境危机，他们需要重新审视人与大自然的关系，人和大自然相互的地位。利奥波德恰是第一批审视和思考的人，他看到了人与大自然关系的现状以及人的行为带来的恶果，传统以人类为中心的环境主义把人类推到了与大自然对立的那一面，利奥波德试图通过自己的努力和呼吁改变这种现状，改变这种人与大自然的对立状态。利奥波德从道德的讨论入手，从新的角度——人与大自然与社会的角度来分析道德的起源，他认为道德是限制人类行动自由的重要因素。在他看来，大自然包括土地、动植物都是有“人格”的，大自然和人类是相互联系和相互依存的伙伴，所以人类的行为必须考虑到伙伴的人格而受到限制。

受进化论思想的影响和启发，利奥波德认识到道德扩展的可能性，可以进一步扩大人类道德关怀的半径。利奥波德将道德扩展分为三步，运用在反思人类生态危机的过程中，以便于创建一个能够解除生态危机的新式人与自然的关系。利奥波德指出：“这种迄今还仅仅是哲学家们所研究的伦理关系的扩展，实际上是一个生态演变过程，既可以用生态学术语来描述，同时也可以用哲学词汇来描述。一种伦理，从生态学的角度来看，是对生存竞争中行动自由的限制；从哲学上来看，则是对社会的和反社会的行为的鉴别。”由此可以看出，利奥波德要通过扩展道德关怀的范围，来限制人类对自然的态度，以改变人与自然的对立关系。

利奥波德指出，“最初的伦理观念是处理人与人之间的关系的，‘摩西十诫’就是一例。后来所增添的内容则是处理个人和社会的关系的”；“随着人类对其生活环境认识的提高，把人与人、人与社会的范围扩大到人与土地（即自然）的关系中，这是道德演变发展的第三个层次，也是一个符合生态演变次序的过程。”利奥波德对道德扩展的认识，正如他所指出的：“迄今还没有一种处理人与土地，以及人与土地上生长的动物和植物之间的伦理观。土地，就如同奥德修斯的女奴一样，只是一种财富。人和土地之间的关系仍然是以经济为基础的，人们只需要特权，而无须尽任何义务。”他认为，“一个孤立的以经济的个人利益为基础的保护主义体系，是绝对片面的”。利奥波德认为，因为进化的进程和生态的必要性，前两步的道德扩展已经完成，生态伦理是人类扩张的第三步。土地伦理学就是要“扩展伦理共同体的界限，使之包括土壤、水、植物和动物，或者由它们组成的整体——土地”。

利奥波德把道德关怀扩展到土地和大自然的思想，在他所在年代是对当时时代道德观的一种挑战，他把道德扩展到人与自然的关系，突破了原有道德仅讨论人与人、人与社会的范围。同时，他引出了解决生态危机的一种思维方式，这也是他的土地伦理思想的最基础理论。

（二）土地共同体

由于人类看待事物的角度不同，同一件事物，不同的角度，得出的判断结果也就不一样。就如对土地的理解，有的人会把土地简单的看作获得经济利益的来源，有的人就会把土地看作一个国家政权的象征。但在从传统对待土地的思维角度来看，以上两种想法从本质上还是体现出人与自然的对立。而从利奥波德的生态学视角去思考，就会把土地这个概念作为一种生态共同体去考量，正如他在其著作《沙乡年鉴》中将土地称为“土地共同体”。在利奥波德的思想中，土地是包括土壤在内的土地共同体，包括土地上的动物、植物、水和空气、气候等，利奥波德概念中的土地界限已经扩展到了整个自然界。

利奥波德提出和对共同体概念的扩展，最终目的是想让人们知道，自然界这个整体是有生命的，任何生命甚至物质都有生存的权利，“至少是在某些方面，它们要有继续存在于一种自然状态中的权利”。在利奥波德的观念中，土地共同体这个概念的本质在于，整个大自然是一个共同体，同时也是一个有生命的有机体，并且人类也是土地共同体的一员。“土地伦理使人类的角色从土地共同体的征服者，变为其中的普通的成员和公民。他饱含着对他的同道成员的尊重，也包括对共同体的尊重”。利奥波德把人纳入共同体内的这一思想，体现并强调了人并不凌驾于大自然之上，人和自然的关系是平等的，这对当时人与自然是对立关系来说是一种颠覆性的思想，也反对了人是自然的统治者这一传统思想。通过在理论中改变人在大自然中的地位，再赋予自然界中所有事物以生存权利，把所有事物纳入到道德规范中来。表达出一切大自然中的存在物，如空气、水、动物、花草等等都有资格和权利按照自己的生命规律和过程存续下去并不断繁衍生息，这样才能够使整个自然界和谐共生。

“迄今发展起来的各种伦理都不会超越这样一种前提：个人是一个由相互影响的部分所组成的共同体成员，他的本能使得他为了在这个共同体内取得一席之地而去竞争，但是他的伦理观念也促使他去合作（大概也是为了有一个可以去竞争的环境吧）”。利奥波德很看重道德伦理，他认为伦理就是对伦理规制范围内的所有成员之间行为的限制。并且“限制”就是利奥波德提出“土地共同体”概念的一个重要目的，他认为，人的行为应该接受限制。这种“限制”要改变原来人统治大自然、无度攫取大自然的方式，改变“人是大自然主人”的这种关系，建立人和大自然平等的这种伙伴关系，让在共同体内的所有成员都能够得到伦理上应有的尊重。利奥波德认为人理所应当尊重土地，人类可以使用土地，同时也应该维护土地和尊重土地，这是共同体成员之间的基本义务。利奥波德有关“土地共同体”的思想，首先表明人类要彻底处理生态危机就必须学会尊重一切存在物和平等善待一切存在物，包括他所赖以生存的无生命界。其次，暗示了一种和谐共处的法则——在合作中学会竞争、在竞争中寻求合作。

（三）土地共同体的义务

利奥波德在“土地伦理”中，除了提出道德扩展可能性和“土地共同体”的概念之外，还提出人类生于这片土地，接受土地的养育，我们应该善待自己的土地。利奥波德提出的人应该对大自然和土地尽到应有的责任和义务，这一提法也是利奥波德的首创。土地伦理使让人类从土地共同体的征服者这一角色和地位，转变成土地共同体的一员。那么人类就应当给予自己的同伴以尊重，以及给予土地共同体以敬畏。土地伦理扩展了土地共同体的范围和边界，提出了生态良心，限制了人类的行为。

利奥波德扩展了土地概念的外延，从土壤扩展到包含土壤在内的空气、水分等等，强调了土地的整体性，进而强调了人和自然生态系统的密不可分；阐述了作为大自然的组成部分，人类是否能够生存依靠的是生态系统的健康；所以人类如果不遵守维护土地健康的义务，不履行责任，不关心关爱非人类的其他存在物及土地，那么就违反了伦理，也伤害了人类自身。利奥波德希望通过自己提出的思想刺激人类重新认识人和自然的关系，促使人类清楚自己在大自然中的位置，也激发出人类对大自然的感恩之心和同情之心。正如利奥波德在《沙乡年鉴》中所写的“土地伦理是要把人类在共同体中以征服者的面目出现的角色，变成这个共同体中的平等的一员和公民。它暗含着对每个成员的尊敬，也包括对这个共同体本身的尊敬”。可以判断的是，利奥波德提出的生态观在当年是对以人类中心主义的生态观的挑战，他的观念是要改变人类单纯控制大自然和掠夺大自然的思想。利奥波德立足于整个生态是一个整体的立场上，充分考虑到整个生态环境内部各个要素的相关性，从大的整体联系来观察和看待每一种事物，同时建立起使用土地应负的责任，提出土地的价值，呼吁人们用谦卑善意的态度来对待土地。“我不能想象，在没有对土地的热爱、尊敬和赞美，以及高度认识它的价值的情况下，能有一种对土地的伦理关系”。正如他指出的，人类只有改变以经济利益为出发点和以经济私利为标准评判自然的观念，才能促进人和自然的和谐共处。因为这种完全以经济私利为基础的评判标准是不全面的，是错误的，甚至是不道德的。在自然界中，大部分成员不具有经济价值，如果只考虑其经济价值，人类完全可以对没有经济价值的个体进行滥用和任意毁灭，根本不会对它们关心和尽到尊重的义务。人类只是生态环境这个有机整体的一个普通成员，人类并不比其他非人类存在物高贵。人和其他物种一样都是自然的成员，人不在自然之上，也不在自然之外，而是在自然之中。人是自然不断创造的伟大成就，人是有理性的道德物种，人类有责任担负起保护生态平衡的重任。

以“土地共同体”为出发点，立足于生态学的视角，利奥波德提出了“土地共同体义务”的概念。在这一概念的阐述中，利奥波德批判现世的人类对大自然没有感恩之心，在使用攫取土地资源时心无善念，只知道追求人类自身的经济利益，根据自己的经济利益来考量是去掠夺大自然还是保护大自然。利奥波德同时也提出，人类是大自然中进化到高级阶段的物种，是大自然赋予人类进化的机会和结果，身份上虽然并不比其他物类高贵，但作为更有能力的物种，有责任心存善念地对待一个共同体中的其他“兄弟”，并且有责任去反哺大自然和保护维护其他物类。

（四）伦理尺度

相对于传统的伦理学来说，利奥波德的土地伦理理论，是一种新型的伦理观，主要表现在对道德关怀对象的升级和扩充，传统的伦理学只关心人与人之间的伦理关系，大自然顶多是人与人之间关系的中介。而利奥波德把道德约束规制的对象扩展到了土地或者说是整个生态系统。人类在这个生态系统内，既然认同人类自己是生态系统中的普通一员，就要肩负起作为生态系统内最有能力的物种的责任。生态系统中所有物种都有继续生存的权利，人类不但无权剥夺，并且作为有能力调控大自然的物种，应该接受生态伦理的约束，负有道德义务，应该建立人类自己与大自然之间的道德规范，并遵守这个规范来约束自己的行为，建立大自然各物种和谐的关系和秩序。

利奥波德在《沙乡年鉴》中通过扩展伦理学中的道德范围，强调土地的地位，表达了对土地的敬爱，继而提出根据新的道德范围建立新的伦埋价值尺度。因为传统的伦理观只考虑自然的经济价值，使人们忽视了或完全无视自然界固有的规律性和自然生态价值。正是在旧的价值观的指导下，人类开发攫取大自然是无序的、盲目的、过度的，是造成生态危机的根本原因。利奥波德指出“迄今还没有一种处理人与土地，以及人与在土地之上生长的动物和植物之间的伦理观”。利奥波德认为要阻止生态危机继续恶化，改变以人类利益为中心的衡量标准是不够的，同时要在每个人心中树立起生态意识。他说“如果在我们理智的着重点上，在忠诚感情以及信心上，缺乏一个来自内部的变化，在伦理上就永远不会出现重大的变化”。在利奥波德的观念中，人与大自然之间是有道德羁绊的，而这种道德评判的标准应该是：“当一件事情，有利于保护生物共同体的和谐、稳定和美丽的时候，它就是正确的；相反，它就是错误的。”同时，利奥波德在强调生态系统的整体性的同时，没有否认人类生存的个体性。但是在伦理方面，他仍然坚持将不利于生态整体的完整、美丽的行为视为不道德行为。从生态学的角度来看，利奥波德不否认各种生物在生存时存在竞争，但是生物之间竞争的自由行为应该加以限制。站在生态系统整体性的基础上，利奥波德其实是针对人类的无限制行为状态，他提醒人类，人与自然是互相依存关系，作为人类这个自然界中的强行为能力的生物，更应该明白大自然对自己的意义，应当从心底去热爱它，并且去主动了解它，与大自然建立起伙伴关系，与大自然中其他物类形成共生关系。可以发现，利奥波德是在用生态伦理的真、善、美，呼吁人们内心的改变，希望通过唤醒人类对待大自然的善意和感情来改变人类对待土地及其土地上的动物、植物等非人类存在物的行为做法；是用道德自我反省，让人类自己明了每一种物类都与人类一样享有持续生存、繁衍的权利；用道德规范去提醒人类要尊重其他物类和土地共同体，主动去维护人与大自然和谐、稳定和美丽。

五、思考题

1. 利奥波德的主要观点有哪些？
2. 利奥波德的“伦理尺度”观点的目的是什么？
3. 利奥波德的“生态道德”观主要突破点在哪？
4. “土地共同体”概念的外延有多宽？
5. 如何认识和理解“土地伦理”？
6. “土地伦理”相较伦理学中的伦理概念有何区别？
7. 利奥波德提出土地伦理理论最终目的是什么？
8. 利奥波德希望土地伦理理论如何限制人类行为？
9. 利奥波德认为限制人类行为的最有力的力量是什么？
10.《沙乡年鉴》第一章描述了何地的景色？
11. 利奥波德理念中人在大自然之中应是什么地位和角色？

（撰稿人：郭诗华）

第四章

《环境伦理学——大自然的价值以及人对大自然的义务》

——（美）霍尔姆斯·罗尔斯顿

【本章提要】

本章学习《环境伦理学——大自然的价值以及人对大自然的义务》，主要学习罗尔斯顿的环境伦理思想。通过本章学习，掌握罗尔斯顿提出的自然价值论本质和特征；了解人类对自然价值所负有的义务，以及环境伦理在商业、政策与管理方面的应用；理解作者提出的一种能使人类诗意栖息于地球世界的环境伦理观。

一、作者简介

霍尔姆斯·罗尔斯顿，1933 年出生于美国，曾在美国获物理学学士和哲学博士学位，在英国获神学博士学位，现为美国科罗拉多州立大学哲学教授。他是一位足迹遍布五大洲的杰出环境哲学家，是国际环境伦理学会与该会会刊《环境伦理学》的创始人，美国国会和总统顾问委员会环境事务顾问。罗尔斯顿以生态学为基础，建立了一套以“内在价值”和“整体主义”为核心的生态中心主义环境伦理学，被誉为“环境伦理学之父”，自诩为“一个走向荒野的哲学家”。

1975 年，罗尔斯顿发表了《生态伦理是否存在？》一文，开启了他在环境伦理学领域的学术生涯。尤其是其代表著作《哲学走向荒野》和《环境伦理学》的出版，使得罗尔斯顿成为当今环境伦理学领域的一位焦点人物。他的自然主义观点和对自然价值的阐发与论证，引发了学界褒贬不一的评论。大体说来，对罗尔斯顿的评价和争议主要集中在其思想的内在价值、负价值、价值的客观性与主观性等方面。

他出版的学术专著有《哲学走向荒野》《科学与宗教》《环

境伦理学》和《保护价值》等；主编《生物学、伦理学与生命的起源》学术文集；为50多本相关领域的学术著作撰写过部分篇章；发表学术论文70多篇。他的论著被译成近10种外国文字。罗尔斯顿曾于1991年、1998年和2015年来华进行学术访问，对推动我国的环境伦理学研究起到了积极的建设性作用。

二、作品版本

《环境伦理学——大自然的价值以及人对大自然的义务》，中国社会科学出版社2000年10月出版，41.5万字，由杨通进译，许广明校。该书是环境伦理学的经典著作之一，也是罗尔斯顿的代表作之一。在出版当年，该书就再版5次，并被8所大学选为教材。这本书论述了罗尔斯顿环境伦理学思想的核心——自然价值论，被看作“是一部关于非人类中心主义与非人类来源、客观内在价值的鸿篇巨制”。本书被中国社会科学出版社引进并翻译为中文，是“外国伦理学名著译丛”中的一本。

三、写作背景

每一种理论的形成都有它的现实原因，对于以实践为特征的环境伦理学来说，尤其如此。环境伦理学是伴随着全球性环境污染和生态危机问题的出现而应运而生的。

20世纪60年代，西方社会严重的环境问题导致西方主流意识形态受到挑战。人们开始对社会表现出各种不满，这种不满情绪弥漫在社会的各个角落，形成了“资本主义文化矛盾”。本质上而言，工业革命和科技革命给人类带来巨大便利的同时，也带给了人们狂妄自大的意识，环境问题的出现实际上是人与自然关系的体现。西方国家经济的发展是建立在对自然资源的无节制开发、消耗和环境污染的基础上的。这种建立在牺牲自然和掠夺别国基础上的发展，让人类不得不开始怀疑西方主体性哲学体系的合理性。

后现代主义思想的代表者大卫·格里芬认为：西方传统哲学把自然看成是机械的、物质的、没有生命的东西，导致了观念上的自然的“祛魅”，“自然失去了所有使人类精神可以感受到亲情的任何特性和可遵循的任何规范。人类生命变得异化和自主了”。后现代主义要求我们不能对自然采取一种征服、利用、控制的态度，而应该形成一种和谐的价值观，“万事万物都既是主体，又是客体，人类也不例外”。人类可以从自然界获取自己需要的资源来满足自身发展的目的，但自然并不是以人类为中心的，人类作为自然的组成部分，应该与自然和谐相处。后现代主义观念在人和自然的关系的处理上是有利于环境伦理思潮的形成的。后现代主义不但和环境伦理学相契合，而且直接给罗尔斯顿启发，使其萌生了生态哲学的环境伦理思想。

环境伦理思潮的兴起和发展，表明伦理学从以前的只关注人与人的关系发展到同样关注人与自然的关系。这种转变是一种历史性的飞跃，突破了传统只限于人与人之间的道德视域。所以，环境伦理学的产生和发展是现当代伦理学关注社会现实、深入人类实践的重要体现。环境伦理学的成熟和发展既为罗尔斯顿环境伦理思想的发展奠定了基础，同时罗尔斯顿环境伦理思想又是环境伦理学成熟的标志之一。罗尔斯顿的伟大贡献在于，使道德视域扩大到人与自然的关系问题上，并且超越了其他的西方环境伦理学思想，道德关怀的对象不仅包括自然界中的生命个体，同时从整体主义的角度，更加关注了整个自然生态系统。一方面，他从理论层面强调了人类对于自然中非人存在物应有的基本态度以及对其应尽的义务；另一方面，他将这种自然价值观引入现实层面，对于理论和实践的结合途径进行了有益探索，试图把生态伦理理念落实到人们日常实践。

四、主要内容

罗尔斯顿认为：环境是全人类所面临的共同课题，但要从根本上解决生态危机，就必须从价值观上摆正人与自然的位置。作者从自然价值论出发，系统地阐述了一种以尊重大自然的客观价值为基础的，非人类中心论的环境伦理学。从内容上，本书可分为三大部分：第一章从总体上概述了大自然的价值以及人类所负有的义务；第二章至第六章详细地探讨了自然价值的本质和特征；第七章至第九章探讨了环境伦理在商业、政策与管理方面的应用。

（一）大自然的价值及人类所负有的义务

罗尔斯顿首先提出“价值”这一关键词汇。他认为：研究环境伦理学对我们最有帮助且具有导向作用的基本词汇是价值，我们正是从价值中推导出义务来的。在人与自然环境关系中，一个显著特点是大自然对人的“多用性”。罗尔斯顿通过探讨大自然所承载的价值，了解人与自然的关系，认识人类对自然所负有的义务。

罗尔斯顿陈列了大自然所包含的丰富多样的价值，从而树立起与人类中心论为基础的自然价值观相对立的新型的自然主义价值观倾向。他将大自然的价值归纳总结为14种：①生命支撑价值：自然是一个不断进化着的生态系统，而人的出现只是这个系统中拥有最高价值的事物的产生，但这也并不能说明人就应该成为这个系统中的统治者，人也仅仅是这个系统中的一部分而已。②经济价值：大自然中每种生命形态的存在都有其意义或目的，也有它自己的用途，所以这是一个蕴藏着巨大潜力的系统。我们可以通过自己的劳动来转变这种能量，变为己用。③消遣价值：人并非一直处于工作状态，休息和娱乐也是必不可少的。大自然不仅具有这种供人消遣的功能，同时更具有塑造人们性格的作用。④科学价值：对毫无价值的东西进行研究在本质上是不可能有价值的，自然本身的丰富性值得研究。科学告诉我们事物是什么、它们从哪里来，这些故事包含着人类的起源，让我们知道，人不过是地球上的后来者。⑤审美价值：当人们真正走入大自然中时，会意识到自然中的美无处不在，这个世界从来不缺少美。⑥基因多样化价值：所有的生命现象都是存在于自然的，而自然界所包含的生命有千千万万种，它们将人类经济价值与包含在生命当中的生物自身价值完美结合在一起。⑦历史价值：在不同的地区不同的人通过与自然的各种活动作用又产生了不同的民族间的差异性文化，而自然是一部比人类文化还要源远流长的史歌。⑧文化象征价值：一个社会文化的进步与其环境的发展是密切联系在一起的。人与人之间的差异包括自我意识方面和受到自然以及周围环境影响两个方面，每一种文化表达自己的方式都是通过诉诸于自然中的各种生命体来进行的。⑨塑造性格的价值：一个人性格的塑造与培养，与大自然的本身有着重要的联系，这对于造就一个人拥有自立自强、顽强拼搏的良好性格有着重要的影响。⑩多样性和统一性的价值：多样性和统一性是一对互补的价值形式，大自然也正是在这种互补的完美结合中形成的。表面上看起来千变万化，实际上却很简单，组成多种多样的生命的形式的物质只有那么几种。⑪稳定性和自发性价值：大自然维持在一种稳定的环境中，偶尔会发生些许变化，从而使大自然不断地完善并创新。⑫辩证的价值：人们并非总是将环境的助力看作是好的，也并非总是将环境的阻力看作不好的，生命之河是在这种助力与阻力的交织中向前流淌的。⑬生命价值：每一个生命都有自身存在的必要性，它们应当得到尊重。⑭宗教价值：自然不仅是科学的源泉，更是宗教、诗歌、文化的源泉，它能带给我们非常深刻的教育意义。

罗尔斯顿认为，我们谈论自然价值时必须主动“介入”到自然所承载的价值中，必须以个人体验的方式分享自然价值，只有在人的心灵中存在的情感投射到自然实体身上时，才能对自然价值做出恰当的判断。

环境伦理学对自然价值的判断，要求评价者内心兴奋。这种兴奋导致了情感的产生，自然与人相结合导致了自然价值的产生，自然价值是与人的意识共存的。环境伦理学从对大自然全面欣赏的层面对待人与自然的关系，而不是从人类的角度将大自然看成是一种资源，它把价值从人类的主观体验延伸到自然的客观中。

人们在评价大自然的同时有遵循大自然的伦理义务，大自然的价值也决定了人对大自然的义务。罗尔斯顿提出三种层面遵循大自然的意义：第一种是绝对意义上的遵循大自然，即所有的事物都遵循自然规律，这是一种较宽泛的本质意义。人的所有行为都是自然的，因为不管愿意与否，自然规律都从内部和外部对人类产生影响。第二种是人为意义上的遵循大自然，即尽管需要遵从自然规律，人类仍有选择的自由。从这个角度而言，人的有意识的行为都以对自然的干预为前提，人类的所有行为都是非自然，因为它们是人为的，而且遵循自然是不可能的。可以看出，第一种和第二种是对立矛盾的。这是由于对“自然”（绝对）和“遵循”（人为）两个词的两种极端用法所造成的，这样就陷入死胡同。因此，人类需要第三种意义上的遵循大自然，即相对意义上的遵循大自然。这种相对意义上的遵循自然，与人类将自然环境有效地整合到人类生活方式中的程度以及人类对于自然的亲近度有关。

罗尔斯顿考察了四种相对意义上的遵循自然。①自主意义上的遵循自然。生态危机的现实告诉人类：你不应破坏生态系统的稳定。遵循自然意味着，人类应选择一种服从自然的方式，这种方式使得我们能够利用自然规律来为人类造福。②拟理论意义上的遵循自然。大自然中不存在道德代理者，不能从自然中推导出家喻户晓的道德标准。当我们提出拟理论意义上遵循自然时，必须注意两点：第一，自然不是一个道德代理者，因而确实不应遵循它；第二，在自然中存在着某些因素，如果这些因素被引入人类社会中，是不道德的。但这不意味着大自然是一个不存在着“善”的野蛮领域。要解决这个问题，罗尔斯顿提出了另外两种意义上的遵循自然。③价值论意义上的遵循自然。城市、郊区和荒野为人类提供了文化、农业和自然三种追求。其中，荒野是最为关键的。荒野是人与自然的交会之地，只有当一个人学会了尊重荒野自然的完整性时，才能真正全面地了解成为一个有道德的人究竟意味着什么。④指导教师意义上的遵循自然。尽管大自然不是一个道德代理者，但我们仍然能通过反思自然“提炼出某种道德”，引导我们学会如何生存。良好的生活就是与自然节律保持一致，这就是对自然的某种遵循，是人类对大自然所负有的义务。

大自然的生态系统并不是所有个体成员的相加，而是有机的共同体，其价值超过整体之和。当人们正视自身所处的这个不断创造、不断变化的命运共同体的生态系统时，不可避免地就应承担起一定的义务。在生态整体中，各个生命体都与自身周围环境乃至整个共同体存在着利益联系，整个命运共同体也有着一致的利益诉求。正是这种生命共同体中不同利益的相互依存关系，决定了人类对非人存在物的责任。正如人际伦理的出现是为了调节人类社会的秩序，解决人与人之间的利益冲突，环境伦理的出现就是为了解决人类与自然物或自然物间各生命体的冲突，维护整个生态的良好生活秩序与平衡。

（二）自然价值的本质和特征

自然价值论是一种论证环境伦理学关于人与自然伦理关系之主题的重要途径。对于环境伦理学家来说，自然价值论的确立是人与自然伦理关系得以承认、环境伦理学得以形成的理论前提。

界定自然价值与厘清其本质直接关涉两个问题：一是自然价值所有权属于人还是属于自然？二是自然价值是主观的还是客观的？罗尔斯顿认为：价值的形式虽然是主观的，但评价的内容却是客观的。人类可以体验自然所承载的各种价值，但价值并不是人主观臆想的产物。价值并不存在于超出自然的虚空中，而是由自然孕育出来的；它是客观的，是在与人无交涉情况下产生的。在人类带来价值概念之前，自然界本身就存在着价值了，可以把自然价值与自然物所具有的客观属性等同起来，理解为事物所具有的某种属性。当然并不是所有的属性都能充当自然价值，只有那些具有有序、组织、进化等质的规定性的属性才能充当自然价值。

人类对于有感觉生命（动物）、有机生命（植物）、濒危物种（物种）以及生态系统都负有义务，而人类所负有的这些义务都是从自然价值中推导出来的。

罗尔斯顿在谈到价值这一概念时解释到，价值作为事物的某种属性，创造性是其首要特征。所谓创造性，就是自然界中新属性不断产生的过程，是使自然界朝向多样化、复杂化、熵减及有序方向的进化过程与特性。自然系统的创造性是价值之母，大自然的所有创造物，就其作为自然创造性之实现而言，皆具有价值。

价值存在于自发创造。价值即自然物身上的创造性属性，这些属性使具有价值的自然物不仅主动适应环境以求得自身的生存与发展，而且还彼此间相互依赖、相互竞争、协同进化，使大自然本身的复杂性和创造性得到增加，也使生命朝着多样化与精致化方向进化。从环境伦理学视角审视，价值并非只存在于作为生命基本单位的个体之中，而是附着于整个生命形式上，虽然它由个体生命体现但其又超越了个体生命——它出现于一种整体性的交互作用之中。所以，价值在实质上是自然或生命进化过程中的一种现象。

罗尔斯顿认为：生态系统是包容价值而存在的单元，蕴含三类价值，即内在价值、工具价值和系统价值。所谓内在价值是指大自然在不受人类活动干扰的情况下所呈现出自身存在的意义与功能，与工具性价值相对。内在价值体现在大自然对所有生命的支撑或承载上。罗尔斯顿这样定义内在价值：自然的内在价值是指某些自然情景中所固有的价值，不需要以人类作为参照。所谓工具价值，是指从自然与人的关系意义上来评价大自然所形成的价值。工具价值广泛地存在于自然界中，它充分表明自然界存在物之间的相互关系。工具价值和内在价值相互交织在一起，客观地存在于自然生态系统之中。系统价值是指作为整体的生态系统的创造性和价值创造过程，即生态系统所具有的能够不断创造自然价值的性质。系统价值不等于部分价值之和，它是系统的某种充满创造性的过程。

罗尔斯顿认为：在评价大自然时，确实需要加入个人经验内容，但如果认为自然事物所承载的价值完全是人类之主观投射，就会陷入价值唯我论泥潭。价值在真实事物而且经常在自然事物中得以体现。即不管在任何情况下，自然价值所表现的实质内涵都是大自然对人的无私馈赠，即便是通过人开发出来的自然资源也是源于自然的。自然保存了人类历史，自然涵育着人的性情，自然奠定了文化基础，自然激发着人的进取心……因而不是人把价值赋予自然，而是自然把自己的"好""有利""有用"奉献给了人类。简言之，不仅评价活动过程本身而且作为评价主体的人都是自然进化的产物，即大自然不仅创造出各类价值，而且创造出具有评价能力的主体；不仅创造出作为体验对象的世界，而且创造出了体验这个世界的主体。

（三）环境伦理在商业、政策与管理方面的应用

罗尔斯顿在提出 14 种自然价值后，又从另一个角度对自然价值进行分析，以确定价值的个人维度与社会维度、人类维度与非人类维度、个体维度与系统维度。这样分析，我们就可以发现个人偏好价值、市场价格价值、社会偏好价值、个人善价值、社会善价值、有机体价值生态系统价值等七个层面，并认为人类在进行实践时应将这些不同的价值维度考虑在内。

在这七个层面价值的基础上，罗尔斯顿还构建了一个价值论模型。通过这个模型，罗尔斯顿认为：人本主义的价值观可以适用于所有公共环境对象，因此我们应该把整体善放在高于个人善的地位上。罗尔斯顿不仅提出了价值论模型，还提出了很多环境保护的原则，环境保护原则和价值论模型是一致的，我们在制定环境决策时应该将两者结合起来，但是我们也应该一切从实际出发，把原则、模型和具体的实际情况相结合作出最有利的决策。这些环境保护原则包括：

（1）使各种互不冲突的价值得到最大的实现。当我们在消费公共的自然物时，应该尽量选择那些再生周期最短的生物。每个人都有使用公共土地的权利，但是当我们使用它时，不应该将土地消耗殆尽。根据罗尔斯顿价值论模型，在荒野之地中，有机体价值和生态系统价值要优于个人偏好和市场价值，甚至要优于社会善和社会偏好，只要我们不过度使用，有机体价值和生态系统价值就能够增进社会的价值和那些互不冲突的个人价值。

（2）不要低估零散的价值。通常我们的关注点主要集中在有形价值，而忽视了对

无形价值的关注，这种惯用思维和决策方式往往会使我们忽视那些被很多人享用、但不那么明显的利益，而一味过分关注那些被少数人分享、十分明显的价值。经济价值和其他价值，包括零散的价值并不是相互冲突、不可协调的。如果我们必须在这些集中价值中选择一个的话，那么集中的私人利益必须让步于零散的公共利益。

（3）最大限度地促进大自然的稳定性。生态系统在漫长的进化过程中，开始变得对混乱具有抵抗力，于是就选择了稳定。但是稳定并不意味着静止，很多时候，我们认为稳定的行为往往会破坏生态系统的稳定，例如，为了保护植被，给植被喷洒农药，破坏了植被原有的抵抗力。在生态系统变化发展过程中，变化发展才是永不停息的，稳定只是其中的一部分。当人类进入易受破坏的荒野区时，当我们无限制地开发、利用生态系统时，我们都必须仔细考虑，因为由于我们人为地破坏和利用，可能会导致我们无法预料的后果，严重的话，甚至可能导致生态系统稳定性的丧失。

（4）避免不可逆变化。生态系统的变化发展过程是不可逆和不可避免的。一种政策影响环境的持续时间越长，我们就越应该避开这种不可逆变化。我们应该尽可能完整地保留大自然原有的成分，使大自然能够凭借自身的恢复力修复受到的损害。政策在某种程度上的确能为自然的保护提供屏障，但是政策也有自身的局限性，它并不是万能和无条件的，尤其是在科学技术的双面性日趋明显的情况下。

（5）优化自然界的多样性。多样性是一个需要用各自不同的指标（物种的数量、物种的丰富程度、生物共同体的类型、物种之间的互动频次和能量流动通道的多少、富余的和可供选择的食物链、公民体验的差异性）来加以说明的重要观念。环境政策应可以最大程度地提高多样性质量，即使环境类型的数量不得不被牺牲；一定要确保各种类型的栖息地和各种各样的物种得到保护。

（6）物种没有主人，政府是它们的受托者。罗尔斯顿认为，从派生性环境伦理的角度看，物种至少也应理解为某种公共的（非私人的）利益。作为一个物种成员的有机体，物种有时会在公有土地上发现，有时会在私有土地中发现。当我们进一步谈论物种层面的问题时，所有权的概念就不起作用了。土地可以归私人所有，但是生命，尤其是处于基因遗传及繁殖层面的生命过程，不是也不应该是私有财产。在这个层面，物种是没有主人的，国家和私人可以充当托管者，但为确保公共利益、物种和生态系统免遭损害，政府作为物种受托者更为合适。

（7）增加选择的机会。我们可以通过增加选择，增加人们实现个人偏好价值的可能性，同时也能提高人们的自由程度和生活质量。我们应该为我们自己和后代增加体验自然的选择机会，在公共土地问题上，我们偏爱那些能增加选择性的多角度利用。对公共土地来说，土地的多角度利用给我们提供的选择机会，很有可能是那些专门用于发展经济的土地所不能提供的。不仅如此，多角度利用还增加了大自然的教育价值，提高了大自然具有的引导个人感受全新体验的能力，从而使人们的个性变得更加丰富。

（8）避免中毒性威胁。我们都知道很多化学物质对人体和生态系统都有着很严重的伤害，单凭自然系统的修复力是无法清除我们排放的废气、播撒的农药和除草剂的，而那些污染性气体更是会久久弥漫在大气层。制定环境政策时，应当限制这些污染物的排放，对那些毒性强烈的污染物，甚至应该禁止它的排放。人类在追求经济利益时，往往以损害环境作为代价。政策应该明确提出物种和生态系统的完整才是至关重要的，社会的善和个人的善要优先于个人偏好和市场价值。

（9）不能对未来的环境打折扣。在制定环境政策时，不能只顾眼前利益。我们都知道水、空气、土壤是人类永远都需要的资源，这些资源是地球上所有生命赖以生存的条件，没有任何物品能替代它们。当我们不顾后果地掠夺和滥用大自然的资源时，我们不仅仅是在使用这些资源，更是断绝了我们的生命之源，准确来说，我们是在盗取子孙的资源。如果说，我们没有义务给子孙留下我们的财富，那么至少，我们应该给我们的下一代留下一个尽可能美好的世界。

（10）与环境有关的工程不要强行上马。人们在制定一项决策时经常会受到惯性思维的影响，人们总是认为已经在做的事情，就应该继续做下去。但是很多时候，事关环境问题的决策带来的后果是在短时间内无法预见的。如果我们在制定环境政策时能够仔细考虑，尽可能地预见那些可能性，很多事情也许就不会那么糟糕。特别是与环境相关的工程不应该强行上马，我们应该制定政策，全面分析有关工程带来的预计性后果，尽量避免给环境造成破坏。

（11）不能不负责任地作出决策。既然我们的决策经常会对大自然造成无法预计的后果，很多人就会认为还不如什么都不做，这样还能保存大自然的价值。但是在很多时候，什么都不做并不是绝对可靠的。因为大多数时候，决策的影响都有一个潜伏期，要在很多年后才会显现出来。而在这种时候，由于惯性的影响，要改变这种决策就困难多了。拒绝去制定新的决策，表面上看起来好像什么都没做，但实际是作出了使未来更不确定的决定。

（12）勿把残存的荒野地推向市场。人们在制定环境政策时，应该精心保护大自然的各种非经济价值。经过深思熟虑和民主分析作出的决策的好处在于能把大自然各种类型的价值都展示给人们面前。因此，我们在制定政策时，应该尽可能多地保存所有价值。

（13）不能以不可恢复的方式或消费性方式来使用现存的荒野地以满足社会少数人的需要。人类的社会问题绝对不能依靠继续扩大人工环境和荒野之间的差距来解决。

（14）使量化模型的潜在价值判断明晰化。很多人认为，量化分析会使我们得出的结论更加准确。实际上数字并不是绝对准确的，数字也是有极限的。如果人们没有正确地使用量化分析方法，数字背后的价值关系就会被人们忽视。就算是人们在研究过程中能正确量化分析，这种方法也有自身的缺点和局限性。我们不能只相信片面的数字，因为环境决策不是由数字决定的，我们应该首先估算潜在的价值，再考虑是否用数字进行分析。

（15）保护少量型利益。特别是在这些被保护的利益是非消遣性的利益，且对这些利益的保护并不要求人们做任何事的时候。少量型利益相比大量型利益不仅便宜，更容易保护，而且不和其他非经济型相互冲突。很多人可能看不到少量型利益的价值，但是保护少量型利益实际上就是在保护人们的长远利益。因此，我们在制定政策时，也应该把少量型利益放在更重要的地位加以考虑。

（16）环境决策必须打破永恒增长的模式。工业革命以来，人类社会经济飞速发展，但在某种程度上，却是以环境的污染和资源的耗尽作为代价。因此，我们应尽可能完整地保存非经济性的自然价值，制定出稳定型经济政策。

（17）环境政策应能唤醒以往那些潜在的和新近产生的价值观。罗尔斯顿的环境伦理学肯定了大自然的内在价值，否定了把自然看作仅有工具价值的商品这种观点。他认为：不仅人类的存在是独一无二的，人类之外的生命更是神圣不可侵犯的，不应把荒野仅仅当作资源利用，而应该去尊重和保护它。环境伦理是一种生物共同体的伦理，不仅包括人类，也包括其他物种，它要求我们尊重我们周围的芸芸众生。

罗尔斯顿还将环境伦理与商业伦理结合，提出了商业中的公正这一问题。他从人本主义和自然主义两个角度进行说明。人本主义伦理讨论的是如何增加人类这一物种利益的问题，它要求人们关心的是公共的而非公司的利益。当随着人类对自然共同体及其中各种类型的栖息者负有义不容辞的责任时，伦理的关怀扩大了，这是自然主义的商业伦理。

他认为，将环境伦理融入公司政策中，如果这种伦理是人本主义的，必须首先考虑以下行为原则：①应估算那些与你公司没有业务往来的人所遭受的损失；②勿以为对公司有利就等于对国家有利；③切勿对受害者保守公司秘密；④不要推卸解决历史遗留问题的责任；⑤最大程度地实现非消遣性的善；⑥最大程度地回收利用；⑦一种不可替代的资源越重要，就越要物尽其用；⑧接受经济的非增长部门。

自然主义的商业伦理给我们提供了某些能使我们把商业利润和生态的完整性结合起来的可操作的行为原则，包括：①把生态系统当做一个可靠而有效的经济系统来尊重；②越罕见的环境越应谨慎待之；③环境越优美越应谨慎待之；④环境越脆弱越应谨慎待之；⑤对感觉能力越敏感的生命，越应予以尊重；⑥尊重生命，且对物种的尊重优先于对个体的尊重；⑦把大自然首先看成一个共同体，其次才是一个物品；⑧爱邻如己。

罗尔斯顿认为，商业事务与环境事务中的伦理具有复杂性，但人类应遵循以下原则，以保持其责任感：①切忌以复杂为借口推脱责任；②勿用公共技巧自欺或欺人；③道德往往重于法律；④承认环境决策中举证责任的转移；⑤把道德判断贯彻于你的企业所参与的整个事件中；⑥作面向未来的长远考虑；⑦已所不欲之风险，勿施于人；⑧多为共同利益工作；⑨对公司压力持批评态度；⑩必须兼顾经济利益和环境利益。

罗尔斯顿认为：环境伦理学的目的，是为了使人类生活得更好，寻求的是与地球协调且高质量的生存，与自然生态中其他物种和谐相处的愉悦体验。对于个人而言，伦理学自然主义化表现在：首先，人类应栖息于自然和文化之中，对复合价值伦理适应；其次，人类应作为地球上的道德监督者，人类是自然进化的最高价值，也是自然界的最高角色。人类站在生态系统的顶峰，也应该用一种整体性的观点看到其他存在物的价值，应该对自然抱有一种责任感。环境伦理学把人类当作是地球上的道德监督者，人类应该运用自己的智慧来维护生态系统的稳定和保持生态系统物种的多样性，不仅仅关注人类自身的发展，更应该对其他物种保持一种恻隐怜悯之心，把地球当作是一个生生不息的生态系统，而人类只是这个生态系统中最重要的一部分。最后，人类应诗意地栖息于地球上。

我们所扮演的是这样一种角色，即依据一种具有地域性、全球性和历史性的伦理，生活在地球上，阐释地球上发生的一切，适应着并分享着地球上的一切。从终极意义上而言，这就是生命的进化史诗所包含的，被环境伦理学高度概括的主题：生命就是一种冒险——为实现对生命的热爱并获得更多的自由；这种爱和自由都与生物共同体密不可分。这样一个世界，或许就是所有各种可能中最好的世界。

五、思考题

1. 自然界真的有其自身的价值吗？
2. 自然界的价值如何体现出来？
3. 内在价值与外在价值的关系是什么？
4. 价值与事实的关系是什么？

（撰稿人：宋蕾）

第五章

《大自然的权利：环境伦理学史》

——（美）罗德里克·弗雷泽·纳什

【本章提要】

罗德里克·弗雷泽·纳什是研究环境思想史和环境主义运动史的著名学者。《大自然的权利：环境伦理学史》是他多年潜心研究的结晶，也是第一本较为全面和详细介绍环境伦理学这一全新学科的发展史的开山之作。该书关于扩展伦理意识范围、激进的环境主义与自由主义、天赋权利论等观点，向我们展现了一批环境理想主义者的道德理想，展现了他们对人与自然之间关系的深刻反思，展现了他们怜悯动物、爱惜植物和保护地球的博大胸怀。只有超越狭隘的人类中心论，建立一种人与自然合理的伦理关系，人不仅对人负有道德义务，人对人以外的自然存在物也负有道德义务，才能真正实现人与自然和谐相处、互利共生。

一、作者简介

罗德里克·弗雷泽·纳什（Roderick Frazier Nash），美国人，1939 年 1 月出生于美国纽约市，是美国著名的环境史学家、教育家、社会活动家。1960 年，纳什毕业于哈佛大学，获文学学士学位；1961—1964 年，师从于威斯康星大学著名思想史学家默尔·柯蒂教授专攻美国环境思想史，获文学硕士和哲学博士学位。毕业后至 1966 年，他在达特茅斯学院从事教学工作。1966 年到加利福尼亚大学圣芭芭拉分校任教，1993 年退休，现为该校历史与环境研究中心名誉教授。纳什不仅是著名的学者和教授，是美国环境教育和环境史学科的开创者和推动者之一，还是一个环境保护运动的活动家。他曾担任过很多社会头衔，他是荒野公共权力基金会主席，国家公园局、林业局、土地管理局等机构的环境问题顾问和专家鉴定人，哈佛大学环境问题委员会成员。他还担任《环境教育》《环境评论》《太平洋历史评论》《国际荒野杂志评论》的编委和编辑等。1975 年，纳什被评为美国杰出教育工作者。2000 年，美国环境史协会授予他终身成就奖，以奖励他对创建环境史这一领域所作出的贡献。纳什一生著述颇丰，已出版发表了 10 部专著和 150 多篇文章。其中，《荒野与美国精神》和《大自然的权利：环境伦理学史》两部著作最负盛名，影响最大。

二、作品版本

罗德里克·弗雷泽·纳什撰写的《大自然的权利：环境伦理学史》(杨通进译，梁治平校）著作，青岛出版社出版，1999 年 9 月第一版第一次印刷，全书总字数 29.5 万字，总页数为 332 页。全书由导论、6 个篇章和跋组成，其基本特征是把环境伦理思想解读成西方自由主义思想传统的最新发展和逻辑延伸。导论部分概述了环境伦理学的基本精神以及西方文明扩展伦理关怀范围的逻辑过程。第一章追溯了环境伦理思想与天赋权利论之间的渊源关系，介绍了西方 17 世纪至 19 世纪的环境伦理思想以及保护动物的仁慈主义运动。第二章探讨了 19 世纪末至 20 世纪初的环境伦理思想。第三章介绍了现代环境伦理学的产生过程，重点阐述了环境伦理学的创始人史怀泽和利奥波德的思想以及后人对于他们的思想的传播、普及和发展。第四章梳理了基督教的环境伦理思想，探讨了基督教的“绿色化”趋势。第五章详细介绍了 20 世纪 70 年代以来的环境伦理思想，说明了环境伦理学的“前卫”特征。第六章展现了当代的环境主义运动，以及这一运动对人们的价值理念、社会生活、政治法律制度和现存经济秩序的冲击和影响。最后部分的“跋”说明了环境主义与废奴主义之间的相似性与合理性，指出了环境主义运动的光明前景。

三、写作背景

《大自然的权利：环境伦理学史》一书于 1989 年由威斯康星大学出版社出版。该书追溯了权利体系在美国的扩展历史，认为从哲学和法律的特定意义上，大自然或其中的一部分具有人类应予尊重的内在价值，被誉为环境伦理学这一新学科发展史研究的“开山之作”。该书正式出版以来，已被译成多种外国语言，在澳大利亚、中国、日本、希腊等国出版，行销世界达百万册。

美国的环境保护运动始于 19 世纪末，到 20 世纪初达到高峰，主要由美国总统西奥多·罗斯福和科学家吉福德·平肖等人自上而下推动的以功利主义为主要信条的资源保护运动开始，主要内容包括国家公园和自然保护区的开辟、水利的综合治理以及森林保护和矿业治理等。进入 20 世纪 30 年代，由于严重的经济危机和持续的萧条，加之干旱、尘暴、洪灾等自然灾害频发，美国面临着经济大萧条和资源环境恶化的双重危机。在这样严峻的形势下，富兰克林·罗斯福总统上任后，把资源保护作为新政的主要内容之一，采取了行政手段和一系列措施保护美国的自然资源和改善环境，并在森林资源保护和植树造林方面取得了突出成就。第二次世界大战以后，一方面伴随第三次科技革命的发生和发展以及大众消费时代的来临，资源耗竭和环境污染日趋严重；另一方面，随着中产阶级队伍的扩大、生活和教育水平的提高，人们要求获得健康的生活环境的呼声也日趋高涨。特别是进入 20 世纪 60 年代以后，美国面临着严重的社会和信仰危机，民权运动、反战运动、女权运动和反主流运动等各种运动此起彼伏。人们对现实的不满，纷纷向传统价值观提出挑战，他们渴望回归大自然，这为环境运动及其环境伦理学的发展提供了广阔的社会背景。

1962 年蕾切尔・卡逊所著的《寂静的春天》的出版，在美国产生了广泛的影响，既极大地激发了美国公众对环境污染的危机意识，也引起了美国政界和学界的高度关注。随后，美国政府在 20 世纪 60~70 年代把环境问题提到一个战略高度，加大了环境保护的立法和执法力度，关于空气污染、水污染和化学污染等一系列法律相继出台，从而再次形成了美国环境保护运动的高潮。尤其是 1970 年《国家环境政策法》的出台具有划时代的意义，该法体现了联邦政府环境政策的主要理念和价值取向，对后来的美国环境立法具有一般性的指导意义。这为纳什深入研究美国环境史提供了现实基础和条件。

纳什不仅是一位学者，也是一位环境保护运动的积极倡导者和参与者。他深切关注着自然的权利和人类的命运，积极参与有关环境问题的各类社会活动。1969 年 1 月 28 日，美国加州南部发生了圣芭芭拉石油泄露事件。面对这一严重的环境灾难，纳什亲临事发海域实地考察，并组织和领导当地民众开展各种善后工作，起草了著名的“圣芭芭拉环境权宣言”。这一事件的发生进一步激发了纳什的环境危机感和责任感。

在导师默尔・柯蒂教授的悉心指导下，出于对城市生活的厌倦和对自然的热爱与向往，纳什专注于美国环境思想史的研究。威斯康星大学是一所有着环境与边疆史研究传统的院校，许多著名的学者都在此工作过，并留下了丰富而珍贵的研究史料。奥尔多・利奥波德、弗雷德里克・特纳、梭罗、西格尔・奥尔森、亨利・史密斯等都给纳什的研究提供了很多素材和灵感。继 1967 年纳什撰写的《荒野与美国精神》由耶鲁大学出版社出版之后，时隔 22 年的 1989 年，他完成并出版了《大自然的权利：环境伦理学史》这一重要学术著作。该书从大自然所具有的内在价值及其应享有的与人类同等的权利进一步论证了保护荒野的深层根源，为环境伦理学的发展作出了重要的理论贡献。

四、主要内容

环境伦理学作为一门自然科学与社会科学交叉融合的新兴学科，其研究对象的确定十分关键。把人与自然的道德关系纳入伦理学的研究范围彰显了环境伦理学研究的全新视野。在《大自然的权利：环境伦理学史》一书导论的开篇，纳什就开门见山地明确界定了其研究对象：“本书关心的是‘道德应该包括人和大自然之间的关系’这样一种观念的历史及其含义。立足于美国的思想史，本书将追溯这样一种信念在近现代的发展，这种信念认为，伦理学应从只关心人（或他们的上帝）扩展到关心动物、植物、岩石、甚至一般意义上的大自然或环境。思考这个问题的一个方法，是考察伦理学从关心人类特定群体的天赋人权到关心大自然中的部分存在物（某些理论家主张的）或所有自然物的权利的进化过程。”他简要回顾了西方文明关于道德的思想历程，通过对以往学者关于道德扩展的理想类型和美国天赋人权的现实类型的对比分析，阐述了道德关怀的范围从人到生物、自然不断扩展的逻辑过程，论述了环境伦理学的核心要义——大自然拥有内在价值，因而也拥有存在的权利。

从主张天赋权利到承认大自然的权利，既是人类思想发展的一个认识过程，也是人类道德境界不断提升的一个过程。在第一章“从天赋权利到大自然的权利”中，纳什回顾了西方自由主义的传统，认为逐步扩展天赋权利的思想是自由主义传统的鲜明特点。围绕“是否应当扩展这一传统，使之包括非人类存在物的利益——甚至作为一个整体的大自然的利益”这个根本问题，他着重阐述了17~19世纪的西方伦理思想史。从约翰·洛克认为人拥有与生俱来的生命、自由、健康、财富或私有财产等天赋权利到哈姆弗里·普莱麦特的“论仁慈的义务和残忍对待野生动物的罪孽”、杰罗米·边沁的追问“为什么法律拒绝保护所有具有感觉的存在物？”再到约翰·劳伦斯提出“兽类的权利”、理查德·马丁主张“禁止虐待家畜法案”、亨利·赛尔特《动物的权利与社会进步》一书的发表等，无论是从环境保护的立场还是从仁慈主义的观点，无论是从宗教的意义还是从法律的角度，都表明了伦理学在从人际范围扩展到人与其他存在物的关系的过程中，扩展天赋权利的范围，使之容纳大自然的权利的思想，已经越来越为人们所接受和认可。

纳什认为，尽管美国环境伦理的思想源于英国，但是环境伦理学的一些基本原则和理论却在美国诞生和发展。他说：“在美国，环境保护或环境主义的最伟大的成就都是1960年以后取得的。但是，在18、19世纪，在构建一种关于人与自然关系的伦理哲学，以及实施与动物有关的法律方面，英国都远远走在它以前的美国殖民地前面。美国既没有出现杰罗米·边沁或约翰·劳伦斯这样的人物，也没有制定像马丁法案这样的法律。”

在第二章“美国环境主义的意识形态起源”中，他阐述了19世纪末至20世纪初美国的环境伦理思想，重点介绍了梭罗、马什、缪尔、贝弗、伊文斯、摩尔等人的环境伦理思想。新环境主义者的开路先锋亨利·大卫·梭罗提出了环境伦理的第一个原则：“凡物，活的总比死的要好；人、鹿、松树莫不如此。”乔治·帕金斯·马什的《人与自然》是美国出版的第一本从伦理学角度探讨自然保护问题的书。约翰·缪尔第一次提出大自然拥有权力的思想。1866年，在禁止残害动物美国协会的创立者亨利·贝弗的倡导下，纽约立法局通过了禁止残酷对待所有的动物，包括家养动物和野生动物的一项法律，其意义超越了英国的马丁法案。爱德华·培生·伊文斯在美国第一次提出一种完整的可称为环境伦理学的观点。伊文斯在《进化论伦理学》一书中写道：“追溯道德进化的历史，我们发现，对彼此的权利和义务的认可，最初只限于一个部落或部落的成员，然后扩展到崇拜相同的神的人，并逐步扩大至包括每一个文明的民族，最后发展到至少在理论上把所有民族的人都理解为团结在一种兄弟情谊和仁慈同情的共同纽带中；这种共同纽带的范围现在已缓慢地扩展，不仅包括高等动物，还包括所有有感觉的有机生命。”纳什高度评价了伊文斯的这种伦理思想，认为从思想深度上看，伊文斯的观点是前无古人的。即使是19世纪最激进的仁慈主义者和天赋权利论者都只是关心动物，伊文斯超越了他们，他关心的是每一个“有感觉”的生物，甚至岩石或矿石这类没有生命的客体。与伊文斯一道，在世纪之交最详尽地探讨了伦理扩展问题的还有美国芝加哥的一位中学教师约翰·霍德华·摩尔。他在《新伦理学》的著作中明确写道：“所有的存在物都是目的，没有一个存在物是工具。”“所有的存在物不仅拥有平等的权利，还拥有所有的权利。”

哲学与科学是相辅相成、相互促进的。自从 1866 年德国的达尔文主义者恩斯特·海克尔创立了生态学以来，生态学所探讨过的共同体、生态系统和整体主义的科学理论，为进一步扩展伦理关怀的范围提供了引人注目的新的科学证据，也为承认以所有的生物的存在合理性为基础的道德哲学指明了方向。

在第三章“生态学对共同体范围的扩展”中，纳什既阐述了环境伦理学产生的科学基础，又重点论述了史怀泽（又译为“施韦泽”）“敬畏生命”和利奥波德“大地伦理”的环境伦理思想。保护、促进、完善所有的生命是诺贝尔和平奖获得者阿尔伯特·史怀泽敬畏生命的伦理学的支点。史怀泽明确指出，他所敬畏的生命绝不仅仅是人的生命。他说：“到目前为止的所有伦理学的最大缺陷就是它们相信，它们只是处理人与人的关系。”在他看来，“一个人，只有当他把植物和动物的生命看得与人的生命同样神圣的时候，他才是道德的。”纳什认为，虽然史怀泽的思想是一种带有神秘色彩的整体主义，但却与生态学家关于生物共同体的思想不谋而合。没有任何一个生命是毫无价值的或仅仅是另一个生命的工具，每一个存在物在生态系统中都有其位置，而某些哲学家和科学家正在开始考虑与这种位置相对应的权利问题。奥尔多·利奥波德是现代美国发展环境伦理学的开创者之一，被誉为现代环境伦理学之父、现代环境主义运动的鼻祖，其专著《沙乡年鉴》称之为“现代环境主义运动的一本新圣经”。在《沙乡年鉴》的最后一章“大地伦理”中，利奥波德从全新的角度解释了道德的起源及其意义。他说，道德是对行动自由的自我限制，这种自我限制源于这一认识：“个人是一个由相互依赖的部分组成的共同体的一名成员。”因而，大地伦理“要把人类的角色从大地共同体的征服者改造成大地共同体的普通成员与公民。它不仅暗含着对每一个成员的尊重，还暗含着对这个共同体本身的尊重。”因此，环境伦理最基本的原则是：“只有当它有助于维护生物共同体的完整、稳定和美丽时，它才是正确的；反之，它就是错误的。”此外，纳什还介绍了约瑟夫·伍德·克鲁奇、勒内·杜博斯、蕾切尔·卡逊、爱德华·威尔逊、大卫·埃伦费尔德等生态学家的环境伦理思想，并指出：“生态学取代古代神秘主义和神学的有机体主义，为共同体的观念提供了一个新的生物学基础。它为扩展道德共同体的范围、使之包括大自然提供了许多实践性的理由，还为其他物种、甚至作为整体的环境的内在权利提供了一个论据。”

生态神学认为，既然环境问题的根源主要是宗教性的，那么解决问题的药方肯定也是宗教性的。

纳什在第四章“绿色宗教”中，阐述了宗教中的环境伦理思想，重点介绍了历史学家林恩·怀特的思想，并阐述了东西方宗教对自然的观念和认识。怀特在“我们的生态危机的历史根源”一文中，提出疑问：西方文明对大自然的掠夺为什么达到了这样的程度，以致它自己的发展——即使不是生存，都受到了威胁？究其根源在于犹太—基督教二元论和人类中心主义的传统观点，认为掠夺人是错误的，但掠夺大自然却是完全正确的和恰当的。因为，犹太教和基督教把人和自然视为两类完全不同的存在物而区别对待。相反，东方宗教（如道教、佛教、印度教等）认为，“大自然的所有构成部分在本源上都是同一的。通过把自我融合进一个更大的有机整体中，这些宗教排除了通向环境伦理学的思想障碍。东方的古老思想与生态学的新观念颇相契合。在这两种思想体系中，人与大自然之间的生物学鸿沟和道德鸿沟都荡然无存”。面对怀特的质疑和批评，很多神学家也纷纷寻找基督教关于保护环境的神学依据，并出现了宗教“绿色化”的趋势。20 世纪 70 年代以后，随着社会的进步与环境伦理学的发展，大自然的权利的思想已为多数人所接受，从神学到邻近的教堂，越来越多的人都认为，人与自然的关怀不能排除在宗教伦理学之外。纳什写道：“70~80 年代对人类以外的生命和地球的权利的宗教关怀是这一思维模式的延续与扩展。对基督教传统的重新解释以及对东方宗教和土著人信念的兴趣的兴起，使得许多美国人都了解了环境伦理学。神学家和神甫成了‘人类的伦理责任必须包括对大自然的关心’这一新思想的主要建设者和宣传家。”

关于环境伦理是否是功利主义和工具性的？大自然是否拥有利益、价值或权利？环境伦理学道德关怀的范围或界限在哪里？围绕环境哲学的这些争议，纳什在第五章“绿色哲学”中阐述了环境伦理学的基本观点和特征，它是一种生物中心论而非人类中心论的伦理思想。20 世纪 70 年代，日益增长的环境危机意识促使哲学家们全力投入发展伦理学的思想事业。纳什说，尽管“环境伦理学”一词有几种，有时甚至是相互矛盾的意义，但在这一新领域 70 年代的开拓者几乎都同意，“在大自然中不存在正确和错误的观念。不管是来自神祇，来源于经验，或导源于逻辑，伦理规范都只是人的观念。其他生命形式可能是道德的主体，但是它们缺乏用正确的标准来判断其行为或与人类建立一种互惠的道德关系的精神能力。道德观念存在于人的心灵中，它们是人们自己加给自己的、限制其行动自由的约束力量。人们决定获得道德关怀的资格，并且在某种程度上分配各种权利。但是，人们的共识也就到此为止，再往下推，分歧就立刻出现了。”诸如，环境伦理的界限在哪？道德关怀的范围是延伸扩展到家畜，所有生物，生态系统中所有的岩石、土地、水、空气和生物物理过程，还是地球乃至宇宙？对此，不同学者有不同的看法。其中，南加利福尼亚大学的法律哲学教授克里斯托弗·斯通在 1971 年《南加利福尼亚法律评论》上发表了具有时代意义的《树木拥有法律地位吗？》的论文，明确提出：我们的社会应当“把法律权利赋予森林、海洋、河流以及环境中的其他所谓‘自然物体’——即作为整体的自然环境”。克里斯托弗·斯通的伦理体系把环境人格化提到了一个前所未有的高度，他最终的目的就是要“把环境当作一名权利拥有者引入社会”。受斯通的影响，威廉姆斯·道格拉斯法官认为，作为最发达的生命形式，人类必须“替整个生态共同体说话”。当然，斯通主张给予树木以法律地位的观点也遭到了很多人的质疑和挑战。有记者用诗句表达了反对和不解：“如果道格拉斯法官获胜——哦，但愿这该死的一天不会到来——我们将被湖泊和山丘起诉，要求补偿它们所受的伤害。声望卓著的伟大山峰，将突然变得好打官司。我们的小溪将在法庭潺潺作声，为其权利遭受侵犯而寻求损害赔偿。我怎敢在一棵树下休息，如果它很快将起诉我？我又怎么可能欣赏那个顽皮的海豚，如果它正在寻求‘人身保护令’？每一个动物只要愿意，都将找到诉讼的理由。被四面八方涌来打官司的生物挤得水泄不通的法庭，还将堆满大部分土地提交的诉讼状。啊，不过，报复将是甜蜜的。因为彼此都会互谅互让。我将及时地起诉我邻居的树，因为它的树叶遮住了我。”宾夕法尼亚哲学教授马克·萨戈夫、加拿大法学教授埃尔德等人都对斯通提出过质疑和批评。萨戈夫问道：斯通如何能够知道沉默的自然客体的需要是什么？埃尔德说，树木和峡谷不是“具有自我意识的存在物”。要实现斯通的目标的唯一方法，是把新的权利（即拥有完整、美丽的环境的权利）赋予人们。通过这一方法，人们能够把道德扩展到岩石上去，而无须考虑岩石是否拥有权利或岩石拥有权力意味什么。正是这样关于法律权利问题的争论促使了环境伦理学的不断深入和发展。澳大利亚哲学家和行动主义者彼特·辛格在《动物的解放》中提出其伦理思想的核心是平等原则：人的利益与动物的利益同等重要。美国哲学家汤姆·雷根在《为动物权利辩护》著作中，明确指出：“动物权利运动是人权运动的一部分。”挪威哲学家阿兰·纳斯提出的“深层生态学”，则认为每一种生命形式在生态系统中都有“生存和繁荣的平等权利”。生态女性主义者则把自然环境理解为“自然母亲”，这种观点强调生命之间、人与自然之间的相互联系（而非等级制度）是自然之道。那么，到底是生态整体重要还是生命个体重要呢？动物解放论者强调有机个体的权利，而大地伦理学则强调整体主义。巴尔德·克里考特的“伦理整体主义”认为，整体所承载的道德价值大于它们任何一个组成部分所承载的道德价值。克里考特解释道，“海洋，湖泊、高山、森林和潮湿的土壤拥有的价值大于单个的动物拥有的价值”。这种强调生态整体的伦理思想核心是：生态系统的健康与完整对于个体幸福来说至关重要。对此，霍尔姆斯·罗尔斯顿也持有相同的观点。但是，当代环境哲学的动物解放论流派又指责利奥波德、克里考特这类当代生物中心论者的整体主义为“环境法西斯主义”。最后，纳什在本章结尾总结表明：“在某种意义上，生态伦理学确实使传统的自由主义哲学超越了它的思想局限。道德关怀的范围变得如此之大，以至于人们不禁要对以往那种只把道德关怀给予道德共同体的个体构成者的作法的合理性表示怀疑。也许，伦理学的范围并不是按顺序向外扩展的。但是，从另一个角度看，环境伦理学对‘在地球上的自由和公正意味着什么’这一问题提出了全新的理解。它认识到，离开个体生命存在于其中的生态‘子宫’，就不会有个体的幸福（或自由）。可以把生物中心论的伦理学解释为：扩展尊严——人们以往认为只有个体才有尊严——享有者的范围，使那个创造并支撑着这些生命的生物——物理‘子宫’也享有尊严。因此，可以把生物中心论的伦理哲学理解为美国自由主义传统的终结和新的开始。”

无论是从自然的立场还是从人类的角度来看，保护好人类赖以生存和发展的大自然，已经成为世人普遍的共识。环境伦理学从理论走向实践，是社会发展的必然选择和趋势。

在第六章“解放大自然”中，纳什阐述了当代环境主义运动，以及这一运动对人们的价值理念、社会生活、政治法律制度和现存经济秩序的冲击和影响。纳什写道：“前面三章考察过的许多生态学家、哲学家和神学家同时也是环境行动主义者。他们中的某些人相信，大自然拥有权利，这些权利是人类——他既是大自然的权利的主要侵犯者也是地球上唯一的道德代理人——应予尊重和捍卫的。其他人则认为，从人的利益的角度看，保护大自然是正确的，破坏大自然是错误的。这两派观点都把环境保护理解为一个伦理问题，把环境保护与美国的自由主义联系起来，并因而使环境保护运动变得比以前更为有力。”有的学者主张从美国现存的法律和司法制度的框架内来实现他们的伦理理念，如《动物福利法》(1966)、《海洋哺乳动物保护法》(1972)、《濒危物种法》(1973)等法律的制定与实施；有的主张从根本上改变美国人的生活和思想，要求彻底废除许多根深蒂固的传统习俗，如赫伯特·马尔库塞第一次喊出了“大自然的解放”这样的口号；有的利用现存的政治制度来保护大自然，出现了“绿色政治学”，如20世纪70年代联邦德国（西德）率先成立了“绿党”，它的基本纲领是强调和平，反对核战争，强调妇女的权利和环境伦理。与此同时，一些环境激进主义者打着各种旗号纷纷成立了绿色组织，如“绿色和平”“海洋保护者协会”“动物基金会”“动物解放阵线”“地球优先”等。这些环境激进主义者采取直接的变革和抗议，甚至把环境主义运动推向了暴力的边缘。有的组织坚持非暴力的立场，而越来越多的大自然权利的捍卫者则准备以暴抗暴。“绿色和平组织”宣称：人类不是地球上的生命的中心。生态学已告诉我们，整个地球都是我们的“身体”的一部分，我们必须学会尊重它，就像尊重我们自己那样。从1982年3月开始，美国各地的“动物解放阵线”成员就不断冲进实验室，释放被关押的动物。特别是1987年，在加利福尼亚大学戴维斯校区，动物解放阵线烧毁了一座价值250万元的动物研究建筑物，以此来欢庆地球日（4月22日）和动物权利日（4月24日）的到来。1985年，大卫·弗尔曼用《生态捍卫：捣乱行动指南》一书概括了环境主义的好战行为。在美国对于这些暴力行为也存在不同的认识和看法。本章结尾，纳什意味深长地写道：“核战争和核冬天问题比最近的任何其他问题都更容易促使人们关注人和大自然的权利。环境主义运动已开始认识到，在裁军运动中，至关重要的不外乎地球的命运。哲学家和科学家都承认，如果栖息地不存在了，那么任何有机个体的权利都将变得毫无意义，栖息地本身就是生存权、自由权、追求幸福的机会的保障。许多人都提出了栖息地本身的权利问题。对大自然和人的未来解放者来说，消除核屠杀的威胁很可能将成为一条重要的道德命令。”

大自然的解放与人类的解放具有很多相似的性质，废奴主义和环境主义都是美国自由主义传统的逻辑延伸。如果说，对奴隶制的废除是美国18世纪中叶的自由主义的极限，那么，生物中心论和环境伦理学也许就是20世纪晚期的自由主义思想的前锋。废奴主义者曾经面临的伦理与政治境遇与激进环境主义在当时遇到的境遇非常相似。对奴隶的剥削与对自然的掠夺是一样的，纳什写道：“当代较激进的环境主义者非常清楚地意识到了这二者之间的联系。他们中的大多数人都发现，与这种不受限制的资本主义联系在一起的价值观，既是继续存在着的歧视问题，也是现代环境问题的根源。他们认为，环境保护领域的任何有意义的变革，都取决于把人与自然关系从一种经济关系改造为一种伦理关系。”因此，“相信大自然的权利的新环境主义者把资源保护与托管行为当作毫无伦理内涵的行为予以谴责，就像废奴主义者嘲笑仁慈的奴隶制那样。在他们看来，深层生态学家所说的‘改良的环境主义’或‘肤浅的生态学运动’似乎正是一种更有效的剥削和压迫形式。它完全类似于下述作法：给奴隶吃得很好，或给妇女买新衣，却又拒绝给予她们投票权。激进的环境主义者同意废奴主义的主张，即真正的变革取决于用这样一种制度——它建立在承认被压迫的少数群体的权利的基础之上——来取代整个剥削制度。”环境主义运动的辩护者们发现了他们的事业与废奴主义者的事业之间巨大的相似之处。一个世纪前解放奴隶的那些人和今天解放大自然的人之间的这种相似之处，既令人鼓舞又令人不安。一方面，在19世纪30年代，南北战争和废除奴隶制似乎是不可能的；另一方面，解放奴隶最终的结果是美国四年的南北战争，消灭了奴隶制，黑人获得了真正的解放。今天，在某些人看来，要想使人与其他物种和自然本身之间的关系再次发生类似的变化，实现大自然的解放，这似乎也是很遥远的，就像19世纪早期，要想使奴隶获得自由似乎也是很遥远的事一样。而事实上，促成南北战争的那类因素今天仍大部分存在着。这些因素包括（许多人所理解的）对大自然的权利的剥夺：掠夺和压迫美国生态共同体中的其他成员，即某些人所说的对非人类物种和环境的掠夺，再次成为激烈讨论的热点。对此，纳什深感忧虑。在本书的最后结尾，他写道：“如果核战争被广泛理解为不仅是对人的权利，而且是对非人类物种和地球的权利的侵犯，那么到了那时，大众参与以伦理观念为动力的环境主义运动的可能性就会极大地提高。站在这个运动另一边的，是为人类中心论伦理学和掠夺环境进行辩护的人，他们像19世纪黑人的剥削者那样，从其有限的伦理学中获得了大量的物质利益。他们中的某些人不愿意放弃其利益和行为，不管激进的环境主义者的抵抗是多么的激烈。这一形势非常类似于南北战争前美国的思想和政治形势，如果这一形势有可能危及国内的平静，那么，这绝不是历史的错误。”

五、思考题

1. 大自然是为了人类而存在的吗?

2. 大自然是否拥有利益、价值或权利?

3. 狩猎与钓鱼有道德问题吗? 人们杀死动物是为食用与仅为娱乐在道德上有区别吗?

4. 熊猫是因为受到人们的喜欢才显得重要。你同意这样的说法吗? 这是人们应当保护熊猫的唯一理由吗?

5. 有许多法律禁止虐待动物。请尽你所能列举出其理由。你觉得动物有其自身权利的道德身份吗?

6. 生物中心论的伦理观可行吗? 如果可以实现，又有哪些途径?

（撰稿人：黄勇）

第六章

《中国环境史：从史前到现代》
——(美)马立博

【本章提要】

环境史是“研究由人的实践活动联结的人类社会与自然环境互动过程的历史学新领域”，关注的是“人类与环境相互作用的界面”和“人与环境的双向互动关系”。在《中国环境史：从史前到现代》中，马立博则注意到中国古代单一化的农业生态系统表现出了“非凡的长期可持续性”，对此，马立博念兹在兹，殊为关注。而其间政府支持下之汉人对其他族群、民族的“生态殖民”，马立博则又以大篇幅、跨章节铺陈，架构中国环境史的时空展开。一褒一贬，二者均可谓“马立博问题”：中国学界不可以鸵鸟姿态视之。而法文化视角是解决马立博问题的一把钥匙，能够帮助我们超越、避免西方殖民主义的话语体系。

一、作者简介

马立博（Robert B.Marks），1978年获威斯康星麦迪逊大学博士学位，长期任教于美国惠蒂尔学院。现任该校Richard and Billie Deihl历史学讲座教授。主要的研究领域包括东亚环境史、中国史、社会经济史、全球史和环境史。他的论文《没有资本主义的商业化：华南环境变迁的历程，1550—1850》（*Commercialization without Capitalism：Processes of Environmental Change in South China*，1550—1850），曾获1997年美国环境史学会《环境史》（*Environmental History*）杂志论文奖。主要著作还包括《华南乡村革命》（*Rural Revolution in South China*）（1984）、《现代世界的形成》（*The Making of the Modern World*）（合著，1988，1992）、《现代世界的起源：

全球的、生态的述说》（*The Origins of the Modern World : A Global and Ecological Narrative*）（2002）、《虎、米、丝、泥：帝制晚期华南的环境与经济》（*Tigers, Rice, Silk, and Silt : Environment and Economy in Late Imperial South China*）（1998）、《中国环境史：从史前到现代》（*China : Its Environment and History*）（2011）等，并合作主编《现代中国的激进主义、革命和改革》（*Radicalism, Revolution, and Reform in Modern China*）（2011）。马立博教授还担任《环境与历史》（*Environment and History*）、《自然与文化》（*Nature and Culture*）、《生态学》（*Oecolgie*）等期刊的编委。他目前的主要研究领域为早期近代世界环境史，19世纪中国的生态循环与土壤肥力等。

二、作品版本

《中国环境史：从史前到现代》一书，英文书名为"*China : Its Enviroment and History*"，于2012年由Rowman & Little field出版。其中译本则由关永强、高丽洁完成翻译，于2015年由中国人民大学出版社出版。此书分为8章，共计53.5万字。

三、写作背景

《中国环境史：从史前到现代》，马立博称该书是其"所有著作中工程最庞大、内容最复杂的一本"，但为该书中译本写序的王利华教授指出，"该书之撰成得益于作者多年的教学积累，因此它看起来更像是一本纲要或概论之类的教科书"，同时还说到："最近几年，我国环境史研究迅速热起来，修习相关课程的同学明显增多……目前国内尚未推出一个上下贯通、内容综合、简繁适中的读本。这部出自外国学者手笔的新著，不论对于历史学、环境科学专业的同学还是对一般读者，都是一本很好的入门书籍。"而就生态法学研究生而言，中国环境史在具有健全的对中国生态环境问题的基本认知的价值，且在中国环境法制史学尚处于探索中的情况下，其意义更自不待言。当然，我们首先需要解决的是如何读懂这部对"我们"而言仍然是"内容最复杂"的生态史专业的"概论之类的教科书"。基于此，我们才能进行中国环境史的生态法思考。

四、主要内容

（一）整体史观与环境史叙事

布罗代尔将时间分为三层：第一层是人与环境关系缓慢变化、长时段的历史，第二层是中时段的社会史，第三层是短时段的事件的历史——即布罗代尔时间和结构理论（即所谓的整体史观），其论述对马立博的学术生涯有较大的影响。在马立博第一部著作《华南乡村革命》中，马立博所关心的是将社会史与事件的历史在海量丰富的案例中的结合。在《虎、米、丝、泥：帝制晚期华南的环境与经济》中，马立博所追求的是第一层与第二层的结合，尤其重视布罗代尔将环境纳入历史学研究视野的思路。在《中国环境史：从史前到现代》中，关永强、高丽洁两位译者指出，“在之前出版的《虎、米、丝、泥：帝制晚期华南的环境与经济》一书中，马立博教授曾援引布罗代尔的整体史观来阐释环境史学的研究方法，认为中时段社会史和短时段事件史的研究思路已经被学界广泛应用，而长时段中对人与环境关系的思想则少有追随者。本书就是这样一部长时段的环境史研究”。那么，在环境史的研究方法上，马立博的新著《中国环境史：从史前到现代》是否有突破，是否如译者断言的完全只是沿用了《虎、米、丝、泥：帝制晚期华南的环境与经济》的方法，即强调的只是环境史与社会史的结合呢?

在《中国环境史：从史前到现代》第一章“引言：问题和视角中”马立博指出：“中国环境史并不仅仅是自然环境怎样为人类提供安居之所，以及人类怎样改变环境的故事。这个故事当然会包括自然环境，但它也包括日后成为‘汉人’的人们是怎样与周围同样栖居于此的其他族裔互动的。”在“自然环境怎样为人类提供安居之所，以及人类怎样改变环境的故事”方面，作者建构了两条叙述线：一条叙述线，该书中叙述的主线是中国人怎样通过成功建立一种农业耕作与政府战略利益之间的特殊结合而改变了他们的环境（采伐森林、新修河道、移山开路等），这种环境的变迁不仅范围广大，而且造成了间断性和长期性的生态破坏，最终累积形成了环境危机；而另一条叙述线则描述了中国人的农业系统怎样展现出其非凡的长期可持续性，在漫长的历史岁月里，中国的农民在养分回田循环利用方面取得了杰出的成就。就汉人与其他族裔的互动，马立博指出：“中国环境史在很多方面其实是在叙述汉人怎样从其他族群那里获得已经被他们改造并适合他们生活方式的土地，并按照汉人的方式重新塑造这里的环境，其特征就是以家庭耕作和向中央政府纳税为基础的定居农业。”显然汉人与其他族裔的互动，这一叙述侧线最终回到了农业耕作与政府战略利益之间的特殊结合而改变了中国环境这一“叙述主线”。只不过，受限于汉文文献资料及其“以汉人为中心的叙事模式”，“可以借助于当代生态过程的一些理解来重新审视这些（其他族群及其环境是需要被‘教化’的）史料”，其中最为重要的是生态人类学。马立博指出：“正因为人类从来都是自然环境的一部分，于是一些学者认为，当我们在对环境变化进行阐释时，‘文化’应该是一个不可或缺的因素。不过，马立博又指出，“尽管如此，在评估和理解环境变化影响因素的过程中，我仍倾向于将重点更多地放在对事物及其结构的动态变化——即环境变化的‘驱动因素’——的考察上”。在该书第八章“结论：世界史视角下的中国与环境”，作者专节探讨了中国环境变迁的驱动因素：包括农业与中国政府、市场与商业、技术变革、文化观念与实践、人口规模与变动等。

无论从中国环境史叙述的主线，抑或是从其视角来看，《中国环境史：从史前到现代》诚然首先表现的是环境史与社会史的结合——“经由市场联系的中央政权和农业家庭相结合的方式”对中国环境变迁的影响。但是在“长时分段建章”中国环境史叙述体例的第一个篇章“中国自然环境与早期人类聚落，公元1000年以前”中，作者首先告诫我们：“在开始之前，我想提醒读者，不要简单地用现代人的眼光去回顾中国历史并且假定中国史及其与环境的互动只会以已有的这种方式展开。”并指出：

“在大多数情况下（中国的环境史即为一例），现实并不是唯一可能的结果——很多事情本来完全可以是另一个样子，而历史也会由此变成另一个故事。”因此，“中国历史演进的路径并不是事先设定的，而是经历了一系列带有偶然性的关键转折点的结果。当我们探寻中国历史时，必须深刻地理解这些关键时刻，它们对于中国的人和动物区系都非常重要”。例如，关于作为早期帝国的秦汉是建立在农业基础上的中央集权的官僚帝国，马立博在引用许倬云相关论述后指出：“市场、城市、利润、契约性互惠等都已在这一时期（公元前 5 世纪到公元前 3 世纪这段混乱的时期）出现，而中国最终发展成了一个农业帝国。”“但是汉人与环境互动和改变环境的方式以及产生的结果，却并不是必然和唯一的。成为中华帝国的这块地方也很有可能会变成一个由城市和城市工商业发展所推动的列国体系。”再如关于作为中期帝国的宋，“尽管受到游牧民族的持续攻击并最终被其所覆灭，宋朝依然是一个帝国。而帝国的重新统一并保持这一状态并非必然，事实上，中国在当时很有可能分裂成四国（或更多）并立的局面，每一部分在经济和文化上都或多或少有所差别”。另如明清晚期帝国，“宋及明清经济的很多方面都可以被定义为一种‘市场经济’，并具备了很多被历史学家在其他地区称之为‘早期近代（early modern）’的特点”“在约 1400—1800 年间造就了历史学家所说的‘早期近代世界’的世界经济、社会和文化振兴过程中，中国具有中心地位”，在此期间，“中国在地球上的环境足迹正在变得越来越大，也越来越深”。

但“斯密增长”，即劳动分工和市场规模的扩张和深化下的经济成长与发展，并不会必然导致工业化的突破和跃进到资本主义。近代欧洲工业化的突破，则更具有偶然性，并非所谓西方文明长期以来各种因素不断累积的必然出现的结果。因此我们认为，在环境史的叙事方法上，马立博的《中国环境史：从史前到现代》有新的尝试和突破，即力图实现环境、社会、事件史的结合。

（二）环境史的专业表达方式

整体史观下，环境史研究结合了不同学科及其方法，其中最重要的是生态学——它改变了历史学家表达历史的方式，让人类的历史展现了新的风貌。环境史与生态学，二者既有联系，又有交叉。作为自然科学的生态学，也曾号为“科学的自然历史”，但这样的生态学，仍应定位为立足当代且研究有机体与其环境的相互关系。环境史则回溯过去，对人与其环境的互动的历史关系进行研究，而非仅仅是研究自然的变迁。而且，作为科学家的生态学家虽然提供了种种了解环境中的有机物的角度，但是“他们极少意识到人们或人类社会是他们研究的自然生态系统中的组成部分”。然而，人是历史学家们主要的研究对象，历史学家需要把科学家们无视、散置的东西归拢到一起。因此，除环境中个体的、种群的有机物之外，“环境史学家必须了解处于混合状态下的人类和自然”。

这样，作为环境史学者思想观念基础的广义生态学，事实上有两个来源和脉络。一个是以尤金·奥德姆为代表的自然科学家的生态系统科学（如奥德姆的《生态学原理》），一个是以约翰·贝内特、朱利安·斯图尔德、马文·哈里斯等为代表的社会科学家的，带有诸如文化生态学、人类生态学、生态人类学以及文化唯物论之类的标签的生态学（如贝内特的《生态学的变迁》、斯图尔德的《文化变迁论》）。也就是说，生态学的自然科学与社会科学的两个方面的生态学，提供了环境史可资运用的专业表达方式。

1. 生态学家提供了环境变迁的描述工具

就中国环境史而言，其环境变迁经历了从丰富的生物多样性到单一的农业生态系统的改变过程。“自新时期时代的农业革命以来，土地利用的变化引致了土地覆盖的显著变化，也把中国的自然山水生态转变成农业生态系统”，“过去四千年来中国环境史最重要的趋势，就是自然生态系统被简单化成了一种特定形式的农业生态系统”。

2. 环境史学家创造了能量体制概念

马立博以1949年为界，论述“3000年与30年”之别时指出，“一些环境史学家已经提出，划分人类与环境互动作用时期的一个重要方法是使用‘能量体制’概念。即一个社会开发和使用能量的主要方式”“能量的储存和使用方式是界定社会和经济发展阶段的重要标志”。以化肥、化石燃料为对象的开发和使用能量的方式，是新能源体制。在“本书所涉及的几乎全部时间里，中国人主要从生物质那里获取能量……”，并从属于旧生物体制（历史学家J.R.麦克尼尔称这种工业化之前的能量机制为“肉体能源模式”）。马立博写到：“中国的人口或许在世界上占据了很大的比重，但中国人与环境之间的相互关系则从至少2500年以前甚至更早的时候开始，就表现为一种对特定形式的不断自我复制。曾经被数以百计不同生态系统中的动植物摄取并用以维系大量物种生存的太阳能，越来越被那些由人类种植和收获的农作物所独享。自然生物多样性的丧失同时也伴随着人类文化和政治多样性的减少。”

3. 旧生态体制与单一农业生态系统的可持续性及其生态极限

环境史学家的旧生态体制，可以应用于解释单一化的农业生态系统所表现出的长期的、非凡的可持续性，同时也能解释其最终面临的生态极限、环境退化和生态困境。马立博写到：“随着时间的推移，无论是黄土上的稷种植还是水稻农业，其自身的特性对中国的历史进程产生了至关重要的影响。它们都是高度‘自我维持’的系统。”具有较强的生态（系统）弹性或“社会——生态”系统弹性。但是，“物理学的熵定律也适用于生态系统”，“在几千年来中国持续发展和扩大的过程中，必须越来越多的投入，才能保护这一（农业生态）系统不受损害”。

（1）生态弹性和农业生态系统的可持续性。马立博写到：“与欧亚大陆西部或北美洲不同，当时（末次冰川时期结束时）中国大部分地区并没有被冰原覆盖，很多冰期之前存在的物种都被保存了下来，包括有2亿年历史的叶形奇特而美丽的银杏。末次冰期之后，这些物种在新的小生境中重新出现，增添了中国的生物多样性，形成了数量庞大的物种群。”而“极为丰富的生物多样性促使中国人‘成功’建立并努力维持了独特的文明形式”。即便遭遇19世纪迄今的环境退化，但“中国目前仍然是世界上最具生物多样性的地区之一”——尽管野生动植物的“栖息地被破坏、被条块分割而陷入破碎化”。

而在中国几千年来形成的“特定形式的农业生态系统”的非凡的长期可持续性方面，马立博指出：“两千年前清理出来的耕地现在仍然可以耕种，一千多年前排干的沼泽、湿地和圩田在今天还在生产稻米。在历史上，中国农民通过定期而大量地把从城市人家和公共厕所中收集来的粪肥循环到耕地中的办法来补充营养物质、维持生产力和土壤的肥力。”即便是修筑堤坝、开挖运河等国家权力主导并属破坏生态环境的行为，通过“堤坝维修、运河疏浚等一些管理办法，都至少在一段时间减轻了灾难性的环境后果”。

（2）环境退化。在第五章最后一节讲述了帝制晚期中国的“生态极限”之后，马立博以整整一章，即第六章，系统展现了 19 世纪开始的近代中国生态退化与环境危机的画面。对此，马立博的解释是：在人类的世界历史上，农民凭借与土地的长久联系，熟悉和懂得保持土地生产力的知识和方法。同时，中国农民还受惠于主要农作物的特质（如水稻生长所需要的大部分营养来自于水，因此土质反而不如水重要）和中国历史绝大部分情况下的法律和文化规范“将特定地块（无论大小）使用权的赋予”，因而长期以来以家庭为单位保证了农田的密集使用和高产出。但是，“所有的农业都将营养从土壤中吸收出来，然后由人类和其他动物消费。如果那些营养没有被替换，土壤将变得贫瘠并最终失去生产能力”。有两种情况会加剧土壤中营养元素的流失：一个是将农作物通过市场销售从其产地转移。此种情况下，除非营养元素通过一定形式输入来弥补，否则土壤将变得更加赤贫化，如珠三角的“桑（或果）基鱼塘系统”。18 世纪以后，当地农民需要通过市场从越来越远的地方购进大米进而向系统外输出营养，因此“桑（或果）基鱼塘系统”并非如现代生态学家所认为的那样是一个纯粹的“自我维持系统”。另外一个使问题恶化的因素是森林砍伐，滥伐森林打断了营养物质通过风和水从森林转移到农田的缓慢过程。从 20 世纪 70 年代开始，“化学肥料（特别是氮化物）的工业生产似乎解决了那个问题。但是，相较自然过程形成的氮，现在人类注入全球氮循环中更多的是有反作用的氮。这样，由于这些化学肥料流失到空气和水当中所造成的环境问题便随之而来。”

4.“环境变迁的驱动因素”环境史叙述的外在结构

借助生态学“环境变迁的驱动因素”这一理论工具，环境史学家兼顾人类行为这一中心搭建环境史叙述的外在结构。

正如生态学家所指出的，环境变化的驱动因素可以分为直接驱动因素和间接驱动因素两类。直接驱动因素包括：直接引起驱动因素包括进化、气候变化和火山活动等自然进程，以及由自然或人类原因（直接）引起的其他进程，如土地利用和土地覆盖的变化、物种引进或清除、技术变革、肥料的使用（和滥用）和其他农业实践。间接驱动因素则包括人类活动和制度、机构因素，如社会经济结构与进程、政府行为、技术、文化实践、信仰和人口发展进程等。

环境史是在人与自然的互动和相互塑造中描述、解释环境变迁的历史，因此，环境史学家不仅要处理驱动环境变迁的直接、间接因素——作者将它们作为重点并称之为“实物及其结构和动态变化”，而且也需要由此厘清人类活动在其中的作用及其背后的观念。

5. 环境史学科的价值取向

在“择自然为题，拜自然为师，量自然之力”的基础上，环境史表现出其学科的价值取向：“以自然为镜，为自然代言。”马立博写道：“正因为人类从来都是自然环境的一部分，于是一些学者认为，当我们在对环境变化进行阐释时，‘文化’应该是一个不可或缺的因素。‘态度、价值观、偏好、感知和身份认知’塑造了人们利用

（或滥用）土地的方式，尽管塑造历史和塑造环境的是具体的人类行为，但这些行为的基础却是（至少部分是）人类的思想和信仰。因此，该书多次讨论到这些信仰，而且不仅仅要探讨汉人或其他族群的信仰，还会涉及那些认为运用科学就可以认识和控制自然的更具全球性和‘现代性’的信念。”

（三）“中国”环境史

马立博在第一章写到，“在我的写作过程中一直存在着这样的矛盾：首先我必须呈现出一部完整的中国环境史，但同时我又不得不提供大量额外的资料以帮助非专业的读者在中国历史的情景下来理解这里的环境变化。”“世界生态系统跨越了人类民族国家的政治分界线，因此，环境史更倾向于一种超越民族国家单位及其历史分期的全球化描述。”然而作者明知如此却仍然选择比较标准的“中国的”编年史和历史分期的方法来组织材料，除了其希望概述也能被非专业人士接受和理解外，其中的重要理由是为了借由探讨容纳丰富和多样的庞大“中国”——“便于我们借此来探讨环境变迁与标准历史叙述之间的内在联系，以及评估人类活动对于中国环境的影响。”

于此，这样的中国环境通史是否具有科学性呢？与伊懋可笔下的大象一样，马立博开篇即提到，到 2009 年，在世界自然保护联盟（IUCN）的濒危物种的地图中，“虎的分布范围边界线与中国的边境线是如此重合”——而“这种情况并非偶然”。

1. 中国的空间结构与环境史分期

随着中国国家组织的形成和从核心区域向外扩张：“我们关于人类和环境的故事将从中国西北的渭河流域开始展开，然后扩展到华北平原的黄河流域（第二章和第三章），同时也包括横亘东北和遥远的西部之间、涵盖今日整个蒙古地区的欧亚大草原。第四章中会介绍位于中国中部和东部的长江流域、西部的四川盆地、南部的南岭和珠江流域及东南沿海地区。西南的高原和雨林，还有西部偏远地带的草原和沙漠将是第五章的核心内容。而青藏高原会在第七章中进行探讨。”

上述空间推进与在时间上的朝代更替是重叠的，由此显示定居农业这种“文明模式”逐步向荒蛮之地传播的历史进程。①对应第二章的是夏商以及远古时代，第三章覆盖 1300 年（从公元前 1000 年到公元 300 年），从周征服商开始，在整个北方建立政权并开始向东方和南方扩张领土，经过春秋战国的战乱兼并到秦汉统一，形成中国的“早期帝国”。②第四章讲述的故事也跨越了 1000 年（从公元 300 年到 1300 年），其间最重要的变化就是伴随来自北方游牧民族的军事压力和生态方面的灾难，汉人开始大规模南迁，中国政治、经济、人口中心开始南移，都城从长安到洛阳、再到开封最后到杭州。③第五章所涉时段是公元 1300 到 1800 年，讲述中国版图面积达于顶点的过程，在此期间，帝国之内的边疆、岛屿和边缘区的环境都得到开发和改造，环境危机也由此酝酿而生。④第七章集中讲述中华人民共和国成立后以工业化为先导、以高度集中体制为保障的环境变迁。

2. 什么样的中国观

马立博写道：“当我们称这一地区和它的人民为‘中国’和‘中国人’时，实际已经犯了将现实映射到历史上去的错误。在 1 万年前，甚至 4000 年前，还没有‘中国’，在今天称为‘中国’的这个地理区域中，生活着大量语言各异、文化不同的族群；只是由于各种历史原因，经过特定的历史进程，这个地区才逐渐形成‘中国’并最终称为一个现代意义上的国家……”“正如我们将看到的，这一地区和这里的人民之所以能够成为‘中国’和‘中国人’，是一个极其漫长和充满竞争的历史进程的结果，其中有几个重要阶段直到近代晚期才完成”。而“在历史上，这里曾经被称作为殷、夏、华、汉、唐等等，在一定程度上这取决于当时建构政治体的统治精英们的想法。”确实，在中国古代史上没有一个以“中国”为国号的王朝，故国外的一些学者将古代中国等同于汉族建立的王朝，出现“长城以北非中国论”“满蒙一贯独立论”等理论。

“中国乃汉族国家”是以西方人以单一民族国家的视角得出的结论。马立博显然也受这样的观念影响并在此基础上展开中国历史上的民族互动的画卷：汉人与其族群间战争、统治与被统治、驱逐、同化等等。事实上，“中华民族多元一体格局”下的“中国”为“天下”中心之“正统（正朔）观”和“大一统观”，不仅在文化基因上早早确立，而且为众多民族（尤其是北疆民族）所共享。只有如此，方能更深刻地体察中西文明的巨大差异，也才能更客观地、全面地描述和展开中国古代环境变迁的过程。

（四）环境史与生态法学

1. 复杂且具动态性的中国人自然观

马立博认为：“与欧洲长期以来将自然与人类截然分开的文化不同，中国对自然的看法是非常复杂而且处于动态之中的，中国人既希望主宰自然，又为这样的行为感到愧疚，道教和佛教都有像对待自己一样珍爱动物和自然的思想和主张。”马立博还指出，中国人的与自然关系和谐的“天人合一”的“关联宇宙观”（或曰“王”道），尽管其有利于保护环境，是一种积极的生态观，但“与历史事实相距甚远”。

作为一种分析范式，马立博代之以“自然—文化”二元结构：“在遭遇新的环境和族群时，汉人和他们的编年史家总会陷入这样的叙述模式：蛮夷和他们的环境就应该被驯服和教化。持这种观点的历史学家，在他们的著作中总会有意无意地将汉人描述成一股积极进取的力量，而周边的其他族群及其生活的环境，则仅仅是被改造的对象。在这种‘自然—文化’二元结构中，以汉人为中心的叙事模式总是将汉人置于‘自然’之上或之外，而‘自然’则是终将被汉人‘教化’的，其他的族群或环境也都应该接受汉人的改造，事实上也确实如此。”

2. “积极进取的国家力量”及其边界

“帝制中国的政府（以及现代政府）喜欢干预社会……主动地寻求开发资源和治理自然，以便使确实而可征税的财富最大化”。统治者控制、汲取、占有资源与财富，不仅是理解中国古代环境变迁（如大规模的森林砍伐）的一个重要方面，即便先秦环境资源管理和生态保护的法制实践，国家控制自然资源也是最重要动因。此后，历代王朝对小农地位及其权利的确认、鼓励垦荒、国家主导的移民拓殖等等，这种对自然资源的间接控制，仍然是为了“确实而可征税的财富的最大化”。

不过，对于理解中国古代环境保护及生态法命运最为关键的历史境况是：在面临生态退化、环境危机时，历代王朝反而每每“弛山海池泽之禁”，且还对滥垦滥伐持容忍的态度。马立博写到，在欧洲，“到 18 世纪时，用于燃料和造船的木材的日益短缺引发了人们对于继续砍伐森林可能导致后果的担忧，进而产生了一些重要的植树造林工程”。日本“在 17、18 世纪也敏锐地意识到岛国自然资源的约束，因而停止了对森林的砍伐并开始植树造林”。但在中国，“对于森林砍伐后果和各种自然资源有限性的认识，并没能减缓森林砍伐的步伐”。

对此，当然仍然可以人口膨胀、人口压力，或由旧生态体制下的“肉体能源结构”（“人多力量大”）得到解释。但不得不说，中国历来的人本主义观念具有决定性意义。而且，即便一定意义上中国古代环境法是一个不断衰败的记录，但以人为中心的生态学的人类中心主义，始终是中国生态法的基本理念。

3. 如何看待中国古代环境法制的“断代”

马立博“自然—文化”二元结构的分析范式，对我们认识中国古代环境法具有重要的价值。即对中国古代生态环境法的认识，不能只是局限在国家制定法——尤其是中国古代法在法律体系上客观上系“诸法合体、民刑不分、以刑为主”的情况下。

视野的限制，使得人们要么仅仅注意到秦代有限的环境保护法制，要么对先秦时期有“国家则通过设置职官，制定礼制禁令和建立苑囿，实行‘时禁’‘火宪’，乃至‘专山泽之利’，不断强化山林川泽控制管理”等法制，而后世环境法制衰微而扼腕叹息。如果我们将环境法放到整个中国古代法的变迁过程中去，就会注意到先秦时期属于礼制（治）范围的环境法，在法家“斥礼效法”失败记录后，虽有“引礼入法”“礼法合一”的法律儒家化过程，但因“中国以前的农业经济无力支持一个庞大的政府，统治者实际上无法管得太多”，所以中国古代环境法仍然生存于“礼失求诸野”的民间法中，这是儒家（者）在秦汉之后专制皇权压逼之外难得的参与社会治理的方式。于此，我们既能解释所谓中国古代环境保护法制的“断代”问题，又能找到“中国人的农业系统为何能保持非凡的长期可持续性”的法文化支持。

4.“决心”“定力”与中国生态法前瞻

中国环境史告诉我们，当环境危机叠加社会危机、政治危机乃至民族危机时，其尽管也会促发人们对环境问题的思考和重视，产生保护生态环境的意识、观念并采取相应的局部意义上的官方行为（体现为个别官员的建议和措施，以及以“人的生存”为核心目标的国家层面的“灾异”法律应对机制），但不足以从整体意义上采纳以生态环境保护为目标（如停止砍伐森林等）这样的法制措施。

生态环境法的构建和施行，在发生学上或许有其独特性。其出现固然以环境生态问题、人们的环保观念和思想为前提，然而不得不说，在具体的人的生存与环境之间，人的生存及其保障具有某种必然性。放在当代，只有社会经济发展解决了人的基本需求后，生态法才能成为人们法制需求，相应地，一定意义上的“先污染再治理”不得不接受。当今中国，生态环境法及生态环境法学，其出现恰逢其时，国家对生态环境的重视为中国历史前所未见。然而，生态法学的繁荣和兴盛，需要生态学等自然科学、环境史等社会科学给我们提供健全的生态文明观和生态理性。在此基础上，如生态法融入成熟的各个部门法教义学体现的法律理性，中国生态法及生态法学，其未来发展大有可期！

五、思考题

1. 追问环境史：“习以为常何以为史？”
2. 追问中国环境史：“中国”环境史何以成立?
3. 追问中国环境法制史：“早熟”“断代”抑或其他?
4. 中国环境史、中国环境法制史，对于建构中国生态法学的启示是什么?

（撰稿人：谢嗣强）

第七章

《环境哲学：生态文明的理论基础》

——余谋昌

【本章提要】

环境哲学以人与自然关系为基本问题，是一种新的世界观。它源于环境问题的重要性，涉及人类生存问题。环境哲学是从人们对环境问题的关切和思考、认识和解决开始的。本章学习《环境哲学：生态文明的理论基础》，主要学习人类环境思维的发展与演变的过程、生态文明理念、我国古代环境哲学思想，及其对生态文明与和谐社会的构建提供的重要启示。通过本章学习，掌握环境哲学发展过程，了解中国古代环境哲学思想内容，以及对构建我国现代环境哲学的重要现实意义。

一、作者简介

余谋昌，1935 年 12 月生，广东大埔人。1962 年武汉大学哲学系毕业，1966 年中国科学院哲学所研究生毕业，留所工作至退休。曾任中国社会科学院研究员、博士生导师，中国自然辩证法研究会理事，地学哲学委员会副理事长，中国环境文化促进会常务理事，中国环境伦理学研究会荣誉理事长。

自 1975 年以来，余谋昌从事环境哲学、生态哲学和环境伦理学研究，深入展开关于人与自然、自然界生物之间的伦理道德及价值取向等哲学探讨，提出这一领域的初步理论框架和基本观点并进行了开拓性的研究工作，成为该领域的领军人物。曾发表论文《改造自然的得和失》(《红旗》杂志 1979）等 200 多篇，出版著作《生态伦理学》(1999)、《生态哲学》(2000)、《生态文化论》(2001)、《自然价值论》(2003)、《生态文明论》(2010）等 18 种。余谋昌教授这些著作提出了一些创新性概念，如“生物工程”“工业生态学”“生态工艺”“仿圈学研究”“生态价值”“生态文化”“灾害生态学”等，这些新概念有些已在国民经济建设实践中有所应用。其中《生态伦理学与新的林业范式》获林业部等六部委“森林大奖”二等奖，《文化新世纪：生态文化的理论阐释》获“五个一工程”奖。

二、作品版本

《环境哲学：生态文明的理论基础》，中国环境科学出版社 2010 年 10 月出版，26 万字。本书为中国环境科学出版社发行的《中国环境文库：第一辑》中的一部。这一部《中国环境文库：第一辑》选收了中国环境保护事业亲历者及理论先驱者的经典文集以及国内环境相关领域学科领军人物的权威著作，汇集成当代中国生态文明的绿色思想库，从一个侧面真实记载和反映了中国环境保护的历史进程。

三、写作背景

古代思想家关注宇宙与人生，有丰富深刻的关于人与生命、人与自然关系的思想，有人与自然和谐发展的深刻论述，是古代形态的环境哲学思想，但这并不是现代意义的环境哲学。

18 世纪，环境哲学伴随着资本主义经济发展中环境问题的出现而产生。马克思和恩格斯在揭示资本主义剥削的本质和工人阶级的历史使命时，提出非常深刻的环境哲学思想，这是环境哲学研究的指导性思想。

20 世纪中叶，以发达国家的“八大公害事件”爆发以及其后轰轰烈烈的环境运动为标志，环境污染和生态破坏成为全球性问题，环境问题第一次成为社会的中心问题。这时工业社会（工业文化）伴随其最高成就的到达，它所固有的问题出现恶化现象，开始走向衰落，被新社会（新文化）代替不可避免。人类正在走向新社会，建设新文化。到了 20 世纪 70 年代，随着人们对环境问题的高度关注，以及哲学家们想用其智慧来解决时代课题的热情空前高涨，一门全新的哲学学科“环境哲学”诞生了。

迄今的环境哲学思想包括古代环境哲学思想和马克思主义环境哲学思想，人们开始认识到，环境问题已经成为人类生存的大问题。同时它进入哲学家的视野，在思考问题的根源时，哲学家们注意到环境问题的产生与现代世界观相关，特别是二元论、机械论哲学和人类中心主义的价值观，是造成环境问题的思想根源之一，于是他们在批判现代哲学范式的基础上，寻求一种新的哲学范式——环境哲学范式。

这是新时代——“生态文明时代”的需要，恩格斯曾指出：“只有那种最充分地适应自己的时代、最充分适应本世纪全世界的科学概念的哲学，才能称为真正的哲学。时代变了，哲学体系自然也随着变化。”环境哲学作为新时代哲学的组成部分是完全可以期待的。

四、主要内容

本书作者认为：环境运动以来的现代环境哲学思想，是环境哲学的序言。今后人类实施可持续发展战略，建设生态文明社会，创造新文化的伟大的科学研究和社会实践，则将打开它的正式篇章。基于这种认识，全书以环境哲学思想发展为线索，将内容分为四篇：第一篇中国古代环境哲学思想；第二篇现代环境哲学思想；第三篇当代西方环境哲学思想；第四篇人与自然和谐发展。

（一）中国古代环境哲学思想

中国传统文化具有高度的包容性、稳定性和继承性，它的历史悠久和丰富深刻，能包容世界各种先进思想，这在人类思想史上是罕见的。中国古代环境哲学思想，是我国环境哲学思想之根，它对建构我国现代环境哲学是有重要现实意义的。

环境哲学研究，以及中华文化的繁荣，需要一根从古至今不间断的“红线”——“人与自然和谐发展”，把历史与现实连接起来，以展示我们美好的未来。

中国古代环境哲学思想的基础是“天人合一”观，尊重生命、兼爱万物是这一伦理思想的主题。寡欲节用是中国古代珍惜自然资源的传统美德，中国古代就已形成了渗透环境伦理意识的政法理念。这些环境哲学思想在我国儒释道学说中有着充分的体现。

1. 儒学环境哲学思想

“天人合一”思想起源于《周易》，是中国古代哲学基本问题的深刻表述，它的意思是人与自然和谐。它既是中国哲学的主干，又是人生的理想和最高境界。

儒家对“天人合一”哲学作出了重要的贡献。儒学认为，“天”就是自然界。孔子说：“天何言哉，四时行焉，百物生焉，天何言哉！”（《论语·阳货篇》）荀子说：“列星随旋，日月递炤，四时代御，阴阳大化，风雨博施，万物各得其和以生，各得其养以成，不见其事而见其功，夫是之谓神；皆知其所以成，莫知其无形，夫是之谓天。”（《天论》）也就是说，“天”是创造了人和万物的自然界，是四时运行、万物生长的自然界。

孟子以“诚”这一概念阐述天人关系，他说：“诚身有道，不明乎善，不诚其身矣。是故诚者，天之道也；思诚者，人之道也。”“诚”是天的根本属性，“思诚”即求诚，以合乎诚的境界是人之道，因而他以“诚”作为“天人合一”的理论指向。

宋代张载正式提出“天人合一”命题。他说：“儒者则因明至诚，因诚至明，故天人合一。”（《正蒙·乾称》）人和万物是天地所生，充塞于天地的气，构人与万物的形体，统帅气的变化的本性，也就是万物的本性；人民是我的同胞兄弟，万物是我伙伴朋友；人只是天地中一物，从“天”的本性，儒者明白，人与自然是统一整体。

“三才者，天地人”，是儒学解说世界的基本结构模式。“三才”即天、地、人，是世界最重要的三大要素。儒学认为，这三者并不是并列的，“有天地，然后有万物；有万物，然后有男女。”（《序卦传》）人是天地万物的一部分，天、地、人既相互独立，又紧密联系；它们相互作用、相互依赖，构成和谐统一的整体。这种思想是与现代生态学思想完全吻合的。按照现代生态学的观点，世界是“自然—经济—社会”的复合生态系统。天地人“三才之道”，是指自然、经济、社会三者的持续发展。

儒学“大”与“久”结合的思想，对我们理解和实践可持续发展原则是有意义的。当代可持续发展思想强调三点：一是发展原则，实现经济可持续性；二是和谐原则，实现生态可持续性；三是公正原则，实现社会可持续性。

儒学的另一种重要的概念是“阴阳”。“阴阳”是我国古人用于说明自然界相互作用的一个最简单、最普遍、最基本的哲学概念。“一阴一阳谓之道”，阴阳相互作用是“天”的法则，它反映了世界物质运动的基本规律。其中“阴阳消长”揭示了物质循环运动的规律，揭示了生生不息的物质运动变化，为我们现代社会实施可持续发展提供了途径。

儒学中的“仁”构成了儒学的道德体系。“仁爱万物”体现出对生命和自然尊重和敬畏，爱世间万物的环境伦理思想。同时，儒学“天地之性和为贵”体现了环境哲学价值论思想。“和”与“中”也是儒学的精髓。“和”是天下万物运行的道路，事物发展的客观规律；“中”是天下万物生生之本，一切生命之根基；“致中和”，遵循中和的客观规律，天下万物各得其位，各种生命生长并育，不得相害，生生不息，繁荣昌盛。

2. 道学环境哲学思想

道学是中国古代哲学的主要流派之一。它包括道家、道教、方术、道藏等，是一个庞大的思想体系。它的创始人老子（公元前 854—前 770）和庄子（公元前 369—前 286）提出了中国古代最深刻的哲学思想，包括环境哲学思想。

道家代表人物老子，以“道”为根本范畴阐发了“道法自然”的哲学；庄子也以“道”为原则阐述了“天人一体”的思想。“道法自然”“天人合一”是人与自然统一的环境哲学的基本思想。它认为，人和万物是天地生成的，人是自然的一部分，人与万物要和谐相处。

老子的哲学以《道德经》闻名。它认为“道”是宇宙的本源，是天地万物的创造者，它先于天地存在；“德”是道的成果，是道所创造的万物；“尊道贵德”是天人和谐。庄子对“道”作了进一步解释，人和世界万物都是“气”所产生和变化的。“一”是尚未形成具体之物的混沌，是“气”，世界万物由它产生。

“道”是万物的根源，它创造天、地、人，道家统称为“四大”，也就是说，道、天、地、人“四大”一体。这是道家关于世界结构的思想。它认为，“道”创造了天、地、人，但人只是其中之一，天、地、人都必须效法“道”，即“人法地，地法天，天法道，道法自然”。庄子说：“天与人一也。”（《庄子・秋水》）

总体来说，第一，“道”是宇宙的本源，先于天地存在，以它自身的本性为原则创造万物；第二，“道”是万物运动变化的基本规律，“道者万物之奥”“道常无为而不为”；第三，“道”是人类追求的最高境界。

“德”或“得”，两者如一。它是道学的又一个重要范畴。它认为，万物在道的作用下从“无”产生，称之为“德”；它未成形却阴阳融合，称之为“命”；阴阳动静产生万物，称之为“形”；形中寓合精神，称之为“性”。

“阴阳”，是中国古代哲学的一个最简单、最普遍、最基本的哲学概念。“一阴一阳谓之道”，阴阳交互作用是“道”的法则，它反映世界物质运动的基本规律。老子和庄子以“周行不殆，返本复初”的循环论加以说明“和合”“中气以为和”的思想。

中国古代哲学的价值取向是“和”、是“中”。道家在“道法自然”的哲学中发挥了这种思想，老子认为，“天之道”是和谐适中；我们行为要遵循“天之道”，助长万物，但不恃恩求报；有所成就，但后居有功，这是“中道”。

道家提出了“尊道贵德”的万物平等环境伦理思想，成为现代环境伦理学的重要思想来源。道家认为在生存这一基本问题上，要“齐万物以为道”“道法自然”“尊道贵德”，尊重所有的生命存在。老子要求人们要“衣养万物不为主”，要保护万物，而不是主宰它们，要保护生命和自然界，这是人类的崇高道德境界。道家关注自然，关注人与自然，肯定自然价值。“万物莫不有”，老子以“道”为最高价值，他的“道生万物”的哲学，用“无”表述天地之始，用“有”表述万物之母。万物生于“有”，有生于“无”。因此，道家提出了“无为而治”的社会生态思想，如“小国寡民”“治大国如烹小鲜”“以正治国”“以民为本”“不以兵强天下”。同时，道家主张“见素抱朴，少私寡欲”，以自然无为的原则，行为要单纯，心地要纯正，生活要俭朴，过一种淳厚质朴、淡漠静心、同自然美统一的生活。

3. 佛学环境哲学思想

佛教起源于古印度，传入我国 2000 多年，与儒教、道教一起并称为“三教”，对中国文化产生重大作用，已经成为中国传统文化的重要组成部分。佛教的生命观和环境保护思想，对于环境哲学研究具有重要的现实意义。

佛学关注现实的人生，又指向未来世界。佛教教义的核心是“四圣谛”和“三法印”。“四圣谛”是苦、集、灭、道四谛，讲人生皆苦，探讨苦难的根源和消灭苦难的道路与方法；“三法印”是诸行无常，诸法无我，涅槃寂静，讲一切事物都处于生灭流变之中，没有恒常不变的事物，它的“缘起说”和“解脱论”表述了一种世界观和人生观。

佛学生命观的本质是“一切众生皆有佛性”，并将包括人在内的所有生命分成 10 种范畴，即“十界论”。“十界”就是十种生命状态，按照从痛苦最大开始的顺序，依次为：“地狱”“饿鬼”“畜生”“修罗”“人”“天”“声闻”“缘觉”“菩萨”“佛”。“十界”的差别只在于，由于修习的不同，他们的存在状态不同，表现了不同的境界。

依据“一切众生悉有佛性”的观念，所有命都潜藏着“佛”，都有可能达到“佛”这一最高境界，都可以成“佛”。就是说，所有生命都有生存的愿望，都要求达到“佛”的境界，所有人通过实践佛法都能悟出“佛界”生命，因而所有生命都是宝贵的，我们必须尊重生命。这是佛学生命观的最重要的原理。按照现代生态伦理学术语来表述，“佛性”可以理解为生命和自然界的“内在价值”。它认为，地球上，不仅人有价值，生命和自然界也有价值，因而也有生存权利，也是值得尊重的，保护生命和自然界是人的责任。

佛教的本质是以“法”为本。在印度，“宗教”的意思是 dharma（达莫），即“法”。法是佛学的最高范畴和最高真理。法贯穿于人的生命和宇宙生命之中。它把自然界包罗万象的事物和一切众生普遍存在的生命之法，如“法界”“真如”“实相”，即宇宙万物的本原，作为自己的根本的宗教。

佛教的第一宗旨是要做到人的生命与宇宙的生命中存在的“法”相一致，并从中指出人与自然走向融合和协调的道路。它认为，所有生命都归于“生命之法”的体系内，个人的生命在深处与宇宙的生命成为一体，是宇宙生命的个体化和个性化。佛法云“自然界本身是维系独立生存的生命的存在”“人类只有和自然环境融合，才能共存和获益，此外，再没有创造性发挥自己生存的途径”。

“众生即佛”“万类之中个个是佛”，所有生命都归一在生命之法的体系内。佛教不是以“神”为根本，而是以“法”的体系为根本。“法”在现实的人生、社会和世界现象的深处存在。这是“依正不二”的原理。“依正不二”强调生命与环境的整体性，是环境哲学人与自然统一的原理。

佛学“三世间”，指人、社会和自然界。它们之间的交往密切，并从而产生多种多样的，复杂的关系：人对自然的关系中产生的多样性叫“五阴世间”；人对他人和社会的关系中产生的复杂性叫“众生世间”；人对自然的关系中产生的复杂性叫“国土世间”。这里所谓“世间”，是指事物之间的差别与多样性。这种差别与多样性对于生命的生存是不可缺少的。任何一个“世间”与另外两个“世间”都是相互联系的，要做到“三世间”相互关系的协调，就要实施“依正不二”的原则，实现“净土佛国”人间净土的最高理想，也就是实现人、社会和自然的和谐发展。而这一点，与现代环境哲学思想是一致的。

“众生平等”是佛学生态伦理思想。“平等”一词来自佛语，平等观是佛教的基本教义：“是法平等，无有高下，故名无上正等菩提。”佛学认为，一切即众生，众生即佛，万类之中个个是佛。“众生平等”阐明了一种尊重生命的理论，是一致高尚的道德境界。现代社会需要这种尊重生命的理论，也需要保护生命的道德境界。

佛学认为实现“净土佛国”，就要确立“中道观”，讲“中观”、行“中道”。佛学的“中道”“中观”学说，也就是儒学的“天地人神”的中庸思想、“和而不同”的和合思想，道家“中气以为和”的道法自然思想。这是有利于人与自然和谐发展的宝贵思想。

（二）现代环境哲学思想

1. 关于人与自然的和谐

人与自然和谐是环境哲学的基本问题。马克思和恩格斯以整体思维方式看待世界，认为：人是自然的一部分，人和社会活动是在自然中进行的，人依赖自然生活不能脱离自然；自然是人类通过工业改变的自然，是人类学的自然。

人与自然和谐思想产生于世界资本主义的发展，以及伴随着资本主义生产产生的严重的环境污染。恩格斯在《自然辩证法》中指出：“文明是一个对抗的过程，这个过程以其至今为止的形式使土地贫瘠，使森林荒芜，使土地不能产生其最初的产品，并使气候恶化。”他在《乌培河谷来信》和《英国工人阶级状况》等著作中，揭露了英国城市的大气污染和水污染。他说，“黑水流过城市，河流成立污水沟、死水洼，发出臭气；有毒有害的空气已令人窒息；环境污染的严重情况是令人触目惊心的”。他以美索不达米亚等地土地破坏的事例告诫人们：“我们不要过分陶醉于我们人类对自然界的胜利。对于每一次这样的胜利，自然界都对我们进行了报复。”

关于人与自然的关系，在当时有两种观点。第一种观点是以法国思想家孟德斯鸠为代表的地理环境决定论。这种观点强调地理环境对人类社会发展的决定作用，但不注意人对自然界的反作用。恩格斯指出，这是一种“自然主义”的历史观点。第二种观点是人统治自然的观点。它由基督教神学，以及伴随工业化发展导致的人对自然界的胜利而产生，并在长时期内成为占统治地位的思想。这种思想不承认自然界的地位，忽视地理环境对社会发展的作用，主张人主宰和统治自然。恩格斯认为，这是一种反自然的历史观点。

这两种观点割裂了人与自然的和谐统一，片面强调“自然”或“人”的作用。自然界是人类生活和社会历史运动的前提和环境，人类依赖自然，自然界是人类生存的基础，人类的生产和生活都是以地球为基础的。

马克思和恩格斯以新的思维方式和新的历史观认识世界。他们认为：人与自然的关系是相互联系、相互作用和相互依赖的。一方面，人对自然的关系受人的社会关系制约；另一方面，人与人的社会关系又受人与自然的关系制约。他们说：“自然界和人的同一性也表现在：人们对自然界的狭隘的关系制约着他们之间的狭隘的关系，而他们之间的狭隘的关系又制约着他们对自然的狭隘的关系。”这两种关系是相互联系的。

马克思和恩格斯确立了人与自然界和谐发展的历史观，并以此作为观察现实事物和解释现实世界的依据。“人与自然界和谐”是历史观的根本观点。主要观点概括起来是：①自然界对社会历史有重大作用；②人和社会是创造历史的主体；③现实的世界是人与自然相互作用的世界；④人与自然的关系，是在具体的社会发展中，以一定的社会形式，并借助这种社会形式进行和实现的；⑤我们的历史观，要从人与自然的相互作用去认识世界和解释世界，也就是说，从实践去理解世界。

马克思和恩格斯对人与自然相互关系的历史考察，得出历史唯物主义的结论，他们指出：“对实践的唯物主义者，即共产主义者来说，全部问题都在于使世界革命化，实际地反对和改变事物的现状……特别是人与自然界的和谐。”马克思主义“人与自然界和谐”历史观的使命是推动世界两大变革，“我们这个世界面临的两大变革，即人同自然的和解以及人同本身的解”。

2. 关于人与自然关系的理论与实践

马克思主义历史观认为，世界有两种主义关系：人与人的社会关系，人与自然的生态关系。这两种关系是相互联系、相互制约且不可分割的，这两种关系的矛盾、对立和冲突是世界的基本问题，贯穿于整个人类历史。

马克思主义历史观认为，劳动是人与自然关系的基础。“劳动首先是人和自然之间的过程，是人以自身的活动来引起、调整和控制人与自然之间的物质交换的过程。”劳动创造了人，劳动是人类的本质表现之一。劳动是一切历史的起点，人类通过劳动与自然界发生关系，通过劳动创造和展开人类的整个世界史。

劳动是不断发展的。人类劳动的历史，首先是劳动工具的发展。劳动工具是人类劳动中最革命的因素。随着劳动工具的进步，实现劳动形式的历史性发展。人类劳动随他所制造和使用的工具的发展而不断发展。劳动工具的每一次重大的进步，每一次用新的技术手段代替人的某种功能，包括体力和脑力功能，都使劳动发展到一个新阶段，同时使人与自然的关系发展到一个新阶段，产生人与自然相互作用的新的形式。

资本主义生产，使劳动本质出现异化，是对工人和自然的双重剥削。它体现在4个方面：第一，使劳动者异化；第二，使劳动产品异化；第三，使人与人之间的社会关系异化；第四，使人与自然界关系异化。

后现代社会，科学技术成为直接生产力或第一生产力。科学劳动推动了一个新的经济形态——知识经济的发展。知识经济发展方式，是环境哲学思考的新问题。

价值观是人与自然关系的导向。马克思和恩格斯在分析人与自然关系论述中，始终肯定自然价值。人类社会物质生产改变物质形态的这一创造价值过程，“只能像自然本身那样发挥作用”。马克思主义认为，自然界的物质运动是自然生产力。物质生产力是创造自然和塑造社会的力量，主要是社会生产力和自然生产力。社会生产力推动社会物质生产，自然生产力推动自然物质生产，提高两种物质生产率是同样重要的。

（三）当代西方环境哲学思想

1. 西方生态马克思主义理论

20 世纪中叶，环境污染和生态平衡破坏严重威胁人类生存，成为资本主义的新危机。为解决这个问题，西方马克思主义者，试图把马克思主义与生态学结合起来，寻求社会发展新途径。这种理论被称为“生态马克思主义”。所谓“生态马克思主义”，是指生态学与马克思主义的结合，有两个主要方向：一是结合新时期的社会变化，用生态学观点阐释马克思主义理论；二是依据生态马克思主义理论，寻求新的社会发展道路。

生态马克思主义认为，生态危机作为资本主义新的危机，它不仅表现在资本主义生产过程中，也表现在社会生产与整个生态系统的关系中。资本主义生产过剩与过度消费以损害资源和环境为代价，不断加剧资源破坏和环境污染，形成新的危机——生态危机。生态马克思主义对资本主义危机性质进行反思，寻求新的社会变革动力以及打破资本主义生产过剩和过度消费的途径。

为了寻求新的社会发展道路，生态马克思主义者提出社会生态学和生态社会主义理论。社会生态学，从对“人—社会—自然”的系统研究，重构人与自然的关系，建立“生态化社会模式”。这是有关社会发展的一种生态社会哲学观点。生态社会主义是在社会主义的视角下，对生态环境问题进行理论阐释和探讨，并提出相应的实践解决方案。生态社会主义的主要原则体现在生态学原则、社会正义原则、基层民主原则和非暴力原则 4 个方面。生态社会主义者认为，生态危机是资本主义的新危机，资本主义制度是生态危机的根源，资本主义自身不能解决这个问题，需要一种新的生态社会主义。

2. 深层生态学理论

深层生态学是西方环境哲学的一个重要流派，是一种生态整体主义世界观。深层生态学在对环境问题根源的深层追问中，认为环境危机有其深层的哲学根源，从而揭示了西方主流哲学及其价值观的片面性，并以生态学的整体性观点阐述它的哲学世界观，从而对环境哲学做出了重要贡献。它的主要代表人物是：挪威哲学家阿·奈斯和美国哲学家乔治·塞欣斯。美国学者戴斯·贾丁斯认为：“深层生态学代表着提出系统的环境哲学的首次尝试，这种哲学应当是生态中心和非人类中心的。或许与其他方法不同，它要求我们理解到环境问题不是简单的伦理问题。问题提出基本的哲学问题，包括形而上学、认识论、伦理以及政治哲学等问题。”

深层生态学认为，世界由人与自然的关系构成，人是自然的一部分，人不能与自然分开，世界是人在自然中与自然界构成相互关系的整体。深层生态学要求世界观的转变并提出了“自我实现”和“生态中心主义平等”两个基本原则，以及深层生态学实践的 8 条行动纲领：

第一，地球上人类和非人类生命的健康和繁荣有其自身的价值（内在价值、固有价值），这些价值与非人类世界对人类的有用性无关。

第二，生命形式的丰富性和多样性有助于这些价值的实现，并且它们自身也是有价值的。

第三，除非满足基本需要，人类无权减少生命形态的丰富性和多样性。

第四，人类生命和文化的繁荣与人口的不断减少不矛盾，而非人类生命的繁荣要求人口减少。

第五，当代人过分干涉非人类世界，这种情况正在迅速化。

第六，因此我们必须改变政策，这些政策影响着经济、技术和意识形态的基本结构，其结果将会与目前大有不同。

第七，意识形态的改变主要是在评价生命平等（生命的固有价值）方面，而不是坚持日益提高的生活标准方面。对数量上的大（big）与质量上的大（great）之间的差别应当有一种深刻的意识。

第八，赞同上述观点的人都有直接或间接的义务来为实现上述条件作必要改变。

深层生态学的可持续发展观点，它所关注的不仅是对人类包括后代的责任，而且包括对自然的责任。1972 年，联合国人类环境会议发布《人类环境宣言》指出：“人类有权在一种能够过尊严和福利的生活的环境中，享有自由、平等和充足的生活条件的基本权利，并且负有保护和改善这一代和将来的世世代代的环境的庄严责任。”这是首次提出“环境权”这一概念。环境权，一般地说包括人类生存和发展的权利、生命和自然界生存和发展的权利；权利包含利益、责任和义务。对人类而言，环境权是以可持续的方式开发、利用和保护地球生态资源的权利和责任。为了承担这种责任，深层生态学认为要建立一种生态意识，即要确立生态系统整体性意识，要认识到“人类、植物、动物以及地球是一个整体”。这种生态意识是可持续发展的条件。

同时，应该认识到，深层生态学作为一种环境哲学思想，也需要在发展中不断地进行完善。

3. 西方环境伦理学理论

环境伦理学（生态伦理学），是关于人与自然关系的道德研究，是一种新的道德哲学，西方也称为环境哲学。现在，西方环境伦理学有两种主要观点，四种主要派别。两种主要观点是：①传统的泛道德主义；②基于生态科学的、以生态为中心的环境整体主义。西方环境伦理的这两种观点有四个主要派别：现代人类中心主义、动物解放主义、生物中心主义和生态中心主义。

环境哲学批评人类中心主义的观点，认为：它在哲学上是不深刻的；在价值观上是不全面的；在道德上是不完善的；在实践上已经使人类陷入困境。面对批评，人类中心主义进行修正，提出了现代人类中心主义的泛道德主义，不再坚持人与自然、主体与客体分离和对立的观点。

生物中心主义环境伦理主张把道德对象的范围扩展到人以外的生物。其理论代表史怀泽提出“敬畏生命”观点，泰勒提出了“生物平等主义”观点。动物解放主义或动物权利的环境伦理理论，又称为尊重感觉的伦理学，主张“解放动物，给予动物平等的权利”。

生态中心主义环境伦理学，强调有机体个体的价值与权利，认为生物个体的生存具有道德优先性。其代表主要有利奥波德的大地伦理学和罗尔斯顿的自然价值论。

虽然，西方环境伦理学有不同的观点和派别，存在很多分歧，但这些学派各有优势，它们的理论并不是相互矛盾的，而是相互补充的；不是相互排斥的，而是可以并行不悖的。从长远来看，通过不同派别理论的整合，建立一种开放的、统一的、以人与自然和谐发展为道德目标的环境伦理学是完全有必要的。

（四）人与自然和谐发展

1. 对现代哲学世界观的批判

环境哲学是一种新的范式。新的哲学范式的建立，首先要建设性地批判现代哲学范式。这种批判从 4 个方面进行：

第一，批判机械论，走向有机整体论。现代二元论哲学，过分强调主客二分，并以机械论为特征，割裂整体性，强调片面性。有机整体论认为：世界是有机整体，它的整体与部分的关系，不是由部分组成整体，而是整体组成部分；虽然有机世界具有一定的以整体性为特征的结构和功能，但它的关系和动态过程的整体性是更重要的。

第二，批判经济主义，走向生态经济。经济主义作为一种世界观是机械主义的。它以经济增长为唯一目标，以经济与社会、经济与环境分离和对立为主要特征。生态经济主义认为：经济是“人—社会—自然”有机整体的一部分，社会因素和自然因素参与经济建设，对长期的经济增长作出重要贡献，它们不能被排除在经济建设之外。要实现生态效益、社会效益、经济效益的统一，实行可持续发展。

第三，批判个人主义，走向整体主义。作为一种哲学，个人主义包含一种价值体系，包含了三个主要命题：一切价值均以个人为中心，个人本身就是目的，任何个人都不可被作为他人谋利益的手段。个人主义强调个人的自我发展、个人利益和个人权利。生态哲学将世界看成是“人—社会—自然”复合生态系统，它的“自我实现”是主张“小我”到“大我”的发展原则，是一种个人主义向整体主义的过渡。“自我实现”作为深层生态学的一个重要概念，不仅是环境保护的出发点，而且是实现人与自然的认同与归属。

第四，批判科学主义，走向科技发展“生态化”。科技是一种伟大的力量，其在本质上是“善”的。但同时，我们要对科技的局限性进行批判。这种局限性以狭隘机械论的价值观为指导，人的利益成为唯一的标准，导致科技成果应用的机械性，这是资源破坏和环境污染的直接原因。科技发展“生态化”，是用生态学整体性观点看待科技发展，把从世界整体分离出去的科学技术，重新放回“人—社会—自然”有机整体中，将生态学观点和生态学思维运用于科技发展中，对科技发展提出生态保护和生态建设目标，主要包括科学价值观的变革、科学世界观的变革和科学观的变革。

2. 人与自然的关系：环境哲学的基本问题

环境哲学从人们对环境问题的关注开始。环境问题的实质是人的问题，说到底是人与自然的关系问题。环境哲学对人与自然的关系问题的思考包括以下几个方面：

第一，环境哲学关注人在自然界中的位置。从人在自然界中的地位问题出发，重新认识人与自然的关系：人与动物有本质的区别，但这种区别是相对的；人与自然相互作用，是一个动态的有机整体，自然界是“人与自然”系统的“内因”。

第二，关于人类生存与自然界生存的关系。要承认人是自然界的一部分，既要承认人类生存，又要承认自然界的生存，尊重自然界的生存。

第三，关于文化价值与自然价值的关系。人类以文化的方式生存，人们既可以科技力量对抗自然，也可以通过价值观变革改变人类生存方式。承认自然价值，运用人类的智慧和创造力，可以在增加文化价值的同时保护自然价值。

第四，人与自然关系的性质和规律。人与自然的关系是相互作用的关系。一方面，是人对自然的作用；另一方面，是自然界对人的作用。人类与地球相互作用的合作关系，以及它们的适应性选择和制约，是两者的相互作用机制。这使得两者成为命运相依的共同体。人类与地球协调发展、共同进化，既是客观的历史进程，又是历史发展的规律。

3. 自然价值论：环境哲学的理论基础

人类的所有活动都在一定的价值观指导下进行。自然价值论是环境哲学的理论基础，是环境哲学的价值观。自然价值包含 3 个层面的含义：第一，科学层面的含义。这是自然的外在价值。对人类而言，是自然对人有功利意义，即有用性。第二，伦理学层面含义。这是自然界的内在价值，自然界自主存在的价值。当人类对自然界这种价值进行评价时，称它为自然界的道德价值。第三，哲学层面的含义。这是自然价值最基本的性质，表示自然价值的真、善、美。这是人对自然价值的理论评价，具有抽象性。

环境问题本质上是对自然价值的否认。人类对自然价值评价包括了真理性评价、实践评价和道德评价。要解决环境问题，理论上必须承认自然价值，要认识到自然价值论是可持续发展的理论基础。可持续发展的三个基本目标是：生态可持续性、经济可持续性和社会可持续性。

4. 新的哲学范式的建构

环境哲学是一种新的哲学范式，在本体论、认识论、方法论和价值论上均有转变，它是建设性的，不是破坏性的，是一种对旧哲学范式的扬弃。环境哲学的本体论，是关于世界的存在。环境哲学是一种新的存在观，认为世界是“人—社会—自然”复合生态系统，是整体论哲学，主张世界的结构是有机统一的整体。环境哲学拒绝“中心论”，不强调首要、次要之分，不强调以什么为中心。因为环境哲学认为，事物的相互联系和相互作用，比相互区别更为重要，所有生态因素都是相互联系、相互作用的。

环境哲学还从 3 个方面对认识论作出了贡献：第一，从分析性思维走向整体性思维；第二，生态认识论认为世界是有价值能力的；第三，反对绝对主客二分，认为主体具有层次性，主客关系具有多样性。

环境哲学的方法论是关于生态学的思维方法，以有机论为特征，强调事物和现象的相互联系和相互作用的整体性。环境哲学的价值论，是关于人的价值和自然价值。确认自然价值，是环境哲学的基本理论要求。

5. 环境哲学的使命

环境哲学是人类创造新文化的科学思想和伟大实践的结晶，其历史使命是创造生态文化。文化是人类的生存方式，它具有历史性，所有文化都具有一定的历史形态。所谓生态文化，狭义是指以生态价值观为指导的社会意识形态、人类精神和社会制度；广义是指人类新的生存方式、生态化的生产方式和生活方式，即人与自然和谐发展的生存方式。

生态文化有3个主要层次：第一，制度层次的选择。通过社会关系和社会体制变革，改革和完善社会制度和规范，按照公正和平等的原则，建立新的人类社会共同体，以及人与生物和自然界伙伴共同体。第二，精神层次的选择。尊重人的价值，尊重生命和自然界的价值，摒弃传统文化的“反自然”的性质，抛弃人统治自然的思想，走出人类中心主义；建设“尊重自然”的文化，按照“人与自然和谐”的价值观，实现精神领域的一系列转变。第三，物质层次选择。摒弃掠夺自然的生产方式和生活方式，学习自然界的智慧，创造新的技术形式和能源形式，采用生态技术和生态工艺，进行无废料生产。既实现文化价值，为社会提供足够多的产品，又保护自然价值，实现人与自然“双赢”。

人类文化是历史的、发展的。现代社会，人类实施可发展战略、建设生态文化，走向生态文明社会，这是21世纪人类新的文化选择。持续建构人与自然和谐的社会，开创美好的未来，人类将和谐地生存在地球上，这是我们努力的方向，也是环境哲学的方向。

五、思考题

1. 党的十九大报告提出“人与自然是生命共同体，人类必须尊重自然、顺应自然、保护自然”。从中国传统哲学角度，谈一谈你的理解。

2. 如何理解马克思提出的“我们这个世界面临的两大变革，即人同自然的和解以及人同自身的和解”？

3. “可持续发展”的本质是“人类中心主义”吗？谈谈你的认识。

4. 为什么说环境哲学是一种新的哲学范式？

（撰稿人：宋 蕾）

第二篇 生态经济学篇

第八章

《增长的极限》

——（美）德内拉·梅多斯、乔根·兰德斯、丹尼斯·梅多斯

【本章提要】

本书运用动力学的计算机模型、数据分析方法的研究方法分析经济与环境之间的关系，通过阅读本书，有助于我们深入认识所处的这个地球是唯一的、系统的，意识到可持续发展的意义，学会系统性思考以应对瞬息万变的社会和复杂的挑战，从而做出全面系统的决策。通过对本书的学习帮助读者培养对经济—环境行为的研究兴趣，将经济学的研究方法与环境法学研究结合起来，形成宽阔博大的学术研究格局，看到科研工作的价值在于站在全人类高度和全球格局，与社会先进的机构和个人一起推动社会的发展。

一、作者简介

德内拉·梅多斯（Donella H Meadows），又名丹娜（Dana），（1994—2001年），美国环境科学家，教师和作家，世界级的思想家、作家和社会活动家，世界上最伟大的系统思考大师之一。丹娜于1963年获得卡尔顿学院化学学士学位，1968年获得哈佛大学生物物理学博士学位。

1972年德内拉·梅多斯与乔根·兰德斯、丹尼斯·梅多斯合作创作了《增长的极限》一书，该书预言了人类社会发展无法超越地球的物理极限。本书的合著者之一，乔根·兰德斯（Jorgen Randers）是挪威管理学院名誉院长，罗马俱乐部元老级战略学家。合著者之二，丹尼斯·梅多斯（Dennis Meadows）是新罕布什尔大学系统管理学教授、社会科学与政策研究所的所长，也是德内拉·梅多斯的丈夫。他一针见血地指出："引起全球变暖根本原因是人类对物质的无度贪欲与消

耗。”《增长的极限》一书引领了社会观念变革的先河，引发了全球对地球承载能力和人类选择的大辩论，与《寂静的春天》一同被奉为环保运动的圣经。德内拉·梅多斯另著有九 本关于全球建模和可持续发展问题的著作，如《系统之美：决策者的系统思考》等。德内拉·梅多斯始终处于环境与社会分析研究领域的最前沿，1991 年被授予环境保护领域的“皮尤学者奖”，1994 年又荣获“麦克阿瑟天才奖”，于 1996 年创立了可持续发展协会。作为美国罗马俱乐部协会的长期会员，该协会专门以她为名设立了一个奖项，即美国罗马俱乐部协会德内拉·梅多斯可持续全球行动奖。

二、作品版本

《增长的极限》（*Limits to Growth*），机械工业出版社于 2013 年 6 月出版，目前是第三版，由李涛、王智勇译。第一版是 1972 年面世的，1992 年出版了修订版。

1. 1972年：增长的极限（第一版）

该书第一版中提出，全球生态约束（与资源使用和废弃物排放有关）将对 21 世纪的全球发展产生重要影响，作者发出警告，人类将不得不付出更多的资本和人力去打破这些约束，这些约束是如此之多以至于我们的平均生活质量将在 21 世纪的某些时候出现下降。作者呼吁通过技术、文化和制度上重大、前瞻和社会性的创新来避免人类生态足迹的增加超出地球的承载能力。

在本书中，World 3 模型所给出的 12 种模拟场景描绘了人口增长和自然资源使用增加是如何在各种限制下相互作用的，并强调增长并不必然导致崩溃，但是如果增长导致了过冲，或需求的扩张超出了地球资源所能维持的水平时，崩溃必然紧随而来。1972 年时看起来人类的人口和经济还是令人欣慰地处在地球的承载能力之下。作者认为只要做出具有长远眼光的选择仍然有安全增长的空间。在 1972 年时这么考虑是正确的，但到 1992 年时就并非如此了，因此在 1992 年又出版了第二版。

2. 1992年：超越极限（第二版）

1992 年出版的第二版对早先的研究进行了 20 年来的更新。该版研究了 1970—1990 年的全球发展，并利用这些信息对本书和 World 3 计算机模型进行了更新，并根据 World 3 模型的更新作出了 14 种模拟场景。该版也提出了一个重要的新发现：人类已经超出了地球承载能力的极限。

3. 2013年：增长的极限（第三版）

第一，对数据进行了更新，大部分统计数据截止到 2000 年左右；第二，对模型技术也作了改进，新的系统动力学模型更加精致并且便于运行；第三，使用了新的方法和研究成果，例如，借用了 20 世纪 90 年代之后发展出来的生态足迹概念，并且将其作为本书的一个核心工具。

三、写作背景

该经典理论的形成依赖于当时的社会背景。20 世纪 70 年代，正是第二次世界大战后各国恢复重建，经济慢慢有了起色和增长的时候，《增长的极限》就是在这个背景下出版的。此时，第一次石油危机还未爆发，但工业革命下技术的发展使得人类“征服自然”的野心日益膨胀，人类陷在物质越来越丰富、前景一片大好的美梦里无法自拔。在这种情况下，没有人意识到资源是有限的，更没有任何人存在一丁点的危及感。资源的有限和人类征服自然的野心矛盾日益凸显，但此时并未有人认识到。可以说在这样一个背景下，本书的出现具有前瞻性、系统性、科学性。

《增长的极限》第一版问世以后，并未受到太大关注，反而迎来的是批判和质疑，社会上的人们依旧要征服世界、征服自然，直到 1973 年第一次石油危机的出现，危机感促使人们开始关注到这本书，20 世纪 70 年代以后，迫于增长出现乏力、不堪重负而出现经济增长缓慢，这种逼近极限的速度显然已经超出了作者的预测。但是 1992 年作者在第二版的数据更新中着重提出超越极限，当时人类在很多方面的行为确实已经超出地球的极限，世界出现了一些危机征兆，尤为著名的是臭氧层的破坏、全球气候变暖等。终于，这次警告没有被置若罔闻，从此以后，人类忧患意识明显提高，国际社会也达成了努力实现可持续发展的共识。

《增长的极限》一书的价值在于其并非预测未来，也并未危言耸听，而是建立在科学的 World 3 模型的基础之上做出十多个模拟场景来鼓励人们反思并自我指引。其中最基本的假设有三个：一是系统性的看问题，人口增长、资本投资、环境污染、粮食生产和能源消耗 5 个因素是相互连在一起的一个大系统，这些因素之间是相互影响的；二是人类会不停且永无止境追求增长；三是资源总是有限的。

作者在以上基础上提出五点内容：①再次强调人类已经处于过冲状态之中，通过明智的政策可以大大减少它所带来的破坏和灾难；②提供数据和分析来批驳那种盛行的认为人类正处于 21 世纪的正确发展轨道上的政治性宣传；③提醒全世界的公众思考他们的行动和选择的长期后果，并凝聚他们的政治力量支持采取行动以减少过冲所带来的损失；④让 World 3 计算机模型引起新一代读者、学生和研究人员的注意；⑤显示自 1972 年以来我们在理解增长的原因和结果方面取得了哪些进步。

四、主要内容

《增长的极限》这本书作者采用系统性的思考方式，书中的增长极限理论以系统动力学为基础，并通过建立全新的 World 3 模型将与增长有关的数据和理论整合起来得出十多个模拟场景。借助这个模型，作者得出内在逻辑一致的世界发展情形，研究世界人口、工业发展、污染、粮食生产和资源消耗 5 种因素之间的变动与联系。本书中还采用了新的研究方法和研究成果，系统地阐述了地球系统不断被侵蚀的极限，人类对增长的不懈追求以及在逼近极限时人类社会反应的滞后性的内在逻辑，并提出可持续发展的世界模型。在内容上，本书大致可以分成 3 个部分：第一章总体阐述整个社会的生态足迹相对于地球所提供的容量来说已经出现过冲；第二章至第四章主要分析快速增长的驱动、地球极限以及人类社会一般反应滞后下的过冲和崩溃的演变；第五章至第八章则通过控制臭氧消耗的全球环境经典事例，来分析如何能改变人口、经济、环境发展中的过冲和崩溃的倾向。

（一）发展过程中的过冲（overshoot）原理

第一章 过冲

过冲（overshoot），意思是走过头了，意外的超出了界限。

小到人体大到星体，导致过冲的主要原因有三个：①因为有增长，加速和快速的变化；②因为有某种形式的界限或阻碍，超出这种界限或阻碍，运动中的系统就会变得不安全；③因为在感知或反应上存在滞后或失误，无法努力将系统控制在其界限之内。

我们将按以下顺序观察全球局势：首先看导致发生全球性快速变化的驱动因素，其次看地球的极限，然后再看人类社会了解这些界限并对其做出反应的过程。

研究难点就在于如何理解和描述大大超过地球承载量的人口和经济增长的原因及其带来的后果？作者采用 4 种工具来进行研究：①关于地球系统的标准科学理论和经济学理论；②世界资源和环境的数据；③借助计算机模型整合这些信息并探究其含义；④系统论的观念。

（二）过冲和崩溃的演变过程

在上一部分，作者提到过过冲因素的组合：①快速的变化；②变化的界限；③突破这些界限或控制这些变化时所发生的错误或滞后。该部分通过对这 3 个因素的解读来分析过冲和崩溃的演变过程。

第二章 驱动力：指数型增长

过冲的首要原因是增长、加速和快速的变化。作者运用大篇幅的数学理论和实例详尽地解释指数型增长，并比较其同线性增长之间的区别，来给予人们直观的感受——在指数型增长下，增长是失控的。

1. 指数型增长的数学原理

一个数量按照既有的比例增加，就是指数型增长。一个单纯依照指数型增长公式增长的数量会在一个固定的时间段里倍增。以波斯传说来演绎指数型增长：一个聪明的大臣献给国王一个漂亮的棋盘，他请求国王这样跟他交换：在棋盘的第 1 个格子里放一粒大米，在第 2 个格子里放 2 粒大米，在第 3 个格子里放 4 粒大米，以此类推。国王同意了，命令从他的粮仓里取大米。第 4 个格子需要放 8 粒大米，第 15 个格子里需要放 163 840 粒大米，到第 40 个格子需要放上 1 万亿粒大米，该数量远远大于国王粮仓中的大米数量。

2. 指数型增长的特点：具有欺骗性的翻倍快速增长

指数型的增长是通过翻倍的形式来实现“滚雪球”式的增长，是从不明显到超量的突然变化。在反应滞后的情况下，指数型增长就会导致过冲。示例：假设你拥有一个池塘，一天你注意到池塘里长出了一株荷花。你知道这种荷花的大小每天都会增加一倍，你意识到如果任由这种植物生长，它会在 30 天内完全覆盖整个池塘，会使水中的所有其他生命种类窒息而死。但起初这种荷花看起来很小，你决定不必担心，你将在它覆盖了一半池塘时再来处理它。你知道你给了自己多少时间来防止你的池塘遭到破坏吗?

你只给自己留了一天时间！在第 29 天，这个池塘就被覆盖了一半。第二天，最后一次翻倍之后，这个池塘就被全部遮住了。开始时，看起来推迟到池塘被覆盖了一半时再采取行动是很合理的。在第 21 天，这种植物只覆盖了池塘的 0.2%；在第 25 天，也只覆盖了池塘的 3%。但是再等下去，就只有一天的时间容许你拯救你的池塘。从这个例子你可以看出，在反应滞后的情况下，指数型增长就会导致过冲。

3. 呈指数型增长的事物：人口和资本

指数型增长的发生有两种渠道：天生型增长和衍生型增长。如果一个实体是自我再生的，那么这种指数型增长就是天生的。例如：人口的增长、细菌的生长，所有的生物都属于第一类天生型增长。工业资本存量也是天生型增长：机器和工厂会制造出新的机器和工厂，一个钢厂生产的钢材可以用来建另一个钢厂；一个赚钱的生意，可以把赚到的钱再投入进去以扩大生意。在工业经济这种自我再生、增长导向的生产方式中，无论是实物资本还是货币资本都能产生出更多的资本。

在人类社会中，人口和生产资本是指数型增长的发动机。其他东西，如粮食生产、资源消耗以及污染，它们呈指数型增长不是因为他们在自我倍增，而是因为它们为人口和资本的增长所驱使。

World 3 模型的一个核心假定就是人口和资本在结构上具有指数型增长的能力。人口和资本的增长，必然导致人类生态足迹的增长，人类的人口、资本项目以及支撑它们的能源流和物质流，都已经成指数型增长了至少一个世纪。

4. 用World 3模型分析人口增长、经济增长与贫穷的关系

作为系统动力学家，当我们看到一种模式在一个系统的多个部分中都存在并持续了很长时间时，我们就假定其在系统反馈结构中有深刻的内在原因。如果不改变系统的结构，更努力的或更快的运行这一系统都不会改变这种模式。只有改变系统的结构（因果关系链）才能做到改变其模式。

按照目前的经济结构，经济体系的增长并不能消除贫穷。相反，当前这种经济增长模式，反而会使贫穷永远存在下去，并且会进一步扩大贫富差距。在当前系统中，经济增长总的来说发生在那些已经很富裕的国家，并且不成比例的流向这些国家中最富有的人，增长总是扩大贫富差距，继续增长也跟过去一样无法消除这种差距。

那么，即便在出现巨大经济增长的情况下，仍然导致贫富差距不断扩大的这种结构是什么呢？第一种结构：总是给予特权阶层以权力和资源从而让他们获得更多特权；第二种结构：World 3 模型当中的“系统反馈圈”，即存在一个母体“存量”，只要围绕这个存量处于一种正反馈圈并且没有其他因素制约的话，那增长就是指数型增长。

增长的“系统反馈圈”解释了为什么会出现“富人越来越富，穷人的孩子越来越多”和“不成功者越发不成功”的“系统陷阱”。

富人比穷人更容易进行储蓄、投资并使他们的资本倍增。几个世纪的经济增长不仅使富人支配市场条件、购买新技术并调动资源的权力越来越大，而且使他们建立起很大的资本存量来实现自我增值。绝大多数基本需求都已经被满足了，所以在不剥夺当前人口基本需求的情况下实现较高的投资率成为可能。较低的人口增长允许配置更多的产出来实现经济增长，而较少用以满足快速扩大的平民人口的健康和教育需求。

而穷国的资本增长很难赶上人口增长，可用于再投资的产出更多被要求用于提供学校、医院和满足基本的消费需求，是以几乎没有什么剩余产出可以被用于工业资本，所以经济增长缓慢。因此，“富人越来越富，穷人的孩子越来越多”，“不成功者越发不成功”的反馈圈逐渐形成。

支持以上研究结果的联合国粮农组织数据例证为：在过去的50年中，世界上饥荒最严重的地区其粮食总产出指数翻了两三倍，但人均粮食产出几乎没有变化，这是因为人口也几乎以同样快的速度增长。

第三章　极限：源与汇

在这一章，作者分析过冲的第二重因素：增长存在极限，世界拥有边界。为说明增长的界限，作者引入“源”与“汇”两个概念来进行分析。源，指的是原料和能源。汇，即垃圾和污染等。“源”和“汇”都是动态的、相互联系的系统，并通过地球的生物化学系统来维持。

为了更好地理解增长的极限，作者梅多斯将地球上的“源”分为可再生资源和不可再生资源两部分进行研究分析，从食物、土地、土壤、水、森林、物种6个方面来对可再生资源进行研究。以对可再生资源的论证为例，作者利用World 3预测模型，加上其他数据辅证，得出如下结论：

1. 食物、土地、土壤的增长限制

在过去几十年里，谷物生产的增长率已经放慢，降低到人口增长率之下。在理论上仍然有足够的食物，可以充足的供应每个人的需要。但虽理论上充足，实际上饥饿依然持续着。这些饥饿的人群主要是妇女和儿童。到目前为止，饥饿人群的数量基本保持稳定，尽管人口已经增长。饥饿的持续并不是因为地球的物质限制，更多的食物是可以获得的。按现有的粮食产量，每一个人都可以获得充足的营养；可以生产出更多的食物；也可以以更小的污染代价、以更少的土地、以更少的能源来生产这些食物，然而迄今为止实现这些结果的政治意愿还相当缺乏。

原著节选：

最显著的极限是土地。新的农业用地正源源不断地被带到生产当中，而曾经富有生产力的土地正因侵蚀、盐碱化、城市化、荒漠化而丧失。土壤退化表现在两个方面，第一种是耕地土壤的质量（保度、腐殖质、肥沃程度）。土壤营养可以由化肥的营养来代替。但化肥本身是农业系统的一种不可持续投入，会带来土壤肥力特征的滞后。第二种不可持续的使用源是土地本身。潜在宜耕地面积正日渐缩减，而没有生产力的荒地面积正日益扩张。维持人类群体的粮食流正通过不断地移向新增土地的方式来加以生产，而留在后面的则是枯竭、盐碱化、被侵蚀或是被铺路的土壤。如果人口日益以指数型增长而耕种土地面积则保持已经形成的大致面积的话，则人均耕地面积就会日益减少。在世界的许多地方，土壤、土地和食物的营养源正在缩减，农业经济与农业社区也在缩减，在这些地方，农业生产上已经突破了很多极限。

2. 水的增长限制

水是不可能替代的和最基本的资源，具有天然的区域性。水的极限是由地下水的恢复率、雪水融化率或者森林土壤的存水能力决定的。由于水并不仅仅是一种源也是一种汇，它的利用也可能受上游或者地下层水污染程度的限制。水的极限约束了其他一些东西的产量——食物、矿产和林产品等，这些反过来又会进一步约束水的数量和质量。然而，水不仅具有区域性，还具有季节性，并不是所有的淡水径流都可以利用，其中大多数都是季节性的。人们尝试采用修建大坝以拦截洪水提高径流极限、海水脱盐化、长距离的水运输等方式来提高水的极限，但是采用以比恢复储量更快的速率去提取地下水是不可持续的。

3. 森林的增长限制

森林作为调节气候、降雨、生态的工具本身就具有极大的价值，同时它还具有经济价值。森林的损失是不可持续性的一个明显标志，主要是存在两个方面——森林的质量和面积。森林的质量比森林的面积更难衡量。但这些年森林缩减问题特别严峻，主要是因为对森林产品的需求正日益增加。各种用途（建筑木材、纸产品和燃料用材）对于木材的总消费正日益增加。虽然也有减少木材需求的趋势，循环利用和更有效地利用森林产品——纸张循环、加工效率、燃烧效率、纸张使用效率、完全定价成本等，尽管公众对于全球森林破坏的影响的意识在近些年来已经得到增强，然而这并没有明显地放慢森林被破坏的速度。

4. 物种和生态服务系统的增长限制

物种和生态服务系统的消失无法衡量，物种消失主要是因为栖息地环境的消失而随之消失的。物种消失并不是衡量生物圈可持续性的一种令人满意的方式，因为没有人知道极限是什么。在整个系统崩溃以前有多少物种以及哪些物种会从生态系统中消失？在生态系统里，物种却是相互关联的。如果其中的一种消失，那么它将引发与它相关的其他物种的一长串反应。

对于不可再生资源的极限研究，作者通过研究矿物燃料和物质两个方面来分析。

原著节选：

（1）矿物燃料。矿物燃料主要指的是煤炭、石油、天然气。这些燃料主要使用于商业，因此其地下储量在被无情而持续的开采。当生产减少了已知储量的存量时，人类投资于勘探以补充储量。然而每一次勘探都来源于地球上矿物燃料的终极存量。未探明储量可能很大，但它是有限的并且是不可再生的。

在流的另一端，燃烧产生污染，进入最终汇——地球的生物化学过程，它回收污染物，或将它们弱化成无害物质，或者因它们而污染或退化。在矿物燃料流的其他每个阶段也都会产生各种各样的污染。从勘探到开采、提炼、运输和存储。没有人真正知道在矿物燃料流的哪一端将会更成为极限，源还是汇。存在如此大量的煤炭以至于我们相信它的使用会受到大气二氧化碳的汇一端的限制，石油在两端都会受到限制。它的燃烧产生温室气体和其他污染，而且它显然将会成为在源这一端首先被消耗掉的矿物燃料。天然气现在被许多人认为是能够维持能源生产的源，直到有大范围可持续能源来源的采用。然而，从传统上说，社会需要50年时间去实现从一种主要能源源向另一种源的转变。与此同时，世界可能会有福利损失：或者来自于气候变化，或者来自于矿物燃料使用的限制。

（2）物质。物质也是人类社会不可或缺的。与矿物燃料的不同点在于，诸如金属和玻璃等物质并不需要在使用之后转化为燃烧气体。它们或者在某个地方以固体垃圾的形式累积起来，或者被回收和循环利用，或者被分解、被研成粉末、被蒸发或其他方式散入土壤、水或空气中。分离和回收用过的物质是朝可持续发展迈出的第一步。

5. 从“汇”的角度分析极限

作者对污染物和废弃物的汇的分析，通过举例“温室效应”分析全球气候变化，并提出人类对于温室气体的排放正在以比地球能够清空他们的速度快得多的速度突然地填满大气的汇。作者提出在环保治污问题上，攻坚战比较突出的是核污染、危险物质以及化工物质，并提出“自我矫正机制”。

原著节选：

人类活动对环境的负面影响并不是必然的，而是可以避免的。污染不再被视为是进步的象征，而是作为无效率和疏忽的象征。各行各业在意识到这一点以后，迅速寻找办法来减少排放和资源使用，通过从头到尾重新考虑制造过程，从“末端管理”（从正在进行的生产过程中减少排放量）到“清洁生产”（为了最小化排放和资源使用而设计产品和生产过程）再到“工业生态学”（把从一个工厂的流出物当成另一个工厂的原料），如此在能源成本上节省大量的金钱。

作者本章的大量数据论证形成以下4个结论：

（1）人类现在正以一种不可持续的速度在利用许多关键的资源并生产出垃圾。源正在衰竭，汇正被填满，甚至在一些情形中已经溢出。即使是在现有的流速下，大多数生产流从长期来看并不能维持；如果流速提高，则能够维持的时间更短。我们预期它们中的许多将在本世纪达到巅峰，然后开始下降。

（2）这些生产能力增长的高速度并不是必需的。技术上、分配上和制度上的变化能够显著地降低这些速率并且维持甚至提高全世界人民的平均生活质量。

（3）人类给自然环境造成的负担已经超过它的可持续水平，它无法再维持超过一两代人的时间。因此，已经有了许多对人类健康和经济的显著的负面影响。

（4）原料的真实成本正在日益上升。

第四章　World 3模型：有限世界的增长动态

在这一章，作者在资源存量的源和污染的汇的静态基础上，为解决整个生态足迹与人口和资本的相互作用以及人口和资本的相互作用的问题，构建了World 3模型，对有限世界的增长状态进行动态的、全系统的分析。

1. World 3模型的结构

模型是对现实的简单表述，模型不能完全复制现实。建立模型的目的在于建立一个对特定目标有用的模型，以回答一系列相关问题。运用模型时必须时刻提醒自己模型是具有局限性的。作者构建的 World 3 模型是数学模型和心智模型的结合。World 3 模型是复杂的，然而其基本结构并不难理解。它追踪着一些存量，如人口、工业资本、持久污染和耕地。在模型里，这些存量的变化是通过一些流量来体现的，如出生和死亡（在人口情形里）、投资和折旧（在每个资本存量情形里）、污染产生和污染同化（在持久污染的情形里）以及土地流失、土地开发和用于城市和工业用途的土地占有（在宜耕地情形里）等。

如果逐个看的话，World 3 模型的构成与关系都是很直观的。反馈圈是使得 World 3 模型呈现复杂动态的一个因素；另一个因素是该模型的许多非线性关系。线性关系趋于产生相对容易理解的行为，然而线性关系很少能在“现实世界”中找到。

2. 开发World 3模型的目的

开发 World 3 模型并非精准的预测未来，而是系统宽泛地理解未来，从而内化成意识来告知和影响人类的选择。

原著节选：

开发 World 3 模型的目的是为了理解未来的一个宽泛片段的可能方式或者行为模式，在未来的世纪里，通过这些模式人类经济将与地球的承载能力相互作用。同时 World 3 模型考虑到核心问题，即：未来数十年里日益扩张的世界人口与物质经济将如何相互作用以适应地球有限的承载能力？并给出确切的回答：承载能力就是极限。一个增长的社会可以以四种普通方式来运用其承载能力，首先，它能够以不中断的方式增长，只要它的极限还很远或者它的增长比人口的增长更快。其次，它可以在承载能力之下平滑的实现某种均衡，以一种被生态学家称为逻辑斯蒂，或者 s 型，或者 c 型增长的行为来实现。第三种可能是超越其承载能力而没有大规模和持久的破坏，生态足迹在达到平衡之前将围绕着极限震荡。第四种可能性是超越极限，并且对资源基础形成严重而持久的破坏。World 3 模型主要通过反馈圈和非线性来反映相互之间的关系，其最主要的特征是：增长过程、极限、时滞以及侵蚀过程。

3. World 3模型反馈机制上的极限与时滞

在 World 3 模型中有一些信息和反应时滞，这些时滞同样在现实生活中存在，由于这些时滞的存在，过冲是不可避免的。

原著节选：

一个持续增长的物质实体，只有它得到准确的、及时的信号告知在哪些方面它需要尊重其极限，并且只有当它迅速而准确地对这些信号做出反应时，它才会放慢步伐，然后在一个平稳地适应极限的条件下停止。

World 3 模型在它的反馈机制上也有许多时滞，包括以上提及的那些。在这里，我们假设在污染的释放与它对系统形成可观察到的影响之前会有时滞。我们假设夫妇们充分信赖并调整他们关于家庭规模的决定以适应变化着的婴儿死亡率之前大致会有一代的时滞。在 World 3 模型里，作为对食品或服务短缺的反应，投资被重新配置、新资本工厂建成并投入运营，在正常情况下也需要花费数十年的时间。土地肥力的再生或者污染的吸收也需要时间。

4. 过冲产生的震荡与崩溃

过冲会产生的结果并非都是灾难性的，过冲可能导致震荡和崩溃，过冲与震荡和过冲与崩溃就存在不同的差异。

原著节选：

如果源自于极限对增长实体的警告信号被延误，或者如果反应滞后，并且如果环境在超载的时候并未被侵蚀，那么日益增长的实体将突破其极限时间段，然后做出相应的校正，回到正常范围之内，接着又一次突破极限，在一系列的振荡过程中，通常会逐渐减弱回归到极限范围之内的某个均衡水平之上；如果来自于极限的信号或者反馈被延误，并且如果环境在超载时被不可逆转地侵蚀的话，那么日益增长的经济将会超越其承载能力，从而降低其资源基础，并走向崩溃。过冲与崩溃的结果是永久枯竭的环境以及远比环境未超载情形下低得多的物质生活水准。

作者用 World 3 模型来进行两个场景的模拟，从而得出结论：如果不转变方式，按照现在的源的消耗速度，即使有更多的源，崩溃也是可能发生的。

（三）如何改变World 3模型过冲与崩溃的倾向

第五章　从超越极限中返回：臭氧的故事

在第五章，作者通过关于臭氧的实例的描述：一个关于超越了重要的极限、观察到其后果、然后艰苦斗争，并成功地把人类活动恢复到可持续水平之下的故事，带给人们扭转增长极限的希望。

1. 氟氯化碳（CFC）的过冲增长能被控制吗?

原著节选：

氟氯化碳（CFC）最早发明于 1928 年，它们看起来对任何的生物都无害，它们被作为优良的绝缘体。1950—1975 年世界上的 CFC 的生产就以每年超过 11% 的速度增长，几乎每隔六年就会翻一倍，然而，臭氧层富含臭氧。位于同温层较高位置的 CFC 分子被紫外光线拆分而释放出自由的氯原子（CL）。这些原子与臭氧发生反应生成氧化氯，氧化氯接着能够与一个氧原子起反应再次释放出氯原子，后者能够与另一臭氧分子起反应——以此类推。这一循环被一再重复下去，极大地降低了大气层中臭氧的浓度。

然而，过冲需要时滞，即使有两篇文章来预测后果，工业企业也会抵制，CFC 的使用依旧继续，直到 1985 年 5 月，我们发现 CFC 的使用已经超越了可持续发展的极限。通过分析原因，氯污染是罪魁祸首。直到 1992 年哥本哈根来进行推进“紧缩”方案，1996 年 157 个国家成为这一紧缩协议的成员，之后与臭氧消耗相关物质的贸易正在被禁止。世界上逐渐就这一问题达成共识，对过冲作出了成功反应。逐渐，人们慢慢适应了没有 CFC 的生活。

从臭氧的故事我们可以了解到：过冲不可怕，人类要将地球从过冲中拉回来是极有可能的。

2. 单纯依靠技术和市场是无法控制过冲的

第六章 技术、市场与过冲

上一章给予人们极大希望，在这一章进入方法论——如何扭转局势，仅靠技术和市场么？不，单单依靠技术和市场，过冲依然会发生。作者通过 World 3 模型的至少 6 个模拟场景进行分析，论证解释仅仅依靠技术和市场仍会使模型趋于产生崩溃。

原著节选：

从前面六次计算机模拟中得到的一个教训是，在一个复杂的有限世界里，如果你试图移去或者消除一种极限而继续增长的话，那么你将遭遇到另一种极限。特别是，如果增长是以指数形式进行的，那么下一个极限将会令人惊讶的迅速出现。

第二个教训是，社会通过经济和技术适应的方式，越是成功地摆脱了某种极限，那么它就越有可能同时遇到多个极限。在 World 3 模型的大多数模拟中，世界系统并没有完全耗尽其土地、粮食、资源或污染吸纳能力。真正耗尽的是它的应对能力。

时间是 World 3 模型中实际上的终极极限，并且我们相信，在“现实世界”中也是如此。如果有足够的时间的话，我们相信，人类拥有近乎于无限的解决问题的能力。增长，特别是指数型的增长，之所以如此难以对付，就是因为它缩短了有效行动的时间。它给系统施加压力的速度越来越快，直到应对机制最终失效。

还有另外三个原因来解释，为什么原本可以运作得很好的技术与市场机制无法解决因为社会以指数速度趋向相关互联的极限而产生的问题。他们与目标、成本和时滞有关。

第一个原因是市场和技术只是服务于目标、道德规范和作为整体的社会时间范围的工具。如果一个社会隐含的目标是利用自然、使精英富裕并且忽略长期效果，那么该社会将开发毁坏环境、扩大贫富差距，以及最优化短期收益的技术与市场。简言之，该社会开发的技术和市场加剧，而不是防止了崩溃。

第二个原因是调整机制是有成本的。技术和市场的成本都依赖于资源、能源、货币、劳动力和资本。这些成本在接近极限的时候趋于非线性的上升。这一事实是系统行为出人意料的另一个根源。

技术和市场无法自动解决这些问题的第三个原因在于它们的运作是通过具有信息扭曲和实质的反馈圈来进行的。市场和技术反馈的实质可能远比理论模型或是心智模型预期的要长得多。技术—市场反馈本身也是过冲、振荡和不稳定的源泉。为全世界所感知的一个不稳定的例子是 1973 年之后，数十年间石油价格的波动。

第七章　向可持续系统过渡

在这一章，作者主要回答了两个问题："面对极限的信号，如何作出正确的回应？"和"可持续发展是否意味着零增长？"

1. 面对极限的信号，如何作出正确的回应？

人类社会可以以三种方式对资源使用和污染排放超出其可持续极限的信号作出回应。一种方式是否认、掩盖或混淆这些信号；第二种回应方式是通过技术或经济手段来减缓来自极限的压力；第三种回应方式是着手解决背后的根源。但后退并承认当前人类社会经济的系统结构是难以控制的，其已经超出了极限，并且濒临崩溃，进而寻求改变这种系统结构的方法。作者指出改变系统结构是最关键的，并对如何从过冲状态缓和下来进行全面分析。

原著节选：

要面对极限，最根本的办法是改变结构。在系统术语中，改变结构的意思是改变一个系统反馈结构，改变信息链：系统成员不得不处理的数据的内容和时间；激发或制约其行为的思想、目标、激励、成本和反馈。如果系统成员发现有充分的理由这么做，并且他们有自由，或许甚至有动力来做出改变，那么同样一群人，同样的组织和物理结构的组合，其行为方式或许会截然不同。在时间上，一个具有新信息结构的系统也很容易改变其社会和物理的结构。或许会发展出新的法律、新的组织、新的技术、拥有新技术的人、新型的机械或建筑。这样一种转变不需要中央的指挥，它可以是没有计划的、自然演进的、激动人心的并且是快乐的。

2. 对增长有意加以约束的模型预测结果

模拟场景 7：假定 2002 年之后所有夫妇都决定把他们的家庭规模限制在只要两个孩子，并且他们能够得到有效的节育技术。由于年龄结构的原因，人口数量将继续增长一代人的时间。但是较慢的人口增长将使得工业产出的增长加快，直到由于处理不断增加的污染的成本的上升而中断。

模拟场景 8：在场景 7 的基础上（即模拟社会采纳只养育两个孩子的家庭规模）为人均工业产出设定了一个固定的目标，即可以将 70 多亿人口维持在一个充裕的生活水平之上近 30 年。但是这一经济并不是非常稳定的，它的生态足迹也超出了可持续的水平，并且在 2040 年之后被迫进入长期衰退。

模拟场景 9：在这一场景中，人口和工业产出同上一轮模拟一样受到限制，并把技术加入进来，以减轻污染、保护资源、提高土地产量并保护农业用地。结果给出的社会是可持续的：近 80 亿人口生活在较高的福利水平下并且生态足迹不断下降。

假如产生模拟场景的政策早 20 年开始实施会怎样？作者通过建立 World 3 模型的模拟场景 10 可以看出，早 20 年走向可持续发展对所有人意味着较低的最终人口水平、更少的污染、更多的不可再生资源和稍微高一些的福利水平。

作者通过模型模拟实验得出两个启示：①一些根本改变的引入越往后拖，人类远期所面对的未来选择就会越少，空间变小；②如果从地球系统中要求更多的消费同样也会导致失败。因此，根据作者的计算机模型、心智模型、对数据的掌握以及在“现实世界”的经验，在缓解极限的设定可持续目标方面我们不能再浪费时间了。推迟削减生产能力和可持续过度，从最好的结果来说，意味着减少了未来几代人的选择，从最坏的结果来说，是陷入崩溃。

3. 可持续发展是否意味着零增长?

在这一章作者也回答了“可持续发展是否意味着零增长？”这一问题，她提到，可持续发展不是意味着“零增长”。

原著节选：

可持续的社会将对质量的提高而非物质扩张感兴趣，它把物质增长视为一个可考虑使用的工具而不是一个永久的使命；一个可持续的社会将应用自己的价值观和对地球极限的所有知识，只选择那些能满足重要社会目标并能强化可持续性的发展类型；一个可持续的社会不会对目前这种不均等分配模式的永久化麻木不仁……可持续发展社会不是种种，我们不能够说清什么是可持续社会，但我们能对可持续社会做出一般性指导原则。

迈向可持续发展，一定要实施以下几个步骤：①拓展规划的时段；②改进信号；③加快反应速度；④最低程度的使用不可再生资源；⑤避免破坏可再生资源；⑥最大效率地使用所有资源；⑦慢慢地、逐步地停止人口和物质资本的指数型增长。除此之外，还要解决三个领域非常现实的问题：①贫困；②失业；③未被满足的非物质需要。

将工业世界带入到下一个进化阶段不是灾难，而是难得的机遇。如何把握住这一机遇，如何把人类带入到一个不仅是可持续的、功能齐全的、平等的并且也是非常合意的世界，是一个关系到领导能力、道德规范、见识和勇气的问题，关系到人类的心灵和精神而不是计算机模型的性质。

第八章 向可持续状态过渡的工具（终章）

在这一章，作者引入可持续发展，称其是继农业革命、工业革命之后的下一次革命。并介绍了可持续发展所需要的工具。

谎言会扭曲信息流。如果信息流被扭曲，一个系统就不能正常运转。系统理论的最重要原则之一，就是信息不应该被扭曲、延迟或被隐瞒，其原因希望我们已经在书中说得很清楚了。

“人类将处于危险之中”，巴克敏斯特·富勒（Buckminster Fuller）说，“如果我们每个人现在和将来都不敢只说真话、不敢说出全部真话，并且不敢马上这么做——马上”。当你跟别人说话时，无论在大街上还是在工作中，无论是对一群人，还对一个孩子，你都应当尽力驳斥谎言或肯定真话。你应当否定那种认为得到的越多就会变得越好的观点。你应当质疑，那种认为富人得到的越多，越有助于穷人的主张。你对错误信息驳斥得越多，我们的社会就会变得越好管理。

五、思考题

1. 请谈谈经济的发展受到哪些因素的限制？
2. 请你从系统学角度论述“人与自然”的关系。
3. 请问你对“技术万能论”是如何理解的？
4. 请论证“说真话”的利弊，并研究“说真话”的方式。

（撰稿人：欧阳杉）

第九章

《封闭的循环：自然、人和技术》

——（美）巴里·康芒纳

【本章提要】

生态环境保护是事关人类生存的重要问题。在全国上下努力建设生态文明的热潮中，生态环境保护工作正在稳步推进，然而生态环境保护、环境污染治理等问题依然严峻，许多地区仍然以经济建设为中心的传统发展理念并未转变，公众的生态意识欠缺，生态文化建设亟待加强，我国的生态环境保护事业依然任重道远。美国作家巴里·康芒纳的《封闭的循环：自然、人和技术》一书，讲述了美国在第二次世界大战以后所产生的环境问题的根源以及解决环境困境的办法，为我国相关环境问题的解决提供了参照。希望读者可以汲取先进的理论和成功的实践经验，并对我国现今的生态保护现状予以重新审视，寻找适当的方法解决我国在可持续发展中遭遇的生态困境。学生读者要求了解作者的生平简介，理解本书的主要内容，掌握本书的基本观点，并以小论文或小组讨论的形式完成课后延伸的思考题。

一、作者简介

巴里·康芒纳（Barry Commoner，1917—2012）是美国一名杰出的生物学家、生态学家、政治家和教育家，被《时代周刊》称为“一个拥有千百万人的课堂的教授”。他是美国 20 世纪 60~70 年代在维护人类环境问题上最有见识、最有说服力的代言人。康芒纳著述甚丰，除《封闭的循环》外，还出版过《科学和生存》等书及数百篇科学论文。康芒纳博士享有多种荣誉称号，是美国科学促进会协会指导委员会成员、科学家公共咨询研究会指导委员会主席和圣路易斯环境咨询委员会主席。他致力于生态环境研究，主张将自然、人与技术联系起来，形成生态技术观，并提出著名的“生态学四法则”；康芒纳生态环境思想中的生态伦理思想不仅对美国甚至对整个世界的生态环境研究都影响深远；康芒纳还被誉为现代环保运动的“创始之父”，推动了美国生态环境保护运动的进步。

巴里·康芒纳 1917 年 5 月 28 日出生于美国纽约州布鲁克林区一个俄罗斯移民家庭中。康芒纳在很小的年纪就展示出对学习的兴趣和过人的天赋，1937 年获哥伦比亚大学动物学学士学位，1938 年、1941 年先后获哈佛大学植物学硕士和细胞生物学博士学位。1942—1946 年间，由于太平洋战争的爆发，美国加入第二次世界大战战场，康芒纳也选择参军保卫国家，成为美国海军航空兵中尉，这段经历也为他以后从事环保运动的领导和组织工作打下基础。自 1947 年起，在圣路易斯市的华盛顿大学任教。20 世纪 40 年代，由于美国核爆试验的频繁进行，康芒纳开始关注并研究核辐射对环境和人体的影响，这也是他转入环境研究领域的开端。康芒纳的研究成果引起社会对核辐射的广泛关注，他本人也因此获得纽科姆克兰德奖。1958 年，康芒纳组织成立了圣路易斯核情报委员会，委员会创立之初是为了科学家在核情报方面的交流，发展到后来就成为了对公众进行环境问题科普和教育的地方。康芒纳本人也坚持公众对环境有知情权的观点。康芒纳对核辐射的研究给美国带来极大的政治影响，并在一定程度上促成了美苏限制核试验条约。进入 20 世纪 60 年代，康芒纳开始集中研究包括污染、能源在内的环境问题，除此之外，对政治异常敏锐的康芒纳也意识到科学家不能仅仅局限于对数据和理论的研究，而应当努力发声，向公众传达环境保护的迫切性和重要性。1970 年是康芒纳职业生涯的重要转折点，这一年，他开始积极地活跃在公众视野中，为宣传美国的环保主义四处奔走。康芒纳联合当时的环保主义者和自由主义团体成立旨在提供生态信息服务的民权党，并在 1979 年使其获得合法地位。民权党的发展壮大有力地推动了美国环保事业的发展和进步，民众的环保意识被唤醒。20 世纪 80~90 年代，康芒纳的研究重点转向城市垃圾和污染问题。进入 21 世纪，他又集中精力于遗传理论的研究上。2012 年 9 月 30 日，康芒纳在纽约逝世，享年 95 岁。

康芒纳一生著述无数，撰写多部重要的环境著作和论文，代表作有《封闭的循环：自然、人和技术》《与地球和平共处》《生态危机中科学的责任》《环境健康——基于大学教育和研究的新挑战》以及《自然平衡：人类如何影响氮循环》等。其中《封闭的循环：自然、人和技术》和《与地球和平相处》两本书都讲述了现代生产技术在为人们的生活带来便捷的同时又是如何破坏生态环境、导致环境恶化的，揭示了美国环境和生产之间密不可分的联系，论证了环境问题的本质就是生产方式的观点。

康芒纳提出许多经典的学术观点，其中以“生态四法则”“生态技术观”“生态伦理观”最为著名、最具代表性。“生态四法则”是康芒纳第一次将自然、人与技术联系起来，以生态学的角度分析环境危机，概括生态、技术之间的关系的四个原则。这四条法则分别是“每一种事物都与别的事物相关”“一切事物都必然要有其去向”“自然界所懂得的是最好的”以及“没有免费的午餐”。“生态技术观”则是康芒纳认为人类应按照有利于生态的原则安排技术活动，实现环境效益和经济效益双赢。“生态伦理观”则是康芒纳对自然内在价值的肯定，承认自然界权利，认为“自然并不是我们的敌人，而是我们的基本盟友”。

尽管国内外学界对康芒纳思想学说的评价褒贬不一，但不可否认的是，他依然是美国最著名的生态环境学家之一，对整个世界的生态环境学的发展起到积极的推进作用，并为后视学者的研究和社会经济的发展指明了方向。

二、作品版本

巴里·康芒纳撰写的《封闭的循环：自然、人和技术》著作，侯文蕙译，吉林人民出版社，1997 年 12 月出版，全书总字数 23 万字，总页数为 307 页。中文版根据 Bantam Books，Inc.（New York）1974 年版译出，由 Barry Commoner 授权翻译出版。

三、写作背景

20 世纪 60~70 年代，美国发生了一次以生态观为主旨的，规模空前的群众性的环境保护运动。这次环保运动是美国历史上自然和资源保护运动的发展和继续，它的直接起因是人们对日趋严重的环境污染的不满和恐惧，同时也有着更为深刻的社会背景。与战前的资源保护运动相比，战后美国环保运动具有显著的特点，并且环保运动对美国的社会经济以及人们的环境意识和环保实践等诸多方面都产生了巨大的影响。战后美国环保运动主要由三股力量推动而成，即生态科学家、中产阶级为主的公众和美国政府。这场运动首先由生态科学家和知识层发起，继而由美国公众和政府广泛参与并将这一运动推向高潮。在这一过程中大量环境法律和机构被通过和设立，环境组织大量涌现，环境运动出现了如火如荼的局面。生态科学家和知识界人士最早意识到环境污染严重性，为了唤起公众和政府对环境的关注和重视，他们不但从事大量与环保事业相关的社会实践，而且不断发表和出版有关环境问题的文章、报告和著作，这些活动构成了战后美国环保运动的重要组成部分。这些生态科学家和其著述，生态学家和知识层对环境污染和生态危机的警示极大地激发了公众的环境意识和危机感，在生态科学家的鼓舞和激励下，也是出于对环境污染给自身所带来的损害的恐惧以及对健康安全的生活环境的追求，20 世纪 60 年代末美国公众开始广泛地卷入到环保运动的潮流中来，他们以游行示威、街头抗议、集会演说等各种形式表达自己对环境的关注和对现状的不满。

巴里·康芒纳作为优秀的生物学家，为了保护人类免受环境污染、生态破坏的局面，完成了巨作《封闭的循环：自然、人和技术》。康芒纳首次向人们揭示了自然、人和技术这三者的关系。他首先以洛杉矶的空气、伊利诺斯的土地、伊利湖的水为例，阐述现代生产技术对生态圈所造成的压力，最后分析驱使人类走向毁灭的各种经济、社会和政治力量。书中对当时美国出现的各种环境问题进行阐述，并展开环境危机根源研究，呼吁人们行动起来以保护环境。

当人们还在把环境危机的原因归咎于“人口过多”和“富裕”时，作者揭示了现代科技对人类生活的副作用，向人们孜孜以求的“现代化”敲响警钟。他说：“我们之所以会陷入一种环境危机之中，是因为我们借以使用生物圈来生产财富的手段毁灭了生物圈本身。当前的生产体系是自我毁灭性的，当前的人类文明的进程是自杀性的。”但如果我们进一步追问，又是何种原因造成现代技术在生态上的失败？恐怕就得深入到观念形态的层面了。从本质上讲，它是我们价值观的失误，传统价值观是人与自然分离的自然观，是人统治自然的价值观。正如作者所言：“如果我们要生存，就必须用生态学的思想来指导经济和政治事务。”这话听起来颇有几分受人推崇的后现代味道，但在20世纪70年代毕竟曲高和寡，除了生态工作者和生态哲学家们赞同外，并未得到世人积极的回应。不过，40年后的今天，接受这一思想的人还是多了起来。用生态学的思想来指导经济和政治事务，便是要求有一种生态学的思维方式。这是一种要求摒弃现代社会的线性生产过程而主张无废物的再生循环的生产方式。它追求的是适度消费而不是过度消费。它要求人们“以俭朴的方式达到富裕的目的”，这种富裕不是纯粹物质生活的富裕，它更强调了精神生活的高度充实。我们能达到这样一种境界吗？那些发达国家的公民们愿意自觉地放弃那种舒适的浪费型生活方式吗？我们能够建立起一种公正的全球资源的分配方式吗？如果我们还想在这种最基本的生存需求上讨价还价的话，我们的生存危机怕是没有了缓解的希望。环境问题不仅仅只局限20世纪70年代的美国，书中所写与20世纪90年代以来，中国日渐突出的生态问题也不谋而合。对环境污染与生态恶化，现今的中国人也正步着西方人的后尘，越来越清楚地认识到了它的现实性与危害性，并且这也引发了许多人进一步的追问。在人们的环保意识日益加强之时，一个迫切需要引起重视，并应予以立刻解决的问题也摆在了我们的面前，那就是：我们应该由表及里，剥离出生态危机的内在原因。只有找出生态危机的病因所在，我们才有可能对症下药，根除病痛。那么，我们正在遭遇着的这场严重病患其根源又在哪里呢？康芒纳以一个学者的人间关怀，对这一问题进行了寻根究底式的探索，他认为：是第二次世界大战以后新的经济增长模式，更加显著地破坏了大自然的生态平衡，而新的经济增长模式又来源于第二次世界大战后人类生产技术上的激烈变迁。

《封闭的循环：自然、人和技术》一书从各种环境问题产生的根源、问题的解决方法以及解决效果对读者进行了一次理性、量化的环境阅读教育。介绍了地球环境危机的严重性，和一些具体的环境被破坏事例的原因及探究其原因的方法和过程，并呼吁全人类在保护环境这一重要的任务上贡献自己的一份力量。

四、主要内容

（一）主要框架

按照作者的逻辑思维，全书分为三个部分，即如书名所述，自然、人和技术。自然作为第一部分，具体对应第一章到第六章；人作为第二部分贯穿于全书，集中体现在第七章和第八章；技术作为第三部分，则体现在第九章到第十三章。

1. 自然

作者在这一部分的逻辑思维是通过引出环境危机的概念，从生态圈的核心自然要素——空气、土壤、水作为着眼点，引出在这些方面所造成的生态问题，提出了相关的理论。具体如下：

（1）环境危机。这一章康芒纳力图引出环境危机的概念。通过列举在 1970 年美国地球周期间，人们环保意识的自我觉醒引发的社会讨论，比较完整地体现了当时美国各阶层对于生态环境的新认知，新争论，从而引出了全书的主题：生态问题的治理与生态环境的保护。

（2）生态圈。作者比较系统全面地阐述了生态圈的形成、演变、遭遇的挫折，并且通过一系列的类比、逻辑推演进行了十分具象的论述，最终落脚到“循环”这一核心词眼。这一部分，作者运用了物理学的物质不灭理论、经济学的等价理论、航海学的控制论、工作的钟表理论以及著名的“生态学四法则”十分丰富地向读者论述了生态圈的系统性、复杂性以及循环性。同时借助一系列常见的生态现象作为类比，深入浅出地向读者展示了一个庞大的生命之网。

（3）核灾难。全书的第三章，康芒纳直接将核能打上了核灾难的标签。在这里作者讲述了核能的开发利用，但是其侧重点在于核能带来的负面效应。他一方面承认核能取得一些成就；另一方面则列举了核能带来的恶劣后果。整个章节，作者无不表现出对于核能开发利用的担忧，因为人类认知有限，所以在没有全面搞清楚利用产生的后果之前就如此大规模的开发，可能带来的是一场难以预料的灾难。

（4）空气、土壤、水。具体对应全书的第四、第五、第六章。这三章可以看作一个部分，具体论述的就是生态圈的核心自然要素。康芒纳通过描述洛杉矶的空气、伊利诺斯的土地、伊利湖的水这三个具体的环境破坏案例，再影射到全球诸如此类的问题层出不穷。在这一部分，人已经逐渐成为了核心，换言之，虽然是在讲述具象的生态问题，但是人作为始作俑者要为此负责。那么，环境问题的出现乃至愈演愈烈的发展，人在其中究竟应该如何定位将是第二部分将要论证的问题。

2. 人

这一部分主要介绍共处于整个生态圈中的人的影响和作用。正如作者前面章节所描述的环境危机是一个标志，生态圈现在已经被严重的损伤，以至于它的持续稳定也受到了威胁。这是一个警告，我们必须发现自我毁灭动力的根源，并且在它毁灭了环境以及人类自身之前，就控制住它。

（1）生态圈中的人。在第七章中，作者以“环境的紊乱是由人类的活动引起，又在人类身上施加了痛苦的影响”为出发点具体说明了人、自然和技术是怎样相互影响，以及说明如果没有人，就不会有科学，也就不会有技术、工业，也就不会有文化，更不会有现存的全部经济、社会和政治的各种进程。作者充分说明了人的重要性，以及人类生活在地球上的基本矛盾：人类文明涉及一系列周期性的，有着内在联系的过程，这些过程都有一种固有的增长倾向，但地球中的矿物和生物圈所代表的绝对基本的资源是天然不可代替的。如果要保持人类在地球上文明的活动，并且保持与整个地球系统和谐一致的状态，生存必须适应生态圈的需求也就是自然部分的需求。最后，作者通过证明提醒人们，人类的活动已经超出了天气系统的自洁能力，以至于自然的风、雨和雪，都无力去清洁空气了。由技术形成的人工合成物质是不能被自然系统的自洁能力所适应的。这些一系列事件的证明和观点的提出，笔者认为作者是以这样一种叙述和证明来提醒着当代的和后代的人类，要意识到危机的存在，并且清醒地认识到自身活动对自然的和谐所造成的影响。

（2）人口和“富裕”。在第八章中，作者从人类种群以及人类的富裕为出发点再一次以环境危机告诉我们，在人类所占据的地方也就是地球之上出现了严重的故障，错误不在于自然而在于人。人类活动产生的一系列副产品，打乱了生态系统的自我调节作用。分析了人类的活动如何制造了“环境的冲突”，以高度工业化的国家——美国污染问题的历史为例，分析环境紊乱问题的线索根源。第二次世界大战前的科技革命以及战后的技术发展，新的物理理论为技术提供了科学依据，有机化学的发展对环境产生了严重的影响。新的人造物质（化学合成物）的广泛使用，进一步加剧了对环境的“化学性”侵害。除了这些影响污染度上升的因素以外，不断上升的人口和富裕的水平也可能与污染问题有关，作者以美国为例提出论证。从人口的分布以及“富裕”的事实等层面在本章都作了阐述，以此来得出人口过多和增长的“富裕”也是影响美国环境危机的因素。通过这一章的分析，笔者认为要从多层次探讨环境危机，我们就要了解生物圈，要从整体把握，不要单一看待。

3. 技术

作者通过对洗涤剂、杀虫剂等工业产品的制造过程对环境污染的原因进行探究，对技术缺陷问题的原因和解决方式进行了分析。然后通过生态破坏所引发的各种社会问题，得出人类应该和生态圈保持一致，与自然和谐共生的结论。

（1）技术的缺陷。第九章讲的是“技术的缺陷”，作者先通过人类需求并未大规模增长这一事实，驳斥了经济增长是造成生态破坏的主要原因这一错误观点，然后作者以洗涤剂对肥皂的取代为例，说明了造成环境污染的主要原因并不是人类需求的增加，而是工业产品取代天然产品时技术的固有缺陷带来的。当天然产品被合成有机化学制品替代，当木材和钢材被混凝土替代，工业技术的缺陷就不可避免的对环境造成了破坏。最后作者得出一个结论：大部分急剧增长的污染来自人口或富裕的不如来自生产技术的变化多。

（2）各种社会问题。第十章讲的是“各种社会问题”，作者通过前面的分析，认识到了环境破坏的根源在于人类社会用来赢得、分配和使用那种由人类劳动从自然界攫取来财富的方式，这才是问题的根源所在。如果不能解决这个问题，一切的环境保护措施都只是隔靴搔痒。作者通过污水处理、洗涤剂成分变化和氮肥的使用问题，总结出造成技术缺陷问题的关键所在，即专门的技术学科之间缺乏联系。由于这种原因，人们在某一领域获得一项技术时根本无法预见这项技术会给其他领域带来怎样的损害，所以生态体系才会在过去的时间里承受技术缺陷所带来的弊端。另外，作者还指出，既然技术缺陷问题短时间内无法解决，那么人类就会面临一个艰难的抉择：到底是牺牲环境还是暂时停止技术的使用？没人能够从玉米产量和婴幼儿的发病率之间做出抉择，这不只是一个技术问题，还是一个道德抉择。

（3）有关生存的问题。第十一章讲的是“有关生存的问题”，作者驳斥了有关专家认为环境污染暂时不会造成危害的荒谬言论，紧接着以佛罗里达河流的疾病源问题和越南军区医院的“肺休克”问题警示人们：生态破坏的恶果已经显现，环境保护警笛依然鸣响。如果人类继续破坏生态系统，人类会面临来自自然最严重的惩罚：威胁到人类生存。

（4）生态学的经济内涵。第十二章讲的是“生态学的经济内涵”，作者从生态系统遭到破坏所带来的经济损失入手，揭示了当一项技术带动社会进步时，会不可避免地带来环境问题，然而人类却看不到这种危害的经济损失。人类如果想要解决环境危机，必须共同努力，用生态学的思想来指导经济和政治事务。

（5）封闭的循环。第十三章讲的是“封闭的循环”，通过前述分析，作者明确指出：生态系统一直是一个封闭的循环，而人类的活动打破了这种循环，其造成的严重后果是人类是无法承受的。如果要解决环境问题，人类必须与生态圈保持和谐一致，再度封闭这个圈子。

（二）主要观点

1. 环境危机

（1）环境危机综述。20 世纪 70 年代，环境危机，作为一种社会意识被人们逐渐认识。关于这一问题，作者对社会各阶层做出的各种解读进行归纳。政治家们将生态学上升到政治高度；环境学家们怒斥人性的贪婪；生物学家们从多角度进行了分析，同样也产生了激烈的争论；社会学家则关注于环境危机所带来的社会不稳定因素的急剧增多，并为此担忧。除此之外，工商业也对此发表了诸多观点，有激励性的鼓舞，也有对人没有进取心的抱怨。总而言之，作者指出无论是政客还是学者亦或资本家与社会组织，人们都普遍地认识到了环境危机的存在，越演越烈的趋势，以及难以估量的后果。只是不同之处在于每个阶层都代表自己所处阶层的利益，从本阶层特定的角度进行阐述。

（2）研究不应保守。作者认为所有的说教以及宣传已足以令大多数人震惊，然而更令人惊骇的是大量的信心十足的对环境危机原因和补救办法的解释。在过去很多年里，人们只是努力要查证和描述各种环境问题的增长的图表，以及追溯某些环境危机与社会和政治过程的联系。对很多人而言，要找出一个单一的原因和补救方法似乎就已经是相当大胆的一步，但作者认为这种沉默已经大大落后于时代了。

2. 生态圈概述

（1）生物圈的引出。如何了解生物圈是一件很困难的事情，尤其是在现代人的观念中，这是一个外围的奇怪现象。作者指出人们习惯于孤立地、单一地、片面地去思考问题。对于出现的一个又一个的环境危机事件，人们也偏执地一个又一个进行考虑。但是，在生物圈里，每个结果都有一个原因：生态是循环的！这种生态循环是很难与技术时代的人类经验相适应的。因此人们往往会错误地认为，机器生产的产品一旦用毕，即可抛弃，并没有任何的不合理。正是在这里，在生物圈的人类犯了第一个大错，人们破坏了生命的循环，把它的没有终点的圆圈过程变成了人工的直线性过程，而这条线的终点就是人类所造成的污染物。

（2）意识的觉醒。作者认为，社会的不断发展，生态危机的多次爆发，使人们逐渐开始重新审视自身所处的环境与生物圈。所以，在某一刻，人们发现了很早以前就应该知道的事情，生物圈供养着人们，并支持着人们所做的一切，任何不适合生物圈的事物都是对生物圈完美稳定的领域的威胁：粪便就是生物圈已经被趋向崩溃的证据。于是，作者强调人们必须明白为什么这种崩溃会出现。人类对生态系统的影响是如此强大，二者如此密切地联系着，以至于尽管他们所引起的损害是那样明显，人们还是很难发现这一切是怎么发生的，方式是什么，这难道仅仅是人口增长或是对财富的贪婪追求？针对以上问题，作者从生态圈——文明在其中进行着它的伟大事业的背景谈起，阐述人们对生态圈的某些损害——对空气、水、土壤的损害。作者主要是想发现人类的哪些活动破坏了生命的循环，以及为什么破坏了它。作者从环境危机在生态上的压力以及在生产技术上和在科学的基础上造成这些压力的错误，最后追溯到驱使人们自我毁灭的各种经济的、社会和政治的力量。总之，作者就是要剖析环境危机的根源，提出相应的治理方法。

（3）如何认识生态圈。作者着力描述了生态圈，从生态圈的形成和演变历程突出了生态圈的重要性与不易性。基于此，作者试图寻求一种可能帮助人们去懂得现今危机的方式来描述环境系统。这一认识是想用来作为一些把描述停留在笨拙的理性基础上的备忘录的。人们已经有很长的时间忽略了了解自然复杂过程的任务，如果忽略那些在环境中的自然的复杂过程，结果是人们的方法也仍然是粗糙和不肯定的。

（4）生命之网。作者将生态圈作为一个充满各种联系的统一整体，通过一系列的举例进行论证。最后概括为控制着地球的三个巨大系统——空气，水和土壤的行为的环境循环。每个系统中都生活着千百万不同种群的生物，每个种群都有适用于它的特殊环境生态位，而且每一种群，在它整个生命的过程中，都影响着它的中介环境的物理和化学性质。除此之外，作者也阐述了每个生物种群与很多其他的种群发生着联系，而所有这些都是多次重复着，种群之间彼此建立起复杂而严格的关系，从而形成了地球上的巨大的生命之网。

（5）生态学法则。作者对“生态学法则”进行了具体的论述。具体指出四条生态学法则：

①每一种事物都与别的事物相关　这一法则反映了生物圈中精密内部联系网络的存在，在不同的生物组织中，在群落、种群和个体、有机物以及它们的物理化学环境之间。这是对前文论述观点的高度概括。作者进一步提出了控制论。所谓控制论是类比古希腊航海家的相关经验理论，将其应用于生态循环中。按照一种非常相似的方式，确定的控制论的各种关系也就构成为一种生态上的循环。在这样的控制论系统内，整个过程并非是通过严格的控制维持的，它是灵活的。但是，也总是存在着一种危险，即如果整个系统在这种摆动中的幅度超出平衡点，以致这个系统不能恢复它的正常水准时，整个系统就将崩溃。控制系统的能动行为，例如，它的天然摇摆的经常性、随着外部变化而变化的速度、以及它的总的效率，都是依其各个步骤的相对速度而变化的。如果整个循环系统要保持平衡，那总的周转率就必然由最慢的一个步骤来控制，如鱼的生长和新陈代谢。任何外部的迫使这个循环中的一部分运转得比总的效率还要快的影响，都会产生麻烦。总体而言，作者认为循环周期的各个不同过程的效率是处在一种自然的平衡状态中的，这种平衡状态只有在没有外部加在这个系统上的干扰时才能维持下来。当这样一种影响来自循环以外时，它就不再由循环关系中的自

我调节控制了，从而也就成为对整个系统的稳定性的一种威胁。

②作者指出一切事物必然要有其去向　作者将物理学上的物质不灭定理运用于生态学上，强调在自然界中是无所谓的“废物”这种东西的。在每个自然系统中，都有着具体的表现形式。作者通过“水银”案例，向人们展现了这种观点。然后指出，这是一个非常有效的跟踪一条生态途径的方法，也是一个消除“存在即合理”“抛弃无危害”概念的很好的方法，而实际上，它只是从一个地方迁到另一个地方，从一种分子形式转化为另一种分子。

③自然界所懂得的是最好的　作者认为，尽管会有很多人反对这一观点，但作者还是通过“手表实验”进行了类比。他认为，任何在自然系统中主要是因人为而引起的变化，对那个系统都有可能是有害的。作者提出了在生物体中实际发现的化学物质的多样性，要比可能有的多样性受到更为广泛的限制。通过一系列举例，作者提出了其核心观点，应该慎重地对待每一种人造的有机化学制品，这些化学制品是不会在自然界中发现的，但却作为一种对其他的生命形式的潜在的危险，在一种有利体制中有力地活动着。从使用性上来说，这个观点意味着所有的人造有机化合物，无论在生物学上有着任何活力，都应该像我们对待药品那样来对待的，或者说我们都应该小心谨慎对待它们。

④没有免费的午餐　作者认为这一法则适用于各种环境的问题。通过经济学上的概念阐释，类比应用于生态学上，再次证明了任何一种由于人类的力量而从中抽取的东西，都一定要被放回原处。

综上，作者使用了巨大的笔墨对生态圈的联系性、复杂性、多样性进行了论述，而所有这些，都是关于一个地球上的生命之网的看法。作者试图从可用的事实当中，通过逻辑上的各种关系，把这个观点发展成一整套可以理解的科学的综述。

（6）核能利用。对于这一问题，作者更多地表现出了担忧，通过对美国核能发展利用的历史回顾，他认为，即便核能是成功的，但无论是哪个岛的哪个发电站，也不论是地球表面的任何东西，都不能脱离它所依存的环境，不能脱离生态圈联系。因此，从基于核裂变而产生电能的核能难免会对环境产生不利影响，但是，人类对此认知有限，如果想要继续安全利用核能，这种新的核电装置及放射性物质必须被安全有效的控制起来。作者进一步指出，新的技术时代中的第一次环境会战，将由核能开始。人类在利用这种电力的同时，人类赖以生存的精巧的环境网将会面对深深地干扰。

（7）生物圈中的人。作者通过对洛杉矶的空气、伊利湖的水的列举再次明确了生态圈的联系性与受到威胁的严重性。进一步延伸到生态圈中的人，他指出，地球上的诸多生态问题与人类社会发展中人的认识有着必然的联系，人必须对现有的生态问题负责。作者再次通过对美国环境问题的出现、原因、治理历程解释了人口多少，富裕程度，以及生产技术的污染倾向和规模之间的相互影响。作者利用一个简单的数字关系解释了这种关系，被排出的污染物等同于这三个因素的乘积：被排出的污染物 = 人口 × 人均现有的经济利益的数量 × 这种经济利益所产生的单位污染物量。

3. 技术

（1）关于经济增长。在一定的生态领域中，人们常常把环境破坏的罪名归咎为“经济增长”，但在作者看来，“经济增长”是代人受过，真正的罪魁祸首另有他人。作者通过研究发现，虽然经济一直在增长，但满足一个人日常生活所需的物质却没有同经济增长水平保持一致，例如，在工业化时代之前，一个成年男性可能需要摄入 2000 卡路里的热量（假设），那么到了现在 2000 卡路里的热量依然可以使得一个成年男性保持一天充沛的体力去学习工作，那么问题出在哪里？我们的需求总量基本没有变化，为什么环境相比于工业化时代之前恶化了这么多？作者从合成纤维、杀虫剂、洗涤剂、塑料等人类生存必不可少的必需品出发，对从生产到使用的每一个环节进行探究，试图找到问题的根源所在。作者通过研究发现虽然我们的需求跟以前相比变化不大，但是我们的技术变革却使得这些日用品的制造成本大大增加。以洗涤剂为例，在洗涤剂被发明出来之前我们一直使用肥皂，1947 年在美国出售的每吨肥皂中含有 7 磅磷酸盐，而到了 1968 年，每吨洗涤剂中磷酸盐的含量就达到了 137 磅。虽然我们的需求总量没变，但是由于技术革新缺陷，使得我们在使用这些新型工业产品的同时成为了环境污染的帮凶。随着工业化的发展，天然产品被有机化学制品代替、木材和钢筋被混凝土代替、电力和机器带来便利的同时也带来了环境污染的加剧，我们的社会发展需要技术革新推动，于是在一项技术尚未证明其对环境没有破坏之前就已经实现了工业化生产，当环境问题出现的时候，我们已经积重难返。具有讽刺意味的是，我们用洗涤剂取代香皂，并未使我们的环境比以前更干净，反而使得环境更污秽了。

（2）技术的缺陷。生产技术的革新原本是来推动社会前进的，每一项新技术的发明同时代表了人类对环境、生态的影响进一步扩大和增强。可现在，人类却逐渐成为技术的附庸。太空技术已造成外太空污染，每天抬起头，大气层外数亿片垃圾碎片在我们头顶萦绕；转基因技术又不知把人类带向哪处不可返回的深渊。我们那些所谓的技术上的成就，在环境视角看来都是失败品。积累财富本身并没有错，错的是我们积累财富的方式。为了获得更多的工业产品，我们费尽心思攫取自然界的资源，以最有效率和获得最大收益为唯一标准，却忽略了技术本身也是存在缺陷的。整个人类在过去的那么多年一直在挥霍自己所拥有的自然资源，近些年由于技术的发展我们利用自然的手段得以变化，可获得的自然资源陡增，虽然我们得到的能量总量提高了，但是对于自然资源的利用率并没有提升，甚至出现了大幅的下降。我们发明流水线、我们发明机械，我们采用先进的管理技术来提高我们的产量，却忘记了应该有节制地使用资源，忘记了应该提高对资源的利用率。书中的另一个重要原则揭示了环境恶化的根本原因：没有免费的午餐。从能量循环的角度来说，毫无节制地将能量蓄积在人类一方是不明智的，就像现在的社会分配不均衡一样。现在的人类就像一个败家子一样，挥霍着祖先父辈的家产。问题是人类存在并不是永恒不灭的，或许现在我们挥霍的后果在几十年以内无法显现，但几十年之后呢？我们留给子孙后代的不应该是一个环境问题频发的家园。关于人类的发展难道只能是一次自杀式的路径吗？

（3）打破学科限制。在关于技术缺陷问题的解决上，作者认为是传统的学科分离体系导致了技术的固有缺陷。生物学专家只考虑生物学问题，化学专家只考虑化学问题，这种专门的基础学科之间缺乏联系，是不容易了解环境问题的一个重要原因。我们一开始设立学科体系，并不是要把科学划分成不同区域，而是想要在更高层次结合某一学科，进而为其他学科的进步和发展扫清障碍。然而，我们引以为傲的技术却没有将各学科结合起来，他们都是被用于解决单一的、彼此隔离的问题，所以说就不可能考虑到那些必然存在的“副作用”。我们都知道，在自然界中，没有一个部分是孤立于整体的生态网络而存在的。但是在实际的操作中，我们是用解决单一问题的技术去应用于复杂多变的生态体系，造成意料之外的环境破坏也就不难理解了。现代生态体系要求我们做到这种结合，我们能做的是把所学的知识体系还原回去，打破学科之间的嫌隙，从一个更大、更立体的视角去考量。各学科不应该孤立起来，而是应该彼此配合，在促进社会发展的同时注意生态体系的保护。

（4）价值的判断。但是就目前来说，技术带来的弊端仍无法避免，这时我们就必须面临一个艰难的抉择。是暂时放弃社会进步保护环境，还是继续发展等待日后行之有效的治理方式。科学家们当然可以估价出相关利益：核电站每小时可以发电多少千瓦、价格多少，或者人们从氮肥中可以获得多高的产量、对核电站附近的人的影响，以及由于氮肥而加重硝酸盐含量对婴幼儿的危害也可以根据相应原理估算出来。但是没有什么科学理论能够在某个电力的千瓦数字和某个甲状腺癌病例数字之间，或者在某个玉米产量和婴幼儿的残疾比例之间作出抉择。这不是数量比较，而是一种价值判断。他们并不取决于科学理论，而是取决于我们赋予经济优越性和人类生活之上的价值，这是一些道德的、社会和政治争议的问题。

4. 封闭的循环

生态系统是一个封闭的循环。在人类进入生态系统之前，它一直可以通过自我调整以达到平衡状态，但是人类的进入，特别是在工业时代以后，人类活动就逐渐对生态体系造成了不可逆转的破坏。也许正像甘地所说，地球可以满足每个人的需求，但无法填平每个人的欲望。自然是循环运动，人类是线性发展。人生于自然，又背叛自然。人类一直在摧毁着这个生命之圈，一直试图征服自然，成为自然的主宰，最后的结果显而易见。解决生存危机的唯一方法，就是限制我们的欲望，再度封闭这个圈子。正如作者在文中说的“我们必须知道如何去重建我们从中借来的财富的自然”。

五、思考题

1. 人类是生态系统的一部分，为什么可以主导整个自然界的走向？是什么决定了人类的主导地位？人类会不会像数千万年前的恐龙一样，最终走向灭亡？

2. 人类的发展取得了前所未有的成功，但在生态环境上也付出了前所未有的代价，那么如何正确处理人类在发展过程中各生态要素之间的关系，打破发展就要损害生态环境的怪圈？

3. 技术缺陷带来的弊端是我们要去解决的问题之一，但当前技术缺陷仍不可避免，那么你认为在社会发展与环境保护之间人类应如何抉择？

4. 有一部分经济学家主张，将技术带来的便利和环境受到的破坏通过经济学方法加以量化，以实现二者的取舍，你怎么看待这种观点？

5. 环境危机是人类对生态圈的资源错误管理的结果，你认为当前我们应如何与生态圈保持一致，重建我们从中借来财富的自然？

（撰稿人：罗艺）

第十章

《多少算够——消费社会与地球的未来》

——（美）艾伦·杜宇

【本章提要】

消费社会的出现源自20世纪60年代的美国，其倡导的消费主义在全世界迅速扩散。本书向读者介绍了消费社会产生的政策背景，比较了三个不同消费阶层的消费内容和消费结构，及其对环境的不同影响。同时，本书从幸福心理学角度，分析消费社会里人们总不能满足和幸福的原因。最后，作者告诉人们，为了人类共同的未来，要破除“不消费就衰退”的认识误区，重新创造对人类可行的、对生物圈危害最低的价值观和消费观。通过对本书的学习，有助于读者了解绿色发展、生态文明建设的理论背景，自觉培养绿色环保的消费习惯。

一、作者简介

艾伦·杜宇（Alan Durning），1964年生，视线研究所（前身为西北环境观察研究所）的创始人、执行主任。视线研究所位于美国华盛顿西雅图，创立于1993年，是一个非营利组织，它致力于将美国西北建设为可持续发展的全球典范，推动有力的社区、绿色经济和健康环境的建立。

艾伦·杜宇在西雅图长大，就读于马里兰州切维高中，1980年入读欧柏林学院。1983—1993年，他在美国华盛顿的世界观察研究所担任高级研究员，在那里他开始了关于社会与环境议题的研究。1993年他返回西雅图，创立了西北环境观察研究所。

艾伦·杜宇在世界观察研究所工作期间，撰写了《多少算够——消费社会与地球的未来》一书。该书被翻译成了7种文字，并获得了两个奖项。他还合作完成了7个观察报告，主题从畜牧业到原住民。他在包括华盛顿邮报、洛杉矶时报、纽约时报、基督教科学箴言报、国际先驱论坛报、外交政策、塞拉、科技评论等 100 多个期刊上发表过文章和评论。作为一名受欢迎的演讲者，他经常还在白宫、著名的大学和会议上发言。

艾伦·杜宇独著和合著的著作包括：《多少算够——消费社会和地球的未来》《这个地方在地球上：家园和永久的实践》《汽车和城市》《错误的指责：人口增长的真正根源》《材料：日常事物的秘密生活》《税收转移》和《绿领工作：在新西北工作》等。

二、作品版本

《多少算够——消费社会与地球的未来》一书由 W. W. Norton & Company 出版社于 1992 年 8 月第一次出版。该书为“世界观察环境预警”丛书的第二本书。它是世界观察研究所的其他出版物——《世界状况》《世界观察报告》和《世界观察》杂志的补充。该书后来在全世界被翻译成了 7 个版本，并获得了两个奖项。1997 年吉林人民出版社出版了《绿色经典文库》系列丛书，由吴国盛先生主编，本书作为本系列丛书之一在中国出版，由毕聿翻译，刘晓君校对。

三、写作背景

《多少算够——消费社会与地球的未来》一书于 1992 年出版，作者艾伦·杜宇在世界观察研究所工作期间撰写了该书。此时正是美国的消费主义发展成熟时期，一般认为，消费主义起源于 20 世纪初的美国。19 世纪末 20 世纪初，美国开始了资本主义大规模扩张，在科学管理方法和“福特主义”广泛推广下，美国的生产能力极大提升，实现了生活消费品的极大丰富。在政府刺激消费的政策鼓励，广告、电视等大众传媒的消费引导下，普通民众逐渐被培养为消费的主力军，富有阶层对奢侈品的追逐也在影响着年轻一代的价值观念。美国新教伦理观念中的节俭、勤勉的价值观念逐渐让位于享乐、消费的观念。这种消费主义观念通过大众传媒传播并很快在西欧、日本等发达国家传播开来，得到年轻一代的认同，不仅如此，其影响力甚至延伸到东欧、印度等发展中国家。

美国消费主义快速扩张的同时，美国的环保运动也在迅速兴起。进入 20 世纪 60 年代以后，由于经济高速增长带来的环境严重污染、自然资源加速消耗，引起了美国各阶层的关注。1962 年科学家蕾切尔·卡逊出版《寂静的春天》一书，该书以极其感人的笔调，通过惊心动魄的调查报告和一系列数字，描述了 DDT 等剧毒化学农药制剂对人类和自然环境所造成的危害。这本书迅速引起了美国公众的强烈反响，人们认为科学的发展已经使人类丧失了自然本性，并最终危害到地球和人类的生存。民众高涨的环境保护意识促使美国政府进行回应，20 世纪 70 年代美国联邦政府制定了一系列环境成文法律，包括《清洁空气法》《国家环境政策法》《清洁水法》《联邦杀虫剂、杀真菌剂和灭鼠剂法》等法律，美国的环境保护署也是在这个时期成立的。进入 20 世纪 80 年代以后，美国底层公众更加关注环境公平、正义议题，反对政府作出对有色人种、贫穷群体不利的环境决策。

20 世纪 70 年代国际社会对环境保护问题逐渐达成共识。1972 年联合国召开的斯德哥尔摩人类环境会议通过了《人类环境宣言》，宣言首次提出将环境保护同争取和平和全世界的经济与社会发展这两个既定的基本目标共同和协调地实现。1987 年，联合国委托以布伦特兰夫人为主席的世界环境与发展委员会（WCED）提交著名报告《我们共同的未来》，提出了一种崭新的理念——可持续发展战略思想。1992 年 6 月联合国在巴西里约热内卢召开的环境与发展大会，是继 1972 年联合国人类环境会议之后举行的讨论世界环境与发展问题规模最大、级别最高的一次国际会议，此次大会各国达成了共识：要以公平的原则，通过全球伙伴关系促进全球可持续发展，解决全球生态环境的危机。会议指出，发展中国家正面临消除贫困和保护环境的双重压力，迫切需要来自发达国家的援助。

本书正是在美国消费主义高涨、世界各国关注地球可持续发展、发展中国家出现环境危机的背景下完成的。

四、主要内容

《多少算够——消费社会与地球的未来》全书共三编十章，以及附录、注释、索引和人名译名对照表。

第一编揭示消费社会形成的政策背景、消费社会的环境代价；第二编具体比较三个不同消费阶层的饮食结构、交通工具、生活资料的来源、构成及对环境的不同影响；第三编从国家的环境政策调整、需求培养、社会文化重塑三个方面，探讨如何改变驯服消费主义、抵消其带来的环境影响。

（一）第一编：评价消费

共分四章分别讨论了：消费的困惑、消费者社会、值得怀疑的消费回报、消费的环境代价。

第一章　消费的困惑

一名中产阶层的消费者在地球日这一天对他住宅中的每一项物品所耗费的能源列出清单，包括为了生产、包装、运输、处置它们所需耗费的能源。这一计算得出的数字是惊人的，而这仅仅是美国中产阶级日常生活所普遍存在的，它体现了当下所盛行的人类社会新形式——消费社会。由此引发疑问：地球究竟能承受这样的消耗多久？

人口增长和高消费被认为是生态恶化的主要原因，但现实是，人们往往足够重视人口增长带来的环境问题，却忽略消费带来的环境恶果，甚至认为消费有利于经济发展。高消费成为了一种理所当然的生活方式和价值观念，并且由此形成消费社会。它产生于第二次世界大战后的美国，并在全世界范围内被争相模仿，在墨西哥，“消费者”一词甚至成为了“人”的同义词。虽然人们的物质极大丰富了，但具有讽刺意义的是，人们并不比上一个世纪之交的祖父母们更幸福。作者也指出，过度消费的反义词——“贫困”也同样带来严重的环境问题。如果环境破坏的根源在于“拥有过多”

与“拥有太少”，那究竟“多少算够”？支持生命的生态系统是无法支撑这一生活方式的，尤其是其透支了未来后代赖以生存的自然资源。作者认为，要改变这一局面，应当从改变消费观念，从闲暇、人际关系和其他非物质途径获得满足。另外，还要采取相应的科技和经济措施、群众运动来帮助我们实现这一目的。

第二章 消费者社会

主要讨论了消费社会形成的国家经济政策根源，及其在西欧、日本等发达国家的发展与蔓延。作者采用了世界观察研究所的研究成果，根据人们的年均收入和生活方式为标准，世界被分为了三个生态等级——“消费者阶层”“中等收入阶层”和“穷人”，这样的划分有助于了解不同的消费等级对资源的耗费、生态的破坏和环境的污染程度。消费者阶层是全球人均收入在7500美元以上的家庭，人口达11亿，他们的饮食种类丰富、拥有私人交通工具，并大量使用一次性用品；中等收入阶层人数最多，达到33亿人口，他们的饮食以谷物、清洁水为主，交通工具主要为自行车和公共汽车，生活用品为耐用品；第三等级为穷人，与消费者阶层人数相当——11亿，饮食为不充分的谷物和不清洁水，交通主要靠步行，生活用品以当地材料为原材料制作。作者指出：每一项消费都与不同程度的环境损害联系在一起，消费者阶层日常消耗的生活资料和能源最多，对环境的影响也是最大的。

消费阶层的成长及消费社会的产生与美国的国家经济政策不无关系。它可以追溯到20世纪50年代的美国经济刺激政策，80年代美国自由放任的经济政策都与消费社会的形成密切相关。消费主义发展已远远超出了美国，从20世纪60年代末扩展到西欧和日本，80年代的日本政府鼓动日本人更多地购买，通过扩大国内消费来减少国际上因对该国大量贸易过剩的不满。与此同时，人们的价值观也在发生变化，消费主义思想使从高中生到大学生的人生目标转向了“钱”和“拥有物质”。消费主义的思想甚至蔓延到如东欧、中欧、印度等发展中国家。

第三章 值得怀疑的消费回报

在向读者描述了消费社会的形成、发展和特征后，作者对消费社会的价值观进行探讨，对消费能否带来个体的满足和幸福提出质疑。消费社会里人们的价值感和被认同感都通过消费行为来实现，个体的地位和存在价值被所消费的对象所定义。但同时人的满足感和价值感又是无法真正实现的，因为人的欲求是可以无限扩张、无法满足的。消费带来的暂时幸福感很快会被新的不满足所取代。作者认为，消费和人类的幸福并没有任何关系。

究竟什么能带来人的幸福？作者引用了牛津大学心理学家迈克尔·阿盖尔《幸福心理学》的研究，“真正的幸福源自于社会关系、工作和闲暇”。据此，作者批评消费社会的消费观念、消费模式都在削弱人们获得这三个源泉幸福的基础。从社会关系看，物质的丰富已经打破了困难时所需要的相互帮助的联系，它改变了邻里关系、父母与子女关系。家务劳动的社会化、家庭经济商业化一方面解放了家庭妇女；另一方面也加重了家庭开支，家庭妇女走入职场，和男人一样工作养家，改变了家庭成员的地位和家庭关系，夫妻花更多的时间用于工作，获得更多的物质财富，但是也牺牲了更多的闲暇时间，陪伴孩子的时间比过去更少。作为对孩子的弥补，通过购买更多的玩具来满足孩子的需求。人们与周边的邻里交流时间减少，作为社区关系载体的街头商店、当地餐馆等被大型的购物街、高速公路等替代。总之，更多的消费并不能增加人们幸福感。消费者社会通过提高我们的收入而使我们陷入贫困。这一观点为作者后面建立新的价值观提供依据。

第四章　消费的环境代价

消费者社会的消费方式对地球资源造成了巨大的损害。作者重点讨论工业化国家的居民平均消耗的能源及对地球上其他国家的影响，工业化国家居民的平均消费量是发展中国家的居民平均消费量的 3 倍、能源是 10 倍、铝是 319 倍。他们所消费的商品更多样化，为了生产这些商品所耗费的能源、产生的污染物对环境造成了巨大的损害。因为供应这些商品原料主要来自于发展中国家，如果追踪这些商品供应的“生态轨迹”将会发现，需求端不断变化的口味强烈影响和刺激着供应端国家的生产、种植模式，导致了如遥远的亚马逊河密林的滥砍滥伐、野生动物的灭绝等。

作者呼吁，消费者要对地球的不幸负责。要拯救地球，就不能忽略同样作为影响生态系统的三个变量（人口、消费及技术）之一的消费，仅有人口控制和技术提高是远远不够的，我们需要在新的价值观引导下建立一种全新的、非消费的、对生物圈没有危害的生活方式。

（二）第二编：需求充裕

分三章重点讨论在消费社会里人们的日常生活是如何对环境造成了影响，人们应如何进行改变。

第五章　食品和饮料

这一章作者以食品和饮料为研究对象，比较不同消费等级的消费者的饮食结构和运输储藏方式及其对环境的影响和代价。正如第二章所提出的，世界分为三个消费等级——“消费者阶层”“中等收入阶层”和“穷人”。对比这三个消费等级的食物结构，作者发现处于消费顶端的消费者阶层与处于消费底端的穷人，他们的食品消费对环境的影响是最大的。穷人由于物质的匮乏，缺乏肉类蛋白质的摄入，食物主要来自于谷物，贫瘠的自然环境迫使他们向自然攫取，开荒、毁林等导致生态恶化；消费者阶层食物充足、种类多样，尤其是肉类的过度摄入已经超过了最低的健康标准，而且为了喂养牛、羊等动物所需耗费的谷物，远远超出了人类直接摄入谷物所需的数量，因此间接带来供应端的生态破坏问题；相比较，中等收入阶层的食物结构更为合理，无论是谷物还是对肉类的食用上，因此对环境影响有限，也更有益于人体健康。

不仅如此，消费者阶层由于食品多样性的旺盛需求，导致其供应链遍布全球，其物流中的一次性包装造成了巨大的浪费。同时，人们也认识到这一问题。英国、欧洲等环保主义者正在推动这样的运动：减少一次性的食品包装，使用可循环利用的容器，鼓励使用当地出产的食材，避免长途运输产生的能源消耗和包装，即缩短食品供应的“生态轨迹”。作者提出，在制定全球范围内食品和饮料系统时，应该使三个消费阶层的结构趋同，并尽量采用当地出产的食材，减少长途运输产生的包装成本，以维护一个“更健康的人类和更健康的星球”。

第六章 清洁运动

本章重点讨论人类的现代交通工具和交通方式对环境带来的影响。同样以三个消费阶层为例，收入最低的穷人没有任何交通工具，步行对环境最友好但也限制了人们的出行和流动；消费者阶层的交通工具包括公共的和私人的两种，私人汽车，甚至还有私人飞机拥有量不断上升，由此产生了一系列的能源消耗和环境污染问题：大量的汽车消耗石化类燃料排放的二氧化碳导致空气污染问题日趋严重，开采石油破坏了海洋、森林生态系统，制造汽车也需要耗费大量的金属和塑料，停车场、高速公路修建带来的土地耗费问题。汽车业的发展也改造了社会和日常生活，公交系统逐渐萎缩，人们居住与工作地点的距离增加，大型购物街到处蔓延，人们更加依赖汽车，在汽车里度过的时间成倍增加。人类越来越沦为被困在车中的“车茧”。相比较，中等收入阶层的人们所依赖的公共交通设施、自行车对环境的污染相对小得多。但是让消费者阶层放弃汽车、飞机，回到公共交通和自行车时代也是不现实的，公共交通改革需要公众和政府共同来实现。

幸运的是，工业国家的很多人开始自觉地推广公共交通、自行车的使用，政府也在精心规划紧凑的社区。例如，瑞典政府，通过公共交通将一个个的城市孤岛连接起来。民众也在通过自己的行动树立榜样，倡导绿色环保的交通工具。

第七章 生活资料

作者以工业生产的生活资料为对象，考察了三个消费阶层的生活资料拥有量以及他们对待生活资料的态度。因为生产、消费和处置这些的生活资料的方式将对一个国家的自然环境产生重要影响。结果表明：物质匮乏的穷人拥有很少，甚至没有私人生活资料；中等收入阶层的人们采取非常节俭的态度使用这些生活资料，并有庞大的群体对用过的生活资料进行回收再利用；而在世界经济顶端的消费者阶层社会，物质极大丰富，生产者和消费者奉行“用过即扔”的经济学，大量的一次性包装、耐用消耗品，如家用电器的使用寿命在缩短，而售后维修却不见踪迹，富人追逐贵重金属等奢侈品，人们为追赶时尚不停地购买……这背后带来的环境影响却是可怕的。从经济学角度解释，我们用以制造物质的原料过于廉价，而循环再利用物质的人力却是昂贵的，所以生产企业在生产耐用品如家用电器时，有意地将产品的使用周期设计成只能持续一定时间。这样产品一旦出了故障却没有售后维修或维修成本巨大，消费者自然选择了将其扔弃，购买新产品。这样的选择符合经济学相对成本逻辑，但结果却是制造了大量的废弃物，这一点却不被政府、企业所关心。

作者认为，我们需要这样一种真正的物质主义：爱惜物质本身，节制消费。这样的价值观并不是新鲜事物，在经济的低级阶段就已经形成，在文学作品如《大草原上的小屋》也有描述。作者号召全世界的人们在物质使用的中间道路上团结起来，建立这样一种新的世界观：把富裕国家先进的低资源技术和中等收入阶层的节俭价值观结合起来。作者也列举了世界各地正在兴起的循环利用、反对“用过即扔”观念的行为：德国公司设计简单、耐用的生活用品，德国政府要求德国工业必须收集和再利用金属；纽约的环保者反对垃圾焚化炉，发起“要么再循环要么焚化炉”运动，加利福尼亚的环保者收集街头丢弃的家具并低价出售给需要的人；英国的环保者建立“自助工具”组织，搜集旧的手工工具，然后捐助给非洲的手工艺人。

（三）第三编：驯服消费主义

作者批判消费主义背后的经济政策和经济观点，呼吁应控制对消费欲望的刺激，复兴传统文化，塑造新的价值观。

第八章 “不消费就衰退”的神话

一直以来，消费被认为是刺激经济发展、解决就业、发展中国家摆脱贫困的灵丹妙药。尤其是20世纪90年代美国经济萧条时，政府大力鼓励老百姓消费。作者从几个方面对此逐一批驳：高消费虽然带动了一部分产业的生产和就业，但自然资源并非取之不尽、用之不竭，高消费产生的生态破坏、自然资源枯竭，最终将导致消费的不可持续；高消费所带动的就业并没有想象的那么强劲，作者发现“高劳动密集和低环境影响之间有惊人的一致”，而大多数损害生态的产品和消费形式通常产生非常少的工作。换言之，我们的消费产品往往是资源消耗型、低劳动密集型的，对环境损害大，但解决的就业人数有限。这也为作者第七章的观点所印证：为什么消费主义鼓励“用过即扔商品”，因为自然资源比劳动力更低廉；此外，消费主义并没有帮助发展中国家摆脱贫困，因为国际贸易规则并不利于这些原料提供国，“轻视如土地、材料等可更新资源的价值，忽视生态系统提供的自然服务，从而定低了从公共土地上提取的原材料的价格”，这些政策并没有反映出提取和消费纸张、水、煤、石油等原材料所付出的全部环境代价。因此，过低的国际定价并没有帮助世界上的穷人从消费中受益。

基于此，作者提出，政府有责任领导经济向可持续转变。首先，要解决就业向低消费转变，政府应当提供相应的培训，倡导缩短而有弹性的工作时间；政府应该重新制定当前的税收和贴补政策，改变直接补贴支持汽车、能源、采矿、木材、畜牧业的政策；通过制定环境税等政策，使产品的价格正确反映他们的环境成本和代价。另外，作者认为，要实现以上改革的关键，即扭转“消费才能推动经济发展”模式，必须把消费者从其中解放出来，减少劳动者的工作时间，让劳动者获得更多的闲暇时间去寻找真正的幸福。政府应当制定法律，禁止强制性的超时劳动，因为更多的人宁愿选择工资来交换传统的休闲时间。

第九章 需求的培养

作者认为，广告、电视和公共空间的商业化是培养消费需求的三大动力。这一章里他分别对这三种动力如何促进了消费主义进行了深刻剖析。

消费者社会的一个主要特征：大众传媒成为信息发布的主要载体，而各种广告是被传播的主要内容。消费广告无处不在，以一种反复说教的方式勾起人们的消费欲望，影响人们的审美观和喜好，塑造人们的精神需求。登广告的人将他们的商品和人类精神与存在的无限渴望绑在一起宣传，从而培养人们的需求和欲望。广告的影响力之深和影响面之大，甚至二、三岁大的孩童也成为它的主要目标群体。广告的主要生态威胁在于促进消费主义，用于印制广告的纸张也耗费惊人。另外，广告带来的危害也正在被人们所认识到：限制烟草和酒类广告、限制向未成年人做广告以及“绿色消费主义”的兴起，它迫使消费品生产商不得不在生产资料选择、包装等方面更加审慎。

电视，它在传播商业信息的同时，强化了消费主义价值观，因为商业电视节目把高消费和生活方式作为一个模仿的榜样来描述和鼓吹。另外，商业电视导致了人类文化的类同，占据了人们用于社会交往的时间。但正像广告引起的争议一样，也有一群人在号召人们抵制电视、抵制商业电视节目。

购物街，作为公共空间商业化的代表，是培养消费需求的第三个动力。美国是购物街发展最为极端的例子，从 1986 年至 1989 年，每年有 2000 家新的中心开业。购物街规模巨大，商店集中，功能如此齐全，从学校、商店、影院、高尔夫球场甚至水族馆等，几乎包括了一个人一生所需要的所有一切。因此，美国的购物街已经变成了一种首要的文化活动，美国人去购物街的频次堪比上教堂的次数。妇女和年轻一代把逛街购物认为是最喜爱的消遣方式。但作者指出，购物街不能替代真正的社区和人们正常的交往需求。因为购物街是人为精心设计出来的商业模式，它隔离了人们与自然之间的联系和循环，它排斥人与人之间除物质之外的精神交流。作者列举了多个国家对购物街的限制，以保护传统的社区和邻里关系。例如，日本一直反对购物街，日本的小零售商们组织起来抵制大型商场的建设，至今日本城市仍然保留大量分散的“夫妻店”和便利店，它们分散于街头巷尾，并不集中分布。如今美国的城市、英国和威尔士的劳动者团体也在抵制发展郊区购物街的规划。最后作者呼吁，应当将培养消费主义的这三大动力，退回到它们最初的位置上，通过限制广告、电视和购物街的发展，保护我们心灵和地球的安宁。

第十章 持久的文化

作者认为，作为一个社会可持续发展的最为关键的原则就是代际公平原则，即每一代人满足他们的需要时，不危害未来后代满足他们自己需要的前途，我们有约束我们消费的道德义务。要实现这一点，应当建立一套持久的文化，通过文化的教化培养人们更深层的、非物质的满足，而这种满足是幸福的主要心理决定因素。为此作者也指出了改革的步骤和思路：

首先，让消费者认识到我们正在造成的损害及如何避免它。这正是许多的环保组织的首要目标。而且 1989 年以后，许多作家、出版商、编辑和电视制作者甚至已经不仅限于宣传理念，而是为公众提出了许多可以身体力行的实践方法，如《为拯救地球你能做的五十件易事》《绿色消费者》等书，这就是人们所熟知的自愿简朴的生活运动。但作者也指出，这一运动的历史并不令人鼓舞，没有赢得较多的追随者。作者转而分析消费主义出现的历史根基。作者认为，与人类文化经历数百年发展而来的消费保守定位相比，消费主义的出现不过很短时间，其历史根基是短暂而浅薄的。作者列举了东西方主要宗教和文化中关于消费的教导发现，从释迦牟尼、穆罕默德到老子，无不在告诫人们，如果让拥有物质财富成为我们的最高目的，将导致人类的灾难。

为了让人们自愿选择一种简朴的生活，仅靠个人行为的自律是不够的。作者接着提出第二点，即政治与个人的结合：大胆挑战那些宣扬消费主义的法律与制度、行业，从而激活我们传统文化中的集体智慧与记忆——非消费哲学。作者列举了世界的禁烟运动案例和象牙消费抵制运动案例，其成功的关键在于唤起公众对健康、环保的共识，引起公众对消费行为的联合抵制。所以，成功的关键是创造前所未有的、有组织的变革压力，并对准那些最不必要的消费施加压力。

最后，作者倡导：为了地球上的生命和我们的子孙后代，我们应该寻求内心富足、富裕而不是浪费的生活。生命的真谛如亨利·戴维·梭罗（《瓦尔登湖》作者）所说："一个人的富有与其能够做的顺其自然的事情的多少是成正比的。"

这本书对于我国生态文明建设、倡导绿色消费、实现绿色发展具有积极的借鉴作用。本书完成和出版于20世纪90年代，那时的中国正在进行市场经济体制改革和对外开放，国家综合国力和人均收入处于相对较低水平。作者的书里将中国作为消费等级中的第二等级——"中等收入阶层"的代表被反复提及。本书中，作者认为，中等收入阶层的食品结构、交通工具、生活资料的消费是三个消费阶层中最为合理、对生态环境影响最小，因而是最值得倡导和学习的。经过20年的经济发展，中国人的消费观念和消费能力已经发生了巨大的变化，与20年前美国的消费层次非常相近。书中所说的"消费者阶层"更像是今天的国人，所描述的美国社会的景象也和我们的生活何其相似：功能齐全、商品极大丰富的巨型购物街，来自全世界的商品、各色各样的商品包装、满大街拥堵的汽车、无处不在的商品广告等等，今天的中国老百姓已经不再是"中等收入阶层"的代表了。事实上，中国的消费者正迈入"消费者阶层"，消费社会的示范效应正在中国显现。年轻一代的消费观念已经与上一代之间发生巨大变化，追求物质化、超前消费，及时行乐思想盛行，由此引发个人债务高涨。美国的次贷危机就是一个例证。如今中国的各类校园贷恶性事件，也在警示社会，年轻一代过度消费带来的危害。

同时，消费主义带来的环境污染和生态破坏问题也严重影响社会发展和人们的健康：河流污染、雾霾不散、资源枯竭、垃圾围城等等，污染正在从东部发达地区向西部地区、经济更落后的区域转移，政府和社会因此为治理环境付出更大的经济成本和人力成本。

从个人的满足和幸福实现角度，正如作者所论证的，消费也不能带来人内心真正的满足，消费欲望被不停地刺激，消费水平也在不断地升级，但人们的幸福感和满足感并未随着物质的极度丰富而随之增长。相反，因供应物质需求而不断消耗地球的自然资源，终有一天地球终将不堪重负。从各方面综合比较发现，消费主义虽然短期内有助于刺激经济发展，从长远来看却是弊大于利。

我国在经历了30年经济高速发展后，如今面临着严重的环境生态问题，需要尽快转变发展理念、调整经济发展模式。党中央、国务院提出生态文明建设，为国家的发展指明了方向。生态文明是一种新型的人类文明形式，它强调尊重和保护环境，强调人类在改造自然的同时必须尊重和爱护自然。倡导绿色生活方式是生态文明建设的主要内容之一。2015 年 4 月中共中央、国务院发布的《关于加快推进生态文明建设意见》中明确提出：培育绿色生活方式，倡导勤俭节约的消费观，广泛开展绿色生活行动，推动全民在衣、食、住、行、游等方面加快向勤俭节约、绿色低碳、文明健康的方式转变。国内的环保组织也发起了许多绿色消费活动，倡导绿色消费观念，如“零废弃活动”“光盘行动”“绿色出行活动”等，国内的企业逐渐开始注重环境社会责任，通过技术升级实现节能减排，采用环保材料、减少对不可替代能源的消耗。绿色生活理念正在被越来越多的人所接纳。正如著名篮球明星姚明所代言的公益广告所说“没有买卖就没有杀害”。消费行为直接影响着消费品提供端，只有消费者真正认识到自己的责任，主动放弃对物质的过度追求，才能实现人与自然和谐与可持续发展。

五、思考题

1. 什么是消费社会？消费社会有哪些特征？
2. 国家的经济政策是如何影响消费社会的形成？
3. 消费主义对环境有哪些影响？能否通过政策法律消除或减少其对环境的影响？
4. 什么是生态足迹？它与环境有什么关系？
5. 如何能减少使用一次性包装、用过即扔的商品？

（撰稿人：陈悦）

第十一章

《我们需要一场变革》——曲格平

【本章提要】

曲格平先生是我国环境保护事业的开创者和奠基人之一。他既是我国环境保护政策的制定者也是实践者。我国的环境保护事业从 20 世纪 70 年代起步，随着我国的改革开放，我国的环境保护事业也得到了快速发展，我国的环境保护法律制度逐步完善，环境管理制度开始建立。本书收录了 1972—1997 年他所正式发表的论文，通过对本书的学习，将有助于读者了解在这一阶段我国如何选择环境保护道路，并最终发展符合中国国情的环境保护模式。通过对本书的学习，也可以了解到国际环境法的发展背景和发展脉络。

一、作者简介

曲格平，1930 年 6 月生，山东肥城人，毕业于山东大学，先后担任保定胶片厂副厂长、化学工业部处长、国务院计划起草小组处长。1972 年他作为中国政府代表团成员出席了在斯德哥尔摩召开的第一次人类环境会议，从此即献身于环境保护事业。1976 年后历任中国常驻联合国环境规划署首席代表、国务院环境保护领导小组办公室副主任、城乡建设环境保护部环境保护局局长、国家环境保护局局长、第八届全国人大常务委员会委员、环境与资源保护委员会主任委员。

曲格平是一位著述丰厚的学者，先后发表数十篇论文，并撰写了《中国的环境问题及对策》《中国的环境管理》（中、英文版）、《中国的环境与发展》《世界环境问题的发展》《中国人口与环境》《困境与选择》《我们需要一场变革》《梦想与期待》等著作，主编了《中国自然保护纲要》（中、英文版）、《2000

年中国的环境》《环境科学大辞典》《环境保护知识读本》等书籍。其中《2000年中国的环境》获国家科技进步一等奖和国务院经济技术中心特等奖,《中国自然保护纲要》获国家科技进步三等奖,《中国的环境管理》获“第四届中国图书奖”。他是北京大学、清华大学、武汉大学、同济大学、南京大学和中国人民大学等院校的兼职教授,也是美国哈佛大学、英国牛津大学客座教授,英国布莱德福大学授予他工学博士荣誉称号。1989年被聘为“世界资源报告”编辑委员会委员,1993年被聘为由十多名世界知名人士组成的联合国持续发展高级咨询委员会委员,1994年被聘为全球环境基金高级顾问。

曲格平参与了“预防为主,防治结合”“谁污染谁治理”和“强化环境管理”三大环境政策体系的制定。在改革开放初期,他大胆地引进国外先进的管理经验,结合国情制定了八项环境管理制度和措施,并在全国普遍实施,从而使中国在经济加速发展的20世纪80年代,避免了环境状况的进一步恶化,为建立和完善具有中国特色的环境保护道路作出了突出的贡献。他在理论和实践上的贡献,得到国内社会各界的积极评价,同时也受到国际社会的广泛赞誉。为表彰他在制定、指导和执行具有中国特色的环境管理政策方面的献身精神和优异成就,1987年联合国环境规划署授予他“联合国环境规划署金质奖章”。1992年6月在里约联合国环境与发展大会期间又荣获联合国环境大奖,这是目前世界上在环境领域里的最高荣誉。1993年获中国首届绿色科技特别奖。1995年获荷兰王储颁发的“金方舟”大奖。1999年获日本国际环境奖“蓝色星球奖”,该奖项是目前国际上与联合国环境大奖齐名的最高奖项之一。此外,曲格平为促进中国人民的环境意识做了很多的工作。他鼓励新闻工作者对于违反环保相关法规的行为进行大胆的曝光。他还呼吁全社会都来监督破坏环境的行为,曲格平对中国本土的非政府环保组织的发展做出很大的努力。因此,媒体把曲格平称为中国的“环保之父”。

二、作品版本

《我们需要一场变革》一书收录了作者1972—1997年发表的从事环境保护工作的论文。1997年吉林人民出版社出版了《绿色经典文库》系列丛书,由吴国盛先生任主编,本书作为本丛书的第一批出版的作品。

三、写作背景

本书内收录了曲格平先生1972—1997年期间担任国家环境保护局局长、第八届全国人大常务委员会委员、环境与资源保护委员会主任委员时所发表的论文,反映了曲格平先生对我国环境保护政策和环境保护法律方面的主要思想和观点,有助于学者了解20世纪70~90年代我国环境政策和环境法律的发展历程。

曲格平先生在我国现代环境保护事业发展史上占有极其重要的一席。1972—1997年他担任国家环境保护局局长、全国人大常委会委员及环境与资源保护委员会主任委员期间,有力地推动我国环境保护事业向前发展。20世纪70年代初至90年代中,我国环境保护事业的发展可以分为三个阶段，本书所收录的35篇论文反映出我国环境保护工作的指导思想发展脉络：

（一）1972—1981年

1969年，曲格平先生由燃化部（石油部化工部合并而成）调到国务院计划起草小组工作，这是一个临时性的工作机构。目的是为了安排国民经济计划，与各省、区进行联系。当时正值我国“文化大革命”如火如荼之时，国民经济到了崩溃边缘。但周恩来总理已开始关注到日本的“公害问题”，指示工作小组在国民经济计划安排中要注意这个问题。曲格平先生分管这项工作。他参与了1970—1972年期间在中国连续发生的几起环境污染事件调查，并提议在全国召开一次环境保护会议，充分了解全国在环境污染和生态破坏方面的严重问题。正是在周恩来总理的支持下，我国政府派团参加1972年5月联合国在斯德哥尔摩召开的人类环境会议。在“文革”的混乱背景下，中国的环境保护事业艰难起步了。1976年粉碎“四人帮”。之后我国环境保护事业史上发生非常重要的一件事——我国第一部环境法律《中华人民共和国环境保护法（试行）》于1979年9月通过。这部法律确立了环境保护基本原则和保护框架，其中有四点特别值得肯定：一是设立环境保护机构并确定其职能；二是明确环境责任，建立排污收费制度；三是规定了环境影响报告制度；四是规定了“三同时”制度。

（二）1982—1991年

20世纪80年代初到90年代初，是中国改革开放、经济加速发展时期。科技发展、经济增速，环境保护事业也获得了很大发展。第一，环境保护作为我国一项基本国策得以确立，把环境保护从经济发展的边缘移到了经济发展的中心位置，对中国环境保护事业产生了积极而深远的影响；第二，开创了具有我国特色的环境保护道路。中国决定走一条不同于西方发达国家“先污染，后治理”的道路，通过加强环境管理和环境法治，在发展中解决环境问题。提出了三大环境政策，建立了共八项环境管理制度，环境管理措施和法律制度逐步完善；第三，我国环境保护机构进入政府序列。1982年和1988年两次国家机构改革，撤销临时性的环境保护领导小组办公室，最终成立了国家环保局，直接隶属国务院。曲格平先生担任国家环保局局长。1992年中国参加联合国在巴西里约热内卢召开的环境与发展大会。与20年前中国第一次参加斯德哥尔摩召开的人类环境会议相比，中国作为发展中国家的大国，为会议作出了重要贡献。此次国际会议上世界各国达成了重要的《环境与发展宣言》和《21世纪议程》。为了履行大会承诺，会后国务院批准发布了《中国的21世纪议程》，成为世界上第一个编制国别“21世纪议程”的国家。

（三）1992—1997年

20世纪90年代以来，我国继续深化改革，国民经济快速发展，环保事业也在不断发展。1992年底曲格平先生从国家环保局退休，当选为第八届全国人大常委会委员、环境与资源保护委员会主任委员。他在人大常委会的5年期间，我国的环境与资源保护立法、执法工作取得了长足发展。他或推动或参与了包括《大气污染防治法》《水污染防治法》《矿产资源法》《煤炭法》《水法》《森林法》《土地管理法》等法律的修订，推动出台《固体废弃物污染环境防治法》《环境噪声污染防治法》，加上原有的《环境保护法》《海洋环境保护法》，我国的环境与资源保护法律体系已基本形成。在执法检查方面，以全国人大常委会环资委的名义，组织了 33 个检查团组，对《环境保护法》《森林法》《野生动物保护法》等法律的执行情况进行检查，多次听取了有关部委和最高人民法院关于环境保护方面的工作汇报。在曲格平先生的提议下，全国人大环资委开展了“中华环保世纪行”活动，发挥舆论监督作用。曲格平先生的 30 年环保工作，为我国的环境保护事业播下种子并进行了精心的呵护，他见证和推动了我国的环保事业从无到有、从小到大的过程。

四、主要内容

按照我国在 1972—1997 年环境保护政策发展的三个阶段，将作者在此期间的论文也相应地分成三个部分，以便读者理解我国环境保护政策的发展脉络。限于篇幅，仅选取其中有代表性的论文进行选读。

（一）1972—1981年

本书共收录了这十年间作者的 4 篇论文。分别是《在发展中解决环境问题》(1972)、《环境保护在国民经济中的地位与作用》(1978)、《环境管理的意义》(1980)、《环境意识的觉醒》(1981)。

《在发展中解决环境问题》是作者 1972 年 6 月在斯德哥尔摩瑞典—中国友协群众集会上的演讲。文章谈到，新中国成立后，经过 20 多年的建设，把一个贫穷落后的旧中国改造成为一个初步繁荣昌盛的社会主义新中国。我国政府重视发展现代工业，在这一发展过程中也遇到了工业对环境的污染问题。我国政府对这一问题采取的方针是：全面规划、合理布局、合理利用、化害为利、依靠群众、大家动手、保护环境、造福人民，并具体阐述了我国在这些方针指导下做了哪些相关工作。

《环境保护在国民经济中的地位与作用》原文载于《红旗》杂志，1978 年第 9 期。文章一开始就明确环境保护与经济发展的关系：对立的统一，相互制约又相互促进。如果处理得当，发展经济的同时还可以防止自然资源破坏和生态系统失调，保护人民健康，促进经济发展；如果处理不当，则可能步西方发达国家工业化发展的后尘，公害泛滥并最终妨害经济的发展。文章分别谈到了工业污染对农业、人民健康的危害。同时，文章转而谈到，只要意识到位、管理得当，工业污染也可以化害为利。解决工业污染，要做到提前预防、综合利用；要通过政策和科技，把工业生产废弃物减少到最低。目前我国的工业还做不到不产生废弃物，因此要开展环境宣传教育，倡导环境保护、废物利用。全文语言平实，列举的案例通俗易懂，易于接受。

《环境管理的意义》原文为作者 1980 年 4 月在环境管理干部讲习班上的讲课内容摘要。文章阐明：国际上把科学、技术和管理称为现代化的“三大要素”，其中管理这一要素具有更加重要的意义，因为科学、技术的发展是靠科学的管理实现的。文章以美国、日本的发展为例，虽然美国产业革命落后于英国，但美国的科学管理使其后来超越了英国，日本也是如此。因此，环境管理在环境保护事业中同样非常重要。20 世纪 60~70 年代先进的科学技术和科学管理在各个部门得到广泛应用。通过采取事先预防措施，能避免“先污染、后治理”的传统做法。尤其是 1972 年斯德哥尔摩人类环境会议后，环境管理进入了新时期。西方发达国家的环境管理中重要的三条经验是：第一，建立严格的环境法规；第二，制定鼓励减少污染、改善环境的经济和技术政策；第三，建立起比较完善的环境管理体制，从中央到地方直到各个行业。我国环境保护工作应该加强环境管理。

《环境意识的觉醒》原文为作者 1981 年为《环境污染与治理》一书写的序言。文章很短，它重点揭示出社会主义国家也有污染和公害。在 1970 年极左思想盛行时，周恩来总理就看到了这一点，在他的支持下我国召开了第一次全国环境保护大会，开始关注我国的工业污染问题，并总结了防治环境污染和破坏的十条措施。

（二）1982—1991年

本书收录了作者这一时期的 14 篇论文。分别是《历史的转折》（1982）、《中国环境保护的战略问题》（1982）、《核电——安全的能源》（1983）、《保护环境是我国的一项基本国策》（1984）、《走同步发展的路》（1984）、《抓环境管理，促环境建设》（1988）、《中国的三大环境政策》（1988）、《开拓有中国特色的环境保护道路》（1989）、《环境问题引起了国际关系的新变化》（1990）、《论我国环保投资及政策》（1990）、《中国人口与环境问题》（1991）、《三峡大坝的利与弊》（1991）、《论环境与经济结合的实践原则》（1991）、《乡镇工业发展的成功之路》（1991）。内容丰富，从理论到实践，既包括宏观的环境保护战略，也有具体的实践原则；涵盖面广，涉及核电、三峡大坝、乡镇工业各个方面。这一时期正处于我国刚刚改革开放时期，通过对作者文章的阅读，有助于了解我国在这一时期的环境保护政策，及其在各个行业中的体现。限于篇幅，本章将选取其中有代表性的 5 篇予以介绍。

《历史的转折》原文是作者 1982 年为纪念“斯德哥尔摩人类环境会议”十周年所写。文章总结了十年来各国政府和人民在维护和改善人类环境方面的工作，从认识和管理的角度看最重要的三点：第一，开始认识到环境的整体性，不仅要求国家采取保护措施，还要求地区和国际一级采取保护措施，十年期间缔结了 30 多项地区性和国际性的环境保护协定；第二，各国把环境保护作为战略目标；第三，强化环境管理。文章对国际上两种不同的环境问题，发展中国家的环境问题和发达国家的环境问题作出回答，认为发展中国家的环境问题不同于发达国家，必须在发展中解决，那种“经济原点发展”“技术原点发展”的观点不适用于发展中国家。

《中国环境保护的战略问题》原文为作者 1982 年为《中国经济发展战略问题研究》一书所写的论文。文章共有五个部分。第一部分，环境保护与经济发展，首先阐明环境污染和破坏是个世界性的问题，无论发展中国家还是发达国家都存在。人们对环境与经济发展关系的认识，是一个逐渐发展的过程。经济发展尽管带来了环境污染，但同时也增强了人们解决环境问题的能力。第二部分，中国环境问题的基本特点和主要教训。中国的环境问题基于中国的基本国情，包括人口众多，对环境压力大；

我国的工业构成，中小型企业居多，对环境造成很大冲击；中国的能源以煤为主，对环境污染严重；文化科学落后。这一国情决定了中国环境问题的普遍性和长期性。我国在环境政策上也有很多失误，因此应吸取的教训包括：发展农业生产，必须按照自然规律办事，努力建设起一个良性生态循环系统；城市发展要有整体规划，注意生态平衡；工业发展要注意合理布局，建设的同时采取防治污染的措施。第三部分，中国环境保护战略的方针。基于对中国环境问题基本特点的讨论可以看出，中国的环境问题不同于世界上任何国家，因此也不可能复制任何国家的模式。中国的环境保护战略方针应基于实事求是、发展与环境相协调、以防为主、防治结合、推行有利于环境保护的技术政策、实行资源综合利用的方针、实行环境责任。其中文章对发展与环境相协调的方针做了较为详细的阐述，即保护环境的要求和实施的标准，既要考虑到人体健康和生态条件的基本需要，又要适应一定时期内财力、物力和技术支持的能力，经济发展必须兼顾环境保护的要求，要把环境保护纳入国民经济和社会发展规划中。关于环境责任制度，作者指出其不仅适用于直接造成污染的企事业，也适用于对环境有污染危害的企业、事业、机关、团体。第四部分，可供选择的三种环境战略目标。作者列举了三种中国可以采取的战略目标，第一种为保持目标的水平；第二种为控制污染的发展，有重点地改善环境质量状况；第三种为城乡环境质量达到对自然生态和人群健康不发生任何危害影响的要求。作者对我国目前在污染控制的措施水平做了大致的评估，并计算要实现以上三种目标可能的环保投资数额，以及我国目前的经济发展水平和未来的经济发展水平，以此评价我国可以采取的环境保护战略目标。最后得出结论，我国目前可以采取的是第二种战略目标。第五部分，环境保护的战略重点和措施。分别提出自然环境保护战略、工业污染防治战略和能源环境战略三种应重点采取的措施。

《中国三大环境政策》为作者 1988 年 5 月在英国布雷德福大学的演讲稿摘要。文章详细阐述了中国三大环境政策的内容。环境政策一：预防为主，防治结合，综合治理。中国在这方面主要采取了几方面的措施：①将环境保护纳入国民经济和社会发展计划；②城市环境实行综合整治，包括制定措施、总体规划；合理制定工业布局，改变城市能源结构和燃烧方式，控制大气污染，保护和节约水资源，防治城市水源污染；加强对新建、扩建、改建工程项目的环境管理，严格控制新污染。主要采取了环境影响评价和“三同时”制度。实践证明，这些措施对控制新的污染源是积极有效的。环境政策二：“谁污染谁治理”。我国的这一环境政策学习自日本的“污染者负担”政策，实施以来主要体现在三个方面：①政府提供资金，要求企业结合技术改造防治工业污染；②政府已对 12 万多个企业采取工业污染限期治理；③征收排污费。环境政策三：强化环境管理。包括：制定法规、建立环境管理机构，加强环境监督。上述三项环境政策还存在具体政策不配套、监督管理不严等问题。我们要继续探索和开拓中国式的环境保护道路，把中国的环境事业办好。

《环境问题引起了国际关系的新变化》原文为作者 1990 年 4 月在清华大学演讲的一部分。本文共有两部分。第一部分：环境问题是人类面临的一个紧迫问题。世界各国召开了多次环境问题国际研讨会，对三个问题的讨论取得了明显进展：①认识到环境问题在不断发展。环境问题对于人类来说是个生存问题，而不是一个选择问题；

②认识到环境问题的整体性。相互影响、相互制约，这就是世界环境问题的一个特点；③认识到当前的国际经济关系不利于环境问题的解决。虽然全球性的环境问题主要是工业发达国家造成的，控制和解决这些问题的责任主要在这些国家，但是几大经济大国却不愿意承担责任，要求所有国家都来承担。联合国环境署提出的“使用者付费”原则来解决温室气体排放问题，作者认为对发展中国家不公平，提出了“超标付费”原则。第二部分：环境问题引起的国际关系新变化，作者总结为八个方面：①以追求国民生产总值为主要目标的传统发展模式受到了各国的批判，可持续发展战略开始被各国接受；②环境保护越来越成为国际贸易的一项基本原则。包括禁止捕猎和买卖珍稀野生动植物、严格限制农副产品有害化学物质的含量、对工业产品的环境要求越来越高等；③保护环境正在成为经济援助的前提条件；④工业界对防治污染的态度在发生重大变化，以杜邦公司为代表的企业巨头倡导零排放。相应的，环保产业在蓬勃兴起；⑤在科学技术上，西方国家把环保作为方向性课题投入大量人力物力，发展节约能源技术；⑥人们对待自然资源的价值观念正在发生改变，认识到自然资源的稀缺和有价，使用者付费的观念被人们所接受；⑦公民的环境意识在发生深刻变化，生活方式也因此朝着更环保方向改变；⑧在国际关系上，环境问题成为新的热点，并将长期占据重要位置，环境问题也成为发达国家与发展中国家的利益冲突焦点。综上所述，环境问题正在引起各国和国际社会的一系列深刻变化，甚至将引起一场革命。

《乡镇工业发展的成功之路》本文为作者1991年12月对广东顺德县环境考察报告的摘要。作者在20世纪80年代就考察了顺德县，对顺德县发展乡镇企业同时积极防治污染的做法很赞赏。10年后作者再次考察当地并撰写了本文。全文分为三个部分：第一部分，高速的经济增长并没有带来相应的环境污染。顺德的乡镇企业越过了技术装备落后、布局分散、粗放经营的初级阶段，正在迈向工业化、城市化、国际化的新阶段，从其环境状况看，单位工业产值的三废排放量急剧下降，全县环境质量没有下降，个别环境指标还有所改善，基塘式生态系统保持了稳定。第二部分，顺德的基本经验概括为以下几方面：①正确的经济发展指导思想，政府制定和发展经济规划过程中，始终把环境保护放在主要的位置；②合理选择产业结构。始终把发展轻型产业结构、控制重污染行业的发展当成一条主要的战略方针；③重视城镇和工业区规划；④强调技术改造和技术进步工作；⑤认真推行各项环境管理制度。第三部分，环境上存在的两个突出问题：①工业和生活污水集中控制问题，排放量越来越大，需要建设集中污水处理厂；②垃圾出路问题，需要做好垃圾分类和集中处置。

（三）1992—1997年

本书收录了这一时期的15篇论文，包括《积极发展环境保护产业》（1992）、《建立人类新文明》（1992）、《第二座里程碑》（1992）、《荣誉属于祖国》（1992）、《建立亚太地区环境与发展的伙伴关系》（1993）、《转变增长方式，推行清洁生产》（1993）、《中国环境保护的两种前景》（1994）、《我们面临的环境形势和任务》（1994）、《我国环境污染的症结所在》（1995）、《关于可持续发展的若干政策思考》（1995）、《强农固本，重在耕地》（1996）、《“中国养活养好中国人”的基本条件》（1996）、《就环境问题答美国人问》（1996）、《依法保护环境与资源》（1997）、《水土流失是中国头号环境问题》(1997)。这一部分选取其中的 6 篇予以介绍。

《建立人类新文明》是作者 1992 年 4 月在中国环境与发展国际合作委员会成立大会上的答谢辞。文章不长，从 300 万年前人类诞生开始，对人类所经历的文明阶段娓娓道来。1 万年前的农业革命，人类进入了农业文明，人类获得了更多的自然资源，但对自然界的破坏也随之加剧。昔日繁荣的巴比伦文明、南亚的印度河流域文明、中国的黄河流域文明，最后都因为人类对大自然无休止的索取，导致了严重的生态破坏。作者把这个时代称为“黄色文明”。18 世纪的工业革命使人类进入了工业文明。人类创造了巨大的物质财富，与此同时，人类与自然的关系也在急剧地恶化，作者把这个时代称为“黑色文明”。作者认为这两个时代的文明都意味着人类以牺牲环境为代价去换取经济和社会的发展，是不能持久的，最后必将是人类文明的衰落。美国世界环境观察所不久前的研究表明，人类需要进行一场环境革命来拯救人类的命运，这场革命是历史发展的必然产物。通过这场革命，人类将重新审视自己的行为，摒弃“黄色文明”和“黑色文明”，迎来人与大自然和谐相处的“绿色文明”。

《第二座里程碑》是作者 1992 年 7 月为《迈向 21 世纪》一书所撰写的序言。彼时作者刚刚参加完在里约举行的联合国环境发展大会，对比 20 年前参加第一次斯德哥尔摩举行的联合国环境发展大会，作者就此谈了三点感受。第一，认识的一致和深化。20 年前发达国家高喊环境问题的严重性，而发展中国家因面临的主要问题是发展问题，对此认识粗浅。20 年后的会议 183 个国家，无论是发达国家还是发展中国家都意识到了环境问题对人类生存与发展的严重威胁；第二，找到了解决环境问题的正确道路。20 年前只是就环境污染讨论环境污染，20 年后的里约会议扩展了对环境问题的认识范围和认识深度，而且把环境问题与经济社会发展结合起来研究，即“可持续发展战略”，这是人类认识的一大飞跃；第三，明确了责任，开辟了资金渠道。1972 年的会议只是暴露了环境问题，却没能找出问题的根源和责任。这次的环发大会，明确指出主要责任直接或间接地来自工业发达国家，而发达国家最终也都承认了这一事实。在修订后的《关于消耗臭氧层的蒙特利尔议定书》《气候变化框架公约》《21 世纪议程》都提出了建立专门基金，帮助发展中国家治理环境。同时发展中国家也应认真对待环境发展问题。作者认为，这次的会议是距上次的会议后第二次人类环境会议的里程碑。

《建立亚太地区环境与发展的伙伴关系》是作者 1993 年 7 月在日本千叶举行的亚太地区环境与发展大会上的主旨发言摘要。全文分为两个部分：第一部分，作者谈到亚太地区的经济飞速发展，同时要注意这一地区日益严重的环境问题。虽然亚太地区的各国处于不同的发展阶段，但产生环境问题的根源有一定的相似之处，包括庞大的人口数量、发展不当或发展不足，以及不合理的贸易体制。作者指出，任何一个国家仅靠自己的努力来发展经济和治理环境都是困难的，必须通过有效的国际合作和共同的努力才能解决本地区的环境与发展问题；第二部分，介绍了亚太地区建立环境与发展合作的前景、理由与基本原则。作者认为最好的合作前景是亚太地区既有经济合作又有环境合作，即建立亚太地区的环境伙伴关系。作者从国际的缓和局势、亚太地区的地缘关系以及亚太地区的要义链条三个方面，阐述了建立这一地区环境伙伴关系的理由。最后，作者提出建立这一伙伴关系应遵循“面向全球开放、平等合作”的基本原则。

《我们面临的环境形势和任务》是作者于 1994 年 12 月在全国人大环境与资源保护工作座谈会上讲话的一部分。本文主要从我国改革开放和现代化建设的这一特殊历史时期背景下，我国环保工作面临的机遇和压力，以及如何处理好这几个方面的关系，这三个方面的内容展开了论述。一方面，由于我国综合国力的提高，为做好换届保护工作提供了物质基础，社会主义市场经济体制的建立和不断完善也为做好环保工作提供了有利条件，我国经济与国际市场一体化进程的加快，为环保工作提供了新机遇。另一方面，我国的环保工作面临严峻挑战，工业化进程加快将带来原有高污染、低效益、小规模的生产模式的污染加剧；人口增长和城市化发展将使城市环境问题更加突出，并将使我国在履行所签署的 27 个国际环境公约时承受巨大的压力。为此，我们必须准确处理好几方面关系：第一，处理好发展经济与保护环境的关系，关键在于提高各级领导的认识，摆正发展与环境的关系，调整和转变污染环境和浪费资源的经济手段，过渡到以市场来引导资源配置；第二，要正确处理好城市建设与环境建设的关系，切实执行好“经济建设、城乡建设、环境建设同步规划、同时实施、同步发展的三同步方针”，认证履行城市规划，实行功能分区；第三，要正确处理好乡镇企业发展与农村环境保护的关系，应当积极扶持、正确引导、加强管理和统一规划乡镇企业；第四，要正确处理好资源开发利用与资源保护的关系，面对资源供求矛盾日益突出，我们必须树立珍惜自然资源的思想，在制定资源政策时，把合理利用和节约资源作为首要目标，逐步完善自然资源价格体系，实行自然资源核算，逐步建立正常的资源更新的经济补偿机制。

《我国环境污染的症结所在》是作者 1995 年初在国家环境保护局厅局长会议上讲话的一部分。作者首先承认中国的环境问题非常复杂，严重的环境污染有多方面的原因。从经济发展方面看，主要有六个方面的问题：第一，经济的超常发展，给环境带来很大的冲击。经济的高增长要伴随环境的高投入，才有可能有效控制污染，而我国的环保投资比例显然与高速增长的经济不成比例；第二，结构性污染问题突出，加大了环境保护的难度。与发达国家不同的是，我国目前这种低收入与工业重型化结合的“超常产业结构”带来的严重结构性污染，造成了我们在现阶段解决环境问题的巨大障碍；第三，工业总体技术水平低，物料消耗高、流失大；第四，工业布局不合理，加剧了污染危害。这种不合理是全国性的，突出表现在城市；第五，历史欠账多，扩大了环境投入的缺口。我国从“六五”直至“八五”期间，在工业污染治理、城市与控制环境污染相关的基础设施上的投入一直没有达到规划要求的目标；第六，经济发展政策存在“政策失效”问题。即国家和各级政府的发展规划不仅没有控制污染、保护环境，经济发展的结果反而是加重了污染。在发展战略、执行经济发展的综合决策中均存在“政策失效”，应当在国家“九五”规划中予以综合考虑。

《依法保护环境与资源》是作者 1997 年 6 月在全国人大环境与资源保护工作座谈会上发言的摘要。作者对第八届全国人大的环境法律保护工作，从立法、执法到普法宣传三方面的工作进行了总结：第一，构筑环境与资源保护的法律体系框架。包括污染控制、地方性环境与资源法规的立法和修订，以及在有关立法中加强环境保护规定。立法工作中遵循了预防为主原则、负担和补偿原则、责任原则；第二，强化环境与资源保护的执法监督。监督工作是人大工作的一个中心环节，也是人大开展环境与资源部保护工作的一个重要手段。全国人大环资委多次开展了执法检查，听取国务院有关部委和最高人民法院环境保护工作的工作汇报。对如何增强监督实效，作者总结了各级人大在环保执法监督工作中的几条重要经验：突出一个“敢”字，抓住一个“实”字，把握一个“严”字，强调一个“创”字；第三，加强环境与资源保护的舆论监督。发挥舆论威力、强化舆论监督，是人大开展环境与资源保护工作的一个重要方式。自 1993 年以来，全国人大环资委会同中央宣传部、国务院有关部门采取的中华环保世纪行活动，在提高全民的环境意识、加快可持续发展战略的实施上，起到了积极的推动作用。

五、思考题

1. 我国作为发展中国家，如何选择适合自己的发展道路？
2. 国际环境法的发展对我国环境政策和环境法律有哪些影响？
3. 我国的三大环境政策是什么？
4. 20 世纪 90 年代以来我国环境污染的症结原因是什么？

（撰稿人：陈悦）

第十二章

《生态经济学》——王松霈

【本章提要】

王松霈先生是我国生态经济学的奠基人之一。本书是他长期以来在中国生态经济问题研究的基础上，系列研究成果和观点的集中概括，也是他的代表作之一。全书分总论篇、理论篇和实践篇。总论篇阐述了生态经济学为可持续发展提供理论基础，阐述了它的产生和发展，以及与我国经济改革的关系等。理论篇阐述了生态与经济协调理论及生态经济系统、生态经济平衡和生态经济效益等生态经济基本理论范畴与指导实践的生态经济学理论和原则。实践篇通过理论与实践相结合，分析了我国当前经济发展的各个领域中存在的生态经济方面的实际问题，就如何建设生态经济市、生态农业、生态林业、生态畜牧业、生态渔业，山区生态经济开发，海洋产业发展，以及建立可持续的生活消费模式等提出对策建议。

一、作者简介

王松霈，1928 年 8 月生，天津人。1951 年毕业于清华大学经济系。先后任中国社会科学院农村发展研究所、环境与发展研究中心研究员，研究生院教授，生态与环境经济研究室主任，中国生态经济学会副理事长兼秘书长，森林旅游与森林公园学会副理事长，并任《经济研究》《中国农村经济》《生态经济》等学术刊物编审、编辑部主任、常务副主编、副社长等职务，享受国务院有突出贡献政府特殊津贴。王松霈先生作为我国生态经济学的开拓者、创建者、理论奠基者之一，主要负责我国生态经济学新学科的建立和推动工作，是生态经济学学科带头人。王松霈先生理论造诣高深，著述丰硕，先后出版《生态经济学》《走向 21 世纪的生态经济管理》《农村经济概说》《农业生态经济学》等著作，发表论文 300 余篇。

二、作品版本

王松霈先生撰写的《生态经济学》专著，由陕西人民教育出版社出版，2000 年 12 月出版第一版。全书总字数 22.5 万字，总页数为 303 页，主要由总论篇、理论篇、实践篇三部分构成，共计十四章。

三、写作背景

生存与发展是人类社会面临的永恒主题。当今社会面临着粮食、人口、能源、资源与环境等重大问题，迫切需要加强生态经济学的研究来逐一解决这些重大问题。近现代特别是 20 世纪以来，资本主义工业化进程造成资源的掠夺性开采和环境污染的日趋严重，极大破坏了自然界的生态平衡，致使人类的生存与发展陷入深重的生态危机之中。如何摆脱生态危机，走出人类困境？如何协调经济发展与生态保护的关系？如何实现经济效益、社会效益和生态效益三者之间的统一？摆脱生态危机，既要克服以牺牲自然环境为代价、单向度追求经济增长的传统经济发展观，又必须重建生态与经济相协调的生态经济发展观。由于人类社会发展的客观需要，生态经济学也就应运而生了。

1962 年，美国生物学家蕾切尔·卡逊撰写的《寂静的春天》一书，用翔实的科学数据揭露了滥用农药造成生态环境破坏的恶果，敲响了生态危机的警钟，引起了世人的普遍关注，表明生态与经济的矛盾已经激化并成为当今社会发展中的基本矛盾。之后，不同学科领域的专家学者，分别从生态学、经济学、哲学、伦理学、政治学等角度深入探寻造成生态危机的根源，并试图为摆脱生态危机、提供解决方案。1968 年，美国经济学家肯尼斯·鲍尔丁在《一门科学——生态经济学》一文中首次正式提出“生态经济学”的概念，明确阐述了生态经济学的研究对象，并对人口控制、资源利用、环境污染以及国民经济与福利核算等问题作了原创性研究。从此，关于生态经济学的研究在全球范围内迅速展开，并与可持续发展形成了时代的声音。

改革开放以来，我国发生了巨大的变化，在经济发展取得了举世瞩目的巨大成就的同时，资源约束趋紧、环境污染严重、生态系统退化等问题也日趋凸现出来。如何实现生态与经济“双赢”的发展，避免重蹈西方工业化发展的覆辙，实现中华民族的永续发展？我国生态经济学学科也实现了从无到有的建立与发展。自 1984 年成立中国生态经济学会后，我国生态经济学专家开展了生态经济学理论问题研究，并取得了卓有成效的丰硕成果。一是 1985 年至 1986 年，在经济学家许涤新（1906—1988）先生的领导下，1987 年 9 月出版了由许涤新先生主编，王松霈、刘思华、陈予群等中国第一批生态经济理论研究专家共同参与完成，浙江人民出版社出版的《生态经济学》专著。该书的出版标志着我国生态经济学这一新学科初步理论体系的建立，荣获了华东地区优秀政治理论书籍评选一等奖，国家教委将其定为高等院校教材，代表了我国20世纪80年代生态经济学研究的水平。二是在此基础上，1992年至1995年，由王松霈教授牵头、主持“八五”国家社会科学基金重点课题《我国现代化进程中生态经济管理问题研究》，组织全国生态经济学家撰写，主编出版《走向21世纪的生态经济管理》（中国环境科学出版社出版，1997年5月第一版）专著，这是首部探索生态经济管理学新领域和运用生态经济学理论指导经济管理实践的系统著作。《人民日报》《光明日报》《北京日报》发表文章推荐介绍，产生了较大影响，并荣获中国社会科学院优秀科研成果三等奖。2000年，在长期坚持不懈地深入研究基础上，王松霈先生对自己20年来组织和参加生态经济学学科理论研究的系列研究成果和观点作了系统全面地集中概括，撰写了具有理论创新性又有实践指导性的《生态经济学》专著。该书是中国社科院的殷登祥和天津社科院的徐恒醇两位先生主编的“生态文化丛书”（共六本）之一，曲格平先生、邢奋思先生、厉以宁先生专门为此套丛书作序言。由此可见，该书具有的理论价值和实践价值非同一般，是体现新世纪我国学者在生态经济学学科理论研究最高水平的一部代表性著作。

四、主要内容

在《生态经济学》一书的前言中，王松霈简明扼要地阐述了生态经济学的基本理论和观点，强调生态与经济协调理论是生态经济学的核心理论，也是贯穿全书的理论主线。他明确提出：“生态与经济协调理论是生态经济学的核心理论并为经济社会的可持续发展提供了理论基础。”“它在整个生态经济学学科理论体系中居于核心理论地位。”“它也作为一条主线贯穿在本书的始终。”从这一命题出发，进而提出生态经济学的三个基本范畴：生态经济系统、生态经济平衡、生态经济效益。生态经济系统是载体，生态经济平衡是动力，生态经济效益是目的；三者之间共同构成一个相互联系和相互决定的统一整体，对经济社会实践起着引导推动作用。在此基础上，他进一步提出了生态经济学的四条基本原则：①人类利用自然又受制于自然的理论和原则；②经济主导与生态基础制约促进的理论和原则；③经济有效性与生态安全性兼容协调的理论和原则；④经济效益、社会效益和生态效益整体统一的理论和原则。他主张积极的生态平衡理论；论证了人在生态经济系统中的地位和作用；指出了人在生态经济系统中的地位具有双重性；人对生态经济系统的作用具有双向性；强调在经济发展中，人们要用正确的理论指导，端正自身经济指导思想和经济行为的重要性。

第一篇“总论篇”分三章，主要围绕生态与经济的矛盾展开分析讨论：生态经济学与可持续发展、生态经济学的产生、生态经济学与经济改革。生态经济学作为生态学和经济学相互结合的一门新兴边缘科学，其任务就是要推动我国在新的世纪实现生态与经济的协调发展和可持续发展。

王松霈明确提出：生态经济学为可持续发展提供理论基础。他从人与自然的关系的角度，阐述了人类社会已经从农业社会阶段、工业社会阶段进入到生态化社会阶段。应对全球化生态危机的严峻形势，可持续发展已成为世界各国的普遍共识和行动准则。生态与经济协调发展和经济社会可持续发展既有共性又有区别。从共性来看，二者都是生态经济学的主要理论范畴，也都是当代经济发展中的重要指导思想。它们在发展经济中所指引的方向相同、所起的作用也相同，都是为了解决当代越来越严重的生态与经济的不协调问题。但是，二者在具体的着眼点、主要内涵的侧重点上又有所不同。可持续发展着眼于经济发展本身，说明经济发展的动态状况和前途，更主要强调的是在时间序列上当代人与后代人经济发展是否具有同等的生态经济条件，即纵向协调或代际协调；而生态与经济协调发展，其着眼点则是经济与生态状况之间的关系，其内涵包括空间区位上的横向协调和时间序列上的纵向协调两个方面。因此，从理论范畴的形成上可以看出，在经济发展的实践中，实现生态与经济的协调是实现经济可持续发展的基础和前提。

尽管生态经济学是一门新兴科学，但它的产生与形成却有深厚的历史文化渊源，既是社会实践发展的客观需要，也是现代科学发展的必然趋势。从认识“生态平衡”的自然规律到认识“经济与生态协调发展”的生态经济规律，又到进一步认识“经济社会可持续发展”的生态经济规律，是人们对经济发展中客观规律的逐步认识过程，也是我国生态经济学主要理论框架的形成过程。1987 年，由许涤新先生主编，浙江人民出版社出版的《生态经济学》专著一书的问世，标志我国生态经济学这一新兴学科理论体系的初步建立。

生态经济学的建立，对指导我国深化经济改革，促进国民经济的可持续发展具有重要意义。进入 21 世纪，建立政府与市场相结合的生态经济型市场经济体制是我国经济体制改革的必然趋势。回顾新中国成立以来的经济发展历程，我国主要采取了从“数量速度粗放型经济增长方式”“经济效益集约型经济增长方式”向“生态经济效益集约型经济增长方式”转变。生态经济集约型经济增长方式的建立，是新时代生态经济社会发展的必然趋势，是我国经济上的又一次巨大变革。与经济效益集约型和经济效益集约型经济增长方式相比，生态经济效益集约型经济增长方式具有三方面突出的特点和优点：一是更加注重资源利用的集约型；二是更加注重取得效益的整体性；三是更加注重经济发展的持续性。

第二篇“理论篇”分三章，着重阐述了生态经济学的基本理论，详细论述了生态与经济协调理论、生态经济学的基本理论范畴和指导生态经济实践的理论和原则。该篇是《生态经济学》一书的核心内容，为生态经济学建立了基本理论范畴、基本原理和比较完整的理论体系。在思想上，它提出了新的自然观和价值观；在经济上，它将引导人口、资源、环境与发展这一经济关系实现协调，为我国基本国策的建立和经济社会可持续发展提供理论基础。

生态与经济协调理论是生态经济学的核心理论。生态与经济协调既是经济社会发展的必然趋势，又是经济与生态矛盾运动的产物，也是生态经济学的基本理论和核心理论。人类的生产活动是人与自然关系的纽带，正是通过这个纽带才使自然生态系统和社会经济系统结成有机的统一体。社会再生产所需的一切物质和能量都来自于自然生态系统，因此生态自然系统是自然经济系统赖以发展的物质源泉。当经济系统的调节机制破坏了生态系统的生物资源和环境资源的结构、布局和自我更新能力时，经济系统本身就会陷入恶性循环之中。在人类社会发展的实践过程中，人与自然（即经济与生态）的关系经历了三个相互联系和相互衔接的发展阶段：一是低水平的生态与经济协调阶段（即农业社会时期）；二是生态与经济不协调和严重不协调阶段（即工业化社会时期）；三是高水平的生态与经济协调阶段（即生态化社会时期）。而第三个阶段就是当今人类社会正在走向的历程。因此，生态与经济协调既是经济社会发展的必然结果，也是经济与生态矛盾运动的产物。

生态与经济协调理论作为生态经济学的核心理论，它不仅体现了生态时代的基本特征，而且决定了生态经济学理论体系的建立和学科基本理论特色的形成。可持续发展是新的生态时代的一个最突出的特点，它是建立在生态与经济协调的理论基础之上的。生态与经济协调理论基于新的生态时代使自身具有了鲜明的时代特征，同时也为新时代经济的发展提出了目标和推动力量。生态与经济协调这一核心理论对整个生态经济学理论体系所起的建立基础和赋予基本理论特色的作用，还表现在生态经济学的研究对象、学科性质和学科归属、学科特点等各个方面。生态经济学的研究对象是生态经济系统，它是一切经济活动进行的载体。生态经济学是一门新兴边缘交叉学科，由生态学和经济学交叉结合形成，归属于经济学学科体系。因此，生态经济学具有整体性、综合性、协调性和持续性的特点。

在整个生态经济学的理论范畴体系中，生态经济系统、生态经济平衡和生态经济效益是三个基本的理论范畴，对生态经济学理论体系的建立以及指导实践都起着重要的作用。生态经济系统是载体，生态经济平衡是动力，生态经济效益是目的，共同推动着整个国民经济走向生态与积极协调和可持续发展。

生态经济系统是生态系统与经济系统的有机结合与统一。从内涵上来看，具有双重性、结合性和矛盾统一性的特点；从外延来讲，又有原始型生态经济系统、掠夺型生态经济系统和协调型生态经济系统三种不同类型。由于生态经济系统是由生态系统和经济系统两个子系统有机结合形成的，因此它必然同时兼具生态系统和经济系统两个系统的特点。以生态经济系统为载体进行的一切经济活动，都同时要受自然规律和经济规律两种规律的制约。生态经济系统存在的双重性决定了人对生态经济系统的作用的双向性。当人们的经济指导思想和经济行为符合生态与经济协调这一生态经济规律时，就能够在保护生态系统的基础上，推动经济朝着可持续的正确方向发展；而当人们的经济指导思想和经济行为违背生态与经济协调这一生态经济规律时，就会阻碍经济的发展，甚至还会造成经济发展的破坏。生态经济系统的理论指明了经济发展中端正人们自身经济指导思想和经济行为的重要性。

生态经济平衡是生态平衡和经济平衡共同组成的复合平衡，具有普遍性、相对性、动态性和可控性的基本属性。在经济实践中，生态经济平衡起到警示人们发现生态与经济不协调的信号作用，又是推动实现生态与经济协调发展的动力。人们在运用生态经济平衡基本理论指导发展经济的实践中，要注意避免两种错误倾向：一种是忽视自然生态平衡的倾向；另一种是为了保护生态平衡而保护生态平衡的倾向。在上述这两种错误倾向中，前一倾向将导致经济的不可持续发展，后一倾向将导致阻碍、经济发展。王松霈主张积极的生态经济平衡理论，即面对经济系统对自然资源需求的扩大，它不是简单地用限制经济发展的办法来达到消极的生态经济平衡，而是要依靠科技进步，集约利用自然资源来实现积极的生态经济平衡，在保持生态与经济协调的基础上，促进经济的更快发展。

生态经济效益是由生态效益和经济效益共同组成的综合效益。人们发展经济的目的就是要实现生态经济效益。生态经济效益既包括人们投入一定的劳动耗费后，所获得的有形产品，也包括同时所获得的各种对人有用的无形效应。在人们对一定的生态系统作了一定的投入后，所获得的这种有形产品和无形效应越多，所获得的生态经济效益就越高，反之就越低。如果人们的投入反而引起生态经济系统的各种破坏时，就会不但没有生态经济效益，反而给生态经济系统造成了损失。因此，人们在发展经济的过程中，必须用生态经济效益的基本理论来指导、规范自己的经济行为，力求同时获得经济与生态的正效益，避免它们的负效益，以获得实际最大的生态经济效益。

在建立了生态经济学的核心理论和基本理论范畴的基础上，王松霈针对当前实际工作中存在的生态经济问题，进一步提出指导生态经济实践的四项基本理论和原则。一是人类利用自然又受制于自然的理论和原则。也就是说，在发展经济的过程中，人要改造和利用自然，但同时又要尊重和保护自然。人对自然的索取必须保持在它的可承受的限度内。只有这样，自然才能长期永续地为人类经济社会的发展服务。因此，在解决经济发展实践中出现的人与自然不和谐的问题时，关键是要改变人对自然的掠夺式利用方式。二是经济主导与生态基础制约促进的理论与原则。王松霈认为，正确认识和处理经济与生态之间的辩证关系是实现生态与经济协调发展的关键。生态系统和经济系统都是统一的生态经济系统的组成部分，但是两者在生态经济系统中所处的地位和所起的作用又是不相同的。对于发展经济来说，它们的关系是主导和基础的关系，即经济是发展的主导，生态是发展的基础。他主张积极的生态平衡观点，既要把发展摆在生态经济关系的首位，又要切实保护发展经济的生态基础。三是经济有效性与生态安全性兼容协调的理论和原则。经济有效性是指人们在积极发展经济为自己谋福利的过程中，需要最有效地利用自然资源，这是由于经济本身的特点所决定的。生态安全性是指人们在发展经济中，应该保护自然生态系统及其中的自然资源，使之能够继续存在和保持其再生的能力。经济有效性与生态安全性的结合是积极有机的结合，是生态经济学理论在生态经济应用领域的深入和具体化。四是经济效益、社会效益、生态效益整体统一的理论与原则。经济效益、社会效益和生态效益的关系是生态经济学理论中目标层次的生态经济关系。生态经济效益是生态效益和经济效益的结合，在经济社会的发展实践中，它们又必然广延为经济效益、社会效益和生态效益三个效益。取得生态经济效益是发展经济的目的，实现三个效益的整体统一是生态经济学的一个重要理论和原则。经济效益、社会效益和生态效益是一个相互联系的统一整体，具有时空关联性，反映在局部利益与全局利益之间的生态经济关系，以及目前利益与长远利益之间的生态经济关系。

第三篇“实践篇”分八章，此篇中王松霈运用生态经济学的基本原理和原则，理论联系实际，针对我国经济发展中存在的生态与经济不协调问题，提出具有针对性和可操作性的对策建议。

城市是社会生活的中心，是先进生产力的代表。建设生态经济市是新时代的要求。建设生态经济市，可以推动整个国民经济可持续发展；可以促进对外开放，与国际接轨；可以带动农村的可持续发展。解决城市发展中生态与经济不协调的问题，建设生态经济市，要突出生态经济市的特色，研究生态经济市的规划布局，安排好生态经济市的经济结构，重视生态经济市的环境保护。其中，生态工业是生态经济市发展中的一个重要内容。全面进行生态工业管理，既要通过技术创新，实行“清洁生产”，来发展生态工业；又要通过制度创新，实行生态工业企业内部的生态环境补偿制度、使用生态成本和生态经济成本核算、建立生态经理制等，来促进企业和国民经济的可持续发展。

农业是国民经济的基础。生态农业是我国农业现代化的必由之路。我国的农业现代化不但要建设成发达的农业、富庶的农村，而且同时还要建设良好的生态环境。三者是一个密切联系的统一整体，它们统一的实质是建设一个高水平的农村生态经济系统，是经济与生态形成合理、高效的生态经济良性循环，为人们提供一个良好的生产和生活环境。解决农业发展中生态与经济不协调的问题，建设现代化的生态农业，要努力做到向太阳能和无机环境要效益、向生态系统的循环转换要效益、向生态系统的整体组合要效益。

森林是陆地最大的生态系统，它的存在和发展状况如何，对我国居民的生活质量和国民经济的可持续发展关系极大。森林具有涵养水源、调节气候、防风固沙、保持水土、净化空气等重要作用，其无形的生态效益远远大于它所提供的有形物质产品的经济效益。解决森林资源利用与保护的生态经济问题，建设生态林业，必须实施林业经营制度改革，要实行林价制度，采取“以林为主，多种经营”的方针，实行森林分类经营的营林体制。

草原是陆地生态系统的重要组成部分。我国是一个草原大国，解决草原畜牧业发展中草原的植物生产效率低、畜牧利用牧草的转化效率低、人对草原的经营利用效率低以及毁草种粮、超载畜牧等生态经济问题，建设生态畜牧业，必须全面进行草原生态经济改革，要改革不合理的草原经济增长方式，改革不合理的草原经营管理形式，改革不合理的传统思想观念。

水域生态系统是生态系统的重要组成部分。渔业也是国民经济的基础，在国民经济中发挥着重要作用。但是，渔业与其他农业生态系统又有不同的生态经济特征：一是渔业生态系统的“食物链”较长；二是渔业生态系统的资源分布有立体型；三是渔业生态系统有更大的难见性。因此，解决渔业生产中“重捕捞、轻养殖”的生态经济问题，发展生态渔业，必须全面认识渔业生产力，正确组织和运用渔业生产力。扩大养殖是利用渔业资源的基本途径。养殖是捕捞的基础，也是增加渔业资源的基本途径。深刻认识和把握水域生态系统的具体特点对于科学养殖、生态养殖尤为重要。

山区是陆地生态系统中的重要生态经济类型。我国是一个人多山多地少的国家，治理山区生态环境和开发利用山区资源发展经济对于我国有着重要的生态经济意义。建设山区能为我国提供巨大生态安全屏障，有利于贫困山区脱贫致富，有利于促进西部与全国的地区经济平衡。解决山区“愈穷愈垦，愈垦愈穷”的生态经济问题，发展山区生态经济，要根据山区的生态经济特点，明确山区的资源优势，开发与治理相结合，坚持综合利用的方向，促使山区走向市场，走贸工农一体化的发展道路。

海洋是人类生存与发展的资源宝库。当前无论是从世界还是单从我国的情况来看，海洋经济都呈现出迅速发展的趋势。世界海洋产业的发展，从 20 世纪 60 年代出现了由传统海洋产业向现代海洋产业的转变，我国正处在这种转变的过程中。解决海洋产业发展中生态与经济不协调的问题，如海洋资源利用不合理、海洋污染严重、海洋产业结构和布局不合理等。发展可持续的海洋产业，必须优化我国海洋产业结构、改进我国海洋产业布局、发展海洋清洁生产。发展可持续的沿海地区经济，既要解决沿海地区城市经济发展中淡水资源、水土资源、空间资源和环境污染等问题；又要解决沿海地区农村经济发展中围海造地、海岸侵蚀、盲目引进和环境污染等问题。

消费是社会再生产过程中的一个重要环节，也是最终环节。消费又分为生产消费和个人消费。人的正确消费模式能够节约利用资源和减少对环境的污染，因而有利于可持续地发展经济；而不正确的生活消费模式则不利于可持续地发展经济。改变脱离国情、大讲排场、盲目时尚、畸形消费等不可持续的生活模式，必须加强生态文明教育，转变消费观念，提倡绿色消费和勤俭节约，走向大自然。在我国经济社会的发展实践中，生态旅游是利用自然资源的一种消费方式，但它的发展也产生了日益明显的生态与经济的矛盾，例如，超限度的游客涌入，损坏自然景观；乱丢废弃物，污染环境；大兴土木，破坏自然景观，等等。正确处理好生态旅游资源利用与保护的关系尤为重要。只有保护好生态旅游自然资源，才有生态旅游的存在，也才有发挥它为人们提供独特消费享受和产业经济效益的可能。因此，在实践中必须建立和实行“利用与保护结合，以保护为主”的生态旅游方针，加强生态环境教育，加强生态旅游管理，促进生态旅游的可持续发展。

五、思考题

1. 为什么说生态与经济协调理论是生态经济学的核心理论？
2. 如何正确认识和处理生态与经济的辩证关系？
3. 生态经济系统的内涵与类型是什么？
4. 生态经济平衡的基本属性是什么？
5. 如何认识和理解生态经济效益？
6. 如何正确认识和处理经济有效性与生态安全性之间的关系？
7. 如何认识经济效益、社会效益与生态效益之间的辩证关系？
8. 关于生态经济市的基本特征和建设路径的思考？
9. 为什么要走发展生态农业的道路？
10. 如何正确认识和处理森林资源保护与利用的关系问题？
11. 为什么要全面实施我国草原生态经济改革？
12. 如何正确认识和处理养殖与捕捞的辩证关系？
13. 如何正确处理山区生态经济开发与环境保护的关系？
14. 沿海地区经济可持续发展的生态经济问题有哪些？
15. 如何在全社会建立可持续的生态消费观？

（撰稿人：黄勇）

第十三章

《我们共同的未来》——世界环境与发展委员会

【本章提要】

1987年，世界环境与发展委员会发布了名为《我们共同的未来》报告（后文简称为“报告”），并因该委员会主席，格罗·哈莱姆·布伦特兰夫人（Gro Harlem Brundtland）而被广泛称为《布伦特兰夫人报告》。

报告提出全球环境问题主要源自于不可持续的消费和生产模式以及南北发展的不均衡。呼吁建立将社会发展和环境保护相统一的战略——如今被广泛称为“可持续发展”战略。可持续发展是指：既能满足当代人的需要，又不对后代人满足其需要的能力构成危害的发展。1989年联合国大会对报告进行讨论，并确定于1992年召开以可持续发展理念为核心的联合国环境与发展大会。

一、作者简介

《我们共同的未来》因其报告者为挪威前首相布伦特兰夫人又被称为“布伦特兰报告”。布伦特兰夫人全名格罗·哈莱姆·布伦特兰（挪威语：Gro Harlem Brundtland），挪威政治家、外交家、医生，1939年4月20日出生于奥斯陆。1963年毕业于奥斯陆大学医学系，1965年获美国哈佛大学公共卫生硕士学位。1974年至1978年担任工党政府环境保护大臣，后任议会财政委员会委员、议会外交委员会主席、工党议会党团副主席等职。1981年2月至10月出任工党政府首相，成为挪威380年历史上第一位女首相。1984年，布伦特兰夫人被联合国秘书长任命为联合国环境和发展委员会主席。1986年她再度出任首相，并在1990年、1993年两度连任首相。1996年

10月辞去首相职务。1998年7月至2003年7月担任世界卫生组织总干事。

事实上，这部被称作“布伦特兰报告”的文件并非布伦特兰夫人一人之作，而是由其所担任主席的世界环境与发展委员会（World Commission on Environment and Development，WCED，后文称为“委员会”）委员们合力而著。在1983年第38届联合国大会通过的《编制到公元2000年及其后的环境前景文件》（第A/RES/38/161号）中明确提出设立一个负责该文件编制具体工作的特别委员会，并按照文件授权职责范围进行履职。之后的1984年5月，委员会正式成立，继而便开始报告的资料收集和成文过程。1987年2月，报告在日本东京召开的第八次世界环境与发展委员会上通过，后经第42届联大辩论通过，于1987年4月正式出版。

委员会的委员们来自多个不同发达国家和发展中国家，并有着广泛的职业背景：外交部长，财政和规划官员，农业、科学和技术的负责人，还有很多负责本国事务的高级经济学家。报告完成前，委员会在世界许多区域召开研讨会以获取这些地区环境和发展问题的第一手资料，并在其间召开公众意见听证会，上百个组织和个人出席并发表意见，同时委员会还收到500多份书面意见。通过这些调查促使委员会对世界环境与发展过程中存在的问题形成直观认识，保障了报告的客观性和报告所提建议的建设性。

二、作品版本

《我们共同的未来》自1987年第42届联合国大会通过后，英文版于1987年正式出版，中文版由王之佳、柯金良翻译，由吉林人民出版社于1997年1月出版。

三、写作背景

20世纪下半叶，时代主题发生了从战争与革命到和平与发展的转变。两次世界大战和战后美苏冷战对峙刺激了科技进步，科技革命迅速发展，促使各国发展战略从军事领域转向以科技为先导、以经济为基础的综合国力竞争。科技进步和经济发展使得人类生活水平获得极大改善，婴儿出生率快速增长，人均寿命提高，全球粮食生产增长速度超过了人口增长速度。不断增加的人类在享受经济增长和科技进步带来红利的同时，其所身处的环境承受着越来越大的压力。空气受到严重污染，臭氧层变薄，空气内不断积累大量二氧化碳和其他气体致使地球呈现出全球变暖的趋势；水资源面临污染、短缺的危机；土壤资源呈现出盐碱化和荒漠化；森林面积减少，生物物种不断消失；固体废弃物和有毒有害垃圾不断膨胀……这一系列环境问题已经从局部地区向整体扩散，所有国家和人民都面临着环境退化带来的生存和发展危机，相比之下，发展中国家和人民的形势更为严峻。

在环境问题爆发初始便有国家和组织予以关注，但历史的应对方法是将环境问题作为一个孤立的问题，采取“头痛医头，脚痛医脚”的直接处理方式。然而环境恶化状况并未得到充分遏制，仍处于不断升级扩散中。在长期的环境斗争过程中，人们渐渐认识到，环境问题的产生源自于多方因素：人类高消费的生活方式和高消费的生产方式、贫困、人口增长压力、旧的国际经济秩序、战争及军备竞赛。环境压力的产生与增大并非由这些因素单纯的叠加，而是其互相渗透、互相交叉，共同作用所致。故而环境问题的性质是系统而复杂的、跨越国界的，其应对亦需要综合全面的视角、国际合作的力量。简言之，发展应是可持续性的，后代人应当享有当代人同样的发展机会。

报告中首次提出了可持续发展概念，报告在第42届联合国大会上获得广泛认同，其核心理念“可持续发展”成为1992年联合国环境与发展大会的主题，并成为《里约环境与发展宣言》中的基本原则之一。目前可持续发展已成为世界各国制定与施行经济发展规划和国际合作的基本原则。人们建立了以可持续发展的理念来审视环境与发展问题的共识，将环境保护的需求纳入发展计划与实施中，确保环境保护在经济、社会、文化发展中的优先性。可持续发展理念的提出对整个人类社会进步具有划时代意义，确立了人类社会的发展方向与路径。

委员会的设立、报告的撰写和可持续发展理念的提出，具有其历史必然性。首先，环境恶化程度和速度迫使人们必须寻求应对之路；其次，发达国家在20世纪60年代开始受到环境问题的困扰，其政府和经济学家、环境专家开始对此关注与应对。在其不断总结经验的基础上建立了应对环境问题的知识和技术基础；再次，联合国的成立与运转为委员会的设立和报告的撰写建立了基础。1972年联合国人类环境会议正式启动了现代国际环境治理的历程，该次大会上通过的《人类环境宣言》中已经确立了国际环境保护的基本原则和方向；1982年召开了人类环境特别会议，会议上通过的《内罗毕宣言》中指出了进行环境管理和评价的必要性，和环境、发展、人口与资源之间紧密而复杂的相互关系。由此可知，委员会报告的撰写和可持续发展理念的提出是时代的需求，是人类社会的共同信念。

四、主要内容

报告正文分为三个部分，即共同的关切、共同的挑战和共同的努力。其中不仅叙述现实问题，还对问题的成因进行分析并佐以数据论证，最后提出应对路径与措施。报告的核心观点为通过变革当前的发展模式和国际经济秩序，迈向国际合作基础上的可持续发展未来之路。主要内容如下：

（一）共同的关切

第二次世界大战结束后，人类社会从经济与科技力量不断进步中获益，其所处的环境却因此承受着巨大的压力。各式环境压力的不断升级，逐步成为阻碍人类继续生存和进步的桎梏，人类在地球的存续与发展能否持续已经受到之前所形成的生产生活方式和国际经济秩序的威胁。唯有合作应对和处理环境压力，才能获得走向美好未来之路的机会。

1. 受威胁的未来

威胁未来的环境压力由多重因素交织而成：第一，贫穷。世界上的穷人数量不降反升，贫富差距不断拉大。在各国内部，土地和其他财产分配的不平等加剧了贫困，商业开发需求使得穷人们既无法从开发中获益，一旦受灾，更是丧失了从土地资源中获得生存能力的机会。这一情况在贫穷国家更甚，穷国的政府没有能力应付自然灾害给其国民造成的损失，使得整体陷入贫穷和环境恶化相伴相生的恶性循环中。第二，经济增长。科技进步促进了生产力的快速提升，相应地许多产品和技术具有较高的原料和能源消耗率，造成了大量污染；传统的生产方式同样对环境产生压力。第三，生存需求。随着人口和生产水平的上升，人类对自然资源需求的规模及复杂性已经大大增加，或者说，人类需要自然资源满足自身存续与发展的水平已然大大提升。第四，经济危机。环境恶化能够阻碍或者逆转经济的发展，20 世纪 80 年代的环境和发展危机使得两者间的联系更加显现出来。

人类曾经并继续依赖技术革新和联合行动取得经济与社会发展的巨大进步，但不能继续单纯沿用此种方法来遏制环境的恶化。由于各式环境压力是相互连接的，环境压力和经济发展方式也是相互连接的，而环境与经济问题还同许多社会和政治因素联系着，并且这些系统特性不仅存在于国家内部，还跨越国界将国家间交织在一起。环境与发展紧密相连，人们无法把环境与其他问题割裂开来，作为一个单纯的问题或是一国内部的问题去解决，而是需要把环境考虑纳入到发展计划与实施中，形成新的发展理念和方法——可持续发展。

2. 走向可持续发展

可持续发展是既满足当代人的需要，又不对后代人满足其需要的能力构成危害的发展。它包括两个层次的内涵：第一个层次是“需要”的内涵，人类需求和欲望的满足是发展的主要目标，可持续发展要求满足全体人民的基本需要和给全体人民机会以满足他们要求较好生活的愿望，即通过发展来满足人们的基本需求和提高生活质量的正当愿望。但在其发展过程中会对环境产生干扰，且现在的干扰在规模和影响两方面都更加强烈，并从局部和全球两方面严重地威胁生命支持系统。故而需要对发展做出一定的限制，这便是可持续发展第二个层次的内涵——“限制”的内涵，指技术状况和社会组织对环境满足眼前和将来需要的能力施加的限制。限制的程度应当以不影响和妨碍将来人类的选择为依据。

可持续发展对世界各国具有同等意义，尽管发达国家或发展中国家、市场经济国家或计划经济国家，其基础和手段并不相同，但经济和社会发展的目标必须都根据可持续性的原则加以确定。对于所有国家和全球人类而言，可持续发展是共同的目标，实现的过程应当体现公平性。如果在可持续发展过程中无法促进共同利益，往往是在国家内部和国家之间相对忽视经济和社会正义的产物。

鉴于可持续发展需求的紧迫性，世界必须尽快拟定战略，使各国从目前的经常是破坏性的增长和发展的过程，转而走向可持续发展的道路。根据可持续发展的概念而制定的环境与发展政策主要目标包括：恢复增长；改变增长的质量；满足就业、粮食、能源、水和卫生等人类基本需要；确保稳定的人口水平；保护和加强资源基础；革新技术和控制危险；在决策中纳入环境和经济因素。这些目标的实现并非有统一标准和路径，各国可根据它们自己的发展，根据它们对其他国家的发展产生影响的可能性，调整和确定其发展政策。同时，为确保可持续发展，需要增加国际合作。人类需求的一致性，要求有一个有效的多边系统，这一系统要尊重协商一致的民主原则，毕竟全人类共享着同一和唯一的地球。

3. 国际经济的作用

各国之间的经济和生态联系已得到迅速发展，这一发展进一步扩大了国家的经济发展和国力方面不断增长的不均衡的影响。在不平等的国际经济关系背景下，发展中国家面临着经济和环境双重困境，需要数量和质量皆得到改善的外部资本流入，更需要本国政府对走出困境的努力。

然而面临贫穷和人口增长的第三世界国家，难以施行有利于环境保护的政策，尤其当国际经济形势恶化时，其环境保护更加困难。这一局面在 20 世纪 80 年代凸显出来，与之前 20 世纪 60~70 年代充斥着威胁生态环境的高速经济增长情况所不同的是，80 年代世界各国面临着经济衰退、紧缩和生活水平下降。经济衰退进一步加重了对环境的压力：大批失业人群返回传统农业生计中、政府因经费紧缩削减了环境机构的工作人员和开支、自然资源的保护需求越发受到弱化。大量非洲和拉丁美洲国家面临发展危机——衰败的工业、债台高筑的国际债务使其大量开发天然资源用于满足工业发达债权国的金融需求，而非用于发展本国的经济和提高人民生活水平。

为了扭转这一局面，必须在世界范围实现经济的可持续发展，发达国家必须增加向发展中国家的资金流动；必须将贸易、环境和发展联系起来；必须重视跨国公司的作用并建立符合可持续发展原则的行动准则和国际措施，强化其在全球经济可持续发展中的责任；必须扩大技术基础，推广环境友好的技术并扶持发展中国家建立相应的技术力量。

遗憾的是，目前多边合作和有关开发的对话并不利于建立可持续发展模式的国际经济秩序，提出应当推进国际经济变革，促进多边主义新局面的形成，通过在环境发展问题上的共同利益需求激发出可持续发展目标实现的动力。

（二）共同的挑战

可持续发展目标的实现过程是系统性的，需要从多个角度付诸努力，委员会将其注意力集中于人口、粮食、物种和遗传资源、能源、工业和人类居住等方面，认识到所有方面都是相互联系的，不能互相孤立地予以处理。

1. 人口与人力资源

西方工业革命以后，人口数量进入激增轨道，这样的增长速度已经危及自然资源的承载能力。同时，人口问题还不仅仅是数量问题，即使是人烟稀少的地区也会出现贫穷和资源退化问题。人口增长与发展存在着错综复杂的联系，一方面，经济的发展促使人类出生率和死亡率都降低；另一方面，增长的人口会增加可供经济与社会发展所需的生产剩余，妨碍教育与卫生的改善。虽然通过农业的集约经营和产量的提高、移民以及粮食和燃料的国际贸易，能够使一些工业化国家的高密度人口得以持续，但大多数发展中国家却无力应对高额人口数量带来的一系列问题，其经济发展程度无法跟上人口增长的速度，从而使得发展的机会受到人口高增长率的损害。

综合目前的人口发展趋势，人口呈现出三个特征：第一，数量的增加。人口的变化趋势不能绝对以数量增长去判断，还应当结合地区和年龄结构差异来综合考虑，目前人口数量变化呈现出第三世界人口增长率上升和工业化国家生育率下降的趋势，同时呈现出发展中国家充满了年轻人和工业化国家老年人比重不断攀升的局面。第二，人口流动的变化。从 1950 年以来，城市人口在增长率和绝对量方面都已经超过农村人口，通过移民来应对环境恶化并不是一个好的办法，反而缩短了实现人口与资源之间平衡所需要的时间。第三，全体人民的健康和教育状况改善。尤其是妇女状况的改善，对降低人口增长率产生着深远影响。

减轻人口增长对环境的影响是一项系统工程，委员会结合上述判断对国家提出了变革的方法：第一，管理人口的增长。对于发展中国家而言，其人口战略不仅需要涉及人口变量问题，还需涉及不发达的社会和经济条件，故其人口政策应当结合其他的社会经济目标来制定和实施。第二，管理人口分布和流动。一个国家不同地区的人口分布，受经济活动和地理因素影响。国家应当通过平衡各地区的发展来平衡不同地区的人口数量差和素质差。第三，通过改善居民健康状况、扩大教育和扶持弱小民族将本是环境资源消耗负担的人口转变为富有创造性的人力资源。

2. 粮食保障：维持生产潜力

1950 年至 1985 年间，谷物产量年增长率约 2.7%，超过了人口的增长速度。这种前所未有的粮食产量增长，主要原因在于生产率的极大增长。粮食增长过程中产生了三种生产系统：工业化农业、绿色革命农业和资源贫瘠农业。在 20 世纪 80 年代，这三种粮食生产系统都出现了威胁其发展的危机信号，世界农业产量要保持每年 3% 的增长率远较 50 年代更困难，原因在于，第一，工业化国家对粮食生产施行的经济补助和刺激政策导致了粮食过剩，过剩粮食的出口压制了农业型发展中国家的粮食销售价格，从而抑制了发展中国家的粮食生产动力。第二，农业生产能力的提升淘汰了自给自足的小生产者。第三，目光短浅的政策导致了全世界农业资源基础条件的退化，土壤营养流失、化学品的破坏和日益扩大的沙漠等诸多环境恶化状况毁坏了粮食生产率。

粮食生产率增长速度下滑的同时却面临着人口增长和消费形式变化所带来的需求增加，人类未来的发展面临着粮食危机的挑战。因此必须实施粮食保障的策略：各国政府积极实施符合可持续发展目标的粮食生产干预政策，通过对土地使用和粮食生产销售环节中的激励政策促进粮食生产积极性；同时还应意识到贸易保护主义壁垒对各方带来的伤害，变革全球粮食生产和贸易结构；另外还应对农业生产所以来的生态系统及其要素进行保护，管理土地资源和水资源，寻求化学品的有机替代物，养护森林系统，发展水产养殖；需要关注发展中国家的农业生产，扶持其加强农业技术和人力资源；最后通过多项协调举措促使各个国家的人们都能平等获得粮食生产和消费的发展机会。保障粮食供给具有重要意义，这一过程需要对自然资源的再生能力给予系统性的注意和支持，以适应未来的挑战。

3. 物种和生态系统

物种和生态系统对于人类福利意义非凡，但这些重要资源很少以合理的方式被加以利用，诸多物种和关键生态系统正在以前所未有的速度在地球上消失。同时，许多物种正迅速减少他们的遗传多样性，减少其适应气候变化以及其他环境灾难的能力。激增的人口及其生产生活需求是导致物种和生态系统丧失功能的主要威胁，而发展中国家的贫穷和发展模式、资源产品的国际贸易秩序正加剧这一过程。

为了尽快扭转这一局面，政府应考虑建立“开发性公园”，即同时保护野生动物物种的生境和开发过程。各国政府应基于自身国情对如何保护与管理生态系统和物种作出规划，例如，在土地利用规划中考虑物种保护的需要和机会。对物种和其遗传资源的保护还需要“国际力量”，应当把濒危物种和濒危生态系统问题作为一个主要资源问题，确定共同保护的原则和立场，各个国家和国际组织共同提供人力、资金、技术等保障，同时应兼顾到发展中国家公平地分享商业化基因使用的经济利益。

4. 能源：环境与发展的抉择

能源是日常生活所必不可少的，随着对能源需求的节节攀升，当前使用的能源类型和变化已经决定了下个世纪所使用能源的类型。20 世纪 80 年代时的一次能源主要是不可再生能源，每一种能源都有其经济，人体健康，环境的成本、效益和风险因素，这些因素同各国政府和全球的重点问题强烈地互相作用。石油、天然气和煤炭等石化能源无法持续性地供应人类需求，且石化能源的燃烧会导致空气污染和气候变化，从而进一步影响到生态系统其他要素的稳定性。核能的使用能够降低石化能源导致的空气污染和气候变化方面的担忧，但隐含着巨大的潜在风险：核武器扩散、核事故发生、放射性核废料的处理等问题。尤其切尔诺贝利事件的爆发证明了核能风险的不可逆性，各国对核能所持态度亦各有不同。而作为最传统的薪材能源，正处于消失的过程中。薪材是发展中国家大多数人的能源利用方式，而其是木材主要利用方式的这种情况，让木材能源的使用走向末落。

传统的能源类型和适用模式亟须变革，委员会提出了几个方面的建议：第一，开发水力、太阳能、风能等可再生能源。可再生能源虽减少了空气污染、气候变化等环境影响，却并非对环境没有负面影响，委员会建议应在竭尽全力开发可再生能源的同时，关注和避免其风险与危害。第二，促进能源效率的不断提升。通过技术和资金的投入使得各种能源在单位时间能产生的能效最大化。第三，施行节能措施。各国政府可通过为消费者制定目标明确的能源价格政策来鼓励其采用符合节能措施的价格。

由上可知，能源不是一种单一产品，而是若干产品与服务的混合，个人福利、国家可持续发展以及全球生态系统的生命支撑能力，都取决于这个混合物。能源如此重要，必须构建一条安全的、环境上合理、经济上可行的，并能维持人类可持续发展的能源道路，这一道路同样需要变革的政治决心和组织上的国际合作。

5. 发展高产低耗工业

工业是现代化社会经济的核心，也是社会发展不可缺少的动力。20 世纪 50~70 年代间，制造业增长率达到顶峰，进入 20 世纪 80 年代，制造业的重要性较其他行业呈下降态势。这可能反映了工业与科学技术各个领域之间的相互作用正在增加。工业生产产品直至消费这一过程中，对文明社会的资源库产生了积极或消极的影响，消极影响从世界局部扩散到整体，从单个自然要素影响到生态系统。这些影响激发了公众对环境保护和经济发展问题的关心与争论，促使各国采取和加强各项环境措施以降低和减轻工业对环境的不良影响。

如果工业发展要长期持续，必须从根本上改变发展的质量，尤其是工业化国家。第三世界国家的工业发展能够推动其经济增长，为了避免这些国家付出沉重的环境代价，需要借鉴工业化国家已经取得的资源和环境管理经验。工业与能源发展相互影响和制约，为了在全球范围维持生产势头，迫切需要施行一些新的政策，将资源利用率的问题纳入经济、贸易和其他有关政策领域中去，并使环境法规和标准得到严格遵守。每一次技术革新都伴随着工业革命，技术将继续改变国家和世界的社会、文化和经济结构，新的技术能为生产率的提高、生活水平的改善提供大量机会。可是，新技术并不总是完美的，也不是对环境只有积极意义。

建立可持续发展的工业需要建立环境目标、法规、鼓励政策和标准；提升经济手段使用的有效性；扩大环境评价的范围；激励工业界积极采取行动；增强处理工业危害的能力；加强国际合作，共同推动发展中国家工业的可持续发展。

6. 城市的挑战

城市逐步成为大多数世界人口的居住区域。第二次世界大战结束后至 20 世纪 80 年代期间，城市居住人口几乎增加了两倍。快速的城市化进程给环境带来严峻挑战。发展中国家对城市管理能力的缺乏导致城市无序膨胀，发达国家虽然同样面临着严重的城市问题，但因其具备雄厚的资金和管理能力，相较于发展中国家能够较好应对这些问题。

如何让发展中国家管理好其城市发展需要多重力量的介入，中央政府应当制定明确的城市战略，合理布局大城市、小城市和乡村，并使其互为补益；地方政府是实现中央政府城市战略的主要承担者，应当强化其组织机构和法律结构并确保其具有充足的资金才能实现中央政府的城市战略目标；城市中的“非正式力量”需要积极介入进来，在政府及其所设相关组织的引导下为城市可持续发展作出贡献。城市中生活的穷人的生活需要政府提供直接的帮助，尤其是住房问题，政府可以通过授予合法土地使用权，建造或改善住房、住房所需基础设施和其他资源，设立专门部门进行规划和指导来应对和处理问题，城市的存续依赖外部粮食、水、能源等自然资源的提供，城市应当通过循环经济等措施提高其资源使用效率。

未来占主导地位的是城市，城市环境问题是大多数人直接关注的环境问题。城市环境的改善主要取决于国民经济的健康程度。发展中国家在国民经济的先天不足的前提下需要国际力量的帮助，既包括发达国家对其提供技术、资金等方面的援助与培训，发展中国家间也应积极建立合作，进行经验分享和共同发展。

（三）共同的努力

可持续发展目标的实现是一项系统工程，需要全世界所有国家的共同参与，将环境与发展协调规划与推进。

1. 管理公共资源

生态系统与经济利益相互依存的现实对国家主权的传统行使方法提出日益严峻的挑战，这种相互依存关系在共同的生态系统和不属于任何国家管辖的全球性公共区域内表现得最为突出。只有为了共同的利益，对公共资源的调查、开发和管理进行国际合作，可持续发展才能实现。这些公共区域主要指海洋、外层空间和南极洲。

海洋为地球的生命演变过程提供了平衡，也为人类提供蛋白质、运输、能源等经济、社会和文化所需条件。地球上所有的海洋是一个基本的统一体，但受制于国家主权的划分现实，只有各国主权管辖范围以外的公海，才是真正的公共财产。目前海洋生态系统正面临严重的威胁，海洋所承受的环境压力不断增加。委员会认为，海洋管理状况直接关系到地球可持续发展能否实现。因此，其提出三项必须采取的措施：建立有效的全球海洋管理体制、针对不同区域海成立区域管理组织、各国采取以国际合作为基础的有效国家行动。具体而言，应当落实：加强国家（特别是发展中国家）的行动能力，改善渔业管理；加强区域海合作；加强有害废物和核废物向海洋倾倒的管理，实施海洋法。

外层空间作为一种资源，其前景与其说是取决于技术的高低，不如说是取决于为创立管理这种资源的健全的国际制度而进行的斗争成败，它在最大程度上取决于人类防止空间军备竞赛能力的大小。空间资源利用状况需要遥感技术的支持，科学家建议建立新的地球—空间监测系统，以便系统监测地球—空间的相互作用并编写报告和提出建议。从经济角度而言，地球轨道空间中最具价值部分是地球同步轨道，但各个国家在轨道中发射的卫星产生了大量的轨道垃圾和一些放射性材料，导致了轨道空间的污染，严重威胁了人类轨道空间活动的安全。因此应对轨道空间继续建立国际性的管理制度，从源头限制空间活动对空间环境造成的负面影响。

南极洲各国在 20 世纪下半叶建立了合作保护条约体系，这一体系在一定程度上保护了南极大陆的生态环境，但要想保持其环境状况，必须适应新形势和出现的新问题进行不断的调整和革新。在现有南极条约体系框架下更好的保护环境，应当充分探知矿产开发的影响、建立更有效的交流方式、促进南极条约系统的发展。虽然在南极问题上要取得各国支持的意见一致十分艰难，但只有这样才能避免南极遭受悲剧性掠夺。

2. 和平、安全、发展和环境

人类社会发展至今，和平和安全问题已经与发展和环境问题深深交织在一起，互为因果。

环境压力是冲突的根源之一，虽然环境压力很少是导致国家内部和国家之间重大冲突的唯一根源，当政治手段不能控制环境压力产生的影响时，这种情况就会出现。影响安全的环境威胁已开始在全球范围内出现，尤其是二氧化碳和其他气体的排放导致的全球变暖，可能导致不均衡的环境灾难发生，减缓或者适应全球变暖已经成为减少冲突危险的一项基本任务。

军事竞赛和武装冲突是可持续发展的主要障碍，核战争的破坏力之大使其直接威胁到人类文明的存续，其他形式的战争和其他大规模毁灭性武器也会给人类社会和环境造成巨大影响。即使不发生战争，没有武器对环境的损害，剑拔弩张的军备竞赛同样孕育着不安全和环境威胁，各国需要集中他们的资金与环境退化和大规模的贫穷作斗争。而环境的恶化和对资源争夺的潜在可能性进一步刺激了国家间进行军备竞赛和发展军事建设的意向与行动。

为了协调安全与可持续发展，需要抛弃过去对主权的狭隘理解。经济、环境和安全领域的相互依赖性，从根本上改变了主权的内涵。全球的公共资源需要共同管理，整个生态系统受到的威胁需要共同应对。建立多边合作机制是共同应对环境压力的关键方法，专业性的国际组织能对环境的危险和冲突作出预先警告，能够帮助国家间建立环境合作与协调机制。各国应当放弃军备竞赛的破坏性逻辑，而是着眼于他们共同的未来。他们必须面对可持续发展目标实现中的共同挑战，并且共同消除导致冲突不断增长的环境因素。

3. 走向共同行动：变革机构和立法

为了实现向可持续发展的转变，委员会在前文表述中提出了一些机构和立法变革方面的重要建议，归纳为六个优先领域。

第一，以可持续发展为变革根本，其中涉及关键主体为：国家内部的政策和机构安排、区域性和地区性合作机构的运作、全球性机构和项目的开展。

第二，应当通过设立专门机构来加强环境保护和资源管理能力。包括国内的环境保护和自然资源管理机构、区域性环境保护和自然资源管理机构、全球性环境保护和自然资源管理机构（如联合国环境规划署）。

第三，应当充分收集和分析环境信息，对环境风险作出充分评估，以便提前规划和应对。这一领域任务的完成需要多方参与，各国政府负有单独或联合收集信息的责任、具有收集与分析能力的政府间国际组织应当负责起全球信息的掌握和整理，并作出相应的预警与规划。

第四，决策的作出需建立在充分的科学论证和民主参与基础之上，应增强科学界和非政府组织在其中的职能，加大与工业界合作的力度。

第五，各个国家内部和国际社会的法律规范必须重新制定，以便使人类活动与自然界普遍规律相协调。国内逐步形成以可持续发展为原则和理念的法律体系，促进环境保护和可持续发展的普遍宣言和公约，加强和扩展现有国际公约与协议的使用力度和普及范围，建立专业机构和国际组织以降低和解决环境纠纷。

第六，加大可持续发展的资金支持，调整国家预算和投资方向，建立和保讲国际援助机构，调整多边金融机构的资金流动方向，调整双边援助机构的工作方向，拓展资金信赖源和募资渠道。

五、思考题

1. 可持续发展的内涵是什么？

2. 在通往未来可持续发展目标的过程中，发达国家和发展中国家各应承担什么样的责任？

3. 在当代世界背景下，和平、安全、发展与环境的关系是什么？

（撰稿人：邱寅莹）

第三篇 生态法学篇

第十四章

《基于生态文明的法理学》——蔡守秋

【本章提要】

本著作对生态文明的法理学或法哲学的逻辑起点进行了研究，围绕着法律应否以及如何调整人与自然关系这一主题，阐述了法学研究从“主、客二分”到“主、客一体”的范式转变、法律人模式的重新构建、法律生态化的正当性和“公众共用物法律保护”“环境、资源与生态基础概念”“综合生态系统方法理论”等理论内容，并对休谟问题、斯诺命题与法学之间的关系进行了探究，认为环境资源生态法学在“是”“应当”“事实”与价值判断中得到发展，在科学文化与人文文化中成长壮大。

一、作者简介

蔡守秋，男，汉族，1944年生于湖南省东安县芦洪市镇。1963年8月至1968年11月，在武汉大学学习。从1980年6月至2014年8月起在武汉大学法律系（法学院）、环境法研究所从事环境资源法律和政策的研究和教学工作。现受聘为上海财经大学教授、博士生导师。

蔡守秋在1988年9月至1989年9月，作为高级访问学者去美国俄勒冈大学法学院学习研究一年。1990年12月，任国家环境保护局武汉大学环境法研究所所长。1992年12月至1993年12月，作为富布莱特学者在美国华盛顿大学法学院学习研究一年。1993年6月任教授，1995年10月任博士生导师。1999年，任中国法学会环境资源法学研究会副会长兼秘书长，同年任教育部批准的首批普通高等学校人文社会科学国家重点研究基地（武汉大学环境法研究所）的基地主任。2000

年被选为中国法学会西部开发法律研究会副会长。国家环保总局于2000年12月授予他“环境保护杰出贡献者”荣誉称号。2003年8月，被国家环境保护总局批准为我国的环境影响评价专家。2004年8月任中国法学会环境资源法学研究会会长。2006年被聘为中国法律咨询中心专家委员会委员、中国“百名法学家百场报告会”报告专家、“五五”普法国家中高级干部学法讲师团成员。2007年，被选为世界自然保护同盟环境法学院理事会成员（理事），被聘为中华环保联合会环境法律专家委员会委员。2009年，被聘为国家减灾委员会第二届专家委员会专家。在2009年4月召开的首届中国法学名家论坛上，被评选为“当代中国法学名家”。2012年担任中国环境资源法学研究会会长。2013年，当选为中国法学会第七届理事会理事、常务理事，被聘为中国法学会学术委员会委员。2014年被中国法学会聘为中国特色社会主义法治研究中心资深研究员、《中国法学》编委会委员。2015年，被最高人民法院聘请为最高人民法院环境资源审判咨询专家和最高人民法院环境资源司法研究中心研究员。

蔡守秋从20世纪70年代从事环境保护工作，从1980年以来一直从事环境资源法律和政策、国际资源法律和政策、可持续发展法律和政策的研究与教学工作。曾参加《环境保护法》《大气污染防治法》等10多项环境资源法律、法规和立法起草研究工作。曾主持和承担国家社会科学基金“六五”“八五”“九五”规划法学重点项目、2013年度国家社科基金重大项目、世界银行和亚洲银行科研项目等40余项科研课题。已出版专著和教材30多部，发表论文300多篇。其代表著作和教材有《中国环境政策概论》（1988年）、《国土法的理论与实践》（1991年）、《环境行政执法和环境行政诉讼》（1992年）、《环境外交概论》（1992年）、《环境法教程》（1995年）、《环境政策法律问题研究》（1999年）、《当代海洋环境资源法》（2001年）、《欧盟环境政策法律研究》（2002年）、《可持续发展与环境资源法制建设》（2003年）、《国际环境法学》（2004年）、《调整论——对主流法理学的反思与补充》（2003年）、《生态安全、环境与贸易法律问题研究》（2005年）、《河流伦理与河流立法》（2007年）、《环境政策学》（2009年）、《环境法案例教程》（2009年）、《人与自然关系中的伦理与法（上下卷）》（2010年）、《环境资源法教程》（2010年）、《环境与资源保护法学》（2011年）、《基于生态文明的法理学》（2014年）。

二、作品版本

《基于生态文明的法理学》一书于2014年由中国法制出版社出版发行，目前尚属首版印刷。全书共分为10章，681页，75万余字。该著作系国家“2011计划”司法文明协同中心的研究成果，以及2010年度国家社会科学基金重点项目《加快推进生态文明建设的法律问题研究》的部分研究成果。该著作旁征博引了许多古今中外法学和哲学流派的认识论、方法论的经典论述，并且隐含了许多法学研究的课题和理论思考方向，取得了生态文明法理问题研究上的又一次创新和突破。该著作不仅重点分析了法律人模式构建、法律生态化的正当性等前沿问题，而且也阐述了环境、资源与生态基础概念等基础理论，在特点上表现为探讨问题前沿、参考资料翔实、法哲学味道十足等，是环境学界近年来出版的一部理论水平极高的学术著作。该著作是作者先前撰写的《调整论——对主流法理学的反思与补充》和《人与自然关系中的伦理与法（上下卷）》两部作品的理论创新成果。

三、写作背景

《基于生态文明的法理学》一书的撰写，体现出蔡守秋教授在环境资源法基础理论研究的前瞻性和开拓性。作为时任中国环境资源法学研究会会长、当代中国法学名家以及中国环境资源法学界的资深名家，蔡守秋教授在环境资源法学研究的前瞻性和开拓性，是与中国特色社会主义法治建设的历史背景分不开的，是在关注中国特色社会主义法治建设的过程中形成的。因此，《基于生态文明的法理学》一书的完成，既有蔡守秋教授自身的学术思想背景，又有中国法治建设的社会现实背景。

从学术思想背景看，蔡守秋教授躬耕环境资源基础理论三十多年，一直以来都在关注人与自然关系，于 2003 年发表了关注人与自然关系的 80 万字巨著《调整论——对主流法理学的反思与补充》。该著作将引起生态破坏、环境污染和资源危机等问题的深层次原因归结为人与自然关系的失调，认为人与自然关系应当成为环境资源法学研究的核心内容，是法学研究中的“哥德巴赫猜想”。该著作发表以后，引起了学术界的广泛争论，其中陈泉生教授认为，运用“调整论”来探究环境法的调整对象，是一场法学研究范式的革命。可见，蔡守秋教授在《调整论——对主流法理学的反思与补充》中的学术观点，具有开拓性和创新性。2010 年，在“调整论”研究的基础上，蔡守秋教授在人与自然关系的问题上，又出版了 100 多万字巨著《人与自然关系中的伦理与法（上下卷）》，从而进一步推进了法律如何调整人与自然关系问题的研究。在该著作中，蔡守秋教授阐释了“主、客一体化”范式、生态人模式、综合生态系统管理等内涵，从而为《基于生态文明的法理学》一书奠定了基础。《基于生态文明的法理学》前几章的内容，都是在《人与自然关系中的伦理与法（上下卷）》的基础上，对“主、客一体化”范式、生态人模式、综合生态系统管理等问题进一步深入研究的成果。因此，在研究旨趣上，《基于生态文明的法理学》继承了蔡守秋教授研究法律如何调整人与自然关系的前两部著作的成果。

从社会背景来看，蔡守秋教授《基于生态文明的法理学》所阐述的生态法治思想与党在生态文明建设上的理念和理论高度契合。从 2007 年以来，党的十七大、十八大、十九大报告逐步夯实生态文明建设的理论体系。蔡守秋教授的这部《基于生态文明的法理学》巨著，出版于 2014 年 1 月，即出版于党的十八大之后十九大之前。因此，作为一部基于生态文明视角的法学著作，《基于生态文明的法理学》紧密结合了时代背景，牢牢把握了中国特色社会主义法治建设对生态文明建设的时代要求，这表现在内容的构建上，其不仅包括了蔡先生已经探究的生态法治内容，例如，生态人主体论、综合生态系统管理等生态文明相关理论，而且还进一步探讨了我国法律体系生态化的正当性问题。

总之，《基于生态文明的法理学》不仅是蔡先生在法律如何调整人与自然关系问题上的新的理论成果，而且是其基于当下中国生态文明建设背景探索出的环境与资源保护法学理论成果，其中提出的法律体系生态化等内容，具有极强的时代意义和学术价值。

四、主要内容

《基于生态文明的法理学》共有10章。从内容上而言，该著作主要阐述了五个方面的法理学问题，即法学研究的范式转变、法律人模式的新建构、法律生态化的正当性、两大问题（休谟问题、斯诺问题）与法学四个前沿性问题，以及包含“公众共用物法律保护”“环境、资源与生态基础概念”和“综合生态系统方法理论”的基础理论。鉴于正如有学者指出的那样，该著作缺乏一条非常明晰的逻辑主线，不像其他法理学专著一样从价值取向到认识论、方法论，从基本范畴到基本概念、基本原则环环相扣、层层推进，因此对该著作的内容将根据目录顺序依次介绍。

该著作第一章阐述了法学研究的范式转变。主要阐述了“主、客二分”“主、客一体”两种范式的概况和特点，并对它们进行了比较。“主、客二分”的范式混淆了人与物、主体与客体这两组不同性质的概念，以唯心主义为哲学基础，表现为二元对立的世界观以及机械的唯物论，诉求人类中心主义的价值观。“主、客一体”范式则区别了人与物、主体与客体这两组不同性质的概念，以唯物主义为哲学基础，表现为多元综合的世界观、辩证唯物论和历史唯物论，诉求人类生态系统整体主义的价值观。在对两种范式比较分析的基础上，作者对“主、客二分”到“主、客一体”的范式转变意义和作用进行了剖析，认为这种范式的转变可以克服“主、客二分”范式的弊端，发扬“主、客一体”范式的优势，有利于发展环境资源保护事业、建设生态文明，是告别旧时代和信任、投入新时代的需要，必将推动法学学科的健康发展，深化法学的研究和创新。

第二章对“主体人”法律人模式进行了批判，指出主体人是具有特定含义的，是一种典型的法律中的人，在法律中或者法学中只能是主体，而不可能是客体。主体人又被称为主体人法律模式或主体人法律人假设。在这种模式看来，无论是经济人、社会人还是道德人，在法学中都是主体人。作者认为，这种将人等于主体的模式是近现代伦理学和法学的一个现实存在，并没有学者明确提出这种模式或假设，但有学者在反对法律调整人与自然关系时使用的最主要的也是最终的理由或辩论武器就是“只有人是主体”或“主体就是人”，因此为了简便明了，作者将这种主张概括为“主体人”法律模式或“主体人”法律人假设，并且认识这种模式或假设就是“主、客二分”这种先验观的逻辑结论和产物。

该著作指出，之所以要对主体人进行批判分析，是因为主体人不符合人类过去、现在和未来的发展，不符合主体和客体关系的逻辑。因此，对主体人的批判分析，是批判绝对的、神化的、不受任何约束和作用的人，而不是否定人与动物的区别、人的主体地位和主动性，目的在于恢复被主体人搞混了的人的本来面貌，将人从“比上帝还要上帝”的至高点拉回到现实生活当中。因为这种主体人模式通过将人等于主体而使主体失去了本来的含义和面貌，使主体成为无法逻辑定义、准确定义的多余概念，并使主体概念失去了存在的意义。如此，主体已经被虚化，成为了“黑洞”。人已经被神化，变成了不受任何约束的、万能的“超上帝”的存在。因此，著作进一步认为，主体人模式将人神化以后，人与自然的关系不再处于平等状态，人已经完全凌驾于自然之上。人的主体性变得绝对化，物质世界的发展也变得由人的主观意识而决定。显然，主体人模式既不符合历史，也不符合现实；既不符合常识，也不符合法学理论，而且还妨碍了今后人与自然之间的和谐相处和发展。

在分析了主体人模式之后，第三章对“生态人”法律人模式的建构进行了探讨。该著作指出，法学家在不同的情况下使用不同的“法律人”的概念，一是指自然人和法人的法律上的人；二是指法学上的“经济人”“政治人”等概念；三是指律师、法官以及法学研究者等法律工作者，而本文中的法律人，是指法学上的“经济人”“政治人”“生态人”等概念。环境生态法学所关注的法律人就是“生态人”的概念。

为了探讨“生态人”法律人的构建，著作首先对“经济人”“社会人”“主体人”等法律人模式的发展概况进行了梳理，指出“经济人”模式又称为“经济人”假设。这种假设是西方经济学研究的主流模式，主要包含三个基本的命题：第一个命题是“自利”，强调追求自身利益是驱策人经济行为的根本动机；第二个命题是“理性行为”，认为经济人是理性的，能够根据市场情况、自身处境和自身利益作出判断，使自己的经济行为在适应经验的过程中实现自身利益的最大化；第三个命题是经济人假设的核心命题，认为只要有良好的法律和制度的保障，经济人在实现自我利益的最大化时将无意识地增加社会的公共利益。在此基础上，作者认为，“经济人”概念的提出在历史上具有重要的进步意义和积极作用，其贡献在于除了将人的自然性发展到极致外，还加上了人的理性，即经济人是在法律规则的前提下追求自身利益的最大化的人。同时该章认为，“经济人”的假设对法学的发展起了重要作用，如哈耶克认为，西方学者将经济学引入法学形成经济分析法学就是以“经济人”的假设为前提。作者甚至还进一步指出，近代法治得以产生的本源性理论也是来自经济人假设。因为财产法和商法的高度繁荣是在“从身份到契约”中形成的，这种繁荣使民法主体的人不再具有任何道德意义，完全为财产权利而存在，人对特定物或者利益具有支配权和排他权。私权至上的原则得到确立，绝对所有权制度也得到拟制。这就在事实上认同了经济人对自身利益追求的法律正当性。因此，经济分析法学代表人物、美国法学家波斯纳从“经济人”的假设前提，运用经济学的规则和原则，对法律现象进行了规范和实证的经济分析。不过，作者也指出，“经济人”假设从形成开始，就受到其他假设的反驳和批判，其中马克思主义对其进行了最有力和最科学的批判。我国学者也对其进行了批判，认为“经济人”假设基本忽视了具有公共利益性质的环境生态利益。

“社会人”模式又称“社会人”假设。这种假设是由人际关系学说倡导者梅奥等人根据霍桑实验的材料提出的人性假设。“社会人”又称“社交人”，是指负有社会责任的人。作者认为，社会人抛弃传统人的纯粹利己的本性，具有“利他”的属性，其假设的前提是人性善，而不像经济人的假设为人性恶。但是，作者也认为，社会人存在过分社会化和轻视生态化的倾向，从而限制了社会人假设在处理环境资源生态问题和建设环境友好型社会、资源节约型社会、绿色经济型社会、和谐社会和生态文明社会“五型社会”中的作用。在法学领域里，社会法学派非常关注社会人的研究和社会思想的研究。

基于对“经济人”“社会人”的分析以及第二章对“主体人”模式的分析，作者提出了“生态人”的假设和“生态人”模式构建的方法，认为生态人就是生活在人类生态系统中的人、是日常人、是追求人与人和谐相处和人与自然和谐相处的人。这种“生态人”模式将可以为建设“五型社会”的法律夯实法理基础，并与生态伦理接轨，从而增强环境资源生态法的正当性和有效性，促进法学和法律的进步和变革。

第四章阐述的是公众共用物的法律保护。该部分内容具有很强的问题意识，指出社会主义中国坚持公有制、全民所有财产，为什么却出现公众共用物、共用资源和共用环境减少的悲剧？基于这一问题，著作探讨了公众共用物存在的必要性和意义，在界定了公众共用物的概念之后，提出了没有公众共用物就没有人们的基本利益和行动自由，并以“孙志刚”案件、“太阳能”风波来说明目前存在的有关公众共用物的错误认识和倾向。著作探讨了保护公众共用物的理论和途径，认为防止“公地悲剧”是保护公众共用物的主要内容，并在分析学界对“公地悲剧”的理论认识基础上，指出人类可以确立劳动产品、劳动“添附”为私有财产和公务财产，但人类赖以存在的天然“公地”或“共用物”却只能有限地、有节制地转变为私有财产和公务财产，而不能通过拍卖、划拨国家所有等方式，任意将公众共用物转变为私有财产和公务财产。为了保护公众共用物，著作探讨了保护公众共用物的法律，对公众共用物的法律含义和法律地位进行了界定，认为每个人都有公众共用物使用权，这种权利是一种自然权利、与生俱来的权利、基本人权，是一种重在使用、共用、非排他性使用而不在于所有、排他性占有和使用的权利，因此它不同于全民所有财产权、国家对公众共用物的主权和政府对公众共用物的行政管理权。基于此，笔者提出要建立健全非排他性使用公众共用物等六个方面的公众共用物法律规范和调整机制。

本书的第五章对环境资源法学的环境、自然资源、生态和生态系统等几个基础概念进行了界定。环境的概念界定是制定环境资源法律，特别是环境保护法律无法回避的问题。环境的概念体现了科学性和现实性统一，明确了环境的内涵和范围，直接反映了人与自然的关系，以及环境资源法和环境资源法学特定的目的、理念和价值观。并且作者指出，“环境”是一个不同于物权法中作为排他性的客体的“物”的新概念；在我国现行的法律体系来看，自然资源主要包括土地、大气、陆地水、海洋、矿产、森林、草原、生物、湿地、天然能源资源、旅游资源等，它与自然环境可以逐渐实现相互融合，是一个不同于物权法中作为排他性物权的客体的“物”的新概念，总体上或整体上表现为一种公众共用物，能够反映环境资源法律和环境资源法学特定的目的、理念和价值观，将合理开发利用自然资源、节约资源能源，实现自然资源的可持续利用、对环境无害利用作为自己的目的和任务；生态或生态系统不仅是生态学的核心概念，也是当代环境资源法和生态法的基本概念，环境资源法中的生态主要是指生态系统，尤其是自然生态系统，生态和生态系统的组合就是“生物多样性”，生物多样性包括生态系统的多样性。因此，“生态系统”也是一个不同于物权法中作为排他性物权的客体的“物”的新概念，具有“活物”的性质和特点，具有生态功能，作为具有公共物品性质的“生态产品”而存在，它反映了尊重生命、重视生态系统内在价值和自然体权利等理念和人与自然和谐的生态文明观，从而将维护生态安全、防止生态系统破坏、实现生态系统良性循环，作为其目的和任务。

在对生态系统等基础概念界定之后，本书的第六章随后探究了综合生态系统方法理论，指出综合生态系统方法理论是有关生态系统方法和综合生态系统管理的原理、原则、观念和方法的总称，其中生态系统方法和综合生态系统管理是其核心概念。本书采用了前联合国秘书长安南有关生态系统方法的报告介绍，指出生态系统方法的主要内容包括生态系统方法的目标、特点、要素和采用生态系统方法的步骤等，并根据《生物多样性公约》缔约方大会第五次会议通过的第 V/6 号决定《生态系统方法》，指出综合生态系统管理的内容主要指综合生态系统管理的各种原则、准则和指南。在此基础上，概括出了综合生态系统管理的综合性、可持续性、科学性、和谐性和灵活性等特征，认为综合生态系统方法理论使生态系统管理有了坚实而富有科学性的理论基础，从而有利于生态环境的保护、自然资源的可持续利用和有效地防治环境资源问题，促进和加强环境资源管理工作和环境资源法制建设，对生态系统管理和法律调控具有重要作用，是对行政调整、市场调整和社会调整机制的综合反映，是实施、履行《生物多样性》、协调各相关国际环境资源公约的一种科学方法，具有重要的国际意义。本书还介绍了《生物多样性公约》缔约方大会第五次会议通过的第 V/6 号决定《生态系统方法》规定的综合生态系统管理的 12 项原则，探讨了这些原则带给我国环境资源生态法制建设的借鉴、指导意义，以及实施 12 项原则应该注意的问题，并基于综合生态系统方法理论是指导环境资源生态法制建设的理论这一认识基础，分析了美国、中国等综合生态系统管理法的发展概况，同时从生态学和生态系统的概念、生态学的规律和原则、人类生态学等三个方面阐述了综合生态系统管理的理论基础。

基于对综合生态系统方法理论是指导环境资源生态法制建设的理论的认识，著作的第七章紧扣环境资源生态法制建设的主题，探讨我国法律体系生态化的正当性。法律体系生态化是指用生态文明的理念和生态学的原理方法指导我国法律体系的发展与健全，将生态文明观和生态文明建设贯穿到我国相关法律制定、修改和健全的全过程。著作指出，生态文明对法治建设具有全面的、长期的、改革性、渐进性的影响，尤其是对环境资源法治建设具有根本性的影响。因此，无论是从“全面落实”和“全面推进生态文明”战略部署，还是从“五大建设”的内部关系和所处理的关系看，抑或从“五大建设”的历史发展和现状看，法律体系生态化的建设都非常具有必要性，而且从我国法律体系的现状来看，法律体系生态化的建设具有迫切性，从环境资源生态法的特点和作用来看，其又具有合理性。概言之，该章从必要性、迫切性和合理性三个层面阐述了我国法律体系生态化的正当性。

相对于本书的其他章节，第八、九、十章在内容上表现出“格格不入”，但也正因为这三部分的内容，使该书体现出更为明显的法理学品质。第八章指出，20 世纪 90 年代末兴起了“人与自然和谐相处”观的理论，这是对我国生态文明建设具有重要意义的大事。但是，这种新的生态伦理道德观受到传统伦理道德理论的强烈批判，反对者的一个主要理论依据是“休谟法则”。因此该章介绍了“休谟问题”和“休谟法则”，从法哲学的视角对具体的“休谟问题”和“休谟法则”进行了解读，旨在为第十章关于“休谟问题”与法学的探讨提供基础；第九章认为，“斯诺问题”和“斯诺鸿沟”是与“休谟问题”“休谟法则”紧密相关的问题。“斯诺鸿沟”是由于科学文化和人文文化的对峙产生的。“斯诺鸿沟”和“斯诺困境”反映了自然技术科学和人文社会科学的严重对立、割裂和冲突。然而作者认为，通过人文社会科学与自然技术科学的合作，逐步弥合两种文化之间的鸿沟是完全可能的；基于第八章和第九章对“休谟问题”和“斯诺命题”的认识，第十章阐述了“休谟问题”和“斯诺命题”对法学的影响，认为“休谟法则”和“斯诺鸿沟”对法学的影响突出地表现在它们对法学理论流派的形成和演变发展的影响上，近现代的法学理论和法学流派与包括“休谟问题”“休谟法则”“斯诺命题”和“斯诺鸿沟”等内容的西方哲学具有千丝万缕的关系。进而言之，在法学研究中忽视事实与价值、“是”与“应当”、人文文化与科学文化之间的差别是行不通的，同时坚持认为事实与价值之间、人文文化与科学文化之间存在着不可逾越的鸿沟，也是不可取的。法学已经在事实与价值、科学文化和人文文化之间架起了桥梁，特别是环境资源生态法学与“休谟问题”和“斯诺命题”之间的互动，即环境资源生态法学在事实与价值之间架起的桥梁，促进了科学文化与人文文化之间的融合，使环境资源生态法学在“是”与“应当”、事实与价值判断中得到发展，在科学文化与人文文化中成长壮大。该书对于“休谟法则”和“斯诺鸿沟”理论的引介和批判，拓展了环境资源法学的认识论和方法论视野，从而为未来可能发生的学术争鸣创设了较为统一的认识论前提和更为有效的对话平台。

五、思考题

1.“主、客一体”范式是否否定主体和客体之分，以及否定人的主体地位和主动性？动物是否可以成为主体以及动物是否享有权利？

2. 何谓“生态人”法律人模式？作者提出“生态人”法律人模式建构的旨意是什么？

3.“公众共用物悲剧”和“反公地的悲剧”将带来哪些问题？

4. 法理学中的“正当性”内涵是什么？该书从哪些方面阐述我国法律体系生态化的正当性？为什么没有阐述合法性？

5. 作者为什么要引介“休谟问题”“休谟法则”和“斯诺问题”“斯诺鸿沟”理论？“休谟问题”和“斯诺命题”与法学之间的关系是什么？

（撰稿人：宋向杰）

第十五章

《环境法原理》——吕忠梅

【本章提要】

本章学习的内容是吕忠梅教授的《环境法原理》。本书以环境法理论与立法实践为对象，以环境法的法理解释为核心，以环境法的应用性为基点，以法学的权利义务分析方法为主线，对丰富的环境法律现象进行抽象和概括，界定了环境法的基本概念，归纳出环境法四大基本原理：公民环境权是环境法的基石；推进和保障生态文明建设是环境法的价值目标；风险预防原则是环境法的根本原则，沟通与协调是环境法的调整机制。还分析了民法、刑法、行政法、诉讼法中所涉及的环境法内容，归纳出环境管理基本制度、环境保护和改善制度、环境污染控制制度等环境法主要制度体系。同时，从环境法实施的效果检视环境法的理论与立法，提出了环境法理论的应用方法与路径。读者通过阅读本书，能够看到一个思路清晰，层次分明，结构合理的环境法理论体系，能帮助读者更好地把握维系环境法自身以及与相关法律沟通与协调的纽带，找到开启环境法之门的钥匙。

一、作者简介

吕忠梅，女，汉族，1963 年 3 月生，湖北武汉人，北京大学法律系毕业，法学博士，清华大学法学院双聘教授，武汉大学环境法研究所兼职教授，博士生导师，第十、十一、十二届全国人大代表，第十二届全国政协委员，农工党中央常委，全国政协社会和法制委员会驻会副主任，中国环境资源法研究会会长，最高人民法院环境资源司法研究中心副主任、学术委员会主任。曾任湖北省高级人民法院副院长、湖北经济学院院长、湖北省政协副主席。

吕忠梅教授长期从事经济法、环境法的教学与科研工作。主持国家社科基金重大项目《环境友好型社会中的环境侵权救济机制研究》《长江流域立法研究》、国家环境保护公益项目《环境铅镉污染人群健康危害的法律监管研究》等国家级、部省级科研项目 20 余项；出版《环境法新视野》《沟通与协调之途——论公民环境权的民法保护》《环境法原理》等环境法著作 10 余部；发表环境法论文 200 余篇；获得省部级以上科研成果奖励 20 余项。主编教材多部，曾获教育部优秀教材一、二等奖，司法部优秀教材一、二等奖。参与环境保护法、水污染防治法、大气污染防治法、水法修正案及土壤污染防治法等多部法律的起草、调研和论证工作。

1999 年获国务院特殊津贴，2002 年获评中国第三届"杰出青年法学家"，2005 年入选"中国法学名家"，2009 年获评"中国杰出人文社会科学家"的称号，入选 2014 年"中国法治人物",2015 年获评国家"四个一批"领军人物并入选"万人计划"人才，2015 年被评为对中国法学理论有影响的 50 名学者之一。

二、作品版本

吕忠梅教授所著《环境法原理》一书至今已由复旦大学出版社出版发行两版。《环境法原理》（第一版）由复旦大学出版社于 2007 年出版发行。为了应对环境法发展的新形势，作者对该书第一版进行修改和完善，于 2017 年由复旦大学出版社再版发行。本述评主要是在阅读《环境法原理》（第二版）基础之上进行撰写的。

三、写作背景

首先，环境保护从基本国策上升为治国方略。2007 年，党的十七大报告提出将生态文明建设作为全面建设小康社会的新目标之一。2012 年，党的十八大报告明确提出将生态文明建设放在突出地位，融入经济建设、政治建设、文化建设、社会建设各方面和全过程，努力建设美丽中国，实现中华民族永续发展。2017 年，党的十九大报告提出我国社会主要矛盾已经转化为人民日益增长的美好生活需要和不平衡不充分的发展之间的矛盾。从党的十七大到十九大报告中的表述可以看出，国家对于环境保护方面的重视程度在不断提升。

其次，当前环境法律体系难以实现环境公平正义的要求。"推进科学立法、民主立法、依法立法，以良法促进发展、保障善治"是中国特色社会主义法治建设的新要求。可以看出，良法对治国安邦具有基础性的作用，如何让环境法成为良法，以良法来推进善治、推进良政，是值得讨论的。考察一部法律是否为良法，可以从以下 3 个方面判断：第一，法律规则是否遵循规律，这是判断其科学性的重要依据；第二，是否能够与其他法律相互协调，避免对同一问题产生相互冲突的法律规定；第三，法律制定的过程，立法是否民主，是否开门立法，是否做到充分集思广益等。具体到中国的环境法律体系，我们必须系统考察以环境保护法为统领，以污染防治法、自然资源法、生态保护法为主干，以行政法规、部门规章和地方性立法为补充的法律体系。目前国内环境法律体系主要存在以下问题：第一，环境立法与资源立法相分离，难以切实贯彻“人与自然和谐相处”的基本原则；第二，部门主导立法，使得环境法律体系的内部协调性较差，而部门利益博弈所造成的立法中部分条款的模糊，导致法律运行不畅；第三，按照环境资源要素进行单项立法的模式容易造成法律之间相互重叠与冲突的立法困境。

最后，环境司法实践虽然取得长足进步，但仍有诸多问题。2007年，贵州省贵阳市清镇环保法庭成立，开启了中国环境司法之门。从目前试点来看，环境司法审判已经形成审判庭、派出法庭、合议庭和巡回法庭四种模式。不可否认，经过不懈努力，特别是环境公益诉讼的设立，使得环境司法实践取得了可喜的成绩，但需要注意的是，当前仍然存在很多不足。第一，环境司法专门化的问题未得到解决，当前的环境公益诉讼并非独立的诉讼形式，而事实上只有当审判组织、审判人员、审判机制专门化才能最大限度发挥环境诉讼的作用；第二，环境诉讼，特别是环境公益诉讼的诉讼主体范围过窄，环境权利无法得到充分保障；第三，在司法实践中，存在环境诉讼案件的赔偿额无法准确计算，对环境破坏行为人惩罚力度不足等问题。

正是在这样的背景下，吕忠梅教授在《环境法原理》第一版的基础之上进行修订，针对当前中国环境法立法与司法实践中存在的不足，以其近十年来环境法理论研究成果逐一给出回应，并对未来可能出现的问题进行预测和分析，真正做到以理论研究呼应和引领社会实践。

四、主要内容

（一）结构与内容

本书对环境法原理进行了系统归纳，其结构与内容都较以往同类作品有独特之处，在体例上采用了编章结构，具体内容安排如下。

导论，主要是阐述了环境法的“前见”问题，包括环境法的概念、环境问题、环境保护等，这些内容既是学习环境法的知识基础，也是理解环境法的理论基础。

第一编：环境法原理，其中包括五章，主要是对环境法基本范畴和环境法原理的归纳。在总结环境法基本概念的基础上，概括出环境法基本原理。作者在公民环境权部分回答了环境法的权利基础问题，后者被认为是环境法的基石。公民环境权作为一项人权，权能包括环境资源利用权、环境状况知情权、环境事务参与权和环境侵害救济权，应对其采取私法和公法双重保护。推进和保障生态文明建设是环境法的价值目标。因此，在全面实施生态文明建设的过程中，需要厘清生态文明与环境法治的关系，明确生态法制建设的法律观、伦理基础和实现路径。风险预防原则是环境法的根本原则，环境风险越来越多地影响现代社会，对其进行分析，并在此基础上提出切实可行的预防机制具有重要意义。沟通与协调是环境法的调整机制。环境法作为新兴的法律学科，与传统的部门法之间存在诸多差异，但这并不代表二者之间不可相容，应当本着沟通的观念，促进环境法与传统部门法协调发展。

第二编：环境法规范，其中包括五章，主要是对环境法律规范体系的系统分析，在承认环境法独立性的前提下，解决环境法规范与相关部门法规范的沟通与协调问题。既看到专门的环境法律法规存在的必要性，又看到环境法规范在不同性质的法律中的体现与作用。正确认识环境法的独立性与综合调整机制的关系，环境民法、环境刑法、环境行政法、环境诉讼法都是具有明显的双重属性的法律规范，既具有其固有的法律规范的根本属性，又具有环境法规范的属性。这种双重属性规范的出现，是传统法律部门应对环境问题的必然选择，也是环境法与相关法律共同发挥作用的基础，是一个国家的法律体系具有整体协同性的基本要求。

第三编：环境法制度，其中包括三章，主要是根据环境风险预防原则和环境质量改善目的，对现行环境法制度进行的系统分析。环境管理基本制度部分按照源头控制和过程控制的分类对环境基本法与环境单行法的有关制度进行了高度概括，总结了环境法调整范围内的基本制度体系，内容涉及环境资源开发利用的全部过程。环境规划制度、环境标准制度、环境保护目标责任制和环境影响评价制度主要体现了源头管控的环境管理原则；环境监测、环境联合防治协调制度、环境保护激励机制、环境监察制度等则是加强过程控制的主要手段。保护和改善环境制度部分分别从整体性的生态保护、分类别的环境要素保护和改善人居环境等方面进行了制度梳理。污染控制制度部分按照防御性制度和治理性制度划分，包括排污许可制度、清洁生产和循环经济制度、环境税费制度、环境物权制度、生态补偿制度、环境合同制度，这些制度都是对公民环境权保护、可持续发展目标实现、预防风险原则的贯彻所必不可少的权利义务配置规则，也是沟通与协调机制的具体体现，是对污染防治法律制度的总结归纳。

（二）观点与述评

历经原始社会、农业社会、工业社会的逐步发展，利用自然环境开展生产活动，进而追求经济发展，向来是人类活动的主旋律。而在这一过程中，生态环境遭到了严重破坏，自然资源也面临枯竭的危机，人类因贪婪而种下的恶果，已经威胁到了自身的生存和发展。我们不得不转变对于自然环境的态度，反思过去那种只注重眼前效益而忽视长远发展的生产和生活方式，本着人与自然和谐相处的发展理念，寻求能够解决环境污染困境的道路。多年来各国法学界为解决环境污染和破坏问题进行了不懈努力。自 20 世纪初开始，环境保护运动的先行者们已经用自身的行动号召世界人民关注环境问题，而到了 20 世纪 70 年代，国际环境保护运动已经开展的如火如荼，要求加强环境保护的舆论运动也空前高涨。

正是在这样的背景下，1972 年联合国人类环境会议于瑞典斯德哥尔摩展开，并出台了至今仍旧影响深远的《人类环境宣言》。可以说，《人类环境宣言》提出了对环境问题的新认识，既不是绝望悲观，也并非盲目乐观。其认为环境问题的解决，关键在于认识环境问题产生的根源，转变人类中心主义的思想，转向人与自然协调发展的道路。在这一思路的指导下，各国政府纷纷采取生态环境保护的措施和行动，使人与自然和谐发展的环境理念逐渐渗透到政治、经济领域，从而成为世界各国普遍遵循的行为准则。

而在理论研究上，“环境法”概念的产生，是伴随着现代环境学的发展而出现的。

由于环境问题的复杂性，法学学者无法以现有法律体系全面调整相应的社会关系。因此，他们试图将环境学与法学相结合，以领域学科的研究方式，重新审视环境法这一法律部门和法学学科。论及环境法学研究，美国和日本开始时间早、重视程度高，一直位于世界各国的前列。而在我国，环境问题只是在近些年才引起法学学者们的广泛关注。由于理论研究上起步晚、重视程度不够等先天不足，导致我国的环境立法也相应缺乏足够的科学理论支持、进程缓慢、体系不完整、与世界发达国家存在较大的差距。在这样的背景下，吕忠梅教授主编的《环境法原理》无疑是填补国内空白的一部力作。

综观全书有如下特点：

第一，研究视野开阔，注重原理抽象。环境法学属于领域法学科，具有环境学与法学相结合的特点，使其较传统法学领域涉及面广、知识结构复杂。本书大体涉及环境法学、环境哲学、环境伦理学、环境科学、环境经济学等学科的基本理论知识。从书名《环境法原理》可知，该书定位为环境法学中的法理学，它从多学科、多层面、多视角对环境法学进行研究和探讨。

全书贯穿环境法领域的基础理论，而在第一编更是用较多的篇幅系统阐述了环境法的基本认识。作者对于相关章节的选择和编排也十分科学，先通过对环境法发展历史的回顾，简要概括了中外环境法产生和发展的过程；由此展开对环境法基本范畴的分析，阐述环境法的概念、环境法的调整对象、环境法的目的、环境法律关系等基本问题。首先，从整体上对于环境法学科作了简要介绍，让读者对环境法有一个初步的认识；然后，作者依次对作为环境法基石的公民环境权、价值目标的生态文明建设理念、根本原则的风险预防原则、调整机制的沟通与协调机制逐一进行阐述。

这样的顺序安排在逻辑上也是十分合理的。首先，对公民环境权进行肯定，从法律视角看，任何权利的产生都是利益冲突和平衡的产物，公民环境权也不例外。利益和利益冲突的解决是法学研究的基本范畴。传统的权利体系以个人主义为基础，集中考虑经济权利与政治权利，但随着市场经济的发展，人类在生产与生活中对环境的破坏已经危及自身的生存，经济利益与环境利益产生巨大的冲突。正是在这样的背景下，公民环境权理论应运而生，公民环境权也得以越来越多地出现在各国的立法实践中。其次，提出生态文明的发展理念。在传统法学理论的指导下，个人利益成为人类追逐的中心，在人与自然的关系上，主要体现为“人类中心主义”，不惜以牺牲环境为代价发展社会经济。而随着资源枯竭与环境污染的威胁越来越严重，人类不得不开始考虑对于生存环境的保护，进而从“人类中心主义”转向“生态中心主义”的可持续性发展理念。而这样一种人与自然和谐相处的理念，一方面对资源滥用和环境污染的治理至关重要；另一方面也有利于为人类的长远发展提供更好的环境基础。因此，生态文明应该成为整个社会建制的目标，成为我国环境法的基本理念。再次，提出风险预防原则。生存的安全和生活的安定是人类的基本追求之一，但世界却总是充满风险。在现代社会中，人类对自然资源的开发越来越深入的同时，也正遭遇着前所未有的环境风险，而科学在面对不断出现的新的环境问题时，却常常无法给出确定的结论。这就需要人类提前采取相应的预防措施，着眼于环境质量的改善、环境品质的提高。最后，提出沟通与协调机制。环境法学作为新兴的法学领域，由于其领域学科涉及面广、结构复杂的特征，涉及的社会关系无法以传统法学体系进行调整，但这并不代表环境法与传统法律部门之间是完全对立或者无法相容的。二者不仅需要相容，而且环境法建立的人与自然和谐相处的发展目标还需要得到其他传统法律部门的配合与协调才能更好地实现。但由于不同部门法之间的立法目的、调整的社会关系等存在差别，相互之间难免会产生冲突。因此，构建环境法与传统法沟通与协调的机制显得尤为重要。

第二，注重法律的思维方式与分析方法。环境法作为法学研究中的领域性学科，它与环境学、环境伦理学、环境经济学、环境管理学等学科都存在渗透与交叉的关系，这使得环境法较传统法学有着明显的技术性特征。但作为一本环境法学教材，该书十分恰当地处理了法学与其他学科之间的关系，重点突出法学这一属性，在论及具体问题时，始终能够做到以权利义务作为观察、思考、解决问题的基本线索，坚持用法律的思维以及法律分析的方法论述环境法的理论与实践问题。在谈及环境法规范时，该书按照从论证环境法的独立性，到讨论环境法与其他传统部门法之间的联系与区别，最后到环境诉讼及环境司法专门化的内容进行阐述。这样的安排，很好地做到了从实际出发，着眼于环境法规范的现状，以合法性与合理性作为根本的论证方法，最终回归到了法律的逻辑。

在传统法学理论中，确立部门法的基本标准集中在调整对象与调整方法上。但事实上，无论是调整对象还是调整方法，都是停留在从表面和外部进行分析，这样的标准难以真正对独立性与否作出科学判断。基于此，本书作者主张对环境法的独立性进行分析和论证时，应当深入到核心领域，把重点放在探讨环境法的价值取向上，这样的考虑有其合理性。作为一个较为抽象的理论范畴，在不同的部门法之间，由于依据的价值判断标准不同，价值取向上也具有差异性。从整个法学领域而言，由于建立在市民理论基础之上，过于强调人本主义，现代法律的变迁长期遵循从“身份到契约”的轨迹，为解放人性、追求利益，甚至不惜牺牲环境为代价。而环境法的形成和出现，开始打破这样的规律，进一步推动现代法律从“契约到伦理”的前进。具体而言，环境法较传统法更加注重人与自然、当代人与后代人之间的伦理关系，提倡清洁生产、合理利用自然资源、适当控制人口，其出发点与落脚点均在于追求一种和谐与公平的状态。

虽然，环境法与其他部门法之间存在差异，但仍旧具有诸多联系。各部门法中不乏环境法的内容，求同存异，厘清二者之间的关系应当作为研究的重点。在民事法律中，环境侵权是民法与环境法结合的典型。由于环境侵害具有社会风险性和不可归责性的特点，需基于“分配正义”的理念，改变传统的过失责任，将环境污染归于特殊侵权范畴，在危险行为人与受害人之间寻求合理的平衡，在社会个体与社会整体间实现对“不幸损害的合理分配”。与传统侵权法相比，环境侵权淡化了行为人的主观过失，以环境损害后果及因果关系作为责任承担的核心要件。而在责任形式中，“排除妨害”“消除危险”“恢复原状”对生态环境的保护和修复都具有重要的意义。在刑事法中，污染型犯罪是环境法要素的集中体现。我国通过制定专门的环境刑事法律、在刑法典中规定专门章节等方式，构建环境刑事法律规范体系，对环境犯罪进行预防和打击。在行政法中，环境行政责任与环境行政制裁的设立有着重要作用，特别是救济性环境行政责任是符合环境保护要求、实现可持续发展的一项重要制度。

环境诉讼作为解决环境问题的重要途径，历来都被学者们重点关注，究竟是单独设立环境诉讼法还是将有关环境问题的诉讼纳入现有的诉讼法体系？学者们的观点各不相同。环境诉讼之所以存在的基础在于国家对环境权利的保护，而这种权利不同于一般的私权，而是关乎社会整体利益的复合性权利。可以说，环境诉讼的实质，是国家行使其强制力，保护和协调环境利益，达到保护和改善环境的目标。近年来，环境司法一直在加快推进，“环境司法专门化”的称谓也应运而生。而随着环境诉讼的不断发展，审判组织专门化、审批人员专门化和审判机制专门化的一体化演变将真正实现环境司法专门化。

第三，融汇了众多法律学科在环境保护方面的理论成果。环境法作为典型的领域性法学学科，由于其调整的对象多样、调整关系的复杂，体现出跨学科的特点。环境法学科表现为环境法与环境学相结合的特点，大体涉及环境法学、环境哲学、环境伦理学、环境科学、环境经济学等学科。而在法学学科之内，环境法又与传统部门法有诸多的交叉，存在环境民法、环境刑法、环境行政法、环境诉讼法等内容。因此，环境法的研究，离不开对法学学科之外的环境学和法学学科中的其他传统部门法的吸收和借鉴。从《环境法原理》一书的内容来看，作者正是基于这样的思路，敢于打破学科的限制，对环境法进行了全方位、多角度、深层次的深入研究，对环境法原理、环境法规范以及环境法律制度作了细致阐述。正是基于这些努力，使得该书理论依据更加丰富，内容更加饱满，增强了其学习和研究的学术价值。

第四，理论联系实际，力求创新。本书作者不畏困难、勇于探索、潜心环境法的研究，关注和回应理论与实践的焦点、难点问题，旗帜鲜明地亮出自己的观点。例如，提出构建以源头控制基本制度与过程控制基本制度为核心的环境管理基本制度，包括确立环境规划制度、制定环境标准制度、建立环境承载能力监测预警制度、调整环境影响评价制度、健全环境监察制度、完善联合防治协调制度等。此外，在立足中国实际的基础上，充分借鉴外国先进经验，提出自己的独到见解，并以合法性与合理性为基础进行了科学论证。例如，在危险物品污染防治上，针对国内当前在该领域管理上的问题，作者提出要重点针对危险化学品污染防治、含有放射性物质的物品的环境风险及其管理、增加对“处置”环节规制这三个方面进行完善，建立专门的危险物品污染防治制度。

在新时代的背景下，中国特色社会主义进入新的发展阶段，我国社会主要矛盾已经转化为人民日益增长的美好生活需要和不平衡不充分的发展之间的矛盾。而新矛盾在生态环境领域体现为人与自然发展的不平衡，不能满足人民日益增长的生态环境需求。本书作者以求真务实的态度直面环境法领域的热点问题，积极给出新形式下的及时回应，体现出作者对环境法实践特性的高度重视。例如，鼓励绿色消费，作者建议，首先，在理念上进行宣传，使消费者逐渐形成绿色消费的意识；其次，政府作为社会管理者，其消费行为对全社会具有示范效应，有义务进行绿色采购，支持企业的绿色生产，还有必要完善绿色产品市场准入机制和绿色产品的认证体系，对滥用绿色产品标识的行为进行严格监管和处罚。又如，作者提出了构建农村污染防治制度。当前，环境立法的重心仍在于解决工业污染问题以及城市环境问题，涉及农村环境污染问题的立法内容较少。然而，随着城镇化进程的推进，农村环境问题较以往已经十分严重，严重威胁到广大农民的生产和生活，急需在立法上给予重视，设立农村污染防治制度。本书给出的对策包括防止农业面源污染、防治固体废物和废水施入农田、防治养殖及屠宰污染、加大政府资金投入和处置责任等，这些都反映了作者对环境法实践性的把握。

五、思考题

1. 谈谈你对公民环境权的理解。
2. 何为风险预防原则？如何认识它在环境法中的地位和意义？
3. 论述环境法的目的与价值之间的关系。
4. 有没有必要建立专门的环境诉讼制度？为什么？
5. 为什么说推进和保障生态文明建设是环境法的价值目标？

（撰稿人：胡潇潇）

第十六章

《生态法新探》——曹明德

【本章提要】

本章从生态伦理学、生态经济学和人类发展观等视角，探讨了生态法学的理论基础和发展趋势，认为生态社会已经来临，传统法律应向生态法律转变。在此理念下，作者提出生态法的理论构想，主张用“生态法”取代“环境保护法”或“环境与资源保护法”，界定了生态法的概念、对象、特征、地位和体系，并基于生态法的内涵论述了生态规律和生态法的基本原则、基本制度、法律关系和法律责任，从而试图建立一种人与自然和谐共处的人道契约。

一、作者简介

曹明德，男，1965 年 11 月生，安徽庐江人，中国政法大学民商经济法学院教授，博士生导师，法学博士、博士后，留美访问学者，《中国政法大学学报》常务副主编，世界自然保护联盟（IUCN）环境法学院专家，2005 年新世纪优秀人才支持计划入选者，2006 年重庆市首届十大优秀中青年法学、法律专家，2007 年第五届全国十大青年法学家，重庆市政府法律顾问，重庆市人大常委会立法咨询专家。兼任西南政法大学法学教授，博士生导师。主要研究方向为环境资源法学、经济法学。2017 年当选为中国法学会环境资源法学研究会副会长。

曹明德教授先后在中国社会科学院《哲学研究》编辑部、中国社会科学院法学研究所经济法研究室、西南政法大学经济贸易法学院以及《现代法学》编辑部从事教学、科研和编辑工作，历任助理编辑、编辑、助理研究员、讲师、特聘教授、破格法学教授、副主编，曾在重庆南川市人民政府挂职锻炼，担任副市长职务，分管政法、招商引资工作。多年来，给法学博士生、硕士生、本科生系统讲授环境资源法学、经济法学等课程。多次参加全国人大常委会，重庆市人大常委会，重庆市人民政府的法律、地方性法规、政府规章论证会。是 2003 年、2005 年中美环境法培训项目及其他国际组织与中国合作的环境资源法培训项目的授课专家，并于 2003 年 11 月应邀参加了世界自然保护联盟（IUCN）环境法学院成立典礼暨首届学术年会以及代表会议。主持国家社科基金项目“西部开发法治保障研究”、国务院三峡建委课题“中国三峡移民问题研究”等课题，已公开发表研究成果 100 余万字。主编司法部高等院校法学教材《环境资源法》（中信出版社 2004 年出版）。在 *Social Sciences in China*、*US-China Law Review*、《法学研究》《中国法学》《法学》《政法论坛》《法律科学》《现代法学》《法学评论》《比较法研究》《哲学研究》《中国人民大学学报》等权威学术刊物均有论文发表。2004 年荣获“第四届全国十大中青年法学家”提名奖。

曹明德教授的代表性成果为《环境侵权法》《生态法原理》。其中，《环境侵权法》是国内第一部从侵权法入手探讨环境污染致害问题的专著，是环境资源法学的理论创新成果。

二、作品版本

《生态法新探》是曹明德教授编著的《生态法原理》一书的修订版，于 2007 年 11 月由人民出版社出版发行。全书共十一章，383 页，27 万余字。在《生态法原理》出版五周年之际，基于学界同行反馈的宝贵意见，结合国内外环境资源法学学术研究取得的新成果，曹明德教授对《生态法原理》进行了大幅度修改，不仅重新调整了篇章结构，而且增加和补充了学界取得的新成果，特别是他自己的研究成果，从而革除了同类教材的弊端，避免了资料淹没观点的缺陷，使行文更加言简意赅。蔡守秋教授在序中指出，《生态法新探》具有三个特点：一是勇于探索、大胆创新，提出了颇有见地及新意的观点；二是内容完整、资料翔实，相当一部分援引的资料是经典资料，并且其中很多为国外的一手资料；三是视野开阔、紧扣生态法学主题，并广泛收集和钻研了与生态法学主题相关的背景知识，在立足于生态法及其生态法学的现实而又不为其束缚的基础上，提出了一些具有前瞻性的见解。当然，蔡守秋教授也认为，该著作在国际环境法上基本没有涉及，有的观点虽然有创新，但论证不是很充分，需要进一步斟酌。

三、写作背景

《生态法新探》是在世界生态环境保护观念转变和发展，以及党的十五大、十六大和十七大中有关我国生态文明建设的论述的基础上完成的。

近代以来，人类对自然界的认知长期以来以狭隘的人类中心主义为指导，以牺牲环境为代价发展经济，从而导致人类逐步面临土地资源减少和退化、森林资源面积锐减、水资源出现危机等生态问题。这些生态危机逐渐受到人类的关注，人们逐步认识到对待自然不能只考虑人与人之间的关系，而应该同时考虑人与自然之间的关系。因此，1987年挪威首相布伦特兰夫人在她任主席的联合国世界环境与发展委员会的报告《我们共同的未来》中提出“可持续发展”概念，把可持续发展定义为“既满足当代人的需要，又不对后代人满足其需要的能力构成危害的发展”。这一界定得到广泛认同，并在1992年联合国环境与发展大会上取得共识。1997年，党的十五大报告也明确提出实施可持续发展战略。因此，出版于2002年10月的《生态法新探》原版本——《生态法原理》的完成，是在基于从狭隘人类中心主义向生态中心主义转变，以及我国提出可持续发展战略的大背景下进行的。因此，《生态法原理》中的内容简介指出，本书是从对传统的人类中心主义价值观的批判入手，着眼于社会可持续性发展的模式论述变革人们价值观念、发展观、消费方式和经济增长方式的重大意义，以及生态法的基本概况等相关内容的。

2002年，我国提出了科学发展观，提出要树立全面、协调、可持续的发展观，统筹人与自然和谐发展。因此，在科学发展观的指导下，我国生态环境保护建设不断深入，生态法治建设也需要解决新的课题。而在环境资源法学界中，本书作者曹明德教授的博士生导师蔡守秋先生于2003年出版了其专著《调整论——对主流法理学的反思与补充》。该书指出环境污染、生态破坏、资源危机等问题产生的原因是人与自然关系的失衡和不当，并对现有环境资源法的理论进行了“调整论”式的全面重构，从而引起了学术界的强烈反响。大多数学者都支持著作中提出的新观点，并且认为法律直接调整人与自然的关系是法律价值的升华。有鉴于此，《生态法原理》进行了修订，并改名为《生态法新探》。

《生态法新探》一书从生态法学的哲学、伦理学、生态学、经济学以及法理学的理论基础出发，论述了生态时代法律的发展趋势，并提出了生态法的基本构想，以及用“生态法”替代“环境保护法”“环境与资源保护法”的观点。从我国在该书出版以后召开的党的十七大提出“建设生态文明”，以及党的十八大把生态文明作为“五位一体”总布局的组成部分来看，《生态法新探》的思想内容在时代性和学术性上，彰显了非常强烈的前瞻性和创新性，对当下和未来的中国生态文明建设具有重要的理论意义和现实。

四、主要内容

本书共有十一章，在内容的安排上，先后阐述了生态法的伦理学基础、传统发展观向可持续发展观的变革、消费方式和经济增长模式的转变、生态问题及生态立法的演变、法律生态化的趋势、生态法的基本概述、生态规律和生态法的基本原则、生态法的基本制度、生态法律关系以及生态法律责任。著作通篇的逻辑非常清晰，前半部分主要阐述了生态时代法律的发展趋势，后半部分则在对生态时代法律发展趋势分析的基础上，提出了生态法的基本理论构想，提出了“生态法”替代“环境保护法”“环境资源保护法”，界定了生态法的概念等基本理论，阐述了生态法的基本原则、基本制度、法律关系和法律责任。具体内容体现如下：

第一章阐述了人类中心主义伦理观到生态伦理观的转变对生态法学的伦理学基

础。该章指出，狭隘的人类中心主义伦理观是当今生态危机的价值根源。从人类中心主义伦理观到可持续发展伦理观的变革是生态法学的伦理基础。因此，狭隘的人类中心主义伦理观受到动物解放或动物权利论、生物中心论、生态中心论等非人类中心主义伦理学的批判，它们认为伦理共同体的范围应该从人类扩展到自然，具体说来，动物解放或动物权利论认为应把伦理关怀和权利主体的范围从人扩展到动物；生物中心论认为应把伦理共同体和权利主体的范围扩展到所有存在物；生态中心论认为应把人类伦理关怀和权利主体的范围从所有存在物扩展到整个生态系统。因此，人类中心主义与非人类中心主义主要表现在"人与自然之间的伦理关系"问题上的对立。人类中心主义强调一切以人类的利益为中心，片面强调人与自然之间的分离和对立。非人类中心主义强调人与自然之间的关系，看见了人与生物、物种和自然之间的不平等。但是，非人类中心主义未能思考人与生物、物种和自然之间的不平等的原因在于人与人之间的不平等，即"人际公平"。基于此，该章第三节阐述了非人类中心主义向可持续发展伦理观的飞跃，指出可持续发展伦理观隐藏在人与自然之间对立背后的人与人之间的不平等，是导致当今生态危机的重要原因。从狭隘的人类中心主义伦理观到非人类中心主义伦理观，再从非人类中心主义伦理观到可持续发展伦理观，是一个逻辑上的"正—反—合"的过程，并且这个过程是环境伦理学的一次伟大革命，为生态法学提供了坚实的伦理学基础。

第二章阐述了传统发展观向可持续发展观的变革。对罗马俱乐部均衡论、迈克尔·G·泽伊的超高速发展论等传统发展观进行了介绍，并指出传统发展观的局限性，认为它们都只看到了发展与生态环境之间的对立和冲突，片面强调矛盾的某一个方面，而忽略了矛盾的另一方面，把发展与生态环境对立起来，强调保护环境与资源而放弃发展，或者强调发展而无视生态危机的严峻现实，同时还把经济增长作为衡量发展的唯一标准。这些都不利于确保实现经济、社会、人口、环境和资源的可持续发展。因此，从传统发展观向可持续发展观的变革成为必然。该章第二节指出，根据1987年挪威首相夫人布伦特兰在联合国世界环境和发展委员会所作的专题报告《我们共同的未来》的界定，可持续发展的核心思想在于认为社会经济的发展应该建立在生态可持续性、社会公平和人民广泛参与自身发展决策的基础上，并以满足人类合理需求，使个人实现充分发展，以及保护生态环境和自然资源，仍不损害后代人的利益为追求目标。把短期利益和长远利益、局部利益和全局利益、当代人利益与后代人利益有机地结合起来，体现公平性原则、持续性原则和共同性原则，使社会、经济、环境能够沿着可持续的道路前进。

第三章阐述的是消费方式的转变。可持续发展观以保护生态环境和自然资源、不损害后代人的利益为目标。因此，该章从消费与人的需要、宗教和文化的禁区主义思想及其对回归自然的向往以及近代文明对人的需要的扩张——从基本需要到享受型需要三个方面对传统消费方式进行了检视，从而指出欧美国家在经历了一场享受型消费带来的困惑之后，一种新型的消费观念悄然兴起，出现了由奢侈浪费向简朴节约的回归。这种新型的消费观念倡导绿色消费，即倡导过着充裕的生活但不过度地消费，致力于人类精神生活品质的追求，而不是为商品拜物教所引诱而对物质消费的盲崇。基于这一认识，作者强调要确立绿色消费模式，即可持续消费模式，它具有适度消费、绿色消费、注重精神生活质量等特点，具有坚持消费生活的国际公正、消费生活的社会公正、消费生活的种际公正等消费生态伦理原则。

第四章阐述了经济模式的变革。该章认为，相比较于消费方式，生产方式对生态环境的影响更具有根本性。因此，该章首先指出，人类的生产应当建立在生态环境的承载能力的基础上，减少化石燃料的使用，转变为开发利用可更新能源资源，采用清洁生产方式和循环经济模式，实现从生化经济到生态经济的转变。因此，该章先对人类经济发展的三个阶段进行了剖析，随后从能源消耗、经济全球化两个方面阐述了从生化经济向生态经济转变的必要性，指出要通过利用可更新的自然资源和能源来实现经济与生态相协调的发展，从政策和法律制度上实现生态经济的有效实施和运行。基于这一认识，作者认为要实现经济与生态相协调的发展，确立指导经济发展的理论和原则是必要的，必须确立人与自然和谐共存，生态基础制约与经济主导，生态安全性与经济有效性兼容，生态效益、经济效益、社会效益相统一的理论和原则。

第五章阐述了生态问题及生态立法的演变。作者认为，人类面对着诸多的生态问题，其中人口数量剧增是当前首要的生态问题；土地资源的减少和退化、森林资源面积锐减、水资源危机、物种灭绝和生物多样性减少、土地荒漠化现象严重、矿产资源日趋枯竭等自然资源问题是当今人类社会发展面临的又一个重要问题；环境污染引起的公害，比如历史上的八大公害事件、新七大公害事件也对社会造成严重危害，经济损失巨大。此外，还存在酸雨、全球变暖和臭氧层破坏三大问题。因此，要正确处理社会圈、技术圈和生物圈之间的关系。不过，值得欣慰的是，人们开始认识到生物圈的统一性问题，认识到人类与生物圈之间是相互依赖、相互影响的关系。尽管由于政治、经济、文化和法律上的原因，国际社会采取更多的统一行动还存在一些障碍，但一些区域性的联合行动已经陆续开展起来。而且，随着公众生态意识的觉醒，生态运动自发地产生。为了共同应对全球性的生态危机，国际社会多次召开了生态环境保护会议，制定了《人类环境宣言》《世界自然资源保护大纲》《里约环境与发展宣言》《21 世纪议程》《关于森林问题的原则声明》《联合国气候变化框架公约》《生物多样性公约》等一系列环境保护领域的国际文件和法律，并开展国际环境保护合作。由于生态运动的产生和发展，以及一系列环境保护领域的国际文件和法律的制定，加之这些法律指导下开展的国际环境保护合作的影响，从 20 世纪 60 年代开始，世界各国和国际社会加强了环境资源领域的立法，相互促进，协同发展。在内容上，现代各国在生态保护领域的立法主要涉及自然保护、环境污染防治和自然资源开发利用等方面。我国现代意义上的环境法，到 20 世纪才出现。党的十一届三中全会以来，我国的生态环境保护立法进入了一个新的迅速发展时期，至今已经基本形成了以环境保护法为核心，以自然资源法、自然保护法和污染防治法为三大部分的生态法律体系。

第六章阐述了法律生态化的趋势。在剖析了生态问题及生态立法的演变之后，本章对法律生态化的发展趋势进行了研究，认为生态伦理的变革必将最终反映在生态法律制度上，从而引发法律生态化的发展趋势。这种趋势首先表现在宪法对其的作用。宪法将在培育公众生态化的环境意识上，以及环境与资源立法的生态化上发挥其重要作用。同时，生态伦理的变革承认了动物、植物、环境和生态系统等环境组成部分也享有主体资格，包括诉讼主体的资格，因此它们具有存在的权利和内在价值。有鉴于此，本文强调生态本位的立法目的，要求立法体现“生态优先”“环境优先”的价值理念，认为现代环境资源法是建立在生态中心主义和可持续发展伦理观的基础之上。在此认识的基础上，作者从民法的视角进一步探讨了法律生态化的趋势，认为法律生态化的趋势即民法生态化趋势，表现为承认自然资源的财产价值和所有权并承认新型的契约关系，以及民事责任的归属原则——共同危险责任的新发展。

第七章从概念、对象、特征、地位和体系对生态法进行了界定。作者指出，生态法的概念是人类对生态科学认识的基础上，在寻找应对生态危险的背景下，特别是积极从法律制度上寻求应对生态问题的对策时应运而生的。因此，尽管我国学界还没有对生态法有一个公认的概念，其在立法实践上也没有得到确立，但目前我国用生态法一词来替代环境资源法的时机已经成熟，已经可以对其作如下定义：生态法是为了达到协调人与自然之间的关系的目的，并为了当代人和后代人的利益，调整人们在保护自然环境、合理开发利用自然资源、防治环境污染、保护自然人与法人的生态权利和合法利益方面所产生的生态社会关系的法律规范的总和。在生态法调整对象问题上，文章分析了不同的观点，认为生态法调整对象是人、社会与自然界的关系，即生态社会关系，其包括宏观的社会关系、生态环境保护关系、环境污染防治社会关系以及其他相关的生态社会关系。因此，生态法的保护对象应该是那些直接或间接地影响人类生存和发展的自然要素的总体，包括大气、水体、海洋、土地、矿藏、森林、草原、野生生物、自然遗迹、人文遗迹、自然保护区、风景名胜区、城市和乡村等。它们具有天然起源性、社会生态价值、与自然环境之间具有相互的生态关系等特征。就生态法而言，其具有综合性、技术性、社会公益性和国际共同性等明显特征。有鉴于此，生态法已经初步形成为一个独立的法律部门，在法律规范的构成上包含了宪法层面上的生态环境保护规定、综合性生态法、环境保护与污染防治法、自然资源法以及其他部门法上关于生态保护的规定五个方面。

第八章对生态规律的基本类型以及生态法的基本原则进行了分析。作者认为，生态法必须遵循自然界的生态规律，也必须遵循社会规律，并且必须在遵循自然生态规律和社会发展规律的基础上，建立生态环境保护的基本原则和基本制度。自 1866 年生态学概念被提出以来，生态科学形成了众多的生态学流派，这些流派从不同视角阐释了不同的规律。根据国务院环境保护委员会 1987 年颁布的《中国自然保护纲要》归纳，生态规律主要有物物相关规律、相生相克规律、能流物复规律、负载定额规律、协调稳定规律、时空有宜规律等，这些规律为我国制定生态法律提供了基础，为实现人与自然和谐共存的目标发挥了作用。因此，在具体的法律规范和制度设计以及法的实施过程中，人类必须遵循生态法律的原则。从应然状态来看，这些生态法律原则包括种际正义原则、代际公平原则、生态优先原则、预防为主原则、合理开发利用原则、污染者付费原则、公众参与原则七个方面。

在阐述了生态法的原则之后，第九章对生态法基本制度的内容进行了界定。文章认为，生态法的基本制度是指调整特定生态社会关系的一系列生态法律规范相对完整的规范体系，它大致可以分为环境保护基本法律制度和自然资源基本法律制度两大类。其中，环境保护基本法律制度大致可以分为环境规划制度等十二种制度，自然资源基本法律制度大致可以分为自然资源权属制度等七种制度。在生态环境保护实践中，新的法律制度不断产生。由于篇幅所限的原因，该章只对生态规划制度、环境影响评价制度、许可证制度、经济调控制度、自然资源权属制度、自然资源恢复制度、生态补偿制度七项制度进行阐述，同时根据每种制度的不同情况进行了不同方式的剖析。具体说来，该章从土地利用规划制度、生态环境建设规划制度、自然资源规划制度、城市规划和村镇规划制度等具体制度阐述了生态规划制度；从环境影响评价制度的起源、中国环境影响评价制度的沿革、我国《环境影响评价法》的主要内容三个方面阐述了环境影响评价制度；从种类、程序、作为发展新动向的排污权交易制度三个方面阐述了许可证制度；从环境资源税和环境资源费方面阐述了经济调控制度；从所有权、使用权方面阐述了自然资源权属制度；从义务或责任的性质、种类方面阐述了自然资源恢复制度；从生态补偿制度的理论依据、建立生态补偿机制的必要性和作用、中国生态补偿机制的立法和实践阐述了生态补偿制度。

第十章对生态法律关系进行了论述。本章认为，生态法律关系是人们在生态保护活动的过程中依照生态法的规定所形成的权利和义务关系。这种法律关系包括三个层面的关系：一是人与人之间在生态保护活动的过程中所发生的社会关系，不仅包括人与人之间涉及的生态环境保护领域的社会关系，而且包括人与人之间所形成的人与自然之间的关系；二是由生态法律所确认和调整的社会关系；三是由生态权利和生态义务所形成的生态法律关系。基于此，文章认为，生态法律关系具有不同于一般法律关系的特征，主要有综合性、生态性和特征性的特征。综合性是指生态法则把与生态环境保护有关的生态犯罪、生态民事权益、生态行政管理、生态环境保护实体性法律规范、生态环境保护程序性法律规范以及生态法调整方法等各种社会关系统一在一起进行综合调整。生态性是指生态法律关系始终以生态为中介、以生态环境和自然资源保护为核心。特殊性是指生态法律关系虽然发生在人与人之间的社会关系中，但并不是一种单纯的人与人之间的社会关系。生态法律关系的这些特征体现在生态法律关系的构成中。生态法律关系包括主体、客体和内容。其中，生态法律关系的主体包括国家，国家机关，企事业单位和其他社会组织，公民，外国国家、组织和个人；生态法律关系的客体包括物、行为和生命健康等其他权益；生态法律关系的内容是指生态法律关系的主体依法享有的生态权利及其所承担的生态义务。文章对生态权利和生态义务的概念做了界定，并且指出，公民生态权利已经成为生态法领域各国生态法学理论和生态保护实践中的一个引人注目的问题，可以划分为基本生态权利和其他生态权利。基本生态权利即指宪法性的生态权利和基础性的生态权利，是由宪法和国家参加签署的有关国际条约和普遍公认的国际法原则和准则中确立的权利组成。其他生态权利是指在法律、行政法规、地方性法规等生态法律中所确认的，公民在自然资源利用和生态环境保护方面的权利。与公民的生态权利相对应的，无论是宪法还是法律，都规定了公民依法在生态保护方面实施某种行为或者禁止实施某种行为的义务，即公民的生态义务。文章还指出，生态义务还包括生态组织或者环保团体享有的生态权利和承担的生态义务。

第十一章界定了生态法律责任。文章指出，生态法律责任又称为生态违法的法律责任，也就是说，这种责任是因为生态违法行为而引起的法律责任，因此具有一般法律责任的特点，同时还具有其自身的特点，即：第一，生态法律责任是一种国家与生态违法行为人之间的法律关系；第二，生态法律责任是一种保证生态立法得到认同和遵守的国家强制形式；第三，生态法律责任是生态法律制度的综合，综合性特征十分明显。在此认识的基础上，作者根据传统法律部分划分的方法，将生态法律责任划分为生态违法的行政责任、生态违法的民事责任和生态违法的刑事责任三种类别。其中，对生态违法的行政责任的阐述从概念、构成要件、行政处罚和行政处分四个方面展开；对生态违法的民事责任的阐述从概念、构成要件和方式三个方面展开；对生态违法的刑事责任的阐述从概念、构成要件两个方面展开。

五、思考题

1. 在界定生态法内涵之前，作者为什么要花大篇幅阐述生态法的伦理学基础、传统发展观向可持续发展观的变革、消费方式和经济增长模式的转变、生态问题及生态立法的演变以及法律生态化的趋势？

2. 生态法与环境法或环境资源法、自然资源法有什么不同？

3. 生态补偿制度在我国是否已经建立？结合党的十九大报告、2018 年全国生态环境保护大会精神谈谈你对生态补偿制度的认识。

（撰稿人：宋向杰）

第十七章

《环境法新视野》——吕忠梅

【本章提要】

本章学习的内容是吕忠梅教授的《环境法新视野》。本书以环境法为研究对象，以分析中国当前环境问题的现状为基点，以可持续发展理念为指导思想，以构建中国环境法调控机制为手段，以解决环境问题最终实现人与自然和谐相处为归宿。通过阅读本书，有助于对环境法理论体系有全新的认识，能准确理解和适用环境法，提升自身的专业素养，为今后的学习与研究打下坚实的理论基础。

一、作者简介

吕忠梅，女，汉族，1963年3月生，湖北武汉人，北京大学法律系毕业，法学博士，清华大学法学院双聘教授，武汉大学环境法研究所兼职教授，博士生导师。第十、十一、十二届全国人大代表，第十二届全国政协委员，农工党中央常委，全国政协社会和法制委员会驻会副主任。中国环境资源法研究会会长，最高人民法院环境资源司法研究中心副主任、学术委员会主任。曾任湖北省高级人民法院副院长、湖北经济学院院长、湖北省政协副主席。

吕忠梅教授长期从事经济法、环境法的教学与科研工作。主持国家社科基金重大项目《环境友好型社会中的环境侵权救济机制研究》《长江流域立法研究》，国家环境保护公益项目《环境铅镉污染人群健康危害的法律监管研究》等国家级、省部省级科研项目20余项；出版《环境法新视野》《沟通与协调之途——论公民环境权的民法保护》《环境法原理》等环境法著作10余部；发表环境法论文200余篇；获得省部级以上科研成果奖励20余项。主编教材多部，曾获教育部优秀教材一、二等奖，司法部优秀教材一、二等奖。参与环境保护法、水污染防治法、大气污染防治法、水法修正案及土壤污染防治法等多部法律的起草、调研和论证工作。

1999年获国务院特殊津贴，2002年获评中国第三届“杰出青年法学家”，2005年入选“中国法学名家”，2009年获评“中国杰出人文社会科学家”的称号，入选2014年“中国法治人物”，2015年获评国家“四个一批”领军人物并入选“万人计划”人才，2015年被评为对中国法学理论有影响的50名学者之一。

二、作品版本

本书为《环境法新视野》（修订版）。吕忠梅教授所著《环境法新视野》一书至今已由中国政法大学出版社出版发行两次。《环境法新视野》第一版由中国政法大学出版社于2000年出版发行。为了应对环境法发展的新形势，作者对该书第一版进行修改和完善，于2007年由中国政法大学出版社再版发行。本述评主要是在阅读《环境法新视野》（修订版）基础之上进行撰写的。

三、写作背景

中国的环境立法始于20世纪70年代，从时间上来看，在世界范围内也算是起步较早的。而到了20世纪80年代，中国环境立法更是以前所未有的速度向前迈进，每年都有新的法律通过。至21世纪初中国已基本完成了环境立法的体系建设。但在环境立法工作进行得如火如荼的时候，环境破坏与污染的问题反而日益严重：淮河全域污染、珠江流域污染加重、松花江流域水灾、黄河断流、长江流域连年大水。“徒法不足以自行”，法律是否真的能够发挥作用，不是以法律条文的多寡，而是以法律实施的效果为准。实践证明，中国环境法治的状况令人担忧，造成这一局面的原因有很多，缺乏科学的理论指导首当其冲。

正是在这样的背景下，本书作者怀着对中国环境法治事业的坚定信念，通过不懈努力，使《环境法新视野》一书得以问世。在当时中国环境法研究事业陷入困境之时，《环境法新视野》中的许多观点都给理论界带来了新的启发，而这些观点也在之后的实践中被证明是科学的。例如，环境法与传统部门法的沟通与协调机制、中国环境立法应当贯彻可持续发展理念、公民环境权具有人权属性、中国环境法应当实行全过程调节机制等。直至今日，作者的这些观点仍然对中国环境法学研究起着重要的指引作用，为中国环境法发展打下了坚实的基础。

可以说，《环境法新视野》一书，以全新的角度对环境法学进行了研究和塑造。这种塑造并非停留在某个制度、某个条文的创新，而是上升到环境法学理论体系的重新构造层面，这使得本书具有很高的学术价值。正如作者在序言中所说的那样：“环境法的革命首先是理论的革命，没有理论基础的环境法不可能是理性的环境法。”的确，我们需要一场理论的革命，而《环境法新视野》的面世就为这场革命吹响了前进的号角。

四、主要内容

（一）结构与内容

本书对环境法原理的系统归纳，其结构与内容都较以往同类作品有独特之处。本书采用了章节结构，具体内容安排如下。

导言，包括四节，以“生物圈二号”试验室为切入点，讨论了生态环境的不可替代性，以及生态平衡对于人类的重要性。在以人为中心的生态观念影响下，人类对资源过度利用，对环境肆意破坏，造成了严重的生态问题。为应对环境危机，需要转变生态观念，从人类中心主义转变为自然中心主义，才能更好的实现人与自然的和谐相处。

第一章挑战传统——环境学的兴起，包括两节。主要对环境法的起源、背景和特征进行了介绍，并分析了传统法在应对环境问题时的困境。工业革命以来，市场经济迅速发展，但也导致一系列环境问题层出不穷，建立在私权本位理论上的传统部门法对环境问题显得无所适从。正是在这样的背景下，人们呼吁具有以社会利益为本位、以公法手段干预私法领域和以可持续发展作为特点的环境法的出现。

第二章法律重构——环境法的基本课题，包括三节。主要是对重构环境法律制度，使环境法与传统部门法相协调，进而实现人与自然和谐相处的目的进行了分析。国家环境管理是政府以法律的形式和国家的名义，在全国范围内实行环境管理职能，这看似与市场经济要求的自由主义相冲突，而事实上，只要找准政府与市场的各自定位，二者是能够兼容的。国家环境管理职能必须依法行使，但环境问题变化无常，这就要求建立相对开放的环境法体系，科学立法，使得环境法能够在调整社会关系的过程中及时进行自我修正。唯有本着自然主义的精神、秉承对自然伦理的敬畏构建的环境法律制度，才能最终实现人与自然的和谐相处。

第三章权利法定——公民环境权理论与实践，包括四节。主要是对公民环境权理论进行论述。平衡的生态环境对人类的生存和发展有着无可取代的价值。因此，国际社会开始呼吁每一个人都应该享有在良好环境下生存的权利。公民环境权的内容大致包括环境使用权、知情权、参与权、请求权等权利。这些权利不同于传统民法上的权利，而是通过限制绝对所有权，实现对生态环境的保护，但其人权属性又要求对其提供司法保障措施。在私法公法化和私法社会化的背景下，公民环境权私权化有其必然性。而在法律制度上，对生态破坏者与受害人之间的关系进行调整，设立环境保护相邻权、环境人格权，以及对环境侵权进行规制，才能使得公民环境权真正落到实处。

第四章国际合作——国际环境法的建立，包括四节。主要介绍了环境法中的国际合作机制。当今的环境问题已经成为困扰世界各国人民的全球性问题，任何国家都无法置身事外，因此，构建国际环境合作机制对解决环境问题具有重要意义。国际环境法的基本原则要求各国对本国的环境资源享有主权，共同享有在任何国家管辖之外的资源，在应对国际性环境问题时应当通力合作，在承担环境责任时应当有区分的共同承担。正是在以上原则的指导下，环境国际保护在海洋保护、江河保护、空间保护、自然资源保护、文化遗产保护等方面的生态系统治理中取得了丰硕成果。

第五章观念变革——中国环境法的理念，包括两节。主要对中国环境法理念的变革进行了阐述。环境法理论与实践证明，我们需要一次全面的变革来建立促进可持续发展的环境法系统。这个系统的产生必须要以可持续发展的理论作为指导。可以预见的是，可持续发展理念对环境法治具有长期性、根本性和整体性的影响，具体包括对环境法治基础的影响、对环境法治理论的影响和对环境法治实践的影响。而在对环境法目的进行分析之后，不难发现，可持续发展理念与之亦具有共通性。环境法追求的两大目标，一是环境公平，包括代内公平与代际公平；二是环境安全。而为实现这两大价值目标，又派生出协调发展、预防为主、合理开发、受益者负担和公众参与等基本原则。不难看出，如果两大目标能够达成，自然也就能够实现可持续发展的目的。

第六章机制重塑——中国环境法的调控机制，包括五节。主要是对重塑中国环境法的调控机制进行阐释。环境资源在一国的经济发展中占据基础地位，对经济发展的速度和规模有重大意义，必须运用法律手段对影响资源开发和利用的因素进行调整，实现经济与社会的协调发展。如果说制度是权力运行的基础或依据，那机制则是制度间相互联系和沟通的渠道和网络，它是实施制度的必要保证。环境法是国家行使国家环境职能的基本法律依据，根据中国环境法机制建设和可持续发展的目标要求，应该建立统一管理、公众参与、全过程控制和环境纠纷处理四大机制。

（二）观点与述评

人类自出现以来，就通过利用和改造自然环境为自身创造舒适的生存条件。可以说，人类文明就是在改造自然的基础上形成的。然而，由于人类的贪婪、对自然资源无限制的利用、对生态环境肆意的破坏，终究给人类自身带来了前所未有的环境危机。如果从历史的沿革来看，环境问题也是不断发展的。在原始社会，人类的生产与生活方式大多以刀耕火种为主，生产力低下、环境的改造能力有限，人与自然尚且处于和谐状态之中。到了农业社会，人口数量、生产力水平、社会发展都有了大幅度的提升，人类开始大规模开发自然资源，开垦土地、破坏植被，给局部地区的水土环境造成了严重破坏。与此同时，人类聚集区开始大量出现，由生产、生活产生的水污染、生活废物污染等问题也日益出现。但无论如何，该阶段的环境问题尚且停留在局部范围内，并未形成全球性问题。进入工业革命时期之后，科学技术迅猛发展、人口爆炸、机械化生产快速普及，环境危机全面爆发，酸雨、臭氧层破坏、温室效应、突发性环境问题、大规模生态破坏等全球性环境问题层出不穷。自此，人类已经处于一个新的困境之中，环境问题已经突破区域和国界，演变为全球危机，成为任何国家无法回避的问题，解决这些问题需要各国共同行动，否则将导致不可预测的严重后果。

综观全书有如下特点：

第一，立意高远，视野开阔。该书作者突破了以往环境法学研究的框架限制，从全新的角度出发，对环境法原理做出了整体的把握和宏观的分析，更加强调各个法律部门的相互渗透、作用和影响。认为应当在宪法的管辖之下，按照生态、社会和经济的可持续发展原则来规范人类的活动以及设立相应的法律制度，这样才能够让社会经济生活与环境保护进行有机的结合，很大程度地弥补了早期环境法研究缺乏跨学科探索的缺陷，同时也扩大了研究领域，让人们以更加广阔的视野去探索环境法理论，这也恰恰体现了作者见识的卓越以及理论上的创新。例如，作者提出以可持续发展为核心的新型自然理念。自 20 世纪 70 年代开始，中国的环境立法经历了从无到有，从抽象到具体，从个别到一般的快速发展，但同时环境污染事件仍旧不断发生。本书作者通过对这一阶段环境法的立法与实践进行梳理后，指出中国的环境法制建设还存在诸多问题，距离立法设想差距甚远。造成环境法制现状的原因是多样的，而最根本的原因在于发展理念上出现了问题。可持续发展理论内涵广泛，其核心是平衡经济发展与环境保护之间的关系。以“人类中心主义”为核心的传统发展方式，把人与自然的关系割裂、对立起来，认为人类可以对自然界无限制地征服和掠夺。这种只顾眼前利益、个人利益、当代人利益的发展模式给生态环境造成不可挽回的破坏，进而损害长远利益、公共利益、后代人利益，与环境法所追求的环境公平与环境正义的价值理念背道而驰。而以“自然中心主义”为核心的可持续发展理念，以环境权、生存权、发展权的协同发展为基点，积极构建环境管理制度，维持生态系统的平衡稳定，对环境问题采取预防为主、防治结合的处理原则，保障自然资源的长久开发利用。因此，唯有在理念上进行变革，在环境法制建设中树立可持续发展理念，才能从根源上缓解严峻的环境现状，构建人与自然的和谐共处。

第二，理论联系实际。本书作者对中国环境法调节机制进行了重塑，主张国家管理权与公民环境权的协同参与。在国家管理中，政府以法律形式和国家名义，在全国范围内行使环境保护职能。需要注意的是，如何定位国家的管理职能是其中的关键，更进一步说，找准政府与市场的定位显得尤为重要。不是不要市场，也不是不要政府，而是市场需要一个具有现代化理念和功能的政府，而环境管理权正是现代理念和现代功能的典型代表。因此，国家基于整体安全和秩序的要求对市场进行干预，对环境资源进行管理，也有利于市场经济的发展。

提及环境法上的权利，论者往往都会提及其综合性特征，这一概括很容易被理解为“多而杂”“大而不当”的意思，但对普通公民而言，其拥有的权利主要就是环境权——这也是最狭义的环境法上权利的概念。公民环境权是和国家管理权同时代的产物，国家管理权作为一种社会管理权，其本质属性仍旧是一种公权力，有权力就有可能被滥用。而公民环境权的设立，一方面可以鼓励公民参与环境管理的社会事业；另一方面也有利于对国家环境管理工作进行监督。任何理论只有在社会实践中进行检验才能验证其科学性。在国家管理上，作者主张全过程控制式的管理模式，而摒弃效率低下，成本高昂的单一末端控制模式。具言之，全过程控制模式，主要由源头控制、生产控制和末端控制三个部分构成。“参与”是民主国家的特质，“参与机会的充分保障是民主原则和法治国家原则的严格要求，也是在其他类似参与情形中应当充遵循的原则”。公众参与是当今世界各国较为普遍遵循的环境法基本原则。这种公众参与应当是全方位的，若公众被排除在行政决策过程之外，或者只能限制性地参与行政决策的某个环节，只是处于行政决策过程的“末端”或“下游”，就会使其失去应有的价值。实践证明，中国的环境法公众参与制度亟待完善，应当尽可能设置形式多样的参与方式，如建立公众参与会议制度、完善人大代表制度、建立环境陪审员和环境案件听证会制度以及加强环境政府开放制度等，并明确相应权利内容，以增强可操作性。

环境的概念显示，欲作有利于一方利益之决定，若未牺牲他方利益通常无法达成，这是环境法的作用结构。国家环境管理权与公民环境权利的关系，自诞生之初就注定是相互依存又相互排斥的一对矛盾关系。在“环境权利—环境权力”的二元一体架构中，政府环境公共权力行使的目的，是保护环境公共利益和公众的环境权利，但环境权力的不当行使会侵害环境公共利益和公众的环境权利。这就需要在实践中不断摸索与发展，使二者能够更好地协调。公众参与制度的完善可以让公众更容易地参与到环境保护当中，让政府权力置于阳光之下，避免出现权力膨胀和腐败现象，充分接受公众的监督，也有利于推动企业自律控制污染。但这一过程，不是一朝一夕，也不是一个人就能完成的，既需要政府的大力支持，也需要环境保护部门的方法创新，更需要公众的努力参与，还包括我们每一个人的意识突破，相信环境保护公众参与制度在我国一定能结下丰硕的果实。

第三，不囿成见，锐意创新。研究贵在创新，通观全书，作者提出了许多新的观点和理论。例如，在环境权理论上，作者认为确立公民环境权的直接意义在于突破传统民法的原则，确立新的有利于环境保护和人类生存发展所必须的权利类型。换言之，只有在环境权被确立为一项宪法权利的同时，肯定其私权性质，使之能够得到民法和民事诉讼法的保护，才能起到保护环境的作用。事实上，环境权的私权化是其本质属性决定的，一方面公民环境权不同于传统民事权利，体现为通过限制所有权来保护生态环境；另一方面，这种由公民享有的环境权又不同于以实施国家强制力为表现方式的国家环境管理权。由于环境法涉及的调整对象多样，社会关系复杂，公民环境权的私权化是必要且合理的。而伴随着社会发展的需要，私法公法化和私法社会化的现象也越来越多。

又如，在论及环境法与部门法之间的关系上，环境法是否具有独立性以及环境法与其他部门法的关系如何界定，一直是环境法学研究争论的焦点。环境法学是边缘法学，这并不能界定环境法学本身主流与否，而是体现环境法学具有多学科交叉和渗透的特性，是一种多学科的综合兼容，环境法从产生的时候就不是纯粹的法学。环境法最大的特点是“诸法合一”，不是古代意义上的“诸法合一”，而是指在环境法的实施过程中，同时包括民法手段、刑法手段、行政法手段、诉讼法手段。但不能因环境法“诸法合一”就否认环境法具有独立性。在传统法学理论中，确立部门法的基本标准集中在调整对象与调整方法上。但事实上，无论是调整对象还是调整方法，都只是停留在表面和外部进行分析，这样的标准难以真正对独立性与否进行科学判断。基于此，本书作者主张对环境法的独立性进行分析和论证时，应当深入到核心领域，把重点放在探讨环境法的价值取向上。从整个法学领域而言，由于建立在市民理论基础之上，过于强调人本主义，现代法律的变迁长期遵循从“身份到契约”的轨迹，以解放人性、追求利益，甚至不惜牺牲环境为代价。而环境法的形成和出现，开始打破这样的规律，进一步推动现代法律从“契约到伦理”的前进。具体而言，传统法注重调整人与人之间的社会关系，而环境法注重调整人与自然、当代人与后代人之间的伦理关系，提倡清洁生产、合理利用自然资源、适当控制人口，其出发点与落脚点均在于追求一种和谐与公平的状态。因此，环境法完全具备成为独立部门法的理论基础。

虽然环境法与其他部门法之间存在差异，但仍旧具有诸多联系，在各部门法中也不乏环境法的内容。环境法学不应按照所谓的生态规律或者某种环境理想图景去任意打造新秩序，而应在维持法秩序的整体安定性的前提下通过规则的“渐变”解决新问题，妥善协调与现行法的关系。

从法学理论上来说，谈及部门法之间的协调，往往可以从法律价值和法律制度两个层面着手。在法律价值层次上，法律追求的基本价值主要有自由、公平、秩序、安全。不同的部门法基于自身的立法目的，在实施过程中对这些基本价值的实现上会有一些差异。如果传统部门法还是基于个人主义的价值观、权利观和利益观的话，那么环境法则是将整体主义、集体权利和公共利益纳入，此时就需要通过调和差异，尽可能使部门法发挥各自最大的效用。在法律制度上，环境法与传统部门法之间不乏交叉与融合的领域，应当通过立法技术的提升和运用，来避免对共同内容出现相矛盾的规定。

第四，内容丰富，资料翔实。《环境法新视野》一书体系完整，内容科学，资料充实。该书以日益严重的环境危机引入，指出传统法应对环境法问题的困境，进而论证构建环境法调节机制，以环境法治理环境问题，最终达到人与自然和谐相处的状态。作者在全书中以缜密的思维、严谨的态度、科学的方法对环境法学科作了全方位、多角度、深层次的不懈探索，对环境法的概念、环境法基本原则、环境法理念、环境法调节机制作出了细致的阐述，积极总结前人的观点，同时敢于提出自己的看法。例如，论及公民环境权，作者敢于直面反对观点，从理论与实践两个维度，来论证公民环境权存在的必要性以及合理性。又如在分析构建中国环境法调节机制上，作者立足国情，总结他国经验，提出应当以国家统一管理与鼓励公众参与相结合，采取全过程控制模式，并积极给出详细的理论分析，使这一构想更具科学性。另外，该书所引用的文献多达二百多本，其中不乏大量的英文、日文、德文等外国文献，这足以见得作者在书中的论断并非自说自话，而是通过大量文献研究来提炼自己理论的依据。因此，从学习和研究的角度来看，该书具有极强的学术价值，对环境法学科的理论构建作出了重要贡献。

五、思考题

1. 为什么说可持续发展应该成为环境法的唯一目的?
2. 环境法独特的价值取向是什么？为什么?
3. 什么是环境法律关系？为什么说环境法律关系是一种特殊的法律关系？
4. 论述我国环境民事责任的归责原则。
5. 我国突发性环境事件管理的运行机制是怎样的?

（撰稿人：胡潇潇）

第十八章

《环境法治的中国路径：反思与探索》

——汪劲

【本章提要】

我国的环境法治实践，从1979年立法至今已有40年时间，这段期间，国家陆续颁布了多部环境保护方面的法律，对控制环境污染、生态破坏、合理开发利用资源与能源起到了积极的规制作用。但从环境法治实践的效果来看，仍然存在一些问题和不足。

本章学习《环境法治的中国路径：反思与探索》。这本书总结了作者参与国家或者地方环境立法工作的心得体会；同时从环境法律实施的角度，分析中国环境法治存在的问题，以引发我们对中国环境法治路径展开深入思考。

一、作者简介

汪劲，1960年10月生，湖北武汉人。1997年毕业于北京大学，是中国首位环境法专业法学博士学位获得者。攻读博士学位期间曾公派赴日本法政大学学习环境法理（1996—1997年），赴瑞典乌普萨拉大学接受环境立法培训（1995年），此前曾获法学硕士（1990年）和医学学士（1983年）学位。现任北京大学法学院教授，兼任中华全国律师协会环境与资源法专业委员会主任委员、中国环境科学学会环境法学分会副主任委员；曾于1983—1985年任武汉市青山区卫生防疫站医师；1986—1993年任武汉大学法学院助教、讲师；1997—2006年任北京大学法学院讲师、副教授。

从1986年参与《环境保护法（试行）》修改至今，参加了几乎所有中国环境保护法律和重要法规、规章的起草以及论证、修改等工作。在国内外学术期刊发表论文百余篇，著有学术著作十余部并组织翻译多部国外优秀环境法论著。个人代表性学术专著为《环境法律的理念与价值追求——环境立法目的论》（法律出版社 2000 年出版），代表性教科书为《环境法学》（普通高等教育“十五”国家级规划教材，北京大学出版社 2006 年出版）。

二、作品版本

《环境法治的中国路径：反思与探索》，中国环境科学出版社 2011 年 1 月出版，31 万字。本书为中国环境科学出版社发行的《中国环境文库第一辑》中的一部。该文库收选了中国环境保护事业亲历者及理论先驱者的经典文集以及国内环境相关领域学科领军人物的权威著作，汇集成当代中国生态文明的绿色思想库。

三、写作背景

该书从国外经典案例入手，结合作者参与环境立法的经验，总结了中国环境法治的成就、困境及问题，深入浅出地论述了环境法治的理论与实践，同时兼以对重大环境事件的评论与剖析，使读者对环境法的产生和发展的认识趋于深入，并考察、比较了外国环境法治的经验，对我国的环境法治建设、管理制度完善、科学技术进步以及公众环境意识的提高产生了积极深远的影响。

30 多年来，国家经济一直保持着快速发展的势头，取得了举世瞩目的成就，而环境问题却始终伴随并警醒着市场开放进程和经济发展决策。以新中国的第一项污染治理工程（1972 年北京官厅水库水污染治理项目），以及同期发生的大连湾污染、胶州湾污染、松花江水系污染等事件为缩影，并由此发端的中国环境保护事业的阵痛，折射着整个国家建设和社会发展的艰辛历程。快速增长的经济以及工业化、城市化进程给生活环境和生态环境造成了严重的破坏，也给环保法律的实施带来了巨大的压力。

四、主要内容

本书从中国环境法治的基本态势入手，结合作者参与环境立法的经验，深入浅出地论述了环境法治的理论与实践，同时引入国内外经典的环境保护案例，兼以评论与剖析，引导我们认识环境法的产生、发展历程，启发我们思考现行环境保护实践存在的问题，进而探索适应我国社会发展的环境法治路径。

鉴于此，全书将内容分为六篇：第一篇，中国环境法治 30 年的基本态势；第二篇，法治进程中的中国环境立法变革；第三篇，环境法治新领域的制度抉择；第四篇，环境违法制裁模式的创新；第五篇，环境决策与执法中的法律适用；第六篇，外国法治的经验与借鉴。

（一）中国环境法治30年的基本态势

1. 中国环境法治的成就

1979 年 9 月 13 日，标志着环保法律体系开始建立的中国首部环保法律《环境保护法（试行）》在第五届全国人大常委会原则通过并实施。该法明确了中国环保的基本方针、任务和政策，规定了环保的对象任务和方针，确立了“预防为主、防治结合、综合治理”等基本原则以及环评、“三同时”和排污收费等基本制度。此外，该法还就政府和企业环保机构的建立也作出了规定。在中国社会主义法制建设刚刚恢复、国家法律的数量尚不足10部的情况下，《环境保护法（试行）》的颁行在当时特别引人瞩目。该法施行后，从中央到地方再到国有企事业单位纷纷建立环保机构，1981年12月，国务院《政府工作报告》也首次提出“防治污染和保护生态平衡环保工作的推行除了法律政策指导外，还须有严厉的执行措施充足的资金保障与各级领导者较强的环境意识”。然而，改革开放初期这些准备并不充分，实践中环保与经济的对立相当严重，许多环境标准及其制度措施没有得到执行。

1981年2月，国务院发布了《关于在国民经济调整时期加强环境保护工作的决定》，意图在经济的宏观调控领域纳入环保。同年5月，原国家计划委员会和国务院环保领导小组等联合发布了《基本建设项目环境保护管理办法》，将环评和“三同时”制度纳入基建项目的审批环节，1982年12月修改后的《宪法》除了重申国家的环保责任外，还对与环保相关的资源保护作出了规定。在此前后8年时间里，国家相继制定了《海洋环境保护法》《水污染防治法》《大气污染防治法》《森林法》《草原法》《渔业法》《水法》和《野生动物保护法》。1989年12月，为了适应社会主义商品经济体制，国家通过了新的《环境保护法》。至此，中国环保法律体系初步形成。

1996年，全国人大通过了《国民经济和社会发展第九个五年计划和2010年远景目标》，该计划强调经济发展要和环保相协调，提出了可持续发展的预期目标以及将主要污染物排放总量等环保目标予以量化。修法是“九五”时期环境立法的重要工作，主要修改了《矿产资源法》《水污染防治法》《海洋环境保护法》《大气污染防治法》等，还制定了《环境噪声污染防治法》和《节约能源法》。1997年修改的《刑法》在第六章“妨害社会管理秩序罪”中专门设立了“破坏环境资源保护罪”，以期通过刑法手段威慑和遏制不断加剧的环境污染和生态破坏行为。

2006年的《国民经济和社会发展第十一个五年规划》在“十五”计划的基础上将环保单独列为一篇，并首次确立了定量描述的约束性指标：单位GDP能耗下降20%，主要污染物排放总量比“十五”减少10%。据此，国家环保总局和国家发改委发布了《“十一五”期间全国主要污染物排放总量控制计划》，将该约束性指标按照污染物的种类和地区进行了具体分配。此间，以《环境影响评价法》为首的10部环境与资源保护法律的制定和修改，标志着国家重新开始重视环保工作。2008年新修订的《水污染防治法》在排污收费、总量控制等制度建设方面趋于合理，并提高了行政处罚的力度。

到2009年，据《2009年中国环境状况公报》显示，当年化学需氧量和二氧化硫排放量比2008年分别下降了3.27%和4.60%，比2005年分别下降了9.66%和13.14%，二氧化硫“十一五”减排目标提前一年实现。至此，环保规划的实施首次达到了同期“五年计划（规划）”的进度要求。在此期间，随着环保部的升格和司法改革的推进，环保行政能力建设得到大幅度加强，环境司法制度改革取得历史性突破。

2. 中国环境法治的困境

从我国环境法治实践的效果来看，作者认为，过去 30 多年的环境法治实践是不成功的，可以从立法、司法、行政以及其他关联主体因素入手来分析影响环境法治实践的制约因素。

在立法方面，一是法条规范同立法目标相违背，如环境影响评价制度和超标排污收费制度；二是公众参与有基本原则，但是没有具体的制度；三是对主体义务的规定有制度规范，无执行措施；四是法律规范有行为模式，无法律后果；五是针对违法行为有制裁措施，无制裁强度。

在行政方面，从环保部门自身来说，存在执法能力不足、技术保障不足、环保投入不足、环保执法权威性不够以及环保统一监管无法实现等问题。

在司法方面，一是司法系统对行政支持和补充的作用不够。环保部门对环境违法行为给予处罚，企业如果不执行，环保部门可以申请法院强制执行，但是环保行政处罚属于非诉执行，不在法院的考核指标内，因而得不到司法的积极支持；二是环境污染案件存在着起诉不受理、受理不审判、审理不判决、判决不执行的问题。

（二）法治进程中的中国环境立法变革

1. 环境法的体系化与法典化

关于如何构筑中国环境法律体系框架以及环境法律体系内部结构的设置等问题，一直是我国环境法学界研究的重点和在实践中没有解决好的问题。从“六五”计划时期开始，国家立法机关就一直在拟定中国资源和环境保护法律体系框架的基本模式，同时环境法律体系的范畴到底应当如何界定，因对环境法概念的理解不同而在我国法学界有许多不同的解释。例如，持“广义环境法”说者认为环境法所调整的社会关系涉及国土、资源以及环境、能源等领域，因此环境法律体系的范围应当同样也扩及这些领域；持“狭义环境法”说者则认为环境法所调整的社会关系主要是在保护环境和自然资源、防治污染和其他公害的过程中产生，所以环境法律体系的范围应当只包含这些领域的内容。

在我国，环境法律体系的形成类同于基本法—单项法体系型，主要由环境保护基本法、环境保护单项法规、环境标准、其他部门法中的环境保护法律规范构成。如果说我国环境法律体系的框架模式已经初步形成了的话，那么现在存在的问题主要就是法律内容的内部结构不协调和各层次法律应当怎样确定具体行为模式或法律后果的问题。作者认为我国环境法律体系的框架应当注重在环境保护基本法和环境保护单行法规上下工夫，而不是强调完善国务院环境保护行政法规或部门规章。国家立法机关制定的环境法律应当强调尽善尽美、有利于实施。在环境保护单行法规的立法中，更应当强调保持环境法律体系间的相互协调关系，对于在立法中可以解决的问题尽量不留待于下一层次的行政法规或部门规章去解决。

长远地看，环境法法典化意味着环境法律发展有了进程、方向与归属。也就是说，一国环境法律在形式上的演进——虽然各国有关环境保护的制定法体系在其形成和发展上各有不同——终究会走上环境法编撰或者环境法典的道路。

2. 我国《环境保护法》的修改定位

从1989年至今，我国环境与资源保护法律体系已初步建立，各项环境与资源保护法律制度也已创新。但是与不断完善修改的单项环境与资源保护法律相比，《环境保护法》显露出了不足之处。

首先，《环境保护法》是基于我国实行的有计划的商品经济体制下制定的。我国现在实行的是社会主义市场经济体制，不仅所有制形式发生了重大变化，国家相关基本法和一般立法也初具规模，社会主义法律体系已基本形成。特别是在中国加入WTO以后有关贸易与环境的国际规则尚未在我国环境与资源保护法中确立，因此现行环保法的许多基本规定已不符合我国新时期社会、经济发展的需要和全球环境保护形势发展的需要。

其次，现行《环境保护法》是由全国人大常委会审议通过的，不是基本法，因而其地位和效力难以在宏观上对单项环境立法予以指导，对环境与发展的作用不具有综合性和协调性。

再次，环境与发展的关系在我国现实经济发展和社会生活中还存在着对立的一面，国家经济行政立法有关环境条款的相对不足，造成政府在依法进行具体的发展规划和宏观决策时难以统筹考虑环境与发展的关系。这种状况仅靠目标各异的单项环境与资源保护立法是不足以改善的。

最后，《环境保护法》的主要条文已经被后来制定（修改制定）的单项环境与资源保护法律所重申或者修改。与单项环境与资源保护立法相比，环境污染防治立法的规定比《环境保护法》更为具体、更有针对性；而在自然（生态）环境保护立法方面，《环境保护法》的规定要么存在着大量空白，要么还不如自然资源立法的有关规定。

因此，在单项环境与资源保护法律不断完善的今天，《环境保护法》失去了其应有的地位和作用，成为了“不符合中国国情”的立法例证，这种状况也将环保法的修改推到了环境立法的前沿。

（三）环境法治新领域的制度抉择

1. 新农村建设中的环境法治问题

在我国农村发展的进程中，资源无序开发以及环境污染破坏一直是制约农村建设与影响农民福利的突出问题。为此，中共中央、国务院于2006年2月21日发布的《关于推进社会主义新农村建设的若干意见》中，将农村环境保护作为新农村建设的一项重要目标。作者认为在我国农村普遍面临着贫困落后、资源与环境破坏严重以及急于谋求开发致富等多重压力的前提下，如何通过法治手段促使新农村建设中的经济、社会和环境协调发展与同步提高，不再重蹈我国城市发展中出现严重环境问题的覆辙，应当成为我们亟待研究和解决的问题，即农村环境问题。

由于农村环境保护领域的范围较广，国家法律对涉农环境保护事项所作的原则性规定并不足以应对农村环境保护工作涵盖的各种事项。因此，应当将国家有关环境与资源保护法律中适用于农村地区的原则性法律规范具体化，并将当前我国农村较为突出的环境问题予以抽象并有针对性地为其确立法律措施。我国目前已经制定实施了大量环境与资源保护以及农业生产生活管理方面的法律法规。这些法律法规中有许多具体规范已经成熟且现行有效，鉴于此，作者认为应当通过国务院制定行政法规的方式制定一部综合性农村环境保护条例，以规范农村地区各类与环境和资源保护相关的开发利用行为。此举除了可以照应现有的环境与资源保护法律法规外，还可以对国家法律法规尚未涉及或者虽有涉及但原则性过强的农村环境保护规范予以具体化。

按照我国《立法法》的规定，农村环境保护条例的立法依据应当是《环境保护法》，立法目的在于保护和改善农村生活环境和生态环境，防治农村环境污染和破坏，合理开发和利用农业资源，保障农产品质量和人体健康，促进农村社会经济可持续发展。制定农村环境保护条例既可以有效衔接其上位法律（立法依据）《环境保护法》，又可以与已经颁布施行的其他下位法规，如国务院各部门规章以及地方性法规等进行衔接。

2. 外来物种入侵与法律规制

伴随着全球经济一体化的进程，外来物种入侵成为危害人类健康，造成各国经济巨大损失以及给国家生物安全带来重大威胁的问题。在国际层面上，目前已制定了以《生物多样性公约》为首的防治外来物种入侵的各种多边环境条约，以及与之相关的卫生、检疫制度或运输的技术指导文件等。从国家层面确立的法律对策上看，各国针对本国的实际情况制定了相关的国内外来物种入侵规制的法律，设立了包括预防、早期检测和快速反应、控制管理评估等制度。

根据农业部2005年统计数据显示，我国每年因外来物种导致的损失达1198.76亿元，占国内生产总值的1.36%。事实证明，我国已成为遭受外来入侵生物危害最严重的国家之一。

无论是国际社会还是国内立法，防治外来物种入侵对策立法所选择的主要模式都是“法律＋国家防治战略”。实践证明，这种模式一方面可以与国际社会有关外来物种入侵的防治对策保持一致并可以适时更新；另一方面对各国现行行政管理体制的影响也较小，有利于国家采取综合防治对策应对日益加剧的外来物种入侵现象。

因此，作者认为在外来物种入侵防治领域，实施预防原则主要应当建立三方面的法律制度：一是对有意引入外来物种行为实行风险评估制度；二是对有意引入外来物种实行许可制度；三是对有意引入外来物种行为构建全过程规制制度。

（四）环境违法制裁模式的创新

环保法律实施中反映出来“违法成本低”问题的症结，很大程度上来自于环保法律规范在制度设计上存在着“重行为模式、轻法律后果”的现象。换句话说，就是对违法行为的制裁条款存在着“罚不当过”的问题。与之关联的是，在2007—2008年《水污染防治法》修改过程中，包括作者在内的许多学者和官员从不同的角度都提出了增加有关“按日计罚”条款的建议。

我国地方“按日计罚”措施的立法与实践以重庆市环境保护条例的基本规定为例。2007年5月18日重庆市人大常委会通过了修改的《重庆市环境保护条例》，自2007年9月1日起施行。该条例率先于第111条作出了下列规定：“对违法排污行为和破坏生态环境的行为造成严重环境污染或危害后果的，可加收两倍以上五倍以下的排污费。”“违法排污拒不改正的，环境保护行政主管部门可按本条例规定的罚款额度按日累加处罚。”“有前两款规定情形之一的，对主要负责人处以一万元以上十万元以下罚款。”与《水污染防治法》相比，该条例第111条的规定有两点值得我们借鉴。第一，该条第一款“可加收两倍以上五倍以下的排污费”的规定，是对违法排污处以条例规定数额罚款基础上进行的追加收费，前提是违法排污行为和破坏生态环境的行为造成严重环境污染或危害后果；第二，该条第二款对“违法排污拒不改正的”情形规定了可以实行按日累加处罚。这一规定实际上是一种执行处罚手段，目的在于促进违法者改正违法排污行为而非设立处罚本身。

（五）环境决策与执法中的法律适用

1. 环境标准的法律地位与作用

在我国，一般认为环境标准是指为了保护人群健康、保护社会财富和维护生态平衡，就环境质量以及污染物的排放、环境监测方法以及其他需要的事项，按照法律规定程序制定的各种技术指标与规范的总称。1999年国家环保总局发布的《环境标准管理办法》对制定环境标准的范围和内容确定为“环境保护工作中需要统一的各项技术规范和技术要求”。

环境标准的适用主要表现在如下三个领域：一是用于环境监测，如采样、保存、分析以及比对等环节都需要适用环境标准。二是用于环境行政执法，它又分为两个层面，第一个层面是衡量或者判断某个区域或者流域的环境质量状况，用于考评地方政府是否很好地实现了对本辖区环境质量负责的目标，以及用于各类开发利用与环境保护规划以及环境影响报告书的编制；第二个层面是监督排污单位的污染物排放是否遵守了标准的要求。三是用于司法机关审理环境纠纷案件时作为一个判断行为是否符合法律规定的客观指标，所以环境标准与环境行政和环境司法的关系非常密切，需要我们认真对待。

（1）环境标准的性质、地位。关于环境标准的法律性质定位，有人认为环境标准属于法律规范，有人却不这样认为。在我看来，通过定量的方法来判断人类行为是否符合环境要求的客观依据就是环境标准。环境标准是对与环境保护相关的技术规范的统称，因此不存在对环境标准的笼统定位问题。因为任何一种规范，只要我们将它纳入法律规范的范畴，这个规范就必须符合包含行为模式与法律后果这两个因素的关系逻辑结构。而环境标准中的类别很多，制定的程序、方法以及适用的条件等也与法律不一样，所以我们不应当笼统对环境标准的法律性质予以定位。

在各国环境立法中，一般均将行政行为所适用的具有强制性的环境标准直接在法律中明确规定。例如，在日本，依照《环境基本法》规定，环境标准包括有关人体健康项目的标准和有关生活环境项目的标准两大类。在中国，依照《环境保护法》规定，环境标准主要包括环境质量标准和污染物排放（控制）标准两大类。除此之外，具体实施监测、测定和技术分析还要按照一定的科学方法来进行，因此除以上两类环境标准外还存在着一些基础性、方法性的技术规范，这些在我国也一并纳入环境标准的范畴。

鉴于我国的环境标准是各类性质和目的不同的技术指标和规范的统称，因其制定机关、适用对象和强制性等的不同，导致它们本身的规范性也不确定，所以在判断环境标准的性质时，应该区别对待各类环境标准的法律效力。

（2）环境标准的司法适用。2001 年广东省东莞市某人民法院审理一起环境污染纠纷。原告主张由于被告排放废水、废气的行为致使其身体出现中毒反应，被告则辩称其排污行为符合国家污染物排放标准，原告损害结果与被告行为无关。一审判决书认定：由于被告公司的排气排污符合国家标准，原告等五人如果认为在此情况下仍会造成自己的损害，应由其负举证责任。原告等未能就此提供相应的证据，无法认定其中毒与被告公司有关。二审判决书中赫然写道，“由于被告公司的排气排污符合国家标准，原告等五人如果认为在此情况下仍会造成自己的损害，应由其负举证责任。原告等未能就此提供相应的证据，故无法认定其中毒与被告公司有关”。显然，在这一司法判例中，环境标准成为认定是否存在环境污染事实的重要依据。如果排污者的行为符合环境标准的规定，就不被认定为存在污染，其行为不具有违法性，因而无须承担赔偿责任。只有当排污者的行为违反了法定的环境标准时才认定造成了污染，才承担相应的赔偿责任。

国家环境保护总局给湖北省环保局《关于确定环境污染损害责任问题的复函》（1991 年 10 月 10 日环法函字第 104 号）中已经明确指出“承担污染赔偿责任的法定条件，就是排污单位造成环境污染损害，并使其他单位或个人受到损失”。“至于国家或地方规定的污染物排放标准，只是环保部门决定排污单位是否需要缴纳超标排污费和进行环境管理的依据，而不是确定排污单位是否承担赔偿责任的界限”。符合排放标准意味着排污者的排污行为具有行政合法性。各国都不以环境标准作为司法判断的决定性依据。例如，日本是通过“忍受限度”理论来判断环境侵权责任。虽然排污者的排污行为并不违反法律规定，但是如果造成的损害已经超过一般人可以忍受的限度，污染行为人就应当承担民事责任。是否超标排污只是判断是否超过“忍受限度”的依据既然环境标准是结合我国现阶段社会、经济发展水平，在平衡各方利益之后，综合考虑环境保护要求，对人体健康、福利的关注、企业发展的需要等各方面因素后制定的，那么在确定人体健康损害时用考虑综合因素后协调各方利益而制定的环境标准作为判断依据，对于受害人来说显然是不公平的。环境标准先天的科学性和利益平衡性的缺陷，使之只能具有公法上的判断意义，即使排污行为符合环境标准的规定，也不意味着排污者民事责任的免除。

实际上，司法机关在审理环境污染损害赔偿等案件时，除了面临着环境标准的适用外，更多的是参考适用非环境标准类别的其他标准或者技术性规范，如生态损失的计算方法、损害赔偿的标准等，所有这些都不应当作为环境标准对待并与之混淆。

2. 环境影响报告书审批中的环境权益判断

环境影响报告书是以定量和定性的方法详细描述并评价项目方案可能引发的环境影响、利弊分析及其对策措施的法律文件，目的在于为环境行政决策提供科学依据。鉴于环境影响的后果直接涉及公众的环境权益，参与主体也较为特定，各国立法均将环境影响报告书审批视为整合性许可审查制度并将其作为特殊行政程序对待。我国《环境影响评价法》赋予了环境保护部门在环境影响报告书审批过程中对项目方案可能导致的公众环境权益侵害进行判断的职责。这项职责也是执行《行政许可法》，保护公众环境权益，保障和监督环境保护部门有效实施环境影响评价管理的重要措施。依照法律规定，对环境影响报告书的审批除了对项目方案可能产生的环境影响进行判断外，还必须就该环境影响可能导致的公众环境权益侵害进行判断。否则，对项目方案作出批准决定的环境保护部门就可能面临公众的行政申诉并导致诉讼。

（1）环境影响报告书审批中对公众环境权益的侵害。《环境影响评价法》和《行政许可法》施行以前，我国各类环境影响评价的法律文件和技术导则都没有要求环境影响报告书编制单位对项目方案所涉及的公众环境权益进行深入分析，环境保护部门在审批环境影响报告书时也没有义务具体考量公众环境权益在多大程度上可能受到的环境改变的侵害。《环境影响评价法》将需要编制环境影响报告书的项目方案确立为“可能造成重大环境影响”的方案，并对这些项目方案的环境影响报告书编制和审批，规定了依法听取公众和利害关系人意见的程序，这样环境影响报告书审批的关联主体也就扩大到可能与项目方案利益针锋相对的公众和利害关系人。从作者参与的部分环境影响报告书审批听证会或论证会来看，一直沿用过去环境影响报告书审批方式的环境保护部门对此多少感到有些不适应。

公众的环境权益是我国《环境影响评价法》首次确立的。依立法背景解释，意指公众对正常生活、工作环境依法享有不受他人干扰和侵害的权利和利益。由于该项权益的实现与公众稳定的生存环境密切相关，所以任何改变环境状况的行为都可能侵害公众的环境权益。

在环境影响评价有效性评估指标体系中，与《环境影响评价法》特别是公众环境权益保护制度相关的指标主要有环境影响评价的启动时间、环境影响评价报告书的内容（含替代方案、积累影响分析、风险分析、环境价值分析等）、环境影响报告书关联主体对环境权益认识的差异、公众参与等方面。

（2）建立环境影响报告书编制和审批的环境权益判断标准。在环境影响报告书编制和审批的内容中明确公众环境权益的具体事项及其判断标准，就环境影响报告书编制单位如何评判项目方案可能造成的公众环境权益侵害、环境影响报告书审批应以何种标准与在何种程度上判断公众环境权益可能受到的侵害，以及当对可能的环境权益侵害判断发生意见分歧时，应由谁承担举证责任等重要内容在实体和程序两方面作出规定。

在环境影响报告书编制和审批中，目前判断项目方案可能造成的环境影响所适用的标准主要有环境质量标准和污染物排放（控制）标准。在公众环境权益可能受到侵害的判断标准方面，有时还会适用自然景观标准和卫生标准等。

作者认为应当在有关《环境影响评价法》的实施规定中确立权益侵害的规则：若环境影响评价审批不认同公众环境权益的风险存在的话，审批结论就应当对这种可能的风险成为现实后由谁担责任作出具体规定。

最后，应当运用经济学的效用比较原则来判断上述两种标准所不能解决的争议和问题。效用比较原则要求将带来环境污染和生态破坏的生产活动的社会经济效用或价值，同受污染损害的社会效用或价值比较，也就是说，对环境的污染或破坏超过一定程度，为人们所无法忍受，甚至危及人类生存和发展的，应为法律所禁止；倘若对环境的污染或破坏未超过人们的忍受限度，不会危及人类的生存和发展，且其带来的利益远大于人们因环境变化而遭到的损失时，则可以为法律所允许，但此时也需要补偿或者支付受害者的搬迁等费用。

（六）外国环境法治的经验与借鉴（以美国环境法治考察为例）

1. 美国环境法律实施的背景因素

从环境执法的背景来看，好的立法是很重要的一个方面。美国环境立法包括联邦立法和州立法。目前授权环保署执行的法律中，直接授权实施的法律有 13 部，而与环保署执法相关的联邦一级的立法还有 30 多部。在州这一级，美国的州都有自己独立的立法权，州的立法是相当独立的，只要是联邦制定法律以外的领域，都可以制定法律，像福利、环境、卫生等事务，联邦都不能加以干涉。美国实行的是总统内阁制。总统是国家元首、政府首脑兼武装部队总司令。值得注意的是，美国总统发布的行政命令与法律有同等效力。美国政府内阁由各部部长和总统指定的其他成员组成。内阁实际上起着总统助手和顾问团的作用，没有集体决策的权力。

同时我们还必须搞清楚美国政府的角色定位问题。在美国，政府不是一个最高行政机关的概念，所有有权的联邦机构都能被理解为政府或者是政府的一部分，包括现在的美国国务院。美国的国务院和我们国家的国务院也不一样，美国国务院负责的主要事项是有关外交、军事和领土海洋等，它的职权范围比我国外交部要大一些。美国的法院系统总体上是由联邦最高法院、联邦法院、联邦巡回法院以及州法院等构成。联邦最高法院由首席大法官和 8 名大法官组成，终身任职。联邦最高法院有权宣布联邦和各州的任何法律无效。除了最高法院外，其他法院分布在美国不同的州，一般情况下除了联邦一级的立法、行政和司法部门外，各州也有各自的类似一些州的特别法院。

2. 美国环境执法机构

美国联邦一级的环境执法机构主要是环保署，此外还有内政部、农业部。除了这三个大部以外，美国司法部也与环境法的实施相关，他们主要为联邦执法机构提供诉讼的法律帮助和应诉，即政府律师的角色。另外，美国白宫的总统环境安全执行官在联邦环境法实施中也可以协助环境法律在如国防部等的大的联邦政府部门实施。

美国共有 50 个州和 1 个特区（华盛顿特区），还有 3042 个大县。美国联邦赋予州很大的自主权，尽管环保署在全国各地有 10 个办公室，但环境事务基本上还是由州自己来掌握的。美国的《清洁水法》和《清洁空气法》有关排放许可证授权州这一级来发放。

美国民间团体非常发达，而且这些团体都有一些资助来源。在美国有一些政治家想要做政治并通过施政最终对他们代表的利益集团有利，而许多民间团体对施政的影响力很大，也是美国的“干部培养基地”，所以这些民间团体和选举的关系就会很密切。在美国，只要一家环保团体满足具有至少包括一名有诉讼资格的会员、该团体的宗旨与诉讼利益有关这两个条件，该团体就可以代该会员提起公民诉讼。美国最著名的公民环境诉讼案件是 20 世纪 70 年代塞拉俱乐部诉当时的内政部长案。当时美国内政部批准沃特・迪斯尼公司在一个风景区兴建投资 3500 万美元的滑雪场，这一决定遭到美国著名的环境保护组织塞拉俱乐部的反对。他们向法院提起了诉讼，诉讼的内容是，塞拉俱乐部的会员中有很多是旅行爱好者，这个滑雪场修建后，塞拉俱乐部的成员们就不可能再在荒野中徒步旅行，他们徒步旅行和欣赏美景的权益将会受损。尽管这起官司最终因塞拉俱乐部未能就团体的环境利益与自然物的关系拿出有力证据或证明而未得到法院的支持，但它开启了环保团体组织作为原告进行诉讼的先例。

而在此前的 1969 年，Storm King 山案则为此诉讼案件奠定了行为的基础。1965 年，美国一家发电公司拟在哈迪逊河畔的 Storm King 山修建一个全美当时最大的水力发电站提供纽约用电，联邦电力委员会批准了修建水电站的计划，但是没有按照法律规定听取当地公众的意见。为此，当地一家保护哈迪逊河流的环保团体将联邦电力委员会告到法院。法院认为该团体“属于没有经济利益的受损方”最终确立了该环保团体的诉讼资格，因此有权对政府行为提起司法审查。

五、思考题

1. 我国环保法律不断完善但环境污染和生态破坏问题没有得到明显改善的原因是什么？

2. 在我国新农村建设的进程中，如何通过法治手段促使农村经济、社会和环境协调发展，不再重蹈我国城市发展中出现的环境问题的覆辙？

（撰稿人：陈磊）

第十九章

《我国民法典制定中的环境法律问题》——周珂

【本章提要】

与民法相关的环境法律问题一直是环境法学者研究和关注的重点，在法哲学、环境侵权民事责任、环境资源财产权益层面的研究已经相当深入，为民法与环境法的互动发展提供了有力的理论支持。但是从研究内容上看，现有研究对环境侵权责任给予了过分的关注，没有摆脱传统的以责任为中心的环境法学理论的思维定式，这既不符合环境法学理论更新与进化的趋势，也与民法以权利为中心的价值取向不相符合；对有关环境资源财产权利的研究较为分散，缺乏结合民法理论的基础性研究；从研究方法的角度来讲，现有的民法与环境法的互动关系研究基本上是单向性的，偏重民法理论和制度对环境资源法发展与完善的作用，鲜有研究环境法对民法的发展与完善作用。鉴于此，本章学习《我国民法典制定中的环境法律问题》。这本书顺应环境保护的趋势，结合环境法的法制实践，运用理论研究与实证分析相结合的方法，论证民法与环境法的互动与同步发展，分析可持续发展的权利本位化与环境资源生态价值权利化，探索物权与环境资源权利体系构建，提出环境民事主体制度构想，关注民事特殊侵权救济与环境损害责任社会化，设计市场化条件下可流转的环境资源财产权益及交易行为规范，为我国民事立法提供了环境法专业的技术支持，为环境法研究拓展了研究领域。

一、作者简介

周珂，法学博士，中国人民大学法学院教授、博士生导师，教育部人文社会科学研究基地——中国人民大学民商事法律科学研究中心兼职研究员，中国法学会环境资源法学研究会副会长兼全国环境资源法学教学委员会主任，北京市法学会副会长，环境资源法学研究会会长，北京市人民政府环境委员会法律专家组组长，北京市人大常委会专家顾问团成员，中华环保联合会法律专家组专家。研究领域：环境资源法、民法、经济法、房地产法等。

发表的论文有：《中国防治土地退化的法律框架及其完善》，载联合国《自然资源论坛》（*Natural Resources Forum*），美国 SSCI 期刊源，2008 United Nations, Published by Blackwell Pub；《循环经济立法必要性刍议》，载新华文摘，2005–11–01；《从人与自然关系的法律演变看调整论之挑战》，载新华文摘，2004–11–15。在核心期刊发表论文 30 余篇，其他期刊发表论文数百篇。

编写的著作有：主编《住宅立法研究》，法律出版社 2008 年版；作为第一译者译著《国际商法与环境》（*International Business Law and Its Environment Richard Schaffer Beverley Earle Filiberto Agusti*），中国人民大学出版社 2006 年版；主编《环境保护行政许可听证实例与解析》，中国环境科学出版社 2006 年版；主编《突破绿色壁垒方略》，化学工业出版社 2004 年版；独著《生态环境法论》，法律出版社 2001 年版；并主编其他专著、教材、工具书等数十部。

二、作品版本

《我国民法典制定中的环境法律问题》，由知识产权出版社于 2011 年 4 月出版，79 万字。本书是环境资源法学界近年来推出的一部理论巨著。它从多种角度深入探讨了环境法学与民法学在许多具体领域的分歧，为环境法学者和民法学者提供了继续探讨、对话和协商的话题和平台，同时推动了民法与环境法研究的不断繁荣与发展。

三、写作背景

我国民法典的制定、环境资源问题的深化、科学发展观的实施是导致我国法学界共同关注民法与环境法关系研究的基本背景。民法与环境法领域的广泛互动，民法学与环境法学价值理念的深度碰撞与融合，推动了民法与环境法的同步发展。

我国经济的现代化伴随着深刻的环境资源矛盾。我国现有荒漠化土地面积 267.4 多万平方千米，占国土总面积的 27.9%，而且每年仍在增加 1 万多平方千米；我国 18 个省的 471 个县，近 4 亿人口的耕地和家园正受到不同程度的荒漠化威胁；我国目前的废水排放总量为 439.5 亿吨，超过环境容量的 82%；我国七大江河水系，劣五类水质占 40.9%，75% 的湖泊出现不同程度的富营养化；我国 600 多个城市中有 400 多个供水不足，其中 100 多个城市严重缺水；我国尚有 3.6 亿农村人口喝不上符合卫生标准的水；我国废气中二氧化硫排放量为 1927 万吨，烟尘排放量为 1013 万吨，工业粉尘排放量为 941 万吨，人民身体健康受到严重损害。如此深重的环境资源危机，给全社会带来了巨大的损失和痛苦：随着一批资源枯竭型城市的衰落和石油、铁矿石、有色金属等自然资源的价格持续上涨，越来越多的人认识到，我国乃至全球的资源都无法支撑中国传统“高污染、高消耗、低效益”的经济增长模式；环境污染严重侵害了环境污染地区居民的生活安宁和健康权，甚至直接侵犯他们的基本生存权利；资源枯竭剥夺了下一代人发展的机会。仅有专门的环境保护法律并不足以协调环境保护和经济发展的矛盾，人们强烈要求民法在调整民商经济行为时把环境利益纳入考量中。

人类刚刚认识和肯定了自身的价值，还未来得及去思考自己之外的其他主体——环境的生态价值、伦理道德价值、审美价值、科研价值。在传统民法的视野里，自然资源仅仅是具有稀缺性，能够满足人类某种需要，具有经济价值的“物”。因此长久以来，民法调整人类开发、利用自然资源的活动，并未考虑整体环境利益和子孙后代的发展。随着环境大面积退化和资源迅速枯竭，一方面，自然资源如矿、水、土地等的市场价格不断上扬，引发了民法的关注；另一方面，人类切身感受到自然资源除了经济价值外，还有生态价值。生态价值就是生命现象与环境之间相互依赖和满足需要的关系，它有着涵养水土、净化空气、调节气候、承载生物等多方面的生态功能，这些功能和人类福祉其实具有紧密依存、唇亡齿寒的关系。自然环境和人类之间这种唇齿相依的关系，要求民法在利用自然资源的经济价值的过程中，必须尊重、承认其基础性、根本性的生态价值。

《中华人民共和国环境保护法》（以下简称《环境保护法》）第 1 条开宗明义：“为保护和改善生活环境与生态环境，防治污染和其他公害，保障人体健康，促进社会主义现代化建设的发展，制定本法。”环境法和环境法学充分肯定环境的生态价值，并以维护环境的生态功能为己任。然而，在保护环境的过程中，环境保护和民事主体利用自然资源的经济活动不可避免地产生交叉碰撞：不管二者的价值取向和行为方式有多么不同，它们作用的是同一客体自然环境。从我国的国情看，短期内环境的生态价值和经济价值互相矛盾，经济的增长一定程度上不得不以牺牲环境为代价。环境立法和环境法学不可能脱离经济增长这个民生问题来捍卫环境的生态价值，把环境保护凌驾于国民的生存发展需要之上。为了平衡环境的经济价值与生态价值间的矛盾，民法与环境法需要在理论范式上进行对话与整合，在具体制度上衔接与配合。

四、主要内容

如何运用现代环境法原理改造传统的民法理论，使我国民法典的制定符合可持续发展的要求，使民法典的制定与环境法制建设同步实现跨越式发展？面临这一重大使命，本书作者跟踪我国物权法和侵权责任法的立法进程，结合环境法的法制实践，运用理论研究与实证分析相结合的方法，论证民法与环境法的互动与同步发展，将其内容分为四篇：第一篇，民法与环境法的理念碰撞与融合；第二篇，自然资源物权研究；第三篇，环境侵权研究；第四篇，环境资源交易制度研究。

（一）民法与环境法的关系

为推进环境法学与民法学的对话、互镜和范式重构，首先要完成的一项任务就是要辨别环境法与民法之间的差异，因为只有辨别差异，才能使对话双方更清楚地知道各自的立场、处境、观点，才能更好地增进相互理解，进而促成充分“对话”。作者认为，我们可以这样审视环境法和民法，即二者是人类为解决其面临的问题而可采取的两种不同的法律措施，是通向人类特定目的而可供选择的两种不同法律途径。在这样一种观点下，我们辨别民法与环境法的差异，就是要辨别二者针对同一法律问题可能提出的解决问题方案、解决问题思路有何差异。

当代民法转型应该复兴民法精神，回归到“近代民法”的宏大理想和伟岸精神上去，而“现代民法”只不过是“近代民法”为因应世事变迁而作的修正。因此，“绿色民法典”对环境保护究竟有多大功能？实际上，绿色民法典只是“现代民法”的一个构成，既然“现代民法”只是复兴“近代民法”的参考向度，那么绿色民法典只能修正民法固有的理念和价值，即“绿色民法典”的“绿化”之路也是民法自我反思和自我扬弃之路。而基于民法和环境法的范式差异，绿色民法典对保护环境的价值是值得期待的，但不应该因此而过度冲击民法的固有精神。毕竟民法之为民法，是因为其旨在实现私人的意思自治，而非环保；个人主义是民法应予修正和进一步完善的理论范式，而不是被予以取代的对象。

1. 问题意识不同

我们通常所指的民法，即近代民法，是“适用于全体人的法，是一个无等级社会的法”。近代民法建立在私法自治基础上，其伦理基础即“人的相互尊重”，旨在保障每个人的存在及尊严。正因如此，当我国民法学者言及民法的本质时，一致认为民法是“权利法”、是“自由之法”、是“个人本位的法”。无论有关“民法社会化”“私法社会化”的论腔何等激烈，学界认为“私的本位”乃是“民法在制度转变中不变的信念，意思自治仍然是“民法的基本原理”。而意思自治基本功能即在于“保障个人具有根据自己的意志，通过其法律行为构筑其私法关系的可能性”，进而保障个人的自主生活。由此可见，个人自由、自主的生活，即是民法的理想所在，也是民法所要解决的核心问题。

与民法不同，环境法存在的目的是解决环境问题。环境法的本质，不过是现代国家为治理环境问题而采取的一种“制度因应措施”。简单说，环境法即是规范环境之法规整体，“环境”即是此一法律规范所欲保护之对象，环境保护正是此一法律规范存在之目的。环境问题乃是环境法存在的依托，环境问题的产生、发展、消亡将决定环境法、环境法学的产生、发展、消亡；环境问题之性质、程度、样态将决定环境法、环境法学之价值、原则、体系、结构。有效解决环境问题，既是环境立法、环境法学研究的出发点，也是环境立法、环境法学研究的最终目的所在。环境问题既是环境立法、环境法学研究的源泉、动力，也是检查环境立法有效性、环境法学理论是否科学的试金石。

2. 世界图景各异

世界图景回答这样一个问题：人与世界的关系是什么样？它是人对自身与世界的关系的理解。因为世界图景不同，人在思考人与世界的关系时就具有了不同的思维方式和价值规范，而世界图景、价值规范、思维方式正是一个科学理论所必备的三重内涵。比较环境法与民法世界图景的差异，就是要在认识论层面揭示两者审视世界方式的差异，为进一步比较二者在价值观、方法论层面的差异奠定基础。而对世界图景的比较，必须延伸到对两者审视问题的立场、历史视域的比较。环境法与民法有不同的历史视域。近代民法产生之时，资本主义社会的宗教制度基本解体，个人取得相对于家庭、教会的独立地位。在政治上，欧洲民族国家逐渐形成，国王代表的政权战胜教皇代表的教权；在经济上，商品经济得到极大发展，社会个体成员在法律上取得了平等、独立、自由的经济地位。应上述的政治、社会背景，这一时期形成的人与世界之间的“世界图景”，是一幅以人类为中心的世界图景。在人与大自然之间，人是大自然的最后目的，大自然不给予人类现成的幸福，却又给了人类生存最基本的条件，以使其能在此基础上进行创造和奋斗。大自然赋予人理性，理性使人获得了不同于他物的自尊、自我意识和意志自由，理性是人一切能力的根据，是人在生存方式上高于一切他物的关键。这种世界图景在民法制度上得到承认，其标志即是近代民法模式的确立：抽象人格平等、私人的所有权神圣、契约自由、自己责任。

而环境法的产生则是20世纪后期的事情。由于全球性生态危机的日益加剧，人类与自然的关系被重新审视，“人类中心主义”被认为是导致这一危机的罪魁祸首，因此以生物中心论、生态中心论和深层生态学等为代表的“非人类中心主义”世界图景日益形成。《世界自然宪章》开篇言明，“人类是自然的一部分，生命有赖于自然系统的功能维持不坠，以保证能源和养料的供应”。这是对“人类是自然界的主人”的“人类中心论”观念的直接否定，越来越多的人意识到，自然界不是我们征服、掠夺的对象，人类的生存与发展必须合理利用和保护自然资源。

3. 价值取向殊途

因为环境法与民法在审视人与世界的关系上具有不同的世界图景，所以二者在仲裁问题、衡量利益上有不同的价值判断准则和思维方式。在民法中，人的形象是“植根于启蒙时代、尽可能地自由且平等、既理性又利己的抽象的个人，是兼容市民及商人的感受的经济人”。这一人的形象，决定了民法的价值判断必然以个人为本位，以权利为本位。所谓以个人为本位，是指“个人是主体，一切从个人意思为出发点”；所谓以权利为本位，是指“一切以权利为出发点”。近代民法学者也鼓励激发个人的权利意识、强化个人的权利意志。耶林高呼“斗争是法的生命”，认为个人“为权利而斗争是对自己的义务”，是“对社会的义务”，这也决定，民法学语言必然以“权利”为核心词，民法理论体系的传统构造也必然围绕“权利—权利主体—权利客体—权利内容”为线索。在这一图景下民法所关注的，唯个人的权利、个人的利益与个人的行为自由。

但在环境法中，民法视野中的“经济人”形象被颠覆。在理论上西方的环境法学家在环境法理论形成初期，作为对“人类中心主义价值观”的否定，就曾提出过多种“以生态为中心的价值观”，如动物的权利论、“盖娅”假说、生命中心主义的自然观等。在立法方面，各国都径自高扬“可持续发展”大旗，直接把“可持续发展”作为环境法的立法目的。“可持续发展”要求人类的经济活动和改造自然既要满足当代人的需要，又不能对后代人满足其需要的能力构成危害。基于此种价值观，环境法已经不可能故步自封于民法“兼容市民及商人的感受力的经济人”的眼界，环境问题的解决也必然超越传统民法通过“意思自治”解决社会问题的思维方式。由此可见，环境法与民法采取的乃是两种对立、冲突的价值判断准则。

4. 研究范式差别

环境法学与民法学有不同的问题意识，有不同的历史视域、世界图景、价值规范、思维方式，归根结底，二者体现了两种不同理论范式的差异：个人主义理论范式与整体主义理论范式的差异。所谓“个人主义”，《简明不列颠百科全书》中定义为：“一切价值均以人为中心，即一切价值都是由人体验的（但不一定是由人创造的）；个人本身就是目的，具有最高价值，社会只是达到个人目的的手段；一切个人在某种意义上说道义上是平等的……任何人都不应当被当做另一个人获得幸福的工具。”政府干预人们生活应当保持在最小限度，政府的主要职能以维持法律和秩序，防止个人对别人的干扰，和监督执行自愿缔结的协议为限。

个人主义贯穿于西方价值观念体系的各个方面，体现了西方价值观念的根本性质，民法也不例外。民法的精神、思想、思维方式都深深载荷个人主义的烙印。两者都强调，在个人与整体的关系中，个人是本位，或者说个人是始点、核心和目的，国家和社会的使命就是要保护个人的权利；两者都主张，人们有决定自己生活和前途的自由和权利，个人的一切由个人自己负责；两者都认为在所有的权利中，自由、平等是最基本的权利，因而国家和社会的最高使命就是要保护个人自由、平等的权利。

与此相对照，环境法学采取的是整体主义理论范式。整体主义有不同于个人主义的观点、价值和思考方式。在个人与他人关系上，整体主义认为“个人主义已经成为现代社会各种问题的根源”；认为为他人的利益、为整体的利益（社会、整体、国家）工作，就是为自己工作。在人与自然的关系上，整体主义认为二者是不可分割的有机整体的两个部分，主张人与自然和谐共存，呼吁人类停止对自然的掠夺和侵略。其实整体主义与环境法理论范式的一致并不是偶然的。整体主义作为后现代主义的一种思潮，其产生就是对现代社会经济至上观念、民族主义、消费主义、人类中心主义的超越，其产生的重要现实基础之一即是全球范围内环境问题的日益恶化，其内在精神与环境法暗合、互为印证。目前法学界确立的一个基本命题认为“环境法是社会法”；认为环境法“关注社会公共利益、保障基本人权”；认为环境法“代表整个社会和整个人类的利益”，系为“一般社会福利而立法”的。

环境法学与民法学之间对话的本质，乃是个体主义理论范式与整体主义理论范式之对话。正是由民法与环境法之间这种理论范式上的差异所决定，二者在对待环境问题上才有了不同的价值观、思维方式，在解决特定社会问题包括环境问题上才有了措施、手段上的差异。

5. 对话与整合

对话旨在增进合作。促使环境法与民法进行对话的最直接动力，仍然在于有效解决环境问题。环境法仍然会继续从民法寻求解决问题的思路，民法也会继续探寻环境问题对自身存在产生的影响和具有的意义，“绿色民法典”仍将是中国民法典立法一大理论热点所在。但是，民法究竟可以“绿化”到何种程度？“绿色民法典”的尝试可以走多远？如何理解民法与环境法的联系？作者认为，可以肯定的是，无论双方如何对话，环境法学仍将采取整体主义的理论范式；民法无论如何“绿化”，其基本功能和基本问题仍然在于保障社会每个个体成员的尊严和自由，私的本位是民法在制度转变中不变的信念，这是规定民法何以为民法的本质属性。因此“绿化民法典”的实质，只是对个人主义理论范式在一定程度上进行修正。

那么，环境法与民法的联系何在？二者对话的通道何在？作者认为，我们应该把目光转向民法的“公序良俗原则”。“公序良俗原则”在现代民法占有极重要的地位，其基本功能在于修正和限制“私法自治原则”。“公序良俗原则”除有传统民法调整的内容外，还与经济法、劳动法、环境法等社会法有着重要联系。作者认为，这一原则的实质即是个人主义理论范式接受整体主义观念修正的“通路”和“接口”，而环境法与民法的联系也体现在这一“公序良俗原则”中。为因应时世，民法学理论不断接受“社会化”“生态化”的影响，在自身理论框架的允许限度内来尽可能对现实世界提出的问题作出回应。以此观点视之，民法与这些“社会法”不仅在理论和规范上多有渊源关系，而且在调整内容上同样有承接。

（二）自然资源物权研究

1. 自然资源与法

自然资源主要是指自然界中可以为人类带来财富的自然条件和自然要素，如土地、水、矿藏、森林、草原、野生动植物、阳光、空气等。它具有自然性、社会性、整体性、相对性等特点。在对自然资源的理解方面还有一个问题必须指出，目前人们对自然资源的认识主要还是从经济角度出发的，体现出明显的实用主义的价值倾向，这种认识问题的思路是有些片面的。把自然资源界定为自然界中可以为人类带来财富的来源，这只是从社会的角度对自然资源的一种定义方式，但这并不意味着为人类社会提供财富是自然资源的唯一存在价值。从某种程度上来说，自然资源对于自然界的生态价值与功能更能体现其内涵的质的规定性。因此，对自然资源的认识和把握，必须摆脱实用主义的影响，重视自然资源的生态价值与功能。

随着科技的进步与经济活动空间的扩张，越来越多的自然资源要素被纳入社会再生产的进程，越来越多人的作用介入自然资源的演化过程，自然资源的社会属性也日益明显。因此，必须对自然资源的社会属性予以充分的肯定，自然资源不再是“天赐物”或“天然财富”，而应从社会发展要素角度对其进行定位，并全面分析其社会属性的主要特征构成，为对其进行社会性上的法律调整设定前提。

对自然资源社会属性的确认是将其纳入法律发挥作用序列的基本前提。法律作为一种基本和重要的社会控制机制，主要是通过对社会关系的调整发挥其功能，保证和维持一定的社会秩序。因此，特定类型社会关系的形成和存在是法律有效发挥作用的前提条件，而且也只有形成一定的社会关系才会产生对法律调整的现实需求。自然资源显著的社会属性决定了围绕自然资源的开发、利用、保护和管理等各种社会活动必然产生多种社会关系，这是将自然资源纳入法律作用的范围并进一步促进自然资源相关立法形成和出现的决定性因素。

我国《物权法》在制定的过程中对环境保护给予了高度重视，在制度设计中融入了环境保护的先进理念和指导思想。根据科学发展观的要求，我国坚持走“生态良好的文明发展道路，建设资源节约型、环境友好型社会”。这就决定了我国《物权法》在注重充分发挥资源的有效利用的前提下，强调合理利用资源、保护环境、维护生态平衡。

2. 自然资源物权

论及自然资源物权，需要首先着眼于土地。无论在任何形态的社会经济文明中，土地作为一种最为基础性的自然资源，其重要性都是不容忽视的。尤其是在人类社会发展早期，当人类社会进入农业文明之后，土地成为社会物质再生产最基本的要素，也是人类社会最早经常性、规模性开发利用的自然资源类型。于是，围绕自然资源的法律制度构建，必然是以土地作为起点的。

支配性和排他性是物权的基本属性，自然资源物权同样如此。近代的民法制度尤其是物权制度，直接体现了功利主义的价值观，在此价值观的指引下，鼓励和纵容了人们对自然资源的掠夺性开发利用。尽管在相关的权利类型设计方面，近代的物权制度通过一些用益物权或准用益物权的权利设计去规范对自然资源的利用行为，但是，“一般而言，用益物权这一概念负荷着近代物权法所要实现的一项最基本的规范功能或价值目标：经济效益，换句话来说，长期以来围绕自然资源展开的制度设计是以实现物之经济效益最大化为目标的”。

自然资源不等同于一般的物，其承载的社会功能是多样化的，它具有很强的实用性的一面，可以成为个体社会追逐经济效益的目标，如此一来如何确对自然资源的开发利用格局，势必对于社会公共利益的实现产生重大的影响。自然资源物权，是在自然资源的开发利用活动中对自然资源的支配性和排他性权利的总称，它是一个内容丰富的权利体系，但自然资源物权理论所体现出来的应该是一个整体的研究思路，对于每一种具体的权利设计而言，必须进行有针对性的类型化分析。

（三）环境侵权研究

1. 环境侵权损害的概念阐释

比较两大法系的立法，在表达与“环境侵权损害”相近的含义时，英美法系沿袭了“妨害行为”（nuisance）的概念；大陆法系的德国秉承了“干扰侵害”的概念，法国则采用“近邻妨害”一词来表述因环境污染和环境破坏所造成的对他人的干扰性、妨害性的危害，日本立法则多用“公害”的术语。我国立法上使用的语词一般为“环境污染和其他公害”“环境污染损害”或“环境污染危害”。例如，1989 年《环境保护法》第 24 条使用了“环境污染和其他公害”这一语词；1999 年修订的《海洋环境保护法》第 41 条使用了“环境污染损害”这一语词。我国立法事务上对技术术语的上述使用直接影响到了我国法学研究中学术术语和研究课题的选择。于是，“环境侵害”“环境侵权”“环境损害（赔偿）”等概念成为一组话题相同、内容相关、客体相交（叠）、因果相连的环境法学科语词。

2. 我国《侵权责任法》中有关环境侵权责任的规定

《侵权责任法》第 2 条第 1 款是侵权法的一般条款，其规定：“侵害民事权益，应当依照本法承担侵权责任”。从本条规定看，侵权法保护的不仅仅是权，而且包括利益。侵权法首先保护的是权利，但这个权利应当是绝对权，而不包括作为相对的债权。《侵权责任法》第 2 条第 2 款列举了 18 项权益，其中，将近一半是人格权，而且把生命健康权放在各权益的首位来加以保护，这本身体现了侵权法优先保护生命健康权的立法宗旨。第 2 款里的“等人身、财产权益”，把未来可能出现的新的权益都包括在里面。侵权法贯穿着对受害人权保护的精神，这也是我们的立法精神。

侵权法保护的另一个方面是利益。具体到环境污染侵权领域，对于污染受害人的保护，首先仍然要贯彻侵权法对人身健康损害优先保护的精神。另外，对于侵权损害的范围的开放性，也为环境侵权损害赔偿的范围留下了未来发展的空间，例如，对环境利益的损害能否得到赔偿的问题，有待侵权法的发展。

《侵权责任法》第 8 条规定，二人以上共同实施侵权行为，造成他人损害的，应当承担连带责任。有共同的过错而致人损害，这就是典型的连带责任；数人实施危险行为，都有造成损害的可能，但只有一人或者数人造成损害，称之为共同危险。例如，共同排污，某个河沿岸的企业都可能排污，无法确定是谁排的污染物或者哪几个企业的污染物造成了河水的污染。第 8 章“环境污染责任”第 68 条的规定就是典型的不真正连带责任。第三人的原因造成环境污染的，第三人和污染者之间构成了不真正连带关系。在共同侵权中，每一个侵权人都要承担责任，但在不真正连带责任情况下，一定有一个终局的责任，是第三人原因造成的第三人来承担责任。因此，最终的责任应该由终局责任人来承担，所以污染者可以向第三人全部追偿。

（四）环境资源交易制度研究

市场手段在环境问题解决过程中的导入，主要是要在一定程度和范围内实现市场机制对环境资源的配置，这一目标的实现要依赖于对环境资源的市场化交易，通过交易的方式增强环境资源配置的合理性，寻求公平与效率的平衡。在环境资源领域，这种交易行为主要表现为环境资源财产性权利在市场上的交易和流转，如排污权交易、自然资源用益性权利的交易以及部分自然资源所有权的交易等，其推进在市场化条件下环境法从“管理之法”向“经营之法”的理论拓展。

1. 自然资源上的权利体系

从实践中来看，我国的法律在实际上并不排斥自然资源的使用。制度上的反映集中体现为：我国的法律在自然资源的所有权之外，又为自然资源设置了种类繁多的开发利用权能，包括土地使用权、采矿权、探矿权、取水权、承包经营权等一系列由所有权限定而产生的各种权能。作者认为，这些权能可以成为独立的权利形态，而且应成为我国物权体系的重要组成部分。在市场经济体制下，应如何架构自然资源之上的权利体系，如何用法律制度去规范和协调各种权利之间的关系，如何为推进自然资源的市场化流转进行制度上的设计就成为当前我们亟待解决的问题。

2. 自然资源物权的流转

自然资源的所有权流转是指随着物的转移，依附该物所设定的占有、使用、收益、处分等所有权能全部随之转移。这样的交易使交易主体在取得物的同时，取得该物最充分最完整的处分权，而且只有这种充分的、完整的处分权转移才能使交易主体根据物的真实价值交付成为可能。

在我国，自然资源的所有权流转直到目前为止仍然是不允许的，传统的做法是由政府在自然资源上设定一些所有权之外的开发利用权能并几乎是无偿授于各种开发利用者，近些年来在这个过程中有偿的比重有所增加，但目标都是以此来促进国家所有权的实现。然而这种做法的效果并不尽如人意，一方面它使自然资源的开发利用行为在经济和利益约束方面先天不足，造成资源的破坏浪费和国有资产的流失；另一方面，它也为行政权力的寻租和异化创造了条件。所以，为保证国家对自然资源所有权能真正在经济上得以实现和自然资源真实价值在开发利用中全面体现，而且基于自然资源的商品属性，我国应在一定范围内允许自然资源的所有权流转，这种权利流转虽然不能代表自然资源交易的全部内容，但它是在我国建立自然资源市场，实现自然资源市场供给和配置的前提条件和必要组成部分。当然，这种理论上的设想是与当前大多数法律规定不相符合的，但是任何事物都是在不断发展变化之中的，都必须根据现实情况的改变而不断地调整和加以适应。在我国之所以禁止自然资源的所有权流转，一方面主要是传统计划经济的影响；另一方面则可能是怕对公有制基础形成冲击。可是，我们应该清醒看到的是，首先僵化的计划经济模式已经一去不返，而且自然资源一部分私人所有权的存在并不等于私有化，更不等于私有制。我国《宪法修正案》也明确规定："在法律规定范围内的个体经济、私营经济等非公有制经济成分，是社会主义经济存在的重要组成部分。"公有制的判断标准并不主要着眼于公有经济所占比重，而关键在于公有经济的控制力和决定力。放开一部分市场，在一定范围内允许自然资源的所有权流转，不仅对公有制基础没有损害，而且有助于激活自然资源市场、提高自然资源开发利用效率、确保国家所有权在经济上真正得以实现，从而促进国有资产的保值增值。

所有权之外其他自然资源物权的流转，是当前及今后相当长一段时期内自然资源开发利用中最常见的交易行为，也是亟待我们深入研究并加以法律规范的一类基于自然资源交易而产生的权利流转行为。所有权之外其他自然资源物权的流转之所以在实际中广泛和大量地存在，主要是基于我国现行体制下实际操作的需要。在我国，虽然宪法规定自然资源所有权只能由国家和集体行使，但同时几乎所有的自然资源单行法规都规定，国家所有和集体所有的自然资源可以由单位和个人开发利用（包括使用、收益、采伐、勘探、开采、捕捞等活动），并规定了各种自然资源开发利用权利，如使用权、承包经营权、矿业权、渔业权、林业权、狩猎权等。如前文所述，这些权利都是具有明确的物权属性的。国家就通过这些非所有权的自然资源物权的运作和实施，来达到国家对自然资源所有权实现的目的。

因此，作者认为，应理顺立法思路，树立新的自然资源交易观念。清楚交易的最终目的在于牟利，在这一点上，自然资源的交易和其他物的交易并无本质上的区别，只有牟利才能调动参与主体的积极性，才能激活自然资源交易市场。

五、思考题

1. 如何运用现代环境法原理改造传统的民法理论，使我国民法典的制定符合可持续发展的要求？

2. 分析自然资源物权的基本属性，探讨在自然资源之上所设权利的体系。

3. 思考环境侵权损害救济的新途径。

4. 如何通过制度设计推进自然资源的市场化流转，促使环境法从"管理之法"向"经营之法"的转变？

（撰稿人：陈磊）

第二十章

《刑法生态法益论》——焦艳鹏

【本章提要】

生态法益是一个具有极大理论魅力的概念。焦艳鹏的《刑法生态法益论》这本专著，承载了奠基环境法基础理论和深化刑法法益理论的双重使命，同时也（欲）须成就环境法与刑法的双重救赎。然而，如果不能合理地把握各个部门法的性质与特点，不清楚法益概念在教义法学中的层次，先验的认为存在一个统一的法益概念，就会误植生态法益，发生生态法益的定位错误。在生态刑事法中，应当坚持物质化的法益概念，而在生态环境法中，则应采取精神化的法益概念。正如在刑法学中，法益是基底概念而不能直接代替三阶层的犯罪论体系一样，生态环境法经由生态法益的精神化，表现为环境权力、环境权利、环境责任等这样的体系性范畴。

一、作者简介

焦艳鹏，1979 年 6 月生，曾任教于苏州大学王健法学院，现为重庆市“百人计划”特聘专家，重庆大学法学院教授、博士生导师，刑法学科负责人。现任中国环境资源法学研究会理事暨教学研究委员会副主任（同时兼任上述研究会的学术委员会副秘书长）、中国警察法学研究会理事、中国环境科学学会环境法学分会常务委员等。曾入选中央政法委、国家教育部“双千计划”，挂职担任苏州市姑苏区人民检察院副检察长。担任国家社科基金年度项目、后期资助项目等项目的通讯评审专家，担任教育部霍英东奖等奖项的评委、担任多所高校高级职称通讯评审专家及多家专业刊物的审稿专家。2016 年被环境保护部授予“国家环境保护专业技术青年拔尖人才”称号。担任

《中国环境司法发展年度报告》(刑事卷)的主撰稿人。作为课题负责人主持国家社科基金、最高人民检察院、中国法学会、国家环保部、国家民政部等项目。在国外、境外及内地著名刊物发表中英文学术论文40余篇，其中多篇被《中国社会科学文摘》《高等学校文科学术文摘》《人大报刊复印资料》等转载，最新力作为《生态文明保障的刑法机制》(发表于《中国社会科学》2017年第11期)。2011年3月获澳门特区颁发的首个公立大学法学博士学位，系澳门大学校史上首位提前毕业的文科博士。博士论文《刑法生态法益基础理论研究》，曾获"首届全国刑法学优秀博士学位论文奖"。焦艳鹏教授从事环境法学、刑法学特别是环境刑法学的研究近十年，是我国环境刑法学研究的前沿学者。通过精细化的研究，他在环境刑法的生态化、生态法益理论、法益理论的司法化等方面取得了系列成果。

二、作品版本

焦艳鹏以博士论文为基础的专著《刑法生态法益论》获中国环境科学学会环境法学分会"环境法学优秀成果一等奖"，于2012年由中国政法大学出版社出版，分别由刑法学、环境法学名家赵秉志、蔡守秋作序。此书分为8章，共计32.5万字。

三、写作背景

本世纪初始德日刑法理论中法益概念的引介，不仅深刻地改变了中国刑法学的理论内容和知识体系，且从"知识迁移"来看，其大有覆盖法学其他部门法之势——尽管表现各有不同。刑法学和环境法学(更时新的标签是生态法学)，均曾或正在经历理论范畴和理论范式的转换，而法益理论在促使刑法知识转型中的"非凡"表现，对于基础理论先天不足的环境法学而言，无疑成为其"最好的榜样"。笔者认为，法益概念能显露如此之理论魅力和光环，端在于其始终立足于法解释学、教义法学的法实证取向，并经受了概念法学到评价法学的法学方法论的检验——但环境法学在实证化的道路上，还有很长的路需要走。

一个有魅力的理论范畴，必然是在与其他理论立场、主张及其范畴的竞争中成长起来的。在刑法学术史上，法益侵害说击溃了伦理主义的、有主观主义倾向的规范违反说，延续到现代刑法，其在客观主义的内部坚持结果无价值而反对行为无价值。同时更为关键的是，一个有生命力的理论还须接受社会发展的挑战。在当下包括环境危机在内的所谓风险社会下，刑法学中法益侵害理论面临所谓法益保护早期化，法益概念抽象化、精神化的危机。然而，至少在生态环境领域，只要以正确的定位去理解生态法益，所谓法益概念早期化、抽象化、精神化则是一个伪命题，不足以构成法益理论的危机。因此，焦艳鹏《刑法生态法益论》这本专著，承载了奠基环境法基础理论和深化刑法法益理论的双重使命，同时也(欲)须成就环境法与刑法的双重救赎。

只不过尚须注意的是，生态环境法与刑法学，在生态法益及其逻辑展开上，仍然存在着须注意的理论张力，在理论目的上存在着很大不同。生态法益是一个具有极大理论魅力的概念，然而，如果不能合理地把握各个部门法的性质与特点，不清楚法益概念在教义法学中的层次，先验的认为存在一个统一的法益概念，就会误植生态法益，发生生态法益的定位错误。在生态刑事法中，应当坚持物质化的法益概念，而在生态环境法中，则应采精神化的法益概念。正如在刑法学中，法益是基底概念而不能直接代替三阶层的犯罪论体系一样，生态环境法经由生态法益的精神化，表现为环境权力、环境权利、环境责任等这样的体系性范畴。

四、主要内容

（一）第一章：生态主义和法律生态化

焦艳鹏的《刑法生态法益论》对法益及（刑法）生态法益独立地位的证成，回避了法益理论的内部分歧及该理论的外部竞争。即在利益概念的简略论述基础上，经由利益的法律表达机制完成法益概念的法哲学建构，经由环境（问题）、生态（问题）及其相互关系的描述和说明，在法律机制基础上推出生态法益概念。而刑法生态法益，则是在环境法与生态刑事法发展现状及其存在的问题基础上，借由生态主义意识形态及此基础上的法律生态化，采取与法益、生态法益相同的定义模式，即通过刑法机制特定化刑法生态法益，认为“按照刑法机制所表达和实现的生态法益就是刑法生态法益”。应该说，以作者博士论文为基础撰成的《刑法生态法益论》，其在理论建构的路径上是成功的，并与作者的选题及该研究所处的阶段相适应——作者指出，其研究“处于该研究的整合期”。不得不说，该著作作为（刑法）（生态）法益界定要素的法律机制（抑或刑法机制），符合法益研究的精细化、动态化的理论趋势；其生态（环境）及其问题、生态主义的论述，满足了法律人此方面的知识需求——尤其是对生态（问题）、环境（问题）及其相互关系等具有化繁就简的精准把握。

1. 环境（问题）、生态（问题）及其相互关系

环境（问题）、生态（问题）之间的差别，是具有现代性和科学性的新型生态法益赖以存在的宏观背景和基础。作者指出，从它们的概念厘清谈起，才能准确的界定研究范围。

在概念上，存在生态之“关联性”与环境之“客观性”的认知差异。基于“系统本位”，“生态”作为生物生存的状态，其关注的是系统中的各个要素之间的相互关系，尤其是在能量交换与相互影响层面上的关联性，这与本质上“人本位”的、具有功利选择的外部认识的环境概念不同，生态概念强调的是外部客观生存状态的内在关联性。在认知的视界上，作者进一步指出，与环境的“二维性”不同，生态的思考是“时间、空间、能量的三维思考”，即生态的视角，呈现出来的不仅是某个时间点上生态要素之间的关联性与客观性，而且具有时间的“第三轴”：可以描述出每一个具体生态要素的演进过程，能量按照生产者—消费者—分解者的顺序回归自然而完成一个循环。

生态概念，更深刻地表明了人、物质之间的（时空）关系。生态问题及其治理，环境问题及环境保护，亦体现出人们对问题把握的深度、问题解决层次上的不同。人类对生态环境及其问题的关注，体现的是一个理性的视角，“环境问题的治理明显没有生态问题治理具有的全局性和根本性”。在问题的表现上，环境污染、资源耗竭是环境问题的集中表现和重要问题，酸雨的危害、臭氧层的破坏等则不过是它们的伴生性问题，属于二者的次生灾害。但在“生态破坏是生态问题的主要表现”和“生物圈危机是生态问题的重要组成”之上，以“全球气候变暖（global warming）、酸雨（acid deposition）以及臭氧层破坏（ozone depletion）为三个组成部分”的气候变化，却反而是生态问题的集中体现。作者指出，“生态问题与环境问题的核心差异在于前者更多地表现为一种系统性问题”，“生态问题的治理将使人们更加深刻地理解环境问题的本质”。

2. 生态主义和法律生态化

生态主义是一种以生态学为背景知识，在对生态与环境问题做出哲学思考与生态学的科学研究的基础上，经过科学家、社会科学学者、文学家、科普作家等的知识普及与思想宣传，加之有良知的政治家等的推广而逐步被社会大众所认可的一种以人与自然关系为主题的，事关人类发展模式、经济增长方式等综合性的社会思潮与科学思想。生态主义认为：人类与外界存在复杂的、双向的密切联系，人类社会的发展存在极限，应肯定人类对非人类存在物负有道德关怀的义务。生态主义落实在现实中，就是人类做出的所有行为都要考虑对生态系统的影响，要求宏观上的生产方式和微观上的生活方式的生态化，贯彻和展现的是一种客观的生态主义。

总体上，作者对生态主义的刻画，还是定位为以生态伦理为主的生态哲学支撑下的（国家）意识形态，没有陷入或过多纠缠于生态伦理学上人类中心主义与生态中心论（大自然权利派）间的争论，一般性地认为“权利的工具价值是有限度的”，排斥权利话语在环境法中的滥用（包括“人”的环境权与大自然权利）。诚然，在“中国生态文明建设进入新时期，为人民群众提供良好的生态环境已成为政府的重要职责”的情况下，诉诸于意识形态上的支持，作者的言说策略自无不当。但是，在意识形态之下并被生态哲学遮蔽的生态伦理学自有其独立价值，人类中心主义与生态中心主义的争议不可回避。换言之，在生态法益的研究中，必须面临一个抉择问题。因而我们看到——且与对法益理论学术梳理不够也有关，作者对生态法益主体及内容的论述具有跳跃性。在自然人、法人及其他组织、国家等之外，直接肯定非人类存在物也是生态法益的主体，而生态法益的冲突（含人际、代际、国际、种际等冲突类型），更多的只是描述或情感性主张，一定程度上缺乏有说服力的论证。

笔者认为，更有阅读价值的是作者对“法律生态化”的总结和描述。作者区别了法律生态化和法律革命，指出：“若我们在一个时间点上用静止的视角去看法律是否生态化了，可能得到的证据是有限的，但若我们用一个小跨度的时间，比如十年来看，就会发现我们现在的法律已经不是原来的法律了，它确实比原来更绿色了。这又如同春天的公园，若你天天去观察它，可能不会发现它的显著变化，但等你有一天停下急匆匆的脚步，从繁忙的世事中去注目它时，才发现已经是春色满园了。”“生态主义的出现曾经让一些学者热血沸腾，认为将会带来法律的一场革命。但三十年甚至四十年过去了，传统法律或者法学并没有‘交枪投降’，甚至很少看见它们丧失什么重要的领地，这可能让一些革命主义者深感失望甚至失去信心。但若去仔细观察传统法律的边沿，或者去那些生态主义与传统法学交汇的地方仔细观察一下的话，就会发现它们其实在不断地进行成分的交换，甚至在局部已经融为一体，分不清你我了。”

法律生态化表现为，法律主体的不断扩展、国际国内立法实践的有力支持、司法救济方式的创新。其走向是法律生态化是一种渐进的趋势，出现了公私法之外的以环境法为代表的作为第三法域的社会法，而“法律生态化的司法实现在现实中更多的以公益诉讼的形式出现”——不是肯定非人类存在物的权利主体、诉讼主体地位。在法律生态化的原因方面，“环境污染问题对法律的需求是法律生态化的直接原因”；“生态道德观浸入立法以及法学研究是法律生态化的深层次原因”；“生态主义思想的勃兴与发展是法律生态化的本质原因”——人类文明的最高表现是人性的进化，即人与自然的交融。

（二）第二章：生态法益的刑事保护

从罪名到其构成，《刑法修正案（八）》中的污染环境罪，是我国法律及刑法生态化的重要突破，无疑问地确立了生态法益的独立地位。作者指出：以刑事手段直接介入生态环境领域保护人类生态环境这一核心和根本利益，是生态环境治理在“环境教育手段、行政管理手段、民事制裁手段、行政法律手段等各种治理手段似乎都已经被用尽，但生态环境问题还是没有根本好转”的背景下，就必须请出刑事手段这一“尚方宝剑”，“以极为剧烈的方式进行治理，方可能遏制人类狂妄地追求物质财富的欲望之心”。然而，生态刑事法在立法上取得突破的同时，仍然面临着“因果关系问题”“归责原则问题”“犯罪形态问题”三大问题。

上述问题（包括立法上是否进一步拓展生态法益的保护范围）的解决，均与生态法益这一本体问题高度相关。诚如前述，作者是以刑法机制来定义和特定化刑法生态法益，而在生态法益的内容展开方面，作者也是以刑法机制作为分析框架的。

1. 什么是刑法机制

刑法机制，是刑法内部的作用机理及其外部的时空运行过程。大体上包括立法上确定哪些行为是犯罪行为，司法上确认犯罪人及其犯罪罪名和通过刑事责任的承担来惩罚犯罪人。若从内部机理来定义，刑法机制是“刑法运作的方式和过程，亦即刑法的结构产生功能的方式和过程”。而从刑法的外部运行来看，则体现在刑法生态法益的表达和实现方面。

2. 刑法生态法益的表达和实现

（1）生态法益的刑法表达。生态法益的刑法表达，就是通过刑法确定哪些侵害生态法益的行为构成犯罪的过程。作者认为，生态法益的刑法表达，主要是一个立法上的入罪化问题，这与一国的刑事政策、环保政策等有关。同时，从理论上讲，生态法益的内容广泛，依据刑法的调整对象及其运行机制，需要刑法来保护的生态法益其内容和规模远远小于生态法益的总体规模。刑法生态法益只包括核心的、适合刑法保护的生态法益。具体包括：

一是生态系统的核心法益。基于其层次性，具体又包括：①整体生态系统功能的完整（其中又分别包含地球生态系统和大气圈、水圈、生物圈、岩石圈等地球生态系统的支系统，对前者的侵害可能构成国际罪行，后者则与一国的经济发展模式及具体污染行为有关，国家是否承担国际刑事责任，与国家是否履行了保护责任相关）；

②局部生态系统功能的存在（局部系统是指具体存在的地球生态系统中的各个区域子系统，如一块草原、一片森林、一个海湾等等）；③自然保护区、风景名胜区、生态脆弱区等特殊生态系统的独立保护。

二是生态要素核心法益。作者认为具体又包括作为生态要素的人的核心法益（基本环境、资源、伦理需求等），生物的核心法益（非法获取生物资源、生物的人为死亡等侵害的生态法益，特别包括作为生态要素的珍稀野生生物物种、感知类动物的生存感知）。

三是生态管理秩序核心法益。作者认为秩序具有独立的法的价值，体现在环境刑法上，主要是环境刑法的行政色彩。我们注意到，作者对“生态管理秩序”进行了独特的界定：“以生态主义思想建立起来的生态社会的管理秩序的价值应该体现为多元主体的价值，即不仅要反映人的生态法益，而且要尽可能地反映生态系统与其他生态要素的法益。这就要求生态管理秩序要有一定的自然根据。”因此，“生态管理秩序作为人类所建立起来的对生态管理的制度体系，应该以自然秩序为基础、以自然规律为依据、以法律为工具、以对生态的善良管理为内容，以实现人与自然和谐发展的目标”。

（2）生态法益的刑法实现。对此，作者以专章（即第七章）进行了探讨。具体探讨了环境刑法的立法模式的选择，认为刑法典、特别刑法与附属刑法的模式各有利弊；生态法益保护的司法体制上，认为单设的环境法院需要根据各国国情具体分析，并认为我国现（曾）有的行业性生态刑法司法机构的存在不具有合法性。另外还探讨了生态法益的国际协同保护和区际生态刑事司法合作等方面的问题。

3. 刑法生态法益的结构

作者认为，传统刑法学重视法益的功能而忽视其结构分析——承认法益可以区分为“个人法益”和“超个人法益（具体包括国家、社会法益）”，但国家、社会法益，不过是服务于“个人法益”的最终实现，不具有独立性。而所谓结构就是指“事物内部各构成成分之间的组成形式与相互关系”。在讨论了生态法益的基本构成，即生态系统、生态要素、生态（管理）秩序后，需要进一步对生态法益进行结构分析。在介绍了刑法生态法益十种分类的基础上，基于生态法益分类的选择需要，作者区分出生态法益的横向结构与生态法益的纵向结构。

刑法生态法益横向结构强调的是刑法生态法益的自然性，包括污染环境类刑法生态法益、损害资源类刑法生态法益、侵害动物类刑法生态法益三类。而且，这三个分类中又包含一些独立形态的具体法益。例如，就污染环境类犯罪而言，有的国家只规定了“环境污染罪”一个罪名，有的国家则将“环境污染罪”作为类罪，在其下又设置了一些具体罪名（如德国）。同时，作者基于结构分析法，认为：污染环境类犯罪“也存在对环境要素本身法益的不正当影响，但对于生存于环境中的及生物的核心生态法益的影响更为剧烈，刑法会优先保护人及生物的核心生态法益（如人或动物呼吸新鲜空气、饮用清洁水源、生存环境无毒无害等）”。在分析损害资源类生态法益时，作者认为环境与资源的传统二分法，将人之外的自然物与物种都称之为“资源”或“自然资源”，使得侵害动物类生态法益在这个层面没有独立性（不过，作者将植物的生态法益，仍然视为资源类生态法益的损害）。刑法生态法益的纵向结构，是指按照一定的价值位阶顺序，对刑法生态法益进行价值排序，并依据其价值顺序形成从上到下的状况。其分类上大体同于前述根据法益内容的分类（即生态系统、生态要素和生态管理秩序等刑法法益）。

事实上，在进行具体的刑法生态法益的结构分析时，往往是纵横交错的分析。例如，前段作者对横向结构中污染环境类刑法生态法益的分析就是如此，其损害的法益是多样的，必须进行优先性判断。优先判断显然涉及的是纵向结构。

4. 刑法生态法益的功能

法益的功能，亦称法益的机能。对此，刑法学上已有定论，即法益具有刑事政策机能（围绕立法上的“犯罪化”或“非犯罪化”）、犯罪分类机能（突出体现为刑法典分则体系的建构）、构成要件解释机能（刑法的文义及构成要件的确定，要符合刑法的目的，即法益保护）、违法性评价机能（违法性的实质是法益侵害）。法益的机能，与刑法学整个理论体系高度相关，涉及刑法的目的、犯罪的本质、刑法的基本原则等，并与大陆法系阶层式犯罪论体系有极为紧密的关系。因此，对阅读者而言，刑法生态法益的功能，需要深入地理解和认真地掌握。如此，方能进行有效的专业思考并将有关理论认知落于真实的实践。

笔者认为，焦艳鹏《刑法生态法益论》就刑法生态法益功能的论述，其贡献主要在以下两个方面：

一是在法益功能的来源方面，认为“法益既是一个分析工具，也是一个构造物（或者说是一个构造有机体）”。所谓“构造的有机体”，系作者以系统论的研究方法研究社会现象（尤其是其观念形态）而使用的一个术语，是与自然有机体对应的概念——即通过活用斯宾塞“社会有机体”中的“观念有机体”侧面而提出的。作者写道：“法益作为内涵极为丰富的事物，既是对现实中存在的利益与法律现象的概括，也是人类尤其是学者们按照一定的价值与理念对其进行构造之后形成的一个社会有机体。因此，我们探讨法益的功能的前提是我们已经完成了对这个社会有机体的塑造，而我们塑造这个有机体时，一定是基于对利益与法律现象的观察、概括，抽象出其一般特点之后，又按照我们对世界与事物的理解对其进行构造，最后形成了法益这个社会有机体。在构造法益这个有机体的过程中，我们已经考虑到了它应该具有什么样的功能，所以法益的功能既来源于对利益与法律问题的现实抽象，也来源于我们的观念塑造。”

二是利用刑法机制这一分析工具，将法益的四项机能整合为刑法生态法益的立法功能与司法功能。作者认为，法益的四项机能一方面来源于法益概念的抽象方法；另一方面来源于刑法机制。“刑法规范保护的利益是一个集合体，也是一个具有特定结构的系统。我们所说的刑法法益的功能就是由刑法法益结构决定的刑事立法、刑事司法过程中所发挥的积极作用”。作者在引用其他学者的论述后继续写道：“事实上，与现今学者研究之刑法机制相比，上述过程也即刑法机制中的刑事立法阶段与刑事司法阶段。因此，对刑法生态法益的功能考察，也可以将法益的刑法运行过程与刑法机制相结合，并按照刑法机制的刑事立法过程与刑事司法过程作为阶段界分，如此，我们就可以将刑法生态法益的功能区分为刑法生态法益的立法功能与刑法生态法益的司法功能两个部分。”“法益在刑事立法的运行过程中作用具体又可以区分为刑事政策的指导功能与犯罪的分类功能两类”；“刑法生态法益的司法功能主要包括司法解释功能与违法性评价功能”。

当然，作者的其他具体论述并非就可以忽略。其在刑法生态法益的刑事政策指导机能的论述中，就生态刑事政策中生态环境政策与刑事政策的关系的考察，就值得重视；在刑法生态法益的分类机能上，作者对生态犯罪的类型化、具体化作了一定的区隔；在刑法生态法益的解释机能的运用方面，作者以（假定的）“海洋污染环境罪”的不同“立法”规定，说明法益解释机能的运用；而在违法性评价机能方面，主要分析了形式违法与实质违法的关系，以及从法益衡量的角度举例说明了环境刑法中存在的违法阻却事由情况。

（三）第三章：生态法如何实证化

作者认为，环境法学作为一门独立的学科，在学科基础理论及概念体系构造方面薄弱的原因是“学者们不能找到一个很好的连接工具，将生态学与传统哲学进行对接，使得环境法学没有及时形成完整的概念体系”。环境权理论试图实现观念的法到文本的法的转变的桥梁，但目前仍然停留在理论层面。其对环境法中环境保护、污染防治、自然资源开发与利用等内容不能起到自始至终贯穿全部的作用，作者指出，环境与自然资源无论是作为生物体的生存之本还是人类经济发展的力量之源，其提供的利益都是有限的。相应地，环境与生态问题中的利益冲突是非常多元、非常复杂的。在经济发展阶段，这种利益冲突表现为对环境与资源价值占有的不公正；在经济发展完成阶段，利益冲突来自于对治理与改善环境的义务的分配的不公正。大气圈与水圈的系统性，使得空气、水污染等问题极易演化为跨越国境的污染，这又涉及到国家之间生态与环境利益的分配问题。而在不同时（世）代之间，生态与环境利益的主体性冲突主要表现为代际之间的生态与环境利益的公平问题。作者认为，将这些复杂的利益冲突以单一的环境权概念来统领是做不到的。尤其是环境法还涉及到未来人的利益、生物的利益甚至整个生态系统的价值等问题。借助刑法法益学说中“法益”概念的抽象过程，对国家、公民、法人、生物、未来人等各个主体对当代及未来的环境与生态利益进行符合法律逻辑的抽象，形成诸如“生态法益”的概念，不仅能够达到丰富环境权内涵的作用，而且将整个环境法的基本理论得到架构，并能够统领整个环境法学的研究对象。

而对于前述焦艳鹏建构的生态法益纵横结构，蔡守秋教授的评价甚高：认为这一分析方法“使我们对于环境法的主要研究对象即生态系统、自然环境、自然资源、动物等生命体及气候变化等之间在法律机制层面上的相互关系有了更为深刻的理解。依据上述分类方法，可以基本构建出以‘生态法益及其保护’为基本逻辑的环境资源法学的学科体系。从上述角度而言，焦艳鹏博士的研究成果达到了‘成一家之言’的境界，是环境法学学科体系研究方面的重大创新”。

1. 物质化的法益概念与生态刑事法

有学者指出，法益的学说史“分歧已久且错误重重”。不过在笔者看来，这种分歧既有统一的一面——成为学术对话的共识性基础，也是作为观念形态对复杂现实不同断面“反映”的结果——某种具体学说就某具体领域也更有说服力（而不见得是“错误”)。一般认为,“法益的内容本身是实定的,其属性是经验的实在性以及对个人、社会和国家的有用性”。然而,这种经验的实在性,也是需要具体化的。学说上的财或益(gut)、状态说、功能说等,对不同犯罪解释力强度就不一样。例如,对于伤害罪,“身体完整性说”被“生理机能说”取代而更为合理;对于毁损罪,“物理损坏说”也被“功能丧失说”取代而更具说服力;而状态说,可能对一些公共安全犯罪、毒品犯罪等的解释有价值。

上述状态说、功能说,均仍是物质化的法益概念,是从刑法的保护客体、行为对象基础上的界定。例如,有学者说,“杀人犯罪并不只是侵犯了人的生命权,而是同时消灭了人的存在本身,换言之,其消灭了人的自然属性、社会属性以及一切价值。显然,生命权并不能概括杀人犯罪的客体”。再如,“盗窃罪不仅侵犯了人们之间的财产关系,更重要的是侵犯了财产所有者的物质利益本身,使主人丧失了财产”。因此,至少就刑法生态法益而言,生态系统具有的功能,生态要素所处的状态,就是一种“公共财”,就是刑法生态法益。诚然,刑法所保护的利益,都可以用社会关系来概括,但不免有些牵强。“如刑法规定破坏环境资源保护罪,是为了保护生态环境与自然资源,用法益来概括就比社会关系来表述更为合适。由于社会关系的内容是权利与义务关系,一方面,社会关系说容易演变为‘犯罪客体是刑法所保护的权利’,因而不能说明许多犯罪;另一方面,社会关系说容易使有人误以为犯罪的本质是违反义务,刑法是维护义务的手段,个人成为国家、民族、社会共同体发展的工具,因而十分危险。”总之,“法益物质化表达了法益是一种现实性,法益是由权利对象表达的现实的利益,是现实的权利对象。因此,法益物质化是以现实的权利为基础,而不是抽象权利。其将权利与权利对象分离,利用权利对象而不是利用权利来表达法益就是为了突出法益与‘法’的疏离性,突出法益之‘益’本身对主体具有的有用性、价值性、利益性,将法益作为一种利益实体进行对象地把握。”

物质化的法益概念,其强调、体现的是法益的利益属性和个人单向度,协调了法益保护机能和人权保障机能。而其“行为人的行为+法益”的二元结构,与违法性领域中的结果无价值(违法性评价的重点是给法益造成侵害这一结果),有显见的亲缘关系。物质化的法益概念,是刑法学中法益概念的主流。有关法益理论要点的总结(以及所谓风险社会下法益保护立场的“坚守”),总的来说均基于物质化的法益概念。我们看到,在焦艳鹏后续有关生态刑事法、环境刑法的研究中,其回归了传统的法益学说的立场,兹列于下:①“生态法益并非是生态环境作为主体的法益类型,生态环境作为非人类存在物,不可能也没有必要成为法益主体。人作为法益主体的观念应得到坚持”;②“若将生态环境本身或者环境安全等作为侵害客体,则在上述情形下,行为已然具有法益侵害性,可以构成犯罪……若风险领域的风险可类型化、可具体化、可度量化,则此种风险可以转化为刑法上的具体危险而纳入刑法调整”;③“秩序并非可具体化与类型化的刑法法益,行政法所建立的管理秩序并不必然需要刑法同步保护,只有严重破坏行政法建立的管理秩序的行为方可认为是犯罪,即便认为侵害秩序的行为是犯罪,但仍应对行为所侵害的具体客体进行实质解释,而非仅以秩序为直接解释对象”;④“生态环境的公共性使人们所衍生出的正义观具有浓厚的整体主义色彩,在此种正义观念之下人们追求生态环境得到保护的结果,而较少关注为实现环境保护目的而采取的方式与手段的合规性、合法性甚至道德符合性。为追求环境保护的效果而不惜一切代价、一切手段，认为自身所从事的行为皆符合正义，可能会演化为‘环境恐怖主义’而对法治造成破坏”。

以上四点，与《刑法生态法益论》中的立场有很大差异，作者曾明确肯定“非人类存在物”也是生态法益的主体，认为行政法所建立的管理“秩序具有独立的法的价值”，鼓吹刑法这把“尚方宝剑”，应“以极为剧烈的方式进行治理，方可能遏制人类狂妄地追求物质财富的欲望之心……”。笔者认为，作者学术立场的回归，是其学术逐步成熟的表现而不应苛责，同时也说明了传统的法益学说的科学性。

2. 精神化的法益概念与生态环境法的核心范畴

法益学说知识中，与物质化的法益概念对应的，是所谓精神化的法益概念。在这样的分析架构下，精神化的法益概念，强调、体现的是法益的规范属性和社会单向度，刑法的目的、任务由法益保护转向规范的维护。于此，论者将刑法学内部的关于犯罪本质的争论转化为法益学说内部的争议的痕迹十分明显，规范违反与法益侵害均被置于法益学说之内部予以统摄，并以行为与法益的一元结构，牵连性的得出精神性的法益概念与行为无价值的契合性。不过，在笔者看来，论者的“所指”掩盖了其“（不）能指”。“风险刑法”下的法益早期化、抽象化、精神化，是以刑法中抽象危险犯为对象和表现的。但是，抽象危险犯首先也是在与法益的实害结果的关系上被定义的，且就抽象危险范的具体类型来看，抽象危险犯对法益的危险，往往还是类型化的紧迫危险。总之，论者的结论对刑法学研究的价值有限，物质化的法益概念在刑法学中仍然应当予以坚持，这是刑法的目的与任务、刑法的机能等决定的。不过，若置于整个法体系，尤其是生态法、环境法中，论者法益学说知识的整理具有极高的学术价值。我们将会发现，精神性法益概念，能够与生态环境法实现准确对接，并为环境法核心范畴的证立、建构提供坚实基础。

论者指出，法益的精神化系“通过普遍的规范意识与价值（观）来表达法益”。在其具体化方面，这种精神化的法益，一是法益与规范、普遍价值三位一体。“普遍价值是法规范的质料与基体，而法规范即在确认表现一种以规范意识为内容的普遍价值”。“法益精神化视野下的法益与法律都具有规范的性质与形式，二者浑然一体……”二是法益与社会角色、义务乃至责任有关。“通过规范的期待将人社会角色化”“法益单向度为社会意义……法益的自然向度与人的个人生活情景向度都被忽视了。”三是精神化的法益总是表达为一种抽象的权利，“而这种抽象权利的具体对象却无法现实地显现出来。这样，法益只是抽象地表达为他人生命权、他人财产权、社会公共安全权、国家安全权等这样抽象的观念，至于这些权利的对象，即他人生命、他人财产、公共安全环境、国家安全环境并没有现实地、外在地表达出来”。在环境法研究范式上，曾先后出现“环境权利说”“环境义务说”“环境（公共）利益说”等。诸说或者仅仅是表达、实现环保主义者的“一种理想图景”的环境法，或者是加于普罗大众特定环境义务而“现实难以观照未来”的环境法，或者是代表公共利益的国家或政府的环境法。不过，如果从法益理论的角度看，细究起来，不过是法益精神化强调的重点不同而已。

笔者初步同意环境法核心范畴之“法权说”——即环境权利与环境权力二元的

“法权”。而在“行为人的行为→（指向）法益”中，环境权利和环境权力作为行为模式，内在于行为中，指向环境利益（具体包括资源利益、生态利益）。因此，环境利益的分析是生态环境法的基础。不过，环境利益的分析如何跳跃到生态环境法核心范畴之“法权”结构，在笔者看来，主张“法权说”的学者缺乏有力的论证（至少在理论逻辑上是如此）。诚如前述，精神化的法益概念下，其具体化是有多种途径的。其具体选择，既与法的“时代精神”有关，也与法的结构有关。就“法权说”而言，其得以成立的理论逻辑，笔者认为可以在哈特法的要素之初级规则与次级规则中找到。哈特指出，“第一类规则设定义务，第二类规则授予权力，公权力或私权力。”作为第二性规则（又称次级规则）的权力、权利（即私权力）能够改变作为第一性规则（又称初级规则）的不确定性（通过所谓的“承认规则”）、静态性（通过所谓的“改变规则”）和无效性（通过所谓的“审判规则”）。哈特的理论，是以前法律世界进入法律世界为分析模本的，但对生态环境保护来讲，何尚不是如此呢？即便在当下，有关生态环境保护的第一性规则（即义务），其不确定性、静态性、无效性可以说广泛存在，而现代法律制度，最重要的是以权力、权利为中心的第二性规则——只有以权力、权利为核心，我们才能谈论法律机制（乃至刑法机制）；弥漫着不确定性、静态性、无效性的义务规则的世界，也在混沌的、冲突的保护（或侵害）某种利益，但要说保护什么法益，确实没有什么可谈的。因此，环境权力、环境权利是环境法的核心范畴，一定意义上来说，确实是再自然不过的结论。

立于法律规则说基础上的法权说（哈特认为法的要素只包含规则），其对于权力（利）与义务的认知，显然不同于我们一般的带有哲学思辨的，将权利义务置于一个平面的所谓权利义务统一论。但即便如此，生态环境法的核心范畴是否只是环境权力和环境权利，可能仍然需要进一步研究。最后，笔者想进一步（或许是感触性的）谈一谈生态环境法的未来。在生态法中，相较于权利、义务，责任乃至身份（角色期待）可能更重要：

第一，我们可以基于一定的原因将生态法益的保护责任配置给一定身份的主体。这时，一定身份主体具有被明确确定的生态保护责任。这种责任具有不同于传统法的法律责任特点，是为解决环境义务的不确定性、无效性而预先进行的主体性（责任）设定，而且这种责任，在本体上不能消散和灭失，具有权利与义务的复合性。

第二，具体的权利、义务的“符号性”安排，尽管有不同制度的价值，如排污，是赋予行为人排污权，还是让行为人交排污费。看起来一个是权利，另一个是义务，这只不过是同样行为的不同“正当化符号”而已。而它们背后的基础，应该是人利用自然过程中应当承担的责任。

第三，事实上，没有转化为权利的生态法益，传统权利内容的限定（如自然资源物权中的），以及行为人承担的传统权利的额外负担（即伴随的义务），并因此派生的权利要求（生态补偿的权利），最终指向的是国家责任。

五、思考题

1. 如何把握生态主义与法律生态化？

2. 如何评价焦艳鹏建构的生态法益纵横结构？
3. 简要分析法益概念在厘清、建构生态法的核心范畴中的地位和作用？

（撰稿人：谢嗣强）

第二十一章

《俄罗斯生态法》——王树义

【本章提要】

《俄罗斯生态法》是一部对俄罗斯生态法进行系统、全面深入研究和理论探讨的著作，对我国进行各国生态法学研究和生态法的制定具有重要的参考价值。相关专业研究生应该仔细研读生态法律文献，对比中外生态法学的异同，加深对生态法概念的理解。了解生态法学理论发展脉络及相关科学之间的融合，理解俄罗斯当代生态法面临和要解决的现实问题。

一、作者简介

王树义，法学博士，曾任武汉大学法学院副院长、教授、博士生导师，国家“2011 计划”司法文明协同创新中心联席主任，全国普通高等院校人文社会科学重点研究基地——国家环境保护总局武汉大学环境法研究所主任、所长，基地学术委员会副主任，武汉大学环境法研究所学术委员会副主任，中国法学会环境资源法学研究会副会长，中华环保联合会法律专家委员会副主任委员，中华环保基金会理事，国家环境应急专家组专家。曾任湖北省人大常委、湖北省人大常委会城乡建设环境保护委员会委员、武汉大学人文社会科学委员会委员。一生致力于环境法的研究，获“全国土壤环境保护工作先进个人”殊荣，工作于武汉大学环境法研究所。1987 年毕业于武汉大学，获法学硕士学位。1999 年毕业于北京大学，获法学博士学位。1991—1993 年先后在前苏联的基辅大学国际法与国际关系学院和莫斯科大学法律系作访问学者，1993—1996 年在中国驻乌克兰大使馆任一等秘书。曾多次应邀赴俄罗斯、乌克兰等国家和我国香港、台湾地区进行学术访问和讲学。独撰、主编、合著环境法学研究方面的著作十余部，在多种学术刊物上发表学术论文数十篇。曾参加《中华人民共和国环境保护法》《中华人民共和国固体废物污染环境防治法》等多部环境保护法律、法规和地方性环境保护法规的立法研究和修改研究工作，并主持和承担了亚洲开发银行、教育部、司法部等机构和部委的十几项科研项目的研究工作。

本书是作者在长期从事环境法学研究和教学工作，并拥有较好的俄语基础上进行创作的。作者对俄罗斯在生态法学方面的发展和变化进行了长时间的跟踪研究。其间，作者利用在基辅大学国际关系学院和莫斯科大学法律学习系作访问学者和短期学术访问的机会（1991—1993 年），以及出任中国驻乌克兰大使馆一等秘书（1993—1996 年）的有利条件，积累了大量的第一手俄文版的研究资料，回国攻读博士期间，继续跟踪研究，阅读了数百万字的俄文资料，最终完成了《俄罗斯生态法》一书的撰写工作。

除此之外，作者还主持十几项科研项目的研究工作。主要科研项目有《中国—全球环境基金干旱生态系统土地退化防治伙伴关系项目之一防治土地退化法律及政策能力建设》《中华人民共和国环境保护法》修改研究、《中华人民共和国固体废物污染环境防治法》修改研究及修改草案起草、《环境管理重要法律问题比较研究》《可持续发展与环境法治建设》教育部第二期 211 工程建设重大项目、《各国环境保护与自然资源利用基本法律制度比较研究》《中国环境法律制度创新研究》《湖北省辐射污染环境管理条例》立法起草研究。主要科研成果有：主编《环境法学文库》丛书、《环境法系列专题研究》《可持续发展与环境法治》《环境与资源保护法学案例教程》；合著《长江中上游及中国中西部可持续发展》；独著《俄罗斯生态法》。并出版《中国传统生态伦理思想的现代价值》《关于促进我国环境法治建设的思考》《水权概念的多视角考察》《关于促进我国循环型社会建立的法律思考》《关于中华人民共和国环境保护法修改的若干思考》等一系列具有代表性的论文。

二、作品版本

《俄罗斯生态法》一书，是武汉大学 2000 年度社会科学研究课题“俄罗斯生态法研究”的成果，由武汉大学法学院副院长王树义编著而成。武汉大学社会科学部及武汉大学环境法研究所对本书的出版提供了帮助。2000 年 5 月于武汉大学出版社首次印刷，并于 2001 年 5 月出版。

三、写作背景

俄罗斯联邦，又称俄罗斯，是一个从传统的社会主义制度向现代的资本主义制度全面转轨的国家。它虽然已不再具有昔日前苏联超级大国的世界霸主位置，但仍然在政治、军事、和社会生活的其他方面极大地影响着整个世界。另外，俄罗斯联邦至今仍然是世界上少有的一个自然资源大国。在环境法方面，他们的法制建设和学科发展也有很多特色。

"法律生态化"就是前苏联最早提出来的。同时,"生态法"一词作为一个积极词汇,在 20 世纪 70 年代末至 80 年代初以来在前苏联和俄罗斯联邦法学界得到了广泛使用。它大量的出现在各种有关生态法学研究的文献和教科书中,成为俄罗斯联邦法律科学领域里的一个专有名词或专门用语,全面取代了环境法、环境保护法、自然保护法、自然环境保护法等名词。

另外,俄罗斯联邦在环境管理体制方面的变化和改革,和中国也有许多共同之处。正如作者所说的那样,中国同前苏联和现在的俄罗斯联邦曾经有过非常相似的过去和千丝万缕的联系。例如,两国之间历史性的经验和教训;两国都面临着从计划经济到市场经济的转变;两国都经历了计划经济体制在社会主义建设过程中,带来的灾难性的后果等等。两国有着太多的共同东西值得进行系统的总结、分析和研究,特别是俄罗斯联邦 1991 年重新独立以后在法学理论方面的变化和发展。从整体上来看,对俄罗斯联邦各个方面进行系统的分析和研究,对我国经济、社会的发展或是生态法学方面都是大有裨益的。然而,对于这样一个国家,过去由于种种原因,我国自 20 世纪 60 年代以来就一直缺少对其各个方面应有的研究。我们在外国法和比较法的研究中,包括环境法在内,注意力大多集中在西方发达国家,并有大量的著作问世,当然这是十分必要的。但是对前苏联和现在的俄罗斯联邦法学的状况特别是学科前沿的发展和变化,却很少有人关注,甚至知之甚少。至于对俄罗斯独立以后在生态法学方面的变化和发展,更是缺乏基本的了解,可以说几乎空白。

有幸的是,在《俄罗斯生态法》一书中,作者考察和分析了俄罗斯生态法的渊源、历史发展,环境管理体制的演变和改革,各种法律制度的建立和健全,同时也深入探讨了生态法学的很多重要理论问题。可以说,《俄罗斯生态法》是王树义倾多年心血完成的,迄今为止对俄罗斯生态法最系统、最全面深入研究和理论探究的一部著作,它填补了我国对俄罗斯生态法研究的一项空白。

《俄罗斯生态法》一书具有以下几方面的特点:其一,所用资料最新,并且具有连续性。本书所用最新资料截至到 2000 年 6 月。虽然时隔十多年,但是此书仍然具有很高的参考及研究价值。其二,所用的资料权威。本书参考文献的作者绝大部分为俄罗斯法学界生态法学界的权威、专家。其三,所用资料准确。本书所用资料 96% 以上全部为第一手俄文版资料;本书引用的法律、法规全部来源于俄罗斯联邦立法机关和定期出版的《俄罗斯联邦法律汇编》《俄罗斯联邦政府公报》等官方出版物。其四,理论性强。专著侧重对俄罗斯生态法学基本理论的探讨。其五,作者多年一直从事环境法的教学和研究工作,且侧重于前苏联和俄罗斯生态法的研究,具有很好的俄语基础。从 1991 年前苏联解体至今,王树义教授对俄罗斯独立以后在生态法学方面的发展和变化进行了长时间的跟踪研究,积累了大量的第一手俄文版研究资料。回国后,他在北京大学法学院师从环境法学家金瑞林先生攻读博士学位期间,又不断托人从莫斯科等地购买了大量最新书籍和其他研究资料,继续从事跟踪研究。王树义教授前后阅读数百万字的俄文资料,又集中地对俄罗斯生态法进行了系统、深入的研究,最终完成了《俄罗斯生态法》一书的撰写工作。

由于《俄罗斯生态法》一书的篇幅过长,本篇只对俄罗斯生态法学的总论部分作了较为系统的研究和阐述,只是王树义先生关于俄罗斯生态法研究成果的一个部分。

四、主要内容

（一）第一章：俄罗斯生态法概述

生态法的概念是20世纪70年代末苏联提出来的。30年来，这一概念在苏联、现今的俄罗斯联邦和其他的独联体国家以及东欧国家得到了广泛的使用。

关于生态法的概念，一般认为，生态法只是调整自然保护方面的生态社会关系的法律规范之总和。它不应该包括调整在自然资源利用和保护方面所产生的社会规范的法律规范。但目前在俄罗斯联邦法学界并未形成一个完全一致的定义。

生态社会关系是生态法的调整对象。它具有以下三个方面的特点：具有意志性；是与利用自然客体之间和自然客体之间的生态联系有关而形成的社会关系；是属于生态法律规范效力范围的社会关系。凡符合以上三个条件的社会关系即是生态法调整的社会关系，这些社会关系通常被称为生态社会关系，生态社会关系就是生态法意义上的调整对象。

作者认为生态社会关系是生态法独立的调整对象，生态法是一个独立的法律部门。俄罗斯生态法的保护对象包括臭氧层、微生物、遗传基因、土地、地下资源、水、森林、大气、动物界、自然景观、国家自然禁区、国家自然保护区、国家公园、自然公园、自然遗迹、树木公园和植物园、医疗保健地和疗养地等自然客体，它们都是自然环境的重要的组成部分，在自然界里具有不同的生态功能。同一种自然客体，往往能起几种资源的作用。

生态化方法将自然生态系统中那些具有重要生态功能和经济意义的自然环境要素和自然资源列为国家保护的对象，用法律手段将其保护起来；对自然资源的利用、保护和环境保护实施监督管理的机构在国家现行立法中固定下来，明确其法律地位；将生态利用人的范围在现行立法中固定下来，明确规定他们的法律地位；将生态利用人进行生态利用活动应当遵守的规则在现行立法中固定下来；将违法生态利用规则所应当承担的法律责任在现行立法中固定下来；实现各立法部门立法的生态化。这是生态法特有的调整方法。

其他部门法中的生态法律规范，与生态法的其他法律规范相互配合，共同对在保护环境、合理利用和保护自然资源方面所产生的社会关系进行法律调整。

（二）第二章：俄罗斯生态法的渊源

俄罗斯生态法的渊源，是指由俄罗斯联邦被专门授权的国家机关、地方自治机关按照法定程序和法定形式通过或认可的，或者以全民公决的方式直接通过的，含有调整生态社会之法律规范，体现俄罗斯联邦在生态利用领域里的国家意志的规范性法律文件。它们具体包括：《俄罗斯联邦宪法》、俄罗斯联邦参加的国际环境保护条约以及公认的国际法原则和准则、联邦法律、俄罗斯联邦总统的规范性法律文件、俄罗斯联邦执行权力机关的规范性法律文件、俄罗斯联邦各主体的规范性文件、俄罗斯联邦地方自治机关的规范性法律文件。

《俄罗斯联邦宪法》作为俄罗斯生态法渊源的最重要的宪法规范，体现在《俄罗斯联邦宪法》第 42 条和第 58 条的规定中。第 42 条规定："每个人都有良好的环境，获得环境状况的信息的权利，享有因生态破坏损害其健康或财产而要求获得赔偿的权利。"宪法的这一规定，具有极其重要的政治和法律意义。《俄罗斯联邦宪法》在明确确认公民生态权利的同时，也具体规定了公民应当承担的环境保护方面的义务。《俄罗斯联邦宪法》第 42 条和第 58 条的规定，是俄罗斯生态法对俄罗斯联邦公民的具体生态权利和义务作出明确规定的直接基础。从这个意义上来说，《俄罗斯联邦宪法》是俄罗斯联邦生态法的基本渊源。

（三）第三章：俄罗斯生态法律体系和生态立法体系

俄罗斯生态法律体系是指俄罗斯联邦调整生态社会关系的所有法律规范组成的互相联系、互相补充、内部和谐一致的完整系统。主要由宪法性法律的有关规范、以专门的规范性法律文件表现出来的生态法律规范和其他部门法中的生态法律规范组成。

俄罗斯生态立法体系是指由俄罗斯联邦保护环境及合理利用和保护自然资源的规范性法律文件构成的，具有等级联系的有机统一体。它具体由以下几类规范性法律文件组成：

第一类，是以俄罗斯联邦关于保护环境、合理利用和保护自然资源的联邦法律的形式表现出来的规范性法律文件。

第二类，是以俄罗斯联邦总统关于保护环境、合理利用和保护自然资源的命令和指令的形式表现出来的规范性法律文件。

第三类，是以俄罗斯联邦政府关于保护环境、合理利用和保护自然资源的决定和指示的形式表现出来的规范性法律文件。

第四类，是以俄罗斯联邦各部、委、主管部门关于保护环境、合理利用和保护自然资源的命令和细则的形式表现出来的规范性法律文件。

第五类，是以联邦各主体关于保护环境、合理利用和保护自然资源的法律、决议、决定、命令、指示等形式表现出来的规范性法律文件。

第六类，是以地方自治机关关于保护环境、合理利用和保护自然资源的决定、指示、办法等形式表现出来的规范性法律文件。

（四）第四章：俄罗斯生态法的发展历史

早期的俄国同其他许多古代国家或中世纪国家一样，对自然客体的保护最早是通过对自然客体所有权的保护、对自然客体所有人经济利益的保护，乃至国家军事利益的保护来实现的。法律在保护自然客体的所有权和所有权人的经济利益的同时，客观上也对自然客体本身起到了保护作用。在 20 世纪时期，俄罗斯虽然已经有了用于保护自然客体、调整自然关系的法律规范，但都没有一部专门的规范性文件，这显然不能适应 20 世纪初期俄罗斯保护自然客体和保护环境的客观需要。

生态法是在 1917 年俄罗斯苏维埃政权刚刚诞生时开始产生的。在列宁的直接领导和亲自参加下，俄罗斯苏维埃政权刚一建立，就制定和通过了一批旨在保护土地、地下资源、森林、自然保护区、疗养区和自然遗产的法律文件。在苏维埃时期的生态立法中，缺乏保障机制，即在已有的生态立法中缺乏保障生态法律规范得以实现的应有的有效机制，以致生态法在实践中不能得到有效的执行。

至现阶段，俄罗斯生态法获得了新的发展。这一时期，制定和颁布了一大批专门性联邦法律，加强了保护环境、防治污染方面的立法，并逐步实现了其他部门立法的生态化。这些情况说明，部门立法的生态化已经成为了现阶段俄罗斯联邦生态法发展的一种新的发展形式，它还将进一步推动俄罗斯生态法的发展。

（五）第五章：俄罗斯的自然资源所有权

自然资源是指自然界中天然存在的自然物，如土地、水、森林、地下资源、野生动、植物等。所有权关系在大部分国家法律调整的社会关系体系中占了主要位置。自然资源所有权，从法律的角度来看，具有两个方面的含义：其一，它是一项法律制度；其二，它是自然资源所有人的具体权能的总和。俄罗斯联邦自然资源所有权的内容由所有人对自然资源所享有的占有、使用、收益和处分四项权能构成。

俄罗斯联邦自然资源所有权的形式主要包括：自然资源私人所有权、自然资源国家所有权、自然资源地方所有权、其他所有权四种形式。

自然资源所有权的客体就是自然资源，指在自然界里天然存在的那些自然资源，自然资源是天然起源的自然物。俄罗斯联邦自然资源所有权的客体是土地和其他自然资源，可以以私人所有、国家所有、地方所有或其他所有制的形式存在。俄罗斯联邦自然资源所有权的主体除了自然人、法人和俄罗斯联邦国家之外，还应包括俄罗斯联邦各主体和地方结构体。其中，自然人、法人是自然资源私人所有权的主体，俄罗斯联邦国家和俄罗斯联邦各主体是自然资源国家所有权的主体，地方结构是自然资源地方所有权的主体。自然资源私人所有权是俄罗斯联邦重新获得独立主权国家的地位以后，在俄罗斯联邦出现的一种新的自然资源所有权形式。俄罗斯联邦私人所有制的法律调整，主要还是针对土地进行的，在不同客体的自然资源私人所有权中，最早出现的就是土地的私人所有权。

自然资源的国家所有制在俄罗斯联邦法律规定的自然资源所有制形式结构中占有绝对优势，俄罗斯联邦自然资源国家所有权的主体是俄罗斯联邦和俄罗斯联邦各主体。俄罗斯联邦自然资源国家所有权的客体范围非常广泛，包括土地、地下资源、水、森林、动物界、除森林以外的其他植物界、受特殊保护的自然区域以及其他经济上已经开发并已经进入民事流传的和那些尚未开发，还未进行民事流传的自然资源。

俄罗斯联邦自然资源地方所有权，是苏联解体以后在俄罗斯联邦出现的一种新的自然资源所有权形式。俄罗斯联邦自然资源地方所有权的主体是实行地方自治的市、镇、集镇、区、农村的区和其他地方性结构体。至于客体，土地、山地、水体、森林、草地及其他自然客体可以属于地方所有。

获得所有权的一般根据。根据规定，对已有所有人的财产的所有权，其他人可以根据买卖合同、互易合同、赠与合同或者关于该财产让与的其他协议取得。自然资源所有权可以因所有权人将属于自己的自然资源让与他人，或所有权人放弃自然资源的所有权，或因自然原因的灭失以及法律规定的丧失自然资源所有权的其他情况而终止。

（六）第六章：俄罗斯的自然资源使用权

对自然资源依法进行使用的权利就是自然资源使用权，该权利是由自然资源所有权产生的。

按照俄罗斯联邦法律规定的自然资源所有权所具有的不同形式，可以将自然资源使用权分为自然资源国家使用权、自然资源地方使用权、自然资源私人使用权和资源再生使用权四种。前三种自然资源使用权都是从相应的自然资源所有权产生的，因此又称“原生自然资源使用权”，而第四种自然资源使用权是从原生自然资源使用权转变成的自然资源使用权，故称“再生自然资源使用权”。

俄罗斯联邦自然资源使用权分为土地使用权、地下资源使用权、水使用权、大气使用权、森林使用权、除森林以外的植物界使用权和动物界使用权的独立的自然使用权形式。这也是自然资源使用权的基本类型。它们之间既有个性又有共性，其共性表现在这些自然资源使用权产生的根据是相同的；其个性表现在这些自然资源的客体是不同的。客体的不同决定使用具体自然资源的技术方法和工艺方法的不同，决定着自然资源使用的目的不同，同时也决定着自然资源使用权主体的权利和义务的不同。

目前，在俄罗斯联邦法学界关于上述大部分自然资源使用权的问题讨论得很多，而关于大气使用权的问题则讨论得相对较少。主要是因为关于大气是不是俄罗斯联邦自然资源所有权客体的问题还存在着争论，并且俄罗斯联邦更多关心的是关于大气保护的问题，而非大气的使用问题。

俄罗斯联邦根据自然资源使用权产生的根据，将自然资源使用权分为“一般的自然资源使用权”和“专门的自然资源使用权”。

一般的自然资源使用权就是指人人都能得到的，无须经过专门许可的自然资源使用权。也就是指在每一次具体使用自然资源的时候，不需要得到有关的国家机关和那些取得了自然资源使用权的公民或者法人的特别许可。

专门的自然资源使用权是相对于一般的自然资源使用权而言的，就是指某种特殊的或者因专门的需要而使用某些自然资源的权利。俄罗斯联邦按照使用权客体的不同将专门的自然资源使用权分为专门的土地使用权、专门的地下资源使用权、专门的水使用权、专门的森林使用权、专门的动物界客体使用权和专门的大气使用权。

俄罗斯自然资源使用权的主体和客体是非常重要的两个方面。关于自然资源使用权的主体有两个方面的含义。其一，自然资源使用权的主体是指依法可能成为自然资源使用权拥有者的人；其二，是指拥有自然资源的主体权利的人，即法律规定的权利和义务的承担者。俄罗斯联邦法律对一般的自然资源使用权和专门的自然资源使用权的主体有不同的规定。根据规定，前者的主体是每一个人，而后者则是法人和公民个体经营活动者。对于自然资源的客体，因为“自然资源使用”是一个广义的、综合性的概念。从理论上来说，自然资源使用权的客体就是自然或自然界。但是，具体对于俄罗斯联邦的自然资源使用权来说，其客体并非位于俄罗斯联邦境内的整个自然或者自然界，而是俄罗斯联邦境内自然界的某些组成部分——水、地下资源、土地、森林等自然资源。

（七）第七章：俄罗斯公民的生态权利和义务

俄罗斯联邦生态学界普遍认为，关于个人的生态权利问题是俄罗斯联邦现代生态法的核心问题。人和公民的生态权利在俄罗斯联邦是直接有效的，他们不仅决定着俄罗斯联邦生态立法的意图和内容，而且直接涉及到生态法律的适用。

姆·姆·布林丘克认为“人的生态权利是指在立法中确认并固定下来的，保证在人和自然的交互作用过程中满足人的各种需要的个人权利”，这就是人和公民的生态权利的基本概念。

在俄罗斯联邦，人和公民的生态权利，根据俄罗斯联邦法律调整程度的不同可以分为“人和公民的基本生态权利”与“人和公民的其他生态权利”两类。因为这些生态权利都是在《俄罗斯联邦宪法》和俄罗斯联邦参加签署的有关国际条约以及普遍公认的国际法原则和准则中被固定下来的权利。所以，“人和公民的基本生态权利”通常又被称为宪法性生态权利和基础性生态权利。“人和公民的其他生态权利”，是指在俄罗斯联邦和俄罗斯联邦各主体的法律和其他规范性法律文件中规定的人和公民在自然资源利用和环境保护方面的权利。将人和公民的生态权利分为“人和公民的基本生态权利”与“人和公民的其他生态权利”，并不意味着后者在法律上不重要，它们同样受到国家法律的保护。俄罗斯联邦学者认为，无论是从人、社会和国家生态利益的重要性出发，还是从人的生态权利的发展水平出发，人和公民的生态权利都应当作为一个独立的权利类型。

承认公民的生态权利并对其进行立法调整，是俄罗斯联邦现阶段立法发展的显著标志之一。在自然环境保护法和新宪法中，对俄罗斯公民的生态权利和义务进行了详细的规定。

从俄罗斯目前的立法情况来看，关于俄罗斯联邦总统对公民生态权利的保护，在实际上还缺乏相应的运作机制。但是《俄罗斯联邦宪法》对俄罗斯联邦公民生态权利的保护作出了具体的保护措施，俄罗斯联邦对公民生态权利的保护采取了有效的方法。同时，《俄罗斯联邦宪法》的第 3 条第 1 款还规定，俄罗斯联邦公民为了保护公共利益和达到公共目的，有权在自愿的基础上成立社会团体。并对社会生态组织在自然环境保护方面的权利作出了明确具体的规定。

行使宪法赋予的结社权成立社会生态团体，以保护社会的生态利益和维护公民自己的生态权利，是俄罗斯联邦公民的优良传统。在前苏联存续期间，俄罗斯联邦就已经成立了许多自然环境保护方面的社会团体。事实上，在实践中，俄罗斯联邦的社会生态组织充分运用了自己的权利，在自然环境保护方面开展了不少有益的活动。

（八）第八章、第九章：俄罗斯的环境管理

环境管理，又称“环境保护管理”或“环境监督管理”，但在前苏联和俄罗斯联邦，则一直被称作“自然保护管理”或“自然资源利用和保护的国家管理”。关于环境管理的含义，在俄罗斯联邦独立以前，最具代表性的是弗·弗·彼德罗夫所下的定义：“自然保护管理是实现国家自然保护职能的最重要的方式，其目的在于组织查清

自然资源，拟定自然资源利用计划和自然保护计划，从物质技术上和物质上保证计划的实施，并对执行自然保护措施和遵守自然保护立法的情况实行监督。”另一颇具代表性的看法是雅·弗·尼基塔维奇提出来的。他认为，环境管理“是国家管理统一的国民经济综合体的组成部分”。上述两个定义都是在俄罗斯联邦独立以前提出来的。它们虽然都概括地揭示了环境管理的基本含义，但也明显地带有前苏维埃国家计划经济条件下环境管理的浓厚色彩。随着苏联解体后，俄罗斯联邦在政治制度、经济制度和生态立法等方面产生一系列的根本性变化，俄罗斯生态法学界提出了“生态利用和环境保护的国家管理”“自然资源利用和环境保护的国家管理”等新的用语。1998 年以来则称环境管理为“国家生态环境”和“生态利用和环境保护的国家调整”。并且关于环境管理的含义，也出现了较大的变化。最具有代表性的观点认为，环境管理是一种以自然资源的利用、保护活动和环境保护活动为特定对象的国家管理活动，其基本任务和目的是，保障国家权力在建立良好的生活环境和生态环境、保护社会生态利益方面的实现。

俄罗斯联邦环境管理的基本原则，是指在俄罗斯联邦生态法律和其他规范性法律文件中明文规定或体现出来的，对于环境管理活动具有普遍指导意义并贯穿于整个环境管理法律制度和环境管理法律规范之中的最重要的原则。它包括环境管理的合法性原则、环境保护优先原则、社会的生态利益与经济利益相结合的原则和工作公开及密切联系社会团体和居民四个基本原则。

环境管理的体制的基本概念就是指一个国家或者一个地区环境管理组织机构的设置、管理权限的分配、职责范围的划分及其机构运行和协调的机制，其核心问题是管理机构的设置和职权范围的划分。改革后的前苏联和俄罗斯的环境管理体制，具有两个方面的共同显著特点：首先，设立了专门的环境管理机构——“国家自然保护委员会”，将分散的环境保护工作相对集中，由一个专门的机构进行统一管理；其次，专门的管理机构与协调机构合二为一。此次改革为前苏联和俄罗斯联邦真正发挥国家环境管理的作用提供了可能。

《俄罗斯苏维埃联邦社会主义共和国自然环境保护法》，是俄罗斯联邦独立之后在自然环境保护方面颁布的第一个，也是最重要的一个文件。它不仅全面规定了俄罗斯联邦自然保护立法的任务、基本原则、调整对象、保护对象，俄罗斯联邦公民的生态权利、义务和自然环境保护的基本法律制度等的内容，且首次对俄罗斯联邦作为一个独立国家将实行的环境管理体制做了选择性的规定。而俄罗斯联邦现行的环境管理体制就是在《俄罗斯苏维埃联邦社会主义共和国自然环境保护法》关于俄罗斯联邦环境管理体制原则性规定的基础上开始形成的。现行环境管理体制的基本内容主要包括了总权限管理机关和职权的范围、被专门授权的国家环境保护管理机关及其职权的划分和协同管理机关及其在俄罗斯联邦国家环境管理中的作用三个大的方面。由此可以看出，俄罗斯现行的环境管理体制突出强调国家各级政权机关和各级政府在环境管理中的地位和作用，设置了多个专门的环境管理机构和专门管理机构与协同管理机构并存的特点。

俄罗斯联邦现行的环境管理体制，严格的来说是一种相对集中、分工负责、分散管理的综合性环境管理体制。一般认为，目前世界各国所实行的环境管理体制，大体有四种类型，分别是集中统一的环境管理体系、相对集中的环境管理体制、分散兼管的环境管理体制和统一监督管理与部门监督管理相结合的环境管理体制四种。作者认为，俄罗斯现行的环境管理体制是利弊相结合的，优点在于俄罗斯联邦坚持了对自然资源的利用、保护和环境保护进行集中统一管理的方向，但弊端在于机构庞杂不易相互协调、权限分散、政出多门、容易产生矛盾。同时作者也对俄罗斯环境管理体制再次改革的方向作出了分析。他认为，只有精简机构、扩大管理权限、形成集中统一的环境管理体制，坚持环境管理机构的中央机关与其他地区机关之间的垂直领导和垂直管理，才能真正提高环境管理工作的效率。

（九）第十章：俄罗斯的生态鉴定制度

生态鉴定，是俄罗斯联邦用以防止经济活动和其他活动潜在的生态危险的一种预防性环境管理措施，也是保护人和自然环境免遭不符合生态要求的经济活动和其他活动的不良影响的一种保护性环境管理措施，是俄罗斯联邦国家环境管理的一项最重要的管理措施。而生态鉴定制度，则是关于生态鉴定活动的基本法律规定的总称。

从理论上来看，俄罗斯联邦的生态鉴定制度，是建立在两个“假定”的基础上的。由于作者在书中叙述“假定”的内容较多、篇幅较长，现不做过多解释。作者认为，俄罗斯生态鉴定制度得以设立的理论基础，即是两个“假定”。不过第二个“假定”，即关于一切活动方案等的设计人员在考虑方案是否符合国家生态要求方面是有过错的或有过失的“假定”，似与俄罗斯联邦刑法关于“无罪推定”原则的精神相悖，是值得进一步研究的。

生态鉴定的原则是指组织和进行生态鉴定活动所必须遵循的基本活动准则。作者把这些原则归纳为：必须进行国家生态鉴定原则；全面、综合评价原则；提供全面、可信的相关信息原则；鉴定人员独立鉴定原则；生态鉴定结论的科学性、客观性和合法性原则；公开及社会参与原则六项原则。生态鉴定的原则实际上就是组织和实施生态鉴定活动的规则或指导方针。它是生态鉴定制度的实质和其社会意义的集中反映，体现的是立法者对生态鉴定活动的基本要求和所要达到的基本目的。

按照鉴定主体、鉴定对象、鉴定程序、鉴定结论的效力等的不同，可以将生态鉴定划分为不同的类型。俄罗斯联邦现行的生态鉴定制度，将生态鉴定分为“国家生态鉴定”和“社会生态鉴定”两种。国家生态鉴定，是指俄罗斯联邦中被专门授权的国家生态鉴定机关，对俄罗斯联邦法律规定必须进行国家生态鉴定的经济活动和其他活动项目依法进行的生态鉴定活动。而社会生态鉴定，就是指在其组织章程中明确地将保护自然环境，其中包括组织和实施生态鉴定规定为自己的主要活动方向，并且按照法定程序进行了社团登记的社会团体（联合会、联盟、协会等），根据公民、社会团体（联合会、联盟、协会等）和地方自治机关的倡议而组成和进行的生态鉴定。作者在书中对国家生态鉴定和社会生态鉴定的特征、意义、对象、程序、费用的承担、鉴定结论及其作用等以及两者的不同点做了详细的比较说明。

俄罗斯联邦的生态鉴定制度，是俄罗斯联邦在长期的国家环境管理实践中，在广泛地研究和借鉴国外环境影响评价制度的基础上逐步摸索和形成的一项环境管理方面的法律制度。但是，任何一项法律制度，总会有一些不尽如意之处，该制度也不例外，也存在着一些问题。作者在该书中具体阐述了生态鉴定的几个理论问题以及自己的看法。首先是关于规范性和非规范性法律文件草案作为国家生态鉴定对象的问题；其次是关于与被赋予法律效力的社会生态鉴定结论有关的法律责任的归属问题和关于社会鉴定机关的有关问题；最后是关于环境影响评价与生态鉴定相互关系的问题。

（十）第十一章：生态法律责任

生态法律责任在俄罗斯联邦又被称为生态违法的法律责任，是指以被专门授权的环境保护管理机关、护法机关和其他得到授权的主体为代表的国家与实施了生态违法行为的人（自然人、公职人员或法人）之间在对违法行为人适用相应惩罚方面所形成的法律关系。实施了生态违法行为的人应对其行为承担不良的后果是其实质。生态法律责任是俄罗斯联邦法律责任制度的一个组成部分，具有一般法律责任所具有的全部主要特点。

生态法律责任是一种综合性的法律制度，具有三个方面的基本特点：是为保证生态立法规定的各种要求得到普遍遵守和执行的国家强制形式；是国家与生态违法行为人之间形成的一种法律关系；是一种法律制度。

生态法律责任具有惩罚、教育警告和权利恢复或补偿性职能，是生态法律责任目的的具体化。生态法律责任的基本职能决定了生态法律责任的具体内容是维护生态法制，保护生态保护领域里的社会关系；惩罚生态违法行为人；使包括精神损害在内的受害人的损失得到补偿；预防生态违法行为人实施新的违法行为（部分预防）和预防其他公民实施生态违法行为（总体预防）；引导和教育公民尊重和遵守生态保护的法律和法规，增强生态法律意识。

根据其性质和对社会危害程度的不同，俄罗斯联邦法学界通常将生态违法行为划分为生态行政违法行为、生态纪律违法行为、生态刑事违法行为和生态民事违法行为四种类型。王树义教授在书中对生态违法的纪律责任、生态违法的物质责任、生态违法的行政责任、生态犯罪的刑事责任和生态损害的民事责任的概念、特征、构成、分类和责任承担方式等方面作了详细的研究和描述。

五、思考题

1. 俄罗斯联邦的生态法学对我国来说，是否能够全部适用？能够适用的部分具体表现在哪些方面？

2. 结合书中对俄罗斯联邦环境影响评价与生态鉴定之间关系的论述，谈一谈你对我国的环境影响评价制度与生态环境损害鉴定制度之间的关系与衔接是如何构想的？

3. 经济学博士维克托·达尼洛夫达尼里扬教授曾尖锐地指出："现今七个被专门授权的环境保护机关，这不论从法律上来看，还是从行政上来看，都是荒谬的。"对此，你怎么看？

（撰稿人：姚俊颖）

第二十二章

《日本公害诉讼理论与案例评析》
——冷罗生

【本章提要】

本书全面介绍了日本公害民事、行政与刑事诉讼理论，并结合日本公害事件的经典案例评析日本法院与学术界的主要观点。通过阅读本书可以了解日本公害案件的处理方式、法律制度、学术理论及法院裁判意见，学习日本的理论与实践经验，有助于反思我国公害案件处理的理论与制度建设。

一、作者简介

冷罗生教授，北京师范大学法学院经济法与环境资源法教学研究中心主任，博士生导师，最高人民法院环境资源司法理论研究基地研究员。曾任湖南省长沙市中级人民法院审判员、副庭长。其代表作有《中国违宪审查制的研究》（专著）、《日本现代审判制度》（专著）、《汶川地震社会管理政策研究》（合著）、《中外侵权法案例评析》（合著）、《中外物权法案例评析》（合著）、《我国河湖水系连通战略问题研究》（第三作者）等。

二、作品版本

冷罗生所著《日本公害诉讼理论与案例评析》一书是由商务印书馆出版，2005 年 6 月出版第 1 版，共 480 页。

三、写作背景

本书在绪论中介绍了写作时国内的环境纠纷状况与制度问题，并且说明了写作目的。据国家环境保护总局的统计资料表明，自 1998 年以来，环境纠纷每年以超过 20% 的速度递增，然而环境诉讼案件由于举证难、鉴定评估等原因，导致诉讼过程中不仅当事人、律师普遍感到头疼，就连法院的主审法官有时也感到为难。纵观日本的环境治理，日本法院功不可没，法院积极受理和判决环境纠纷案件，对环境的治理起到了助推器作用。日本法院积累的审判经验，值得我国法院学习，有助于我国及时处理环境纠纷、审理环境案件。

本书从公害诉讼的形式入手，详细介绍了日本公害形成的原因、公害的种类、治理公害的措施、与之相关的法律法规和法学理论等，并从噪声污染、水质污染、大气污染等多个方面精选了一些已由日本最高法院，东京、大阪等高等法院，地方法院，以及公害调整委员会判决、调解的社会影响较大的、且对我国具有重要参考价值的环境污染案例，并对承办这些案件的法院及调解委员会的办案方法、适用的法理进行了归纳分析。

四、主要内容

本书总共有四编，第一编日本公害案件及其民事解决途径，介绍了公害民事诉讼判例理论，并从噪声、震动、大气和水质污染方面分别阐述和探讨经典案例。经典案例有：大阪国际机机场噪声诉讼、横田基地飞机噪声诉讼、名古屋新干线噪声诉讼、国道四三号线噪声诉讼、列车内广告播放噪声诉讼、卡拉 ok 噪声诉讼、川崎制铁有限公司千叶制铁所污染诉讼、东京大气污染诉讼、熊本水俣病诉讼。第二编日本公害的行政诉讼，介绍了日本公害行政诉讼现状与行政诉讼理论。第三编日本公害刑事审判，介绍了日本公害刑事审判的现状、日本公害中的直罚主义和日本公害刑事审判理论，探讨了与《公害罪法》相关的大东铁丝有限公司盐酸毒气喷出案件和《废弃物处理法》相关的“豆腐渣”案件。第四编日本公害的非诉讼处理方式，介绍了公害纠纷处理制度及其非诉讼处理方式、公害纠纷处理程序的方法及现状，探讨了香川县丰岛产业废弃物案件和岛根、鸟取两县临界的中海本庄地区因实施围湖造田工程而影响水质申请调解案。

（一）日本公害及其民事诉讼理论

“公害”一词从 20 世纪 60 年代以来，经常出现在日本的报刊杂志上。公害成为深刻的社会问题，并引起日本政府和国民共同关心是在 1970 年前后。日本公害形成的原因，与当时的政策指导有关。当时的政府片面追求经济发展，不惜破坏周边环境，足尾、别子矿山的矿毒案就是典型的例证。日本《环境基本法》第 2 条第 3 款对公害是这样定义的：伴随着企事业单位的活动及其他人为活动而发生的相当范围内的大气污染、水质污染、土壤污染、噪声、震动、地面下沉以及恶臭等，造成的与人的健康或生活环境相关的损害。日本学者原田尚彦在著作《环境法》中指出，公害是指人为地对环境进行破坏和污染，造成了人、物等方面的损害，并指出这一概念包含以下特征：一是公害是人类日常反复进行的正常活动所产生的损害；二是公害必须是以地域性的环境污染破坏为媒介而产生的损害；三是公害是指起因于环境的污染乃至破坏已经对人的健康或财产发生了具体的损害。

日本有关公害案件的处理既可以采用诉讼途径解决，又可以通过非诉讼途径来处理。非诉讼途径主要是经过都、道、府、县审查会或中央公害等调整委员会，部门采取斡旋、调解、仲裁和裁决等方式。日本法院在审理公害案件时，会根据案情的不同性质而使用不同的法律理论。本书从主观认定、行为违法性、因果关系认定和请求停止侵害四个方面介绍了日本法院和学术界采用的法律理论。

在认定公害责任的时候，法院一般先查明公害原因的发生者是否存在故意和过失。一般故意和过失都要承担责任。日本学术界在认定过失行为时有两种学说，即预见可能说和回避可能说。预见可能说是指加害的企事业单位对于该行为能够预见，或者本应预见却没有预见的行为。回避可能说是指加害的企事业单位能够回避污染结果的发生却仍让其发生，或有义务回避结果的发生却没有实施回避结果发生的行为。另外，极大危险性的企事业单位造成损害，法院认定其责任的时候，大都适用无过错责任原则。日本于1972年修订的《大气污染防止法》和《水质污浊防止法》都以法律的形式确定了因大气和水污染公害造成国民健康损害时适用无过错责任的原则。这在日本公害救济发展史上具有划时代的意义。从法院的司法裁判看，因公害造成健康损害的基本都适用无过错责任原则。但是，因公害造成财产损失的，企业的过失依然是认定责任的重要考虑因素。因此，不能说日本现行法对公害的救济已完全摆脱了过失责任主义的影响而全部实现了无过错责任原则。

关于侵害行为的违法性的判断，日本目前存在三种不同的学说，即受忍限度论、新受忍限度论和一般的违法论。受忍限度论是普遍的学说，过去的判例中大都采用此学说。但最近越来越多的判例中采用了新受忍限度论。受忍限度论认为，企事业单位的活动造成了环境污染，给人们带来的损害超过了人们忍受限度时，就是滥用了权利，非法侵害了他人的权利。受忍限度论主要考虑以下因素：受害者遭受损害的性质（健康损害、精神损害、财产损害），被害的程度，加害行为的公共性，损害防护措施的设置情况，加害的企事业单位与被害者居住时间的先后等。对这些因素进行综合考虑，从而判断个案的受忍限度，认定损害超过受忍限度时，加害行为就是违法。一般违法性论认为，只有当加害行为违反了具体的法律、法规时才能认定其违法性，没有法律的具体规定则不应认定。新受忍限度论认为，从综合的角度看，被认定为超过忍受限度构成违法的加害行为招致了公害时，不必再去考虑加害的企事业单位的过失，就可以直接认定其侵权行为成立。日本法院在处理公害案件时没有生搬硬套哪一种学说，而是灵活运用。例如，四日市污染诉讼案中，地方法院所采用的是受忍限度论，严格地追究企业的注意义务，但在具体适用时，对于企业的过失作出了相当宽松的解释，对违法的加害行为几乎都认定其有过失。

公害纠纷最主要的争执点是加害行为与损害结果的发生是否有因果关系。被害者在民事赔偿诉讼中对自己的诉讼请求负有举证义务，被害者必须举证加害行为与损害结果之间存在因果关系。关于因果关系的举证，日本目前存在两种学说。第一种学说是高度可能性说。该学说要求被害人提供两个方面的事实：一是企事业单位等排放的污染物质到达并蓄积于发生损害的区域，而且已经发生了作用；二是该地域因此发生了许多损害。如果符合这两个方面的事实，被告不能充分地举证证明因果关系不存在，法院就应推定存在高度可能的因果关系。第二种学说是间接反证论。间接反证论是指被害者对于加害行为与损害结果之间的因果关系证明不强求其直接地加以证明，而是指出与加害行为相关的间接的证据加以证明，然后从这些事实入手，根据以往经验能够推定，并且常人对此也不抱怀疑态度。如果这样，就可以认定存在因果关系。对于加害的企事业单位，只需要提出不存在因果关系的证据或对因果关系表示怀疑的证据，就能够据此判定不存在因果关系。在日本的司法实践中，疫病学作为一种减轻被害者举证负担的手段一直被司法机关采用。疫病学上的因果关系，通常是指满足了以下四个条件就可以肯定侵权行为与损害结果之间存在因果关系：一是该因素从发病前已经开始发生了作用；二是该因素的作用程度越明显，该疾病的患病概率便越高；三是该因素被消除或有所减轻的话，该疾病的患病概率或程度就会降低；四是该因素作为疾病的原因，其作用机制基本上可以得到生物学上合理的说明，即使病理学上不能严密地说明，也可以肯定因果关系的存在。近几年，日本在疫病学理论上有了新的发展，主要有三点：一是诉讼中根据当时的科学水平能够用疫病学的方法对于这种集团性的加害行为的因果关系可以断定；二是根据疫病学的手段虽然能够断定集团的侵害结果的因果关系，但是不能仅凭疫病学的手段来证明集团之中的个人损害与加害行为的关系，被害者还需要举出其他证据来证明个体的因果关系；三是从加害行为的形态来分析，如果不能完全证明加害行为与损害结果之间有因果关系，被害者的诉讼请求将大打折扣。

请求停止侵害的民事诉讼中主要涉及以下主张：设置公害防治措施、请求停止生产或缩短工作时间、暂时停止施工建设等。原告提起停止侵害诉讼的法律依据有：基于物权的请求权、基于人格权的请求权、基于侵权行为的请求权。除了这些法律依据，还要对加害行为的违法性进行判断。考虑到停止侵害诉讼不仅对企事业单位是一个打击，而且还会波及社会公共事业活动，因此，法院在审判时大都采取了受忍限度论，相对于损害赔偿诉讼，停止侵害诉讼的受忍限度论更加严格。日本最高法院在审理国道四三号线案件中，认为在停止侵害诉讼和损害赔偿诉讼之间，“受忍限度”的参考要素应该不同，即使造成了对加害行为违法性的不同判断结果。例如，在判断加害行为是否具有违法性时，需要考虑侵害行为的公共性内容与程度。在国道四三号线案件中，对于损害赔偿诉讼请求，最高法院认为国道四三号线对当地居民的日常生活是不可欠缺的；但对于停止侵害诉讼请求，则认为国道四三号线不仅对沿途居民和企事业单位，而且给地域之间的交通和产业经济的发展提供了许多便利。由于认定公共性程度的考虑要素不同，造成了对同一公共事业的违法性认定结果不同，即在损害赔偿诉讼请求中，认定国道四三号线公共性程度弱，具有违法性；而停止侵害诉讼请求中，认定该公共事业公共性程度强，不具有违法性。对于最高法院的这一理论，持环境权观点的学者表示反对。但是，在审判实践中承认环境权的判例极少，在民法学说上也不是多数学说，因为环境权所倡导的原告的个别利益要将其解释为私权的环境利益比较困难。日本一些学者建议，基于私权的环境权诉讼不能作为通常的民事诉讼，应该把它放在一种基于公众权利的特别诉讼位置上，然后进行必要的立法。日本法院在审理停止侵害请求的诉讼中，还会遇到两个问题：一是请求停止侵害行为到底是民事行为还是行政行为；二是抽象的停止请求行为是否属于民法的调整范围。在大阪国际机场诉讼案中，最高法院认为，关于机场的“航空行政权”和“机场的管理权”属于运输大臣的两大权项，且这两个权项在行使和实现时是互为依存、不可分离的。虽然机场设施的管理权通常是民法调整的范围，但是周围居民对此提起民事诉讼时，会不可避免的取消、变更或代替航空大臣行使与此相关联的航空行政权。因此，原告可以提起行政诉讼，不能提起民事诉讼。关于抽象的停止侵害请求，过去法院认为即使判决原告胜诉也不能强制执行，因此驳回原告的诉讼请求。但是近几年，对于污染源单一的抽象停止侵害请求诉讼，最高法院在横田基地案件中开始认定为合法。

（二）日本公害的行政诉讼

从日本公害的行政诉讼特征来看，其主要是主观诉讼，即以保护自己的权利利益为目的的诉讼，此类型诉讼包括抗告诉讼和当事人诉讼；另一类是客观诉讼，即以维持客观的法律秩序为目的的诉讼，此类型诉讼主要是住民诉讼。日本审查行政诉讼和民事诉讼的最大不同是行政诉讼规定了严格的审查要件，即在审理行政案件之前，应对其起诉的要件进行审查，在审查中若发现诉讼要件欠缺，可以不进行实体审理，而以起诉不符合行政诉讼的起诉条件为由驳回当事人的诉讼请求。

日本主观诉讼中最重要的是取消诉讼。取消诉讼的起诉要件有三个，即处分性、原告适格和有诉讼的利益。取消诉讼是请求撤销行政机关作出的行政处分的行政诉讼。依据《行政案件诉讼法》第 3 条第 2 项规定，行政处分必须是行政机关根据日本政府赋予的权力做出的一种对于某一事件所做的行为。例如，颁发围湖造田许可证就是典型的行政处分。日本现今的判例和通说认为，取消诉讼针对的行政处分应当是直接影响公民权利和义务的行政行为，并且是行政诉讼法调整的范围。但是也有一些特殊的处分情形。近年的判例来看，法院大都认为行政机关的一些不必要的设施建设，居民可以提出取消诉讼，行政机关的设施建设计划实质上属于内部组织行为。例如，东京都曾计划建设一大批垃圾处理设施工程，后因居民反对并提起诉讼，法院撤销了该计划。另外，在行政机关的一系列行为中，只有对当事人的权利义务起最终决定作用的行为才能被认为具有处分性。关于原告资格，必须是行政机关的行政行为所涉及的人或团体、单位，并且对该人或团体、单位有法律上的利害关系。从日本的判例和通说来看，原告资格的范围被限定在法律上保护的利益，即原告是那些因行政机关的行政行为侵害了依法律应受到利益保护的人。关于诉讼的利益，如果现实的法律上的利益存在着不能恢复情形，诉讼的利益就不能被承认，诉讼就应该被驳回。但是，如果行政处分的撤销能够产生派生利益的，应当认定存在诉讼的利益。取消诉讼的实体审理是对原告所诉的具体行政行为的合法性进行审理。对于行政机关的裁量行为是否恰当一般不审查，除非明显超越裁量权时，才以滥用职权为由予以撤销。关于合法性审查中心证的形成方法，日本环境法律要求从环境的立场进行判断，有条件的法院应从专业知识方面进行判断，无条件的法院应充分利用委托鉴定制度。

住民诉讼是指当地居民对地方行政长官或机关违法处分居民财产的行为，请求法院裁决而提起的诉讼。设立住民诉讼的目的有以下三点：一是作为居民直接参与政治的一种手段；二是让居民关心地方的公共利益；三是对地方公共团体的财务进行司法监督。住民诉讼的立法意图主要是第三个目的。住民诉讼的特征表现为：一是与抗告诉讼不同，不需要严格审查原告是否适格，主体主要是居民，哪怕一人也可以提起住民诉讼；二是与民事诉讼不同，原告不一定是遭受损害的人，任何人都可以提起诉讼。但是提起住民诉讼前有前置程序，即居民应向都、道、府、县的监察审查委员会申请监查，对监查结果不服时，才可以提起住民诉讼。目前，利用住民诉讼维护环境的居民不多，因为住民诉讼有一个前提，即起诉的行为必须与财务会计上的行为一致。依据《地方自治法》第 242 条第 2 款的规定，能够向法院提起住民诉讼的四类诉讼请求分别是：①请求停止或部分停止地方行政机关、公共团体及其工作人员的违法行使财务会计行为；②请求提起取消违法行政处分或确认行政处分无效；③请求确认行政机关及其工作人员怠慢工作职责违法；④对执行机关责任人或工作人员违法造成他人损害的，自治体依据《国家赔偿法》已作出赔偿，居民可以请求相关责任人和违法行为的实施者返还不当得利。提起①②③类诉讼请求的案例很少，而且基本都驳回了诉讼请求。胜诉案例多是提起④类诉讼请求，如田子港湾污泥诉讼，最高法院明确表示承认居民的部分诉讼请求。

（三）日本公害刑事审判

日本环境刑法没有统一的法律，散见于各种环境保护的法律法规中，具有以下特色：一是担当行政的补助手段，环境刑法在许多情况下，作为实现行政的一种补充手段发挥作用；二是针对国民健康和生活环境的危险阶段没有采取预防的行为；三是对于违反环境法律所规定的义务行为的形式犯科以刑罚，是从一个侧面帮助行政机关实现行政目的。日本环境刑事案件由于受其范围的限制，大都是过失犯罪，且犯罪类型十分简单。适用较多的法律法规主要有：刑法上规定的过失致人伤害、死亡罪；《公害罪法》上规定过失排放公害废物罪；《产业废弃物处理法》上规定的废弃物抛弃罪；《水质污浊法》《大气污染法》等法律法规规定的犯罪。

日本部分环境法律法规规定，企事业单位和国民不遵守法定义务，可以不经过法院审判，由执法机关直接对该单位或责任人处以拘役和罚金。这种“似刑非刑”的做法，日本法学界称之为直罚主义。直罚主义是日本特定时期的特殊产物。

日本的公害罪是指企事业单位排放有害健康的物质（包括在身体内蓄积后损害人健康的物质），从而使公众的生命或身体处于危险，追究其刑事责任的规定。公害罪的构成要件有：一是实施了排出有害物质的行为，不管此行为是故意还是过失；二是必须产生了或将会产生危害公众的后果，即具备一定的社会危害性；三是必须是企事业单位的一种排除行为，这一行为应是连续的行为。最高法院在大东铁丝厂盐酸案件的上告审理中认定，排出行为应是企事业单位连续的行为，偶发事故所致的排出不构成本罪。在判断是否对公众的生命、健康产生危险时可从三方面考虑：一是企事业单位不制止有害物质的排放；二是该有害物质到达的区域的居民已存在健康受害；三是企事业单位排放的有害物质与居民的健康受损存在高度的盖然性。

（四）日本公害的非诉讼处理方式

1970 年日本制定并颁布了《公害纠纷处理法》，正式确立了处理公害纠纷的制度，依据该法，各都、道、府、县也设立了公害审查委员会。中央和各都、道、府、县的公害审查委员会除可以采取过去的和解与居中调解的方式处理公害纠纷外，还可以采取调解和裁定的方式，同时还赋予了上述机关可以要求当事人或第三人提出证据和进入现场调查的权力。中央公害委员会还配置了专门的调查员，强化了公害纠纷处理机关的权限。1972 年日本修改了《公害纠纷处理法》，将中央公害委员会和土地调整委员会合并，更名为公害等调整委员会，赋予该委员会有准司法程序的裁定权，导入了责任裁定和原因裁定程序。这一程序的运用，对于辨明当事人的权利义务起到特别的作用。目前，日本在公害环境问题上正尝试让加害的企事业单位和被害者之间进行正面交涉，然后由政府职能部门予以引导的做法，以解决污染诉讼处理迟缓的问题。

日本处理公害纠纷的准司法裁决机构有：国家公害等调整委员会、各都道府县的公害审查会、各地方自治体的公害灾情商谈室。公害等调整委员会是专门从事有关公害纠纷损害赔偿、加害行为责任以及因果关系的认定的机构。可以采用斡旋、调解和仲裁的方式处理纠纷。公害等调整委员会处理纠纷以外的公害案件均由各都道府县审查会管辖，可以斡旋和仲裁。但是对于被害者提出的申请原因裁定和责任裁定案件，不得受理。各地方自治体的公害灾情商谈室的功能是协助各都道府县公害审查委员会及时了解公害的情况，同时还可以根据居民反映，为了处理公害灾情，进行必要的调查、指导、建议，需要时可以向相关机关汇报情况。

公害纠纷的处理方法，虽然在仲裁、裁定方面有一点类似于准司法程序，但是与通常的司法审判不同，拥有独特的方法。日本中央调整委员会在处理公害纠纷中，导入了职权主义的证据收集方法。调解委员会、仲裁委员会可以根据案件的需要，向当事者双方或第三人就证据文书等方面提出要求、发布命令，限定被要求人在一定时间内提交证据文书；同时还可以进入企事业单位的污染现场进行检查、测定有关数据等。在调解和仲裁程序中可以依职权要求与案件有关人、纠纷参加人陈述对于本纠纷的处理意见或听取其他的要求，或就双方争执的证据或损害的程度指定鉴定人进行鉴定。对于调解委员会、仲裁委员会或公害调整委员会事务局的工作人员就公害案件所作的调查证据和结论，在处理纠纷时可以直接适用，充分予以采信。在裁定程序中可以依职权对于当事人提交的证据进行审查，并就未收集的证据进行调查、收集，同时还可以全面地查证本案的事实。调解、冲裁、裁定的申请者需要向受理部门缴纳一定手续费，但费用很低。纠纷处理的程序以及鉴定所需费用大部分由国家或地方政府负担。中央公害调整委员会和各都道府县的公害审查会除了需要配备具有法律知识的人才外，还需要配备各行业专业人才，发挥专业知识的作用。公害纠纷处理机关在处理公害和环境纠纷中积累了许多经验，对于环境行政部门的执法和立法起到了帮助作用。例如，《公害纠纷处理法》于 1972 年修订后规定，遇有原因裁定时，中央公害调整委员会除了将其内容向有关的环境行政长官或地方公共团体的长官通知外，还可以附加提出防止公害扩大的合理化建议。公害原因一旦被裁定成立，环境行政部门应根据这一认定采取有效措施，防止公害扩大。

五、思考题

1. 日本法院关于环境权的主要观点是什么？

2. 日本的无过失责任原则在司法裁判中是如何应用的?

3. 什么是受忍限度论?其考虑因素有哪些?日本法院采取的受忍限度标准是什么?

4. 日本公害行政诉讼主要有哪些类型?其受案范围包括哪些情形?

5. 日本处理公害纠纷的非诉讼方式有哪些?

（撰稿人：高敏）

第二十三章

《美国环境法》（第四版）
——（美）詹姆斯·萨尔兹曼、巴顿·汤普森

【本章提要】

本书对美国环境法作了较为全面的介绍，包括方法论、理论知识与立法经验。通过阅读本书，在了解美国环境法的发展历史、环境保护的立法经验、环境管理的方法与挑战的基础上，可以对环境问题和管理方法有更深入地认识与反思，进而思考我国的环境管理与环境保护立法的方法与路径。

一、作者简介

本书由詹姆斯·萨尔兹曼和巴顿·汤普森合著。詹姆斯·萨尔兹是美国加州大学洛杉矶分校法学院和美国加州大学圣芭芭拉分校环境学院双聘教授。巴顿·汤普森是美国斯坦福大学法学院教授，环境学院高级研究员。两位都是美国著名的环境法学者。詹姆斯·萨尔兹曼的代表作有《自然资源法律与政策》（*Natural Resources Law and Policy*，合著）、《国际环境法律与政策》（*International Environmental Law and Policy*，合著）。巴顿·汤普森的代表作有《财产法：所有权、使用与保护的案例和材料》（*Property Law：Ownership，Use，and Conservation：Cases and Materials*，合著）。

二、作品版本

詹姆斯·萨尔兹曼与巴顿·汤普森合著的《美国环境法》（第四版），由徐卓然、胡慕云译。本书英文版的第四版由西方学术出版社（West Academic）出版，中文版由北京大学出版社于2016年8月出版，第1次印刷。全书总字数30余万字，共268页。

三、写作背景

美国和我国是世界上最大的两大经济体，都面临严重的环境挑战。我国现在面临的空气污染、水污染、垃圾处理、温室效应等环境问题正是美国和其他发达工业国家历史上经历的问题。从 20 世纪 70 年代起，美国出台了一系列的环境法规和政策来应对环境问题，有些法规和政策卓有成效。本书不仅讨论了美国的环境问题，还探讨了大多数现代国家在处理环境问题时可能面临的选择和挑战。通过介绍美国环境治理的历史经验和教训，可以为我国的环境法发展带来一些帮助，提供一些可以借鉴的例子和灵感。

本书是詹姆斯·萨尔兹曼主讲的环境法课程教材的中文版，作为教材，本书非常重视读者的兴趣培养和环境法学习方法的引导。本书的特色体现在以下几个方面：一是结合案例介绍美国重要的环境法规制度。正如作者在中文版序里表述的，通过一种让普通读者易于接受的叙述方式，回顾美国历史上最重要的环境法规和政策，阐释这些法规和政策的形成、发展、实践中的应用过程及其问题和挑战；二是客观评价美国环境法规制度的优缺点和争议焦点。融合行为经济学、政治哲学、经济学、社会学等诸多社会科学知识和研究方法，从不同维度分析问题，揭示问题的本质；三是系统梳理和归纳环境保护的管理方法、研究方法和学习方法。每章内容最后还列出几道问题启发读者进一步思考。适合学生自学和对环境法研究感兴趣的读者。

四、主要内容

本书共有四编十二章。第一编环境法总论涵括环境保护简史、环境法的基本主题、环境法的四个分析框架、环境保护的实践、环境法的实施；第二编是关于美国污染防治，涉及空气污染、水污染、有毒物质和废物管理；第三编以濒危物种和能源为例介绍美国的自然资源保护；第四编专章介绍《国家环境政策法》。

（一）环境保护简史

此部分介绍了自然资源保护的历史与污染的历史。当美国西进运动到达终点之后，保护现有的自然成为公众关心的议题。“自然保护主义”派的代表人物约翰·缪尔第一个公开为纯自然辩护，同时他也是一个环境保护的实用主义者，意识到唯有说服公众和政治家，才能保护自然，因此创立了塞拉俱乐部。缪尔的环保理念基于保护壮美的风景，而“资源管理主义”派的代表人物吉福德·平肖的环保理念则基于哲学上的“明智使用”，即通过专业的管理实现自然资源的最优使用。其背后的指导性原则是保证最大多数人的利益最大化。

20 世纪 60 年代，美国国会相继通过了许多重要的环境法法案，如《荒野法》《国家历史保护法》《国家自然和风景河流法》。与之前鼓励利用公共土地的法律不同，这些立法将公共土地变成国家纪念公园。20 世纪 70 年代，国会开始关注被私人拥有或属于公共土地一部分的有环境价值的土地和水域，如《濒危物种法》通过保护看起来普通的土地来保护生物多样性、净化水源和防洪等生态功能。

20 世纪上半叶对污染问题可采取的法律途径只有普通法中的侵害理论和妨害理论，只能赔偿已经造成的损失，而不能制止未来或者持续性的污染。尽管依靠普通法保护环境有明显缺陷，但是当时没有形成全国性的政治共识。1962 年蕾切尔 · 卡逊的《寂静的春天》改变了人们的观点。1972 年的“哈德逊风景保护协会诉联邦电力委员会”一案中，第二巡回区上诉法院首次赋予了环保组织诉讼资格。20 世纪 70 年代以及其后通过的法律如《清洁空气法》《清洁水法》《资源保护和恢复法》《综合环境反应、补偿和责任法》构成了“现代环境法”，确立了全国性统一的环境标准。20 世纪 90 年代后期和 21 世纪初针对环境问题的党派斗争减缓了联邦环境立法，导致环境立法的停滞。

（二）环境法和环境政策的视角

环境法和环境政策的基本主题有：科学不确定性、市场失灵、错位问题、认知偏差和被保护的利益。大部分环境问题涉及复杂的技术和经济问题，环境政策制定者在决策时不可能拥有完美确定的科学信息，如全球变暖和在饮用水源附近使用杀虫剂案例。我们是应该继续等待直到拥有更准确的信息再谨慎行动，还是提早应对那些潜在的严重环境威胁？无论是等待以降低不确定性还是选择马上行动都会有成本，因为拖延可能让问题变得更棘手，而过度反应会妨碍稀缺的公共资金用于更有价值的地方。环境法的首要问题是如何应对不确定性。这个问题在本质上是政治问题，不是科学问题。

大多数环境冲突背后都存在不当激励，环境政策的一个基本挑战是调整奖惩机制，让环境保护促进而不是妨害个体的自我利益。基于经济学供求关系原理，市场会自动推动环境保护，但是因为生态功能等公共物品不存在市场价格、公地悲剧的发生、集体行动困难和“搭便车”行为等以及负的外部性发生，市场失灵了。

自然边界和行政区划往往不一致，这种错位给环境保护带来的挑战是污染方和受害者位于不同的行政区域。跨界环境问题通常会涉及集体行动困难、公平问题、管理问题和执行问题。行政区划和经济利益也会发生错位。一些州为了吸引投资竞争降低环境标准，不仅造成跨界污染，还会迫使其他州降低环境标准，因此，监管者和立法者开始制定全国性标准和采取措施防止“逐底竞争”行为。错位问题也与时间和代际有关，成本和收益的不对称会发生在代际之间，时间错位使得许多官员逃脱责任。

认知局限和偏差影响每个人对于环境和环境政策的理解，有时低估环境风险，削弱了环境保护力度；有时却高估环境风险，导致公众要求政府去预防监管某些微不足道的风险。

环境保护不可避免的触及利益冲突，被保护的利益常常没有发言权，如子孙后代的环境利益和自然资源等非人类利益。

多数环境政策制定者和分析师会采取以下某种分析框架：伦理方面（环境权利），环境保护和经济发展各有兼顾（可持续发展），比较环境问题的风险和治理成本的实证研究，关注环境危害和治理成本是否在个体、群体和代际之间公平分配（环境正义）。环境政策的分歧更多地源自分析框架的选择。更复杂的是，多数政策制定者不说明他们的分析框架及选择该框架的理由。另外，政策制定者时常采用多种不一致的框架来实现目标。有些政策分歧之所以难以解决，正是因为双方基于完全不同的假设。

（三）环境保护的实践

环境保护的措施可以归纳为“5P”，即规范性规定（prescriptive regulation）、产权（property rights）、惩罚（penalty）、支付（payment）和说服（persuasion）。选择具体手段时，需要留心三个问题，即效率、行政成本和被监管对象的选择。

政府是环境保护的主体，没有任何一个环境问题不是由政府机构管理的。美国的行政法限制了政府机构对于法律的具体执行，宪法限制了政府的权力边界。因此，行政法和宪法在环境保护领域发挥了重要作用。例如，1964 年颁布的《联邦行政程序法》，制定了政府机构在发布规章和裁判争议时所必须遵守的程序，确立了行政行为被起诉时司法审查的标准，针对不同类型的行政行为有不同的标准。美国宪法的“州际贸易条款”和“财产条款”赋予了国会管理环境的权力。另外，宪法的“合理补偿”条款也约束了环境管制。美国最高法院一个多世纪以来一直认为行政管制构成“征收”，这引起了广泛争议。另外，宪法的“至高条款”授权国会废止州的环境法规。

美国的环保运动对于美国现代强大的环境法贡献最多，在制定和执行过程中发挥了关键性的作用。美国的环保组织通过有效的组织克服了“集体行动困境”。通过精心组织的游说活动，环保组织为国会和州议会提供了有价值的科学和法律建议，通过大众传媒和会员的沟通成功地动员了选票。

（四）环境法的实施

有效的法律实施制度并不意味所有人需要每时每刻服从所有监管机构的规定，法律实施的一个问题是法律的“遵守率”。法律的实施策略有时需要根据违法行为发生的具体原因而定。例如，有些被规制者因为经济利益驱动而违法，政府可以通过罚款或刑事责任增加违法成本，震慑违法行为。有些被规制者认为环境法违反了任意性标准或者不公平，政府需要确保立法和执法的公正。有些被规制者可能的确力不从心，政府只能通过帮助其克服遵守法律的障碍来提高“遵守率”。

环保署执掌大多数环境法的主要实施权和执法权。环保署同时也会与州合作，州政府的环保机构在基层环境执法中发挥重要作用。大多数环境法都将执法权委派给各州。因为执法理念冲突，环保署与许多州环保机构的关系日趋紧张，许多州政府支持对环境违法者采取更为宽容的态度，而不是严厉的制裁。

环境执法政策涉及两个基本且相互关联的决策：如何努力发现违法行为以及如何惩罚被发现的违法者。违法者对违法行为的成本预期影响反映了这两个决策之间的相互关系。如果政府发现违法行为的概率高，就没有必要设置严厉的惩罚，如果概率低，惩罚就必须加重以威慑违法者。不过违法信息线索更多的是来自违法者自己，企业的自我报告可以降低执法成本，还可以提高企业的自律意识，因此，环境法规定了被规制者的自我报告义务，同时对自我报告作弊者施以严厉的惩罚。

大多数环境执法是通过民事程序完成的，包括行政裁决和司法裁决，其中行政裁决占绝大多数。行政裁决由专职的行政法官作出，当事人穷尽了行政程序后可以提起民事诉讼。由于地方法院法官可以判处更重的处罚，环保署有时会选择司法程序。环保署在决定处罚方式时会考虑以下因素：违法行为的严重程度、违法者的主观因素、违法记录、与当局的合作态度、支付能力、是否已采取措施避免未来类似的违法行为。民事环境执法方式还有表现为“附加环保协议”等包含合规措施的灵活协议。

自 1970 年以来，国会通过的重要环境法都包含了公民诉讼条款。根据公民诉讼条款，个人和组织可以提起两类不被《联邦行政法》授权的诉讼：一类是以不遵守环境法为由起诉无论是公立或私营的任何人或机构，发挥类似于私人“检察官”作用；另一类是起诉环保署官员或其他相关政府机构的不作为，如没有按照法律的要求制定法规。公民诉讼的目的不是对原告的伤害索赔，而是为了环境法更有效地实施。大多数公民诉讼条款只允许诉请禁令作为救济，一些法律授权法院判处罚款，交给美国政府。实践中，公民诉讼有时也以和解结案，和解协议中往往不仅包括停止违法行为，还包括支付给原告的赔偿金和开展有利于环保的附加项目。公民诉讼条款没有授权公民起诉所有的环境违法行为。由于政治原因，《清洁空气法》不允许公民诉请强制执行汽车尾气排放标准；《宪法修正案第十一修正案》不允许公民起诉州政府。另外，大多数公民诉讼条款只授权针对当前涉嫌违反环境法的行为人的诉讼，排除纯粹是过去发生的侵权行为。为了防止公民诉讼与政府执法冲突，公民诉讼条款规定，如果联邦或州政府已经开始“尽职地起诉”刑事或民事责任，或者开始某种形式的行政执法程序，私人原告不可再提起诉讼。为了让政府有机会自己开展环境执法，并给被告改正的机会，私人原告在起诉前必须给联邦政府、州政府和被指控的违规企业至少提前 60 天的通知。如果政府在公民诉讼进行过程中与被告达成协议，大多数法院认为如果该协议足以确保违法行为将不再发生，公民诉讼应该撤销。如果公益组织提起诉讼，该组织不仅要证明成员满足起诉资格要求，还要证明所寻求的司法救济目标与组织宗旨有密切联系。

最高法院一直以来要求公民诉讼的原告具备起诉资格。原告通常必须证明四项事实：一是原告必须证明被起诉行为已经或将导致原告事实上的损害；二是原告必须证明损害与被起诉的行为有因果关系；三是原告必须证明法院能通过某种形式提供救济或纠正伤害；四是损害必须是受到实质性法律保护的利益范围。最高法院要求原告具备起诉资格的理由主要有三点，一是“事实上的损害”可以确保法院有正当理由介入，有些争议可能仅仅是学术问题；二是保证原告有充分的利害关系代表诉讼背后的社会公共利益；三是起诉资格是确保三权分立的重要手段，否则法院将过多地介入和干涉政府机构的自由裁量权。

（五）《清洁空气法》

《清洁空气法》是美国第一部真正的全国性污染治理法案，其发展历史充分展现了合作联邦主义、法律规制目标的选择策略和最前沿的环境法政策。合作联邦主义即由联邦设定标准，各州县具体实施。该法的起草者面临的立法政策问题包括：规制对象、规制方法、规制程度和规制切入点。其中规制对象是指需要规制的具体污染物以及需要重点优先治理的污染物。规制切入点是指从污染源入手规制或者从影响点（如吸入空气）入手规制。

《清洁空气法》制定的主要目的是处理最常见的空气污染物，大部分条文都涉及治理“标准污染物”，即有众多污染源，且危及公众健康和福利的污染物。该法不适用于室内或不对公众开放的室外区域。《国家环境空气质量标准》为每种标准污染物设定了足以“保护公共健康”且留出“充足的安全边际”的标准。空气质量标准分为两种：保护人体健康的主要标准和保护公共利益的次级标准。环保署设立全国环境空气质量标准，各州需要提交“州实施计划”，说明本州将如何在法律规定的截至日期前实现空气质量标准设定的目标。由于政治和经济原因，许多州实施计划没有实现空气质量标准。于是 1990 年的修正案将治理目标分解成现实和循序渐进的步骤。不达标地区分为五类，级别越高的非达标区面临的治理要求相应更高。

《清洁空气法》不仅用空气质量标准保障空气的质量，还通过管理工厂烟囱和机动车尾气排放来间接调节空气质量。该法要求环保署为来自新建固定污染源和改造固定污染源的排放设定下限。排放标准采用技术标准，反映各行业现有的最佳污染控制技术。该法按照达标区和非达标区细分标准，并且现存固定污染源和新建污染源的治理标准区别要求。

为了实现《清洁空气法》的目标，同时减少成本，政府巧妙的利用市场手段，即排污权交易。排污权交易的表现形式有气泡政策（Bubbling）、净得政策（Netting）、抵消政策（Offsets）。

1977 年的修正案提出了 PSD 项目，将位于达标区的国家土地分成三类，不同地区允许的开发程度不同。该项目的目的可能是为了保护未开发区域和国家公园的清洁空气，同时防止污染物从非达标区转移到达标区。

（六）全球空气污染

此部分介绍了两个议题：臭氧层的退化和气候变化。《蒙特利尔破坏臭氧层物质管制议定书》是第一个全球性的污染物治理条约，也是第一个“预防性条约”，为其他长期性的全球环境问题（如气候变化）提供了有用的模型。在谈判过程中，外交官们面临的困难有：危害规模的科学不确定性、国际社会的尖锐对立、潜在的高治理成本、全球环境问题解决方案要求的全球合作。随着几乎所有国家签署加入该议定书和超过 90 种臭氧层物质被纳入议定书范围，该议定书成为国际外交的重要胜利，它提供了三个重要的经验：一是国际合作对于国际环境问题十分必要。发展中国家的承诺履行最终取决于发达国家技术转移和财政合作的“有效执行”；二是在国际环境问题的解决过程中，某些非政府组织的参与同样重要。科学家们对臭氧层的研究奠定了所有谈判的基础，并帮助说服了政府尽快行动；三是建立一个预防性的环保条约被证明是可行的。该议定书成功的关键是《维也纳公约》成立时即赋予它的灵活性。《维也纳条约法公约》规定了一个框架，让各国从不断凝聚的共识出发处理日渐紧迫的臭氧层退化问题。《维也纳条约法公约》专门设立了科学评估机制，不断吸收新的科学进步和经济发展，确保各方有持续谈判的渠道。

关于气候变化，国际社会的回应表现为 1992 年的《气候变化框架公约》和 1997 年的《京都议定书》。《气候变化框架公约》建立了一个遏制气候变化的总体框架，但没有规定具体的或实质的义务。《京都议定书》确立了对美国和其他发达国家具有约束力的减排目标，但没有给发展中国家设定减排目标。该议定书也规定了各种灵活的机制，包括无悔政策、碳排放权交易、联合履约和清洁发展机制。在美国，《清洁空气法》在应对气候变化行动中扮演核心地位。马萨诸塞州诉环保署案中马萨诸塞州等原告对环保署的一个决定提起诉讼，即将汽车尾气中的温室气体排放排除在《清洁空气法》适用范围外。环保署声称，二氧化碳不是《清洁空气法》中规定的“污染物”。最高法院在 2007 年判决中表达了以下三个重要观点：一是温室气体是《清洁空气法》规制范围内的空气污染物；二是环保署必须根据《清洁空气法》第 202 条裁定移动污染源排放的污染物在合理的预期范围内可能会危及公众健康或福利；三是至少在气候变化背景下，州政府可以获得“特殊照顾”，对其诉讼资格的门槛要求应比私人组织更低。

（七）水污染

美国国会于 1972 年通过了《清洁水法》，大幅降低了工厂和污水处理厂的污水排放，但治理水污染的努力远没有结束。环保主义者对该法有诸多批评，因为该法主要针对水域的排污，而忽视了同样危害水质的水坝和水资源抽取。该法虽然降低了点源污染，但没有很好地控制来自农田、矿区和建筑工地的面源污染。经济学家对该法的批评侧重于成本收益的比较。因为研究表明国会可以用更灵活的管理方式和更低廉的成本实现相同程度的污染治理。

《清洁水法》主要包括三部分：第一部分是采用各种排污上限和技术标准来控制点源污染；第二部分是将控制面源污染的权力赋予各州；第三部分是要求各州对于辖区内的水域制定水质标准，并为了达标而限制排污。该法虽然仅适用于“可通航水域”，但是扩张解释为美国所有水域，包括可通航海域。法院认为，该法适用于所有河流湖泊，甚至包括人造运河、干枯的河床和工厂内部的废水流。如果地下水为地表河供水或者渗入地表水，那么该法也适用于这部分地下水。

美国大多数联邦环境法都默认了法律的“棘轮效应”：环境标准具有不可逆性，因此只能提高，不能降低。《清洁水法》很好的体现了这一原则，法律要求基于技术上的排污上限日趋严格，同时通常禁止州政府放宽许可证的排污上限。

（八）有毒物质的管理

有毒物质与常规污染物的主要不同之处有以下四点：一是许多有毒物质是有经济价值的农业、工业或消费品，如农药，这和工业废弃物、生活垃圾截然不同；二是我们往往不能确定这些疑似有毒物质的实际危险程度；三是一种有毒物质伤害任何一个人的概率通常很小；四是小剂量短时间的接触也会带来危险，对于有毒物质通常不存在一个完全安全的接触程度。鉴于以上特性，对有毒物质的监管变得尤为困难和富有争议。

美国政府采取了各种措施来管理有毒物质，联邦环境法对有毒物质的管理散见于各类法规中。在决定如何管理某种潜在有毒物质前，政府必须作出政策选择。首先，政府必须决定是禁止或限制某种有毒物质生产还是允许生产，但对接触程度进行控制。其次，政府必须确定合适的监管标准。可以选择健康标准、可行性标准、风险收益平衡标准。健康标准就是禁止所有风险或“显著风险”，如《联邦食品、药品和化妆品法》德莱尼条款要求政府将所有诱发人类或动物癌症的添加剂视为不安全的，即使风险是微不足道的。可行性标准是指在目前技术和经济条件允许的范围内降低风险或“显著风险”，如《职业健康和安全法》和《安全饮用水法》都采用了可行性标准管理工作场所的风险和饮用水安全。《联邦杀虫剂、杀真菌剂和灭鼠剂法》与《有毒物质控制法》则要求环保署制定监管政策时要平衡风险和收益。最后一种管理有毒物质的策略是向公众公布有毒物质接触程度的信息，然后让公众压力和市场选择来解决问题。《应急计划和社区知情权法》采取了此策略来控制有毒物质排放。

（九）废物管理

此部分介绍了《资源保护和恢复法》和《综合环境反应、补偿和责任法》（即《超级基金法》）。《资源保护和恢复法》有四个主要目的：一是确定所管辖的废物种类及其定义；二是建立一套追踪系统，完整记录危险；三是建立废物从诞生到最终清理的操作标准；四是建立垃圾处理、储存和处置设施的强制性规定。该法将废物分为固体废物和固体危险废物，将被规制方分为生产者、运输者、处理、储存和处置者。虽然该法涉及面广，但是没有涉及污染预防，只是针对生产流程的输出物，间接鼓励了废物减少和循环利用。

相对于其他环境法，《超级基金法》是一部简单的法律，该法只有一个要求：任何人如果知道有危险废物被排放到环境中，而危险废物超过了一定数量，需要通知环保署。该法赋予政府权力，强制要求污染相关方清理从设施排放到环境中的危险废物。法律还赋予政府和私人主体索取清理费用的权力。几乎所有人都认为无论是公平方面还是成本收益方面，《超级基金法》都需要改进，该法的实际表现与制定时的期待有很大差距。尽管存在种种缺陷，但该法过去是，现在也还是一部跨时代的法律。

（十）濒危物种和公共信托原则

传统意义上的公共信托原则的核心是给予潮浸区和可通航水域特殊保护。美国历史上最著名的公共信托案例是“伊利诺伊中央铁路公司诉伊利诺伊州”。最高法院认为，可通航水域对于公众有特殊的重要性，州政府拥有可通航水域下面的土地，其目的是“为公众托管”，让公众可以享受水域通航便利、从事商业，并在不受私人主体阻扰和干涉的情况下自由捕鱼。今天，公共信托原则在一些州已经不再局限于传统意义上的通航、水上贸易和捕鱼等目的，而包含了更广泛的资源，用于保护环境利益和娱乐利益。

《濒危物种法》为预防物种灭绝提供了强有力的联邦保护。该法禁止所有对于濒危物种的猎捕和杀害，并且保护栖息地。但是该法没有有效地解决外来物种问题，而且只有在某个物种处于严重灭绝危险时才提供保护，但这个时候，保护物种通常非常困难。另外，该法的一个重点争议涉及权衡比较保护物种的益处和保护的经济成本，如物种名单、《濒危物种法》第7条a款2项（简称为协商条款）和第9条a款1项（简称为剥夺条款）所引发的争议都是围绕这一问题。

（十一）能源

现代能源产业面临三个难题：一是化石燃料产生的环境问题，包括全球气候变化和空气污染；二是给国家带来潜在的安全风险，如遭受恐怖分子和不友好国家的伤害；三是油价的不断上涨和大幅波动对经济的冲击。节约能源是减少国家化石燃料消耗最便宜、最快捷的途径之一，并且可以帮助缓解这三个难题。节约能源可以减少温室气体排放、降低对外国石油的依赖，并缓解油价上涨的影响。为了鼓励消费者和企业参与节能减排并达到社会最优程度，政府需要为公众普及相关信息和制定能效标准鼓励节约能源，如《能源政策和节能法案》中的"综合平均燃料效能标准"。

为了鼓励可再生能源的生产，政策制定者采取了各种方式来推动替代能源的开发和使用。联邦政府的主要手段是为新能源技术的研究和开发提供资金支持。另外，联邦政府还通过税收优惠政策鼓励可再生能源的生产和使用。美国近30个州和哥伦比亚特区采取了"可再生能源配额制"促进可再生能源的发展，各州要求其辖区内的电力供应商的可再生能源电能高于一定比例。

（十二）《国家环境政策法》

1969年的《国家环境政策法》具有划时代意义，与之前的环境法律和之后的限制性的污染法律相比，该法采取了截然不同的方法。该法既没有通过技术强制标准或市场手段来推动环境保护，也没有通过法律强制手段来保护濒危物种或湿地。该法建立在信息的基础上，要求各机构在提出一项计划时慎重考量此计划实施后对环境可能造成的影响和其他的替代方案。这种方式反映了一种新颖的机构管理理念——相信一个机构在拥有了充足的信息的条件下，会做出正确的决策。依据该法，所有联邦机构作出会显著影响环境的立法草案或其他重大联邦行为的建议和报告时，都需要出具"环境影响报告"。准备该报告是一个相当浩大的工程。该报告需要分析提议一系列行动在各个方面对环境可能的影响，同时考虑到对环境不可避免的不利影响，提出缓解的替代方案。在实践中，该法的执行主要通过《联邦行政程序法》和联邦问题管辖权下的公民诉讼来实现。实施该法通常面临两个问题：机构是否需要提供"环境影响报告"？如果需要，提供的报告是否充分？如果违反了《国家环境政策法》，机构的"环境影响报告"可能会被发回重做，并在机构准备和考虑令人满意的报告前，不得启动其提出的项目。当然，不是所有的联邦行为都受到该法的规制，如环保署的行为和一些环境法规定的行动无须遵守该法。令人担忧的是，美国国会正在允许一些本该受到该法规制的行为获得豁免，如允许林业局和土地管理局在不进行环境影响评估的情况下续签放牧许可证。

五、思考题

1. 环境法和环境政策一般涉及哪些基本主题？围绕这些主题有哪些争议性观点？

2. 环境保护措施有哪些类型？不同类型的措施会产生哪些影响？

3. 美国采取了哪些措施确保环境法的实施？公民诉讼的原告资格是如何限制的？

4. 美国的《清洁空气法》与《清洁水法》经历了哪些变化与发展？影响其变化的因素有哪些？

（撰稿人：高敏）

第二十四章

《环境法故事》

——（美）理查德·拉撒路斯、奥利弗·哈克

【本章提要】

《环境法故事》一书精选了美国环境法历史上最具影响力的十大案件。从这些案例中，不仅可以发现案例背后复杂的利益关系，而且也可以看到一些重要规则的形成所经历的曲折过程。这十大案件不仅对美国的环境法产生和发展影响深远，而且对世界各国环境法的发展也有重大影响。

本书的写法独树一帜，吸收了参与这些案件的法官、法律顾问、律师的不同观点，对其争论点、涉案事实和法律进行了深度剖析、点评，读起来朗朗上口、引人入胜。

一、作者简介

理查德·拉撒路斯（Richard J. Lazarus），美国哈佛大学教授，研究领域为环境法、自然资源法、侵权法，近年来担任美国总统委员会的执行主任，负责调查2010年英国石油公司墨西哥漏油事件的根本原因。1979年毕业于哈佛大学，从伊利诺伊州获得科学本科学位和经济学本科学位，曾任乔治城大学法学院法学教授。1979—1983年就职于美国司法部的环境与自然资源部门，1986—1989年就职于司法部总检察长办公室，担任总检察长助理。在联邦最高法院审理的40多个案件中代表美国、州和地方政府以及环保组织，并为其中的13个案件进行法庭口头辩论。作为法学学者，其专长是环境法，并对宪法和最高法院给予特别的关注。

奥利弗·哈克（Oliver A. Houck），于美国杜兰大学法学院担任教授已有30余年，出版过4部专著和50多篇环境法学术论文，其中一些涉及该领域的主要案件和事件的历史。服务于

美国国家科学院与环境有关的3个委员会，以及数个政府机构和非政府组织的咨询委员会。1960年毕业于哈佛大学，1967年毕业于乔治城大学法学院，其间服兵役3年。曾从事法律实务，在华盛顿特区担任美国总检察长助理，并担任国家野生生物联盟的总顾问。1981年以来加入杜兰大学法学院。研究领域是水法、野生生物法、自然资源法和行政法。

二、作品版本

《环境法故事》一书，是由美国哈佛大学法学教授理查德·拉撒路斯（Richard J. Lazarus）和美国杜兰大学法学院教授奥利弗·哈克（Oliver A. Houck）编著，2012年由中国政法大学法学教授曹明德、西南政法大学副教授李兆玉、中国政法大学赵鑫鑫、王琬璐等多位学者译为中文，并由中国人民大学出版社2013年6月首次印刷出版。

三、写作背景

不同于一般的法学教材，《环境法故事》从美国成千上万个案例中挑选了10个案例，每个案例均具有代表性。这些案例的重要性或体现在判例法与成文法的冲突，或体现在对宪法条款（如商业条款、征用条款、诉讼主体资格、联邦主义等）理解上的争议，或体现在法院如何看待行政机关的自由裁量权，或体现在行政机关和法院自身对待健康风险的科学上的不确定性等复杂问题。因此，这本书中的有些案件不仅是美国法学院环境法学生的必读案例，同时也是行政法专业学生的必读案例。正是由于环境法涉及的领域十分广阔——不仅涉及法理学、宪法和行政法、民法、刑法、诉讼法等法学分支学科等几乎所有法学领域，还涉及生物、物理、化学、医学等众多自然科学诸领域，以及伦理学、社会学、经济学等社会科学、人文学科，本书的编者才会提醒读者学习环境法是需要勇气的，他甚至警告人们："学习理解环境法，胆小者莫入。"不过，从积极的角度来看，也正是因为环境法为其他部门法的创新和发展提供了丰富的养分，《环境法故事》才适合于法学院所有专业的学生。

书中的案例对时下中国的环境法治有诸多参考价值，这也是其特点之一。以雷特洛案为例，公民诉讼与诉讼资格问题对中国《环境保护法》的修改和环境法的实施曾经并正在产生重要影响。美国制定法中的公民诉讼条款规定，"任何人"均可起诉广泛范围内的他人，包括违反制定法、行政法规以及排污许可标准所确定的法定义务的政府官员，如果后者没有履行"非裁量性"职责，但在多数情况下，公民要提前60日书面通知将来的被告以及联邦或州的监管者。如果联邦或州政府官员在此之前或期间勤勉地起诉了污染者或其他违法者，公民诉讼即被取代。若公民诉讼得到批准，则公民执法者可以寻求禁止令救济和民事罚金，原告实质性胜诉时则可要求被告赔偿律师费，但罚款充公划入联邦国库。中国的环境法没有简单地移植美国法，而是依中国自身的需求量身定制出不同于任何国家的独特的环境公益诉讼条款。2015年生效的《环境保护法》第58条规定了社会组织提起环境公益诉讼的内容，符合法律要求的社会组织可以直接状告污染者，而且没有提前60日通知的前置条件。这一规定符合中国环境保护的现实需求，与美国和其他国家相比，对污染者的威慑力度更大，从法律实施效果来看也更理想，因此，可以说比美国公民诉讼条款更加有效。

此外，本书中故事的写法也别具一格。本书的所有作者均曾以公诉律师或者法官之友的方式参与这些案件，因而，他们对故事的描述和分析不仅视角具有独特性，其解读也有权威性。诚如《环境法故事》的编者所言，环境法是一个迅速发展并不断变化的学科，描述一个运动着的目标并非易事，故事的作者们以优美的文笔和高超的叙事技巧把一个个关于反抗和执着的非同寻常的精彩故事呈现出给读者，非常值得读者细细品味。

四、主要内容

（一）布默的故事：污染与普通法

本章为环境法设置基线。丹尼尔·A·法伯（Daniel A. Farber）教授在第1章以一个在法律领域中最为著名的案例，即布默诉大西洋水泥厂案（以下简称“布默案”）（*Boomer v. Atlantic Cement Company*）的讨论作为开始。从朴素的发端，即与汽车修理店邻近的水泥厂排放的污染物开始，这一妨害诉讼预演了很多成文法问题，如成本—效益分析法、风险评估、技术强制救济，以及司法机关在环境法制定中的功能。环境法来自于很多地方，但最早之一是布默案，及其对一个在上纽约州一个古镇的新的主要行业的冲突性影响。

一方是耗资巨大的水泥厂，另一方是深受其空气污染之害的居民，这些简单的事实引发了忍耐利益（enduring interest）的问题：周围的居民是否有权利申请禁令来关闭水泥厂，还是他们仅仅只能忍受自己土地价值的减损？法院是应该仅将此争议视为周围居民之间的争议而加以解决，还是应该将其关注的焦点扩展到公共利益的范围？是肯定水泥厂对地方社区的意义还是水泥厂对地区人口健康带来的有害影响？普通法能否对保护环境作出贡献，还是其已经被复杂的管理制度所取代？

书中从三个不同的角度分析解读了布默案。第一个角度是关于赔偿与禁止令救济，审理布默案的法庭出于经济因素的考量倾向于赔偿金而非禁止令，法学家纷纷提供了很多独创性的观点用以分析侵权责任对于经济的影响，在此问题上，布默案无疑是一个突出的案例。第二个角度是关于在环境损害赔偿中法官自由裁量权的范围，法庭在平衡经济与环境价值方面究竟享有多少自由？法庭能否利用其自由裁量权推迟或者豁免成文法所规定的污染者须履行的各种义务？抑或在要求污染者承担侵权责任时，对环境的考量是否绝对超过经济利益？第三个角度是布默案以及普通法传统问题，在成文法时代，普通法的活力可以持续多久？普通法中关于妨害法的规定是否可以被视为现代环境法规中的活化石，还是其仍然起到很重要的作用？

布默案的名望也部分来自于其时机选择。该案件判决所作出的时间恰逢现代环境法兴起的时代，与此同时布默案也预示了将会持续存在的经济、经济学以及法学争议等问题。布默案判决的作出也适逢现代法与经济学运动的开端，在讨论权利和救济的经济学问题时也常被用做范本案例。

（二）储备采矿公司案：在环境规制中应对科学上的不确定性

约翰·阿波利盖托（John S. Applegate）教授紧接着在第 2 章中介绍了储备采矿公司诉环境保护局案（*Reserve Mining Co. v. Environmental Protection Agency*）。储备采矿公司是美国工业规模宏大的 20 世纪中期的一家工厂，自 1955 年起至 1980 年，储备采矿公司的工厂年产 1070 万吨铁矿球团，每天向苏必利尔湖倾倒 6.7 万吨采矿废物，使得明尼苏达州德卢斯西南方向 8047 千米的水域变色，并形成了一个尾矿三角洲，其面积之大足以被称为苏必利尔湖历史上的一个“大型地质事件”。

就本案中德卢斯饮用水中石棉的危害问题，政府掌握的科学证据确实不足，但是比起在面对危险时不采取任何行动，法院在联邦环境法律中找到了一个关于预防科学不确定性的方法：“在知道安全水平之前，无法对居民正在接触致癌物质这一现实安之若素。”“我们认为，由于国会在预防意义上使用‘危及’这一术语。因此，潜在危害以及实际危害的证据均在这一术语的范围之内。在这一点上，灵活的救济规定更为适用。”“如果法律本身具有预防性质，且由于属于前沿的科学知识，证据很难获取、不确定或相互矛盾，旨在保护公共健康的法规和专家管理者的决定，我们则不会要求严谨地、环环相扣地证明因果关系。即为实现法律的预防性目标，则可能无法获得相关的证据。”这是案件留给今天的一笔巨大的财富和卓越的原则。

（三）卡尔弗特悬崖核电站案：法院解释《国家环境政策法》创造有力诉因

A·丹·塔洛克（A.Dan Tarlock）教授撰写了本书第 3 章，即卡尔弗特悬崖协调委员会诉美国原子能委员会案（*Calvert Cliffs Coordinating Committee v. US Atomic Energy Commission*）。1969 年的《国家环境政策法》作为美国第一步综合性的环境法律，是用一些简短的段落和不确定的可执行性语言来表达的。在能源严重短缺的年代，环保主义者诉求以《国家环境政策法》挑战具有巨大特权且 20 年来未受到法律约束的核电站许可。

核电站属于工业设施，需要得到地方规划许可，但这往往是“走个过场”。电厂在许多地方社区看来是理想的“客人”，它们是纳税大户，但并不需要地方提供很多服务。卡尔弗特悬崖核电站的选址和建设走的就是这条路线。卡尔弗特悬崖协调委员会被东部和中西部地区反对电厂的其他组织选为原告代表，卡尔弗特悬崖核电站案挑战的是当时强大的原子能委员会刚刚通过的《国家环境政策法》实施规则。在协调委员会律师 Roisman 看来，《国家环境政策法》显然向所有联邦机构施加了积极义务。按照《国家环境法》要求，原子能委员会在许可程序中应当充分考虑每个核电站的环境影响，显然原子能委员会没有履行这些义务。

该案法庭意见由 J.Skelly Wright 法官撰写，他认同原告提出的：结合考虑环境价值的积极义务这一理念，平衡各种因素的法律原则。法官认为：原子能委员会的环境政策是对该法的歪曲，因为其政策并不要求原子能委员会独立平衡各种环境因素，而是应当超越监管人员的评价和建议，在各个阶段主动考虑环境价值。

卡尔弗特悬崖核电站案确立了一项基本原则，即应当对潜在的负面环境影响以及政府在很大范围内所发起和许可的替代性方案进行严格的事前评估，从卡尔弗特悬崖核电站案开始，法院成为环境行政法不可分割的一部分。

（四）田纳西河流域管理局诉希尔案：《濒危物种法》死里逃生

霍莉・多雷姆斯（Holly Doremus）教授撰写了本书第 4 章，即田纳西河流域管理局诉希尔案（*Tennessee Valley Authority v.Hill*），这是一场挑战田纳西河流域管理局这个毫不退让的强大联邦机构的战争，《濒危物种法》这部不同凡响的新法在这场战争中死里逃生。

案件发生在 20 世纪 60 年代末 70 年代初，此时，战后基础设施建设进入最后一个繁荣期，第一轮联邦环境立法开始进入高潮，田纳西河流域管理局正在力争续写水利项目开发的成功历史，内政部正在学习如何执行新通过的《濒危物种法》。该案是关于一个低等的濒危小鱼与田纳西河流域管理局之间的争端。当这个案子被提交给法院时，泰利库大坝主体部分已经建成，呈现给大法官们的是难以接受的选择，要么接受这一危胁濒危小鱼的大坝，要么依照成文法停止大坝的建设。

最高法院作出终审判决：最高法院无权平衡一种鱼名价值与工程半途而废造成的数千万美元损失，因为“国会制定该法的目的简单明了，那就是止住和扭转物种灭绝的趋势，而无论付出多大代价也在所不惜”。该案被认为或许代表了美国联邦最高法院环境成文法的最高水平，假如最高法院以其他方式作出判决，则《濒危物种法》很可能已经沦为一纸空文。法官最终克服个人对大坝和小鱼相对价值的怀疑，忠实地执行了国会制定的法律。

（五）苯案：法院以风险评估方式施加的监管改革

本章是对基准线的提炼。托马斯・O・麦克加里迪（Thomas O. McGarity）教授撰写了第 5 章苯案（*Industrial Union Department AFL-CIO v. American Petroleum Institute*），案件探讨了美国国会为减少苯等化学物质给工人带来的健康风险而新设的监管机构，在面对经济和政治上占有强势地位的石化工业的强烈反对的情况下，是如何履行法定保护职责的。

苯在当时是企业最常用的除污溶剂，主要是因为它在常温下呈液态，不但去污能力强，而且安全性能高，除了去污还广泛用于提高汽油的辛烷值，生产合成橡胶、洗涤剂和杀虫剂、合成香料……对美国经济而言，苯是一种极为重要的化学物质，所有城市居民在空气中都或多或少接触到苯。20 世纪 70 年代中期，大量流行病学研究成果认为，长期接触高浓度苯将导致白血病。工会意识到这一问题时，要求政府采取一定措施保护工人免受苯致癌之害。

尽管苯案仅涉及职业接触苯这一情形，但该案是美国环境法发展史上的一个重要历史拐点，其对整个环境法都有深远影响。苯案是以判决而著称，最高法院审理苯案时，行业组织、环保组织以及监管机构针对健康、安全和环境监管的未来展开了两场激烈的争论。第一场争论涉及的是对大量接触相对没事、少量接触反而容易患上癌症等慢性疾病的化学物质，提出科学知识和政策考量在监管方面应起什么作用？就环保署的争论主要围绕如何制定相应的安全标准。第二场争论是有毒物质监管范式之争，意识到科学之争有可能延缓环境改善进程，环保组织越来越倾向于将技术标准作为第一道防线。

在可预见的未来，定量风险评估仍会继续支配监管标准的制定过程，定量风险评估为标准的制定带来的客观性对环保署以及其他安全健康管理机构而言仍然不可阻挡。

（六）雪弗兰案：环境法与行政裁量权

朱迪·弗里曼（Jody Freeman）教授在第 6 章雪弗兰诉美国自然资源保护委员会案（*Chevron Inc.v.Natural Resources Defense Council*）中提出了一个伴生的行政机构能力问题，以及如何处理行政机构对事实和法律的不同解释。该案件是美国行政法律史上最著名的案件之一，就环境法中的地位而言，雪弗兰案是首起上诉至美国最高法院的涉及空气监管“泡泡政策”的案件，这也标志着具有容量结余、抵消等市场性质的环境监管方法首次登上历史舞台。

从专业背景上讲，朱迪·弗里曼教授是一位行政法专家，就像她研究领域中新近所出现的众多引人注目的案例一样，本案是从环境法中产生的，具体而言是从《清洁空气法》中产生的。从其基本情况来看，该案涉及的问题是环保局能否逆转政策就已经被确定为对身体健康和环境不安全的领域对《清洁空气法》进行解释，以延缓消除污染。从广泛意义上来说，该案触及法院如何看待法律的行政解释这一个问题，这对广泛依赖于行政规则的制定、行政管理和行政哲学的环境法来说亦是至关重要。

雪弗兰案之所以有名，是因为美国最高法院在该案中提出了一项重要规则：法院尊重行政机构对法律的解释。人们记住的不是环保署推行的有争议的“泡泡政策”，而是最高法院发明的确定何时接受行政解释的“两步法标准”。之所以说雪弗兰案属于环境法范畴还因为雪弗兰案是标志着环境监管走向市场机制的第一个、也是唯一一个案例。与此同时该案开启了一个至今仍存在的矛盾态势：业界力图通过规避新污染源审查机制来减少《清洁空气法》的监管范围，而环保团体通过各种努力尽可能扩大该机制的适用范围。

（七）雷特洛案：诉讼资格与公民执法

威廉·W·布斯比（William W. Buzbee）教授在第 7 章中描述了关于环境法执行的争端，即地球之友诉雷特洛环境服务公司案（*Friend of the Earth v.Laidlaw Environmental Services Inc.*）。该案起源于雷特洛公司对《清洁水法》的多重违反，针对政府机构有时不愿意付出努力来推进环境成文法实施，一项创新性的战略——环境法依赖于公民诉讼兴起。但是当雷特洛案提交到法院时，一系列新近的案例已经开始对原告主体资格设置一些重大障碍并对公民诉讼领域进行限制。从各个方面来看，雷特洛案预示的不仅仅是《清洁水法》相关问题，而且是所有环境法中公民执法的未来。

在解读雷特洛案律师的战略选择以及案件产生的重要性时，我们需要先了解公民诉讼以及与之相关的诉讼资格是怎样规定的，在联邦政府可以执法、环境立法授权下州政府也可以执法的情形下，为何公民启动环境诉讼的可行性依旧如此重要？在实践中，政府官员时常怠于执法，有时（如雷特洛案）还会与违法者订立有损法律的和解协议。此外，政府官员本身存在错过执法时限、违反立法或行政命令等问题。公民在解决这些环境执法缺陷方面可发挥重要作用，很多时候公民与环境污染者作斗争的动力远大于政府官员。但进入 20 世纪 90 年代，最高法院在雷特洛案中对宪法诉讼资格原理进行改造，并以此为依据甚至否决了公民提起诉讼的权利。最高法院内部的分歧及摇摆不定的态度使下级法院的判决更加混乱。正是在这种混乱的背景下，雷特洛案出现了。

雷特洛案的原告于 1992 年提起诉讼，案件事实比较简单：被告雷洛特公司经营一家大型有害废物焚烧厂，有害废物焚烧产生的气体需要进行污染控制，而污染控制设备流出的污水导致了该案的法律问题。企业的排污监督报告表明，该企业排放的剧毒污染物——汞数百次违反排污许可标准，其他污染物也有数百次违反排污许可标准。尽管被告超标排污事无可辩，雷特洛公司的律师依旧用尽所有诉讼策略将案件陷入拖沓冗长的听证和动议程序中，从 1993 年开始到终审判决作出的 2000 年，环保人士在诉诸法院方面受到了一系列重大的挫折，当法院驳回原告的起诉时，公民环境执法的可行性已是岌岌可危，而雷特洛公司更是在数百起违法排污获得巨额经济收益的情况下逍遥法外。

可喜的是，地方法院法官认定本案原告具备诉讼资格，并认定针对雷特洛公司的州执法行为并不属于“勤勉执法”，在赔偿数额方面，初审法官掌握了大量证据证明雷特洛公司多次违反并因此获得上百万美元经济收益。该案法官的有关认定与律师在初审阶段的辛勤工作创造了一个重要的实例，所有偶然和必然因素使得雷特洛案成为环保人士拯救公民诉讼的良机。

（八）卢斯卡案：开发商与深海之间进退两难的土地利用环境监管

在第 8 章，卡罗尔·M·罗斯（Carol M. Rose）教授给我们讲述了卢卡斯诉南卡罗莱纳州海岸管理委员会案（*Lucas v. South Carolina Coastal Council*），这是一个财产法与环境法的前沿案例，代表了公共价值与私有财产权之间的冲突，即高端的滨海开发、高度可能的风暴损失以及高价值的滨海地区自然资源之间的冲突。在宪法第五修正案下，国家应当赔偿土地所有者因国家在高度危险的滨海区域进行法律规制而遭受的财产价值的减损。该案成为财产权倡导者的“宠儿”，但对于环保主义者和滨海管理机构而言，无疑是一个潜在的“噩梦”。

案件当事人卢斯卡在 20 世纪 70 年代末在查尔斯顿附近的棕榈岛上从事开发活动，20 世纪 80 年代中期又在附近购买了两块海滩。另一方当事人是南卡罗莱纳州，长期以来，该州努力通过立法管理其不断移动的海岸线。1977 年，该州通过了海岸管理立法，1988 年修改该法时增加的海滩管理规定禁止卢卡斯在海滩上修建房屋。卢卡斯随即将州海岸管理委员会告上法庭，诉称其管理规定剥夺了其财产的所有经济价值，构成对其财产的无偿征用。

该案一审卢卡斯胜诉，但在南卡罗莱纳州最高法院二审时卢卡斯败诉，最后上诉至联邦最高法院。联邦最高法院最后认定，州政府的管理条例初步构成财产征用。案件最大的意义在于卢卡斯胜诉对美国财产征用理论产生的影响：海岸管理委员会狭窄的管理范围导致其立法轻易遭到征用胜诉的挑战，需要从更实证的角度检视征用立法改善现阶段征用制度理论基础的脆弱性，从而监督和缓和监管转型。对环保人士而言，本案的重要意义在于：土地利用之控制对环境法的某些领域至关重要，特别是当我们面临新一代环境问题，从而需要突破对传统污染的粗放控制时，环保主义需要探索解决这一问题的建设性方法。这就是为何将卢卡斯案这一财产征用案件入选本书的重要原因。

（九）北库克县固体废物管理局案：联邦主义与地方反感的土地利用政治

北库克县固体废物管理局诉美国陆军工程兵团案（*Solid Waste Agency of Northern Cook County v. U.S. Army Corps of Engineers*）是托马斯・W・梅里尔（Thomas W. Merrill）教授所写的第 9 章的内容。最高法院对于北库克县固体废物管理局一案的判决因其对环境监管领域宪法联邦主义的阐释及其预示而被广为研究。作为几乎所有的环境项目建立基础的商务条款的范围，在某一层面上，该案反映了法院所表达的对环境成文法与日俱增的怀疑态度，以及意欲从轻视环境法的适用转向州的控制。在其背后，这个故事也揭示了在环保组织、社区、州以及联邦机构之间几乎混乱的冲突。

案件事实简单清晰：一些城郊社区打算利用废弃采石场出来的垃圾，但附近社区居民强烈反对。双方使出所有政治和法律手段，支持垃圾填埋场的社区在州管和司法层面取胜；反对者全力反击，最终导致美国陆军工程兵团否决该选址；支持者进行还击，挑战陆军工程兵团的宪法监管权，在花费了 16 年时间和数百万美元的诉讼费、咨询费后，最高法院最终通过制定法解释作出了固体废物管理局胜诉的判决。

（十）美国货车运输协会案：未引爆的重磅炸弹

克里斯托弗・H・施罗德（Christopher H.Schroeder）教授完成了这个系列故事的第 10 章：惠特曼诉美国货车运输协会案（*Whitman v. American Trucking Association*）。该案中，工业界正面攻击《清洁空气法》1970 年修正案中赋予的环保署针对无处不在的空气污染物设定空气质量标准的权利。最初的工商业界强烈反对新法并千方百计想要废除它，随后采用间接进攻战略将攻击点从立法目的转向立法手段，从缺乏效率、成本过高、牺牲就业、借助不可靠的科学知识和不准确的成本估计进行分析等方面对新法展开攻击。

依据任何法学理论成功攻击环境空气质量条款的案件都具有重要的意义，只要它有可能降低这些条款创设的成本高昂的污染控制义务。案件涉及的一些法学理论不但可以阻止与臭氧和颗粒物有关的具体监管决定发生效力，还能将《清洁空气法》所确立的环境空气质量条款的预防性监管模式转变成普通法的救济模式。如果工商业界在此获得胜利，同一法学理论还将产生扩散效应，从而波及国家环境法律和政策的其他方面。因此，此案利益攸关。

案件将读者引入《清洁空气法》，以及现在为人所熟悉的成本效益和信息不充分等问题上，加上被规制的工业十分想胜诉这一新问题：在缺乏恰当的成文法限制的情形下，联邦环保署是否有权确立清洁空气标准。隐藏在这些真相背后的策略是律师业的教训，而该案所描述的这一新工业的诉讼攻势也是实践中的教训和当代环境法的动态。

五、思考题

1. 法庭在平衡经济与环境价值方面是否享有自由，范围如何？

2. 面对环境规制中存在的科学上的不确定性，储备采矿公司一案中法院给出了怎样的应对？

3. 怎样理解“从卡尔弗特悬崖核电站案开始，法院成为环境行政法不可分割的一部分”？

4. 在田纳西河流域管理局案中，最高法院面对正在运行的环境法的诸多矛盾态度如何？

5. 苯案中，最高法院在面对极富争议的政策纷争时扮演了何种角色？

6. 雪弗兰案之所以有名，是因为美国最高法院在该案中提出了什么重要规则？

7. 美国关于公民诉讼以及与之相关的诉讼资格是怎样规定的？

8. 卢卡斯案对环境法而言有什么重要意义？

9. 北库克县固体废物管理局案判决为何被广为研究？

10. 美国货车运输协会案中，工商业界采用了怎样的诉讼战略？

（撰稿人：郑晨蓉）

第二十五章

《国际环境法》——王曦

【本章提要】

国际环境法是国际社会在法律上对人类环境问题的应对的产物，是国际法的一个新分支。学习国际环境法应当首先了解环境的概念、人类环境所出现的问题和环境问题对国际社会和国际法的挑战。了解生态法学理论发展脉络及相关科学之间的融合，理解国际环境法面临和要解决的现实问题。

一、作者简介

王曦，男，文学学士（武汉师范学院，1981 年），法学硕士（武汉大学，1984 年），法学硕士（美国华盛顿大学，1987 年），法学博士（武汉大学，2000 年）。现任上海交通大学法学院教授、博士生导师、副院长、学术委员会副主任、环境与资源保护法学科带头人、环境资源法研究所所长，教育部人文社会科学重点研究基地环境资源法学学术委员会委员，中国法学会环境资源法研究会副会长，全国政协委员，中国可持续发展研究会理事，中国法学会环境资源法研究会常务理事，上海市学位委员会学科评议组成员，中国民主建国会中央常委、法制委员会主任，湖北省人民检察院副检察长（2000—2002 年），世界自然保护联盟（IUCN）环境法委员会委员，上海市法学会理事、上海市人大常委会立法咨询专家，上海市人民政府参事，民建中央《经济界》杂志编委。

2006 年担任中国工程院、环保部中国环境宏观战略研究课题的主要研究人员。2007 年获中国工程院、环保部联合颁发的“中国环境宏观战略研究课题优秀个人奖”，所领导的单位获“中国环境宏观战略研究课题先进集体奖”。2011 年提出以规范和制约有关环境的政府行为为战略突破口的《中华人民共和国环境保护法》修订思路和修订建议稿，得到国家有关部门的高度重视并在修订后的《环境保护法》中得到比较全面的体现。2014 年 7 月在西班牙获得 IUCN 环境法学院第六届“环境法资深学者奖”。

主讲专业课程：国际环境法、比较环境法和中国环境资源法。所著《国际环境法》被选为教育部“十一五”规划重点教材，是司法部“九五”规划高等学校法学教材，于 2006 年获全国优秀法学教材和科研成果奖；创办并主编《国际环境法与比较环境法评论》；在美国《乔治敦国际环境法评论》等外国著名法学期刊上发表论文多篇；同国外学者合著英文专著多部。担任《中国大百科全书》环境科学卷和法学卷修订版中国际环境法全部相关辞条的撰稿人。

担任科技部 863 计划国家重大科技专项“武汉汉阳水环境综合治理示范项目”技术专家组法律政策专家。主持的研究项目主要有科技部 863 计划国家重大科技专项课题的子课题、教育部人文社会科学重点基地重大项目、教育部中欧高等教育合作项目、教育部中澳机构合作项目、国家社科基金项目、国家环境保护总局项目和一些地方研究项目，参加一批国家和地方性的环境资源立法。

曾任佩斯大学、悉尼大学、不列颠哥伦比亚大学、伊莱默斯大学、汉诺威莱布尼兹大学、普纳大学、国立新加坡大学的访问学者和德国卡尔·杜伊斯堡基金会研究员；长期担任英国牛津大学出版社《国际环境法年鉴》中国报告人、《亚太环境法杂志》和《麦凯尔国际与比较环境法评论》编委；曾赴美、俄、加、德、荷、西班牙、冰岛、澳、新西兰、科威特、约旦、新加坡、日本、南非、印度、伊朗、土耳其、墨西哥和联合国等许多国家和国际组织参加学术交流活动；曾担任联合国环境规划署等国际组织的咨询专家和世界银行、亚洲开发银行中国项目的环境法专家。

二、作品版本

《国际环境法》于 2005 年 5 月由法律出版社第 2 次出版，本书第二版对 1997 年第 1 次出版的作品做了全面的修订，一是作了全面的知识更新，使本书充分反映了七年来国际环境法的新发展；二是补充了新内容，如增加了国际环境法在我国的实践的内容，这是一个新的尝试；三是选择一些国际环境法的基本概念和前沿问题作了适当的理论探讨；四是重写了少数章节，如对第一版的第八章和第二十章进行了重写。

三、写作背景

国际环境合作的必要性是由环境问题和环境保护的特点决定的：第一，环境问题是普遍的、全球性的、影响人类生存和发展的重大问题，没有国际社会所有成员的广泛参与和合作，环境问题在整体上是不可能彻底解决的；第二，世界各国由于在政治、经济、文化、科技等方面的巨大差异，不可避免地存在很多利益冲突，只有加强合作和交流才能求同存异，才能共同搞好国际环境保护。最早确立该原则的国际文件是 1972 年《斯德哥尔摩人类环境会议宣言》（以下简称《人类环境宣言》），该宣言

（原则 24）指出："有关保护和改善环境的国际问题应当由所有国家，不论其大小，在平等的基础上本着合作精神来处理，必须通过多边或双边的安排或其他合适途径的合作，在正当地考虑所有国家的主权和利益的情况下，防止、消灭或减少和有效地控制各方面的行动所造成的对环境的有害影响。"1992 年《里约宣言》再次重申了该原则，该宣言（原则 7）强调："各国应本着全球伙伴精神，为保存、保护和恢复地球生态系统的健康和完整进行合作。"

国际环境法的产生基于国际化主体，国家之间因利用、保护和改善环境而发生国际交往的存在。在 17 世纪中期近代国际法形成之初，国际环境法是不存在的。18 世纪资本主义工业革命之后，当人类社会的生产活动发展到对环境的影响大规模地超出国界，影响到其他国家的利益时，才有了国际环境法的端倪。20 世纪中期之后，由于人类社会的生产活动达到了空前的全球化规模，各国之间的交往也达到了空前广泛的程度。到这个时候，为适应这种生产的全球化和这种世界范围的因利用、保护和改善环境而发生的国际交往的需要，国际环境法迅速发展起来，成为国际法的一个新分支。

《国际环境法》一书是笔者希望能使有志的学生踏着它进入国际环境法这个国际法的新领域，使学生能够通过它看到这个新领域的全貌并对它的前沿动态有所了解，成为研究和讲授国际环境法同行手中一本有用的参考书。近年来，国际环境法的理论和实践在国内外有了突飞猛进的发展，相信在政府提倡科学发展观，坚持走可持续发展道路这个大背景下，国际环境法会得到更大、更快的发展。

四、主要内容

本书分为总论和分论两编，总论为第一章到第八章，分论为第九章到第二十章。

（一）第一章：环境、环境问题及其对国际法的挑战

对于国际环境法的学习，首先应当了解环境的概念、人类环境所出现的问题和环境问题对国际社会和国际法的挑战。

本章从论述环境的概念和法学的环境概念开始。西方语言对"环境"一词的解释，其基本含义是"包围、环绕"。环境概念的内涵是决定其他事物发展的中心事物，环境概念的外延是环绕中心事物的物质、物体、空间、条件、情况、影响或势力的交叉与混合。环境科学的环境概念是将自然因素和有关的社会因素分别理解，并未形成于统一的环境定义中。法学的环境概念是法律对环境概念的界定影响法律适用和法律适用范围，但不必然解决实际生活中与环境有关的模糊问题。环境科学的环境定义构成法学的环境定义的基础，法学的环境概念反映了法律的特殊要求和基本特点。

人类环境问题主要表现为六个方面：一是大气和空间环境质量的变化；二是水资源状况的恶化；三是土地资源状况的恶化；四是森林面积减少；五是物种及其栖息地的减少；六是固体废物和有毒化学品。造成地球环境变化有两方面，一是自然原因；二是人为原因。目前，造成恶劣环境的有五个方面的因素：第一，人类的高消费生活方式和高消耗生产方式；第二，贫困化；第三，人口压力；第四，旧的国际经济秩

序；第五，战争和军备竞赛。

地球生态系统如何在这种“国家林立”的国际体制中保持其完善性，国际法能否协调各国的发展政策，使其同保护地球生态系统的完善性这一根本需要保持一致。这是当代国际法面临的一个重大挑战。国际社会为保护地球环境的需要提出了六点要求，形成关于保护全球环境的国际法规律体系，是当代世界各国面临的挑战。

（二）第二章：国际环境法的发展

作为对人类环境问题的反应，国际法在环境保护领域里渐渐发展起来，国际环境法由此形成。国际环境法的发展，经历了一个由慢到快、由小到大、由零散到系统的过程。

迄今为止，这个过程以 1972 年联合国人类环境会议、1992 年联合国环境与发展大会和 2002 年联合国可持续发展世界首脑会议为标志，可分为四个时期。

第一时期，1972 年联合国人类环境会议以前，国际环境法的发展处于萌芽时期，国际法在环境领域里的发展很有限，有些也都是零星、分散的发展。

第二时期，从 1972 年联合国人类环境会议到 1992 年联合国环境与发展大会这期间，国际法在环境保护领域里的发展是多方面的和活跃的，它包括条约、国际习惯法、国际组织、监督管理机制和国际责任等方面发展，国际法新领域的国际环境法因在这个时期的大发展而初现雏形。

第三时期，1992 年联合国环境与发展大会上，国际环境法的发展从调整范围的广度和深度两方面发展，可持续发展的思想和战略得到各国的普遍赞同和贯彻实施，环境条约覆盖面更广泛，“软法”文件在原基础上开拓新环境问题和领域，司法判例、环境组织的发展日趋健全。

第四时期，2002 年联合国可持续发展世界首脑会议通过一系列重要文件，有力推动国际环境法的深远发展。

但迄今为止，国际环境法仍然相当薄弱，主要表现为五个方面：第一，国际环境保护法律规范发展不足；第二，国际环境保护法律规范尚未形成一个内部协调统一的完整体系；第三，实施国际环境法的国际组织机构不健全；第四，国际环境法保护的监督、管理、激励和制裁机制尚未形成；第五，各国在政治、经济利益上的巨大差异妨碍着各国在环境与发展问题上的共同政治意愿的进一步发展，从而妨碍着国际环境保护立法和国际环境法的实施。因此，为战胜人类环境问题的挑战和进入可持续发展的良性循环，国际环境法仍需得到更大更快的发展。

（三）第三章：国际环境法的概念

国际环境法是国际法主体，主要是国家在利用、保护和改善环境的国际交往中形成的，体现它们之间由其社会经济结构决定的在利用、保护和改善环境方面的协调意志的，调整国际环境法律关系的法律规范的总称。

国际环境法具有五个特点，第一，公益性。其根本目的是保护和改善人类赖以生存的基本物质条件；第二，科学技术性。其发展更多地需要法学与科学的结合，很多目标和规定以所针对的环境问题的科学了解为依据；第三，学科交叉性。其处于多种学科的交汇点上，融会了多种学科的知识并对多种学科产生影响，与生态学、环境科学、经济学、伦理学、政治学和国际关系学等学科有密切联系；第四，活跃性。其不断涌现对当代各国的政治、经济和文化产生深刻影响的新思想、新概念，首推可持续发展的概念，其后被各国迅速采纳为国家发展战略；第五，早期性。在 20 世纪 60 年代开始快速发展。国际环境法的早期性表现为现行国际环境法的体系不完整；一些基本战略和法则尚未具体落实；发展中国家的平等参与仍然不足；现行国际环境法的实施面临较大困难。

国际环境法的体系指的是由有关利用、保护和改善环境的各种国际法律文件组成，具有内在有机联系的法的整体结构。当前国际环境法的体系包括以下三大部分：国际环境保护纲领性法律文件；针对特定环境的保护的国际法律文件；针对其他有关环境问题的国际法律文件。

（四）第四章：国际环境法的渊源

虽然国际法学家对国际法渊源有不同的理解，但有一点是他们所共同承认的，那就是承认《国际法院规约》第 38 条是对国际法渊源的权威性列举。国际环境法的渊源有与环境问题有关的条约、国际习惯、一般法律原则、司法判例、国际法学说和“公允及善良”原则。国际环境法的渊源可大概分为“主要渊源”和“其他渊源”两大类。

第一，主要渊源。①条约。指包括有关环境问题的双边条约、多边条约、区域性条约和全球性条约，多数条约应用“框架公约 + 议定书 + 附件”的形式。②国际习惯。是各国在其实践中形成的一种有法律约束力的行为规则。

第二，其他渊源。包括：①一般法律原则，指的是国家所承认的国内法一般原则；②司法判例，是“确定法律原则之补助资料”，在国际环境法中，“司法判决已经成为国际法的发展中一个很重要的因素，而且司法判决的权威和说服力有时使它们具有比它们在形式上所享有的更大的意义”；③国际法学说，在国际环境法的领域里，所起的作用很小，只是一个潜在的渊源；④“公允及善良”原则，是指在判决时，法院不以法律、规则的适用为依据，而是以法院认为正确和正当的其他考虑为依据，迄今为止尚未使用这种方式，仅是一个潜在的渊源；⑤国际组织的决议等法律文件，是一种新的、国际法的辅助渊源，而且它们的法律价值在司法判例和国际法学说之上。

（五）第五章：国际环境法的主体与客体

国际环境法的主体指的是独立参加有关利用、保护和改善环境的国际关系，直接享有国际法权利并承担国际法义务者。国际环境法的主体包括国家和国际组织，其中以国家为国际环境法的基本主体，非政府组织和个人不是国际环境法的主体，但在一定程度上，间接的对有关利用、保护和改善环境的国际关系发生影响。

国际环境法的客体指的是国际环境法主体的权利和义务所指向的对象。它包括环境的自然因素如大气、土地、水、生物，和环境的社会因素，如与各国的社会、经济条件有关的各国有关利用、保护和改善环境的影响国外环境权益的行为。

（六）第六章：国际环境法的基本原则

国际环境法的基本原则是指被各国公认和接受的，在国际环境法领域里具有普遍指导意义的、体现国际环境法特点的，构成国际环境法的基础的原理和一般规则。

国际环境法的基本原则具有以下特点：第一，它们是各国公认和接受的法律原则；第二，它们在国际环境法的领域内具有普遍的指导意义，并适用于国际环境法的各个具体领域；第三，它们体现国际环境法自身的特点，从某一方面表现国际环境法的特殊性；第四，它们是国际环境法的基础。

国际环境法的基本原则有六个：①国家资源开发主权权利和不损害国外环境责任原则。它指的是 1972 年《人类环境宣言》所宣示的原则 21 和 1992 年《里约宣言》所示的原则 2；②可持续发展原则。它指的是既满足当代人的需要，又不对后代人满足其需要的能力构成危害的发展，不应忽视特别指出的“需要”和“限制”两个概念。“需要”指世界贫困人民的基本需要，“限制”指技术状况和社会组织对环境满足眼前和将来的需要的能力施加的限制；③共同但有区别责任原则。指的是由于地球生态系统的整体性和导致全球环境退化的各种不同因素，各国对保护全球环境负有共同的但是又有区别的责任；④损害预防原则。指的是国家应尽早的在环境破坏发生之前采取措施以制止、限制或控制在其管辖范围内或控制下的可能引起环境损害的活动或行为；⑤风险预防原则。指的是为了保护环境，各国应按照自身的能力，广泛适用预防措施。遇到严重或不可逆转的威胁时，不得以缺乏科学确实证据为由，延迟采取符合成本利益的措施，防止环境恶化；⑥国际合作原则。指的是各国应依照主权平等及不干涉原则，处理假期经济、社会、文化，技术及贸易方面之间的国际关系，促成国际合作。

（七）第七章：国际环境法的实施

国际环境法的实施，指的是国际环境法主体行使其由国际环境法赋予或承认的有关利用、保护和改善环境的权利并履行其义务的活动。

它分为以下几个方面：①国内实施。包括制定和执行有关履行条约的法律、法规和其他法律文件两个方面。②国际执行。指国际环境法主体通过具有管辖权的国际司法机构或国际组织的裁判程序迫使违反国际环境义务的国家或缔约方履行其国际环境义务或从该国或该缔约方取得赔偿的活动。国际环境法的主体是国家和国际组织，其中最主要的是国家。③国际环境。管制手段是指国际社会采用的、由国际环境法规定的、调整国际环境法律关系的各种具体措施。④国际环境争端的解决。“任何争端之当事国，于争端之继续存在足以危及国际和平与安全之维持时，应尽先以谈判、调查、调停、和解、公断、司法解决、区域机关或区域办法之利用，或各该国自行选择之其他和平方法，求得解决”。

（八）第八章：越境损害的国际责任

通过国际法律责任术语辨析，可以认为 responsibility 同实体的基本义务有密切联系，liability 同实体违反其基本义务的具体法律后果（如赔偿）相联系。

现代国际法的法律责任分为“国家对国际不法行为的责任（responsibility）”制度和“国际法不加禁止的行为所产生的损害性后果的国际责任（liability）”两类。越境损害国际责任的实践，国家的赔偿责任主要是在外层空间活动方面被接受，承认国家对于损害他国环境的国家责任并要求国家为之承担国家赔偿责任的，有条约、司法判例和联合国安理会决议。国际民事赔偿责任的实践大量存在于各国中，各国一般倾向于通过民事赔偿机制来平衡他们之间的环境权利和义务关系。1996 年，国际法委员会对越境环境损害的预防和赔偿问题首次作出全面规定。国际法委员会决定将预防和赔偿责任两个问题分开研究，于 2001 年通过《关于预防危险活动的越境损害的条款草案案文》，2004 年通过《关于危险活动造成的跨界损害案件中损失分配的原则草案案文》，简述了两个案文的主要内容。

（九）第九章：国际大气环境保护法

随着地球大气环境的恶化，该问题引起了国际社会的广泛关注，各国除了采取国内法律措施来控制、减少或消除人类活动对大气环境的种种不利影响之外，还在各个层次上共同采取国际法律措施来应对大气环境的恶化。

当前，国际大气环境保护法的重点目标是控制和减少温室气体的排放，主要目标可概括为以下三点：第一，防止地球气候出现不可逆转的变化；第二，控制、减少并最终消除耗损臭氧层物质的使用，保护臭氧层的完好；第三，控制并减少二氧化硫等各种空气污染物的排放，消除跨界空气污染。

为达到目的，国际社会在全球和区域两个层次上签订了一些条约。这些条约中主要有 1992 年《联合国气候变化框架公约》及其 1997 年《京都议定书》、1985 年《保护臭氧层维也纳公约》及其 1987 年议定书和 1979 年《长程越界空气污染公约》及其议定书。

（十）第十章：国际淡水资源利用和保护法

国际淡水资源的概念现代国际法和国际环境法尚没有给出一个确切的定义。但我们仍需要注意以下四点：第一，它是一个相对于海洋的概念。指的是内陆的淡水资源，如河流、湖泊、运河和地下水体等；第二，具有国际性。它指的是处于两个或更多的国家的领土之上或管辖权之下的淡水水体，如跨国的河流、湖泊、运河和地下水体；第三，不同于国际法中“内水”的概念。具有广、狭两种含义，狭义上的内水仅指领海基线所包围的向海岸的那部分海域，有时称内海。广义上的内水不仅包括海洋法上的内水，而且包括陆地领土的河流、湖泊、运河等；第四，地球上的河流中有将近一半为两个或两个以上的国家所共有，足以说明国际淡水资源保护问题的重要。

1997 年 5 月 21 日联合国大会通过的《国际水道非航行使用法公约》是国际社会第一项关于国际淡水资源利用和保护的全球性公约，以“保证国际水道的利用、开发、养护、管理和保护，并促进为今世后代对其进行最佳和可持续的利用”为目的。国际淡水资源的利用和保护的国际法规则始于区域性的双边国家的实践。北美的大湖区、欧洲的莱茵河流域、非洲的尼罗河流域、赞比西河流域和亚洲的湄公河流域都成为这类国家实践的例子，为关于国际淡水资源的利用和保护的国际习惯法的形成作出重要贡献。

（十一）第十一章：国际海洋污染控制法

海洋占地球表面积的70.8%。从1609年起，海洋自由一直被奉为海洋法的基本原则。海洋并非和大多数物质一样可以被任意使用而耗尽，它既不能被航运也不能被捕鱼所耗尽，因而海洋广袤的水体必须是自由的。

现代海洋科学从对全球海洋受到的严重污染的考察和研究中得出结论：海洋的生命力是可能被耗尽的。随着海洋污染的日益严重，各国重视海洋污染问题，并进行合作以防止和减轻海洋污染，有关防止海洋污染的国际法也迅速发展起来。

控制海洋污染的条约体系包括两个层次。第一层次，是有关海洋环境保护的全球性公约，以1982年的《联合国海洋法公约》为最重要的条约；第二层次，是区域性海洋环境保护公约。联合国环境规划署的区域海洋项目始于1975年2月制定的《地中海行动计划》，其中东北大西洋和北海区域、波罗的海区域也制定了各自区域的海洋环境保护公约。对海洋倾倒、陆源污染、船舶污染和海洋污染事故制定了条约和议定书。

中国是国际海事组织的成员国，参与了联合国第三次海洋法会议的历次会议和《联合国海洋法公约》的制定工作，并成为缔约国。1983年3月1日起，中国正式实施《中华人民共和国海洋环境保护法》，中国国内法开始逐步形成一系列有关海洋环境保护的法律法规。新的《海洋环境保护法》明确了海洋环境保护执法体系和职责分工。2001年我国颁布的《中华人民共和国海域使用管理法》进一步加强和完善了我国的海洋法制。

（十二）第十二章：国际生物资源保护法

生物资源指的是“对人类具有实际或潜在用途或价值的遗传资源、生物群体或生态系统中任何其他生物组成部分”。在近25年里，国际社会涌现大量的有关生物资源的条约。但相对于地球生物资源的丰富性和地球生物资源所面临的危机，国际社会有关保护生物资源的国际战场仍然较为薄弱。

现有的关于保护生物资源的条约可分为三类：一是有关保护生物资源的全球性条约。主要有两项：一项是1973年《濒危野生动植物物种国际贸易公约》，另一项是1992年《生物多样性公约》；二是有关生物资源保护的区域性条约。在非洲、美洲和美洲地区、南太平洋地区，欧洲和亚洲都有一些保护该区域的生物资源的条约，这些条约为该区域的生物资源保护提供了国际法律框架；三是有关特定类型的生物资源的保护的条约和其他文件。其中主要的是有关保护植物、动物、野生动物迁徙物种、物种生境和海洋生物资源的条约和其他文件。

中国历来重视生物资源的保护，并积极参与国际生物资源保护方面的国际法律实践，中国加入了1973年《濒危野生动植物物种国际贸易公约》、1971年《国际重要湿地特别是水禽栖息地公约》（简称《拉姆萨尔公约》）、1992年《生物多样性公约》。中国积极采取措施加强生物多样性的就地保护和易地保护。

我国政府支持对野生动植物资源可持续利用的原则。对于濒危物种因国际贸易的管理工作，乃至我国国内的野生动植物利用的管理工作，都具有重要意义，中国的中华人民共和国濒危物种科学委员会（CITES）履行工作任重而道远。

（十三）第十三章：国际土地资源保护法

地球上的土地资源的退化相当严重。针对保护和改良土壤的规则，联合国环境规划署于1981年制定通过《世界土壤宪章》，1992年欧洲理事会部长委员会通过了关于土壤的建议。

荒漠化是地球土地资源面临的一个严重问题。1994年的《防治荒漠化公约》确认国家对自然资源的主权权利和国家政府在防治干旱和荒漠化中的关键作用，承认防止干旱和荒漠化、促进国家计划和优先事项、改善国际合作及其有效性是极紧急需要的。

中国是世界上受荒漠化影响最严重的国家之一，截至2012年，中国干旱半干旱地区的面积占国土面积的53%，有4亿人口受到荒漠化的影响，每年因荒漠化造成的直接经济损失约65亿美元。

中国作为1994年《防治荒漠化公约》的缔约国，第一，建立公约履行机构。1994年，中国政府设立了“中国防治荒漠化协调小组”来实施公约；第二，制定、修订和实施国家战略和行动方案。首先，中国制定了防治荒漠化的国家战略和优先领域，并将其纳入国民经济和社会发展计划。其次，中央和地方政府为防治荒漠化工作提供资金保障，并与消除贫困相结合。第三，建立和完善相关法律体系。2001年8月31日通过了《防沙治沙法》，陕西省和甘肃省等受影响的省区还制定了地方性法规；第四，积极参与国际合作。中国就在全球、区域和次区域的层面上积极参与国际合作，并争取国际社会资助中国的旅行行动。首先，积极参加和举办国际合作与交流会议；其次，主动为履行公约争取国际资金援助。

（十四）第十四章：两极地区环境保护法

两极地区，指地球的南极和北极及其周围一定范围的区域。南极的动植物种类很少，而且环境和生态系统非常脆弱。地球表面温度的升高，正在引起南极冰原的融化，将对地球气候和生态系统的平衡带来致命的软弱破坏。北极地区中心部分终年被冰层覆盖，拥有丰富的地下资源，岛屿则归属于极地国家，其中石油污染、放射性污染事故、水下噪音和物种生境退化是北极地区比较突出的环境问题。

因此，两极地区分别做了不同的环境保护法条约。南极地区环境保护有关的条约主要有1959年《南极条约》、1964年《保护南极动植物议定措施》、1972年《养护南极海豹公约》、1980年《南极海洋生物资源保护公约》和1991年《南极环境议定书》。

北极关于环境保护有关的条约主要有1973年《保护北极熊协定》、1991年《北冰洋环境保护宣言》和《北极环境保护战略》。

中国积极参与南极与北极的事务，设立专门从事极地科学研究的部门和机构对基地进行科学考察。1985年2月15日在南极建成中国南极长城站，1989年2月26日在南极大陆东部建立中国南极中山站，2004年7月28日在北极地区建立了第一个永久性科学考察站——黄河站。其中，北极科考站几乎与南极中山站处于同一磁纬度上，在当今各国的空间物理学观测中，这个条件可以说是绝无仅有的，中国科学家可以在南、北两极对极光进行同步追踪和研究。

（十五）第十五章：外层空间环境保护法

外层空间一般指地球大气层以外的整个宇宙空间。当前的外层空间环境问题主要有五种：一是地球轨道空间中的空中碎片的危害；二是无线电噪音的影响；三是人造物体从外层空间坠落地球所致的损害；四是人类空间活动对外层空间和其他行星的环境造成的损害；五是航天器将地球以外的微生物或细菌带回地球造成污染。

迄今尚无专门的保护外层空间环境的条约。有关外层空间环境保护的规定散见于一些有关空间探索和利用活动的条约之中，其中主要有：1963 年《部分禁止核武器试验条约》、1967 年《外空条约》、1972 年《空间实体国际赔偿责任公约》、1975 年《空间物体登记公约》、1979 年《月球协定》、1992 年联合国大会《关于外层空间利用核动力源的原则》的决议。

中国是外层空间探索利用的大国，关于外空的国际法制，中国主张制定一项普遍的、全球的国际空间法公约，主张整个外空非军事化。为了履行外空环境保护的国际任务，中国政府在诸多方面开展了积极的工作。第一，加强减轻空间碎片影响的研究和管制；第二，完善外空实体损害赔偿的法律制度；第三，积极履行外空实体登记义务；第四，积极参加外空利用和环境保护的国际合作。

（十六）第十六章：世界文化遗产和自然遗产保护法

“世界遗产”由于自然力的长期分化、破坏和人类活动的各种不利影响，这些珍贵的人文和自然财产大都受到不同程度的损坏或面临毁坏的威胁，有少数甚至已经被彻底毁坏。有鉴于此，联合国教科文组织于 1972 年 7 月通过《保护世界文化和自然遗产公约》，确认国际社会有责任通过提供集体性援助来参与各国保护具有突出的普遍价值的文化遗产和自然遗产。

此外，欧洲和美洲的国家还制定了保护文化遗产和自然遗产的区域性公约。在欧洲，于 1969 年签订了一项《保护考古遗产欧洲公约》；在美洲，于 1976 年签订《保护美洲国家考古历史和艺术遗产公约》。

中国于 1985 年加入《保护世界文化和自然遗产公约》，并一直高度重视对历史文化和自然遗产的保护与传承，并于 2004 年 6 月 28 日至 7 月 7 日在江苏省苏州市承办了第 28 届世界遗产委员会会议。

我国目前没有国家一级的对世界遗产的统一管理机构，并且在国内立法上也尚无一部专门的关于遗产的保护和管理的法律。因此，我们需要根据我国的自身情况，学习一些国家成熟和先进的保护经验，制定一部综合的世界遗产保护法。

（十七）第十七章：国际危险物质和活动管理法

危险物质和活动，是指有毒化学品、放射性物质和对人类及环境产生不利影响的由生物技术改变的活生物体，以及利用、经营、运输、处理和处置这些物质的活动，包括有关的技术和工艺过程。

迄今为止，国际社会关于危险物质和活动的法律法规是不系统的和低层次的。现有的有关危险物质和活动的国际法文件，包括条约和其他法律文件。所覆盖的领域主要有：化学品管理、放射性物质管理、生物安全管理、事故预防和控制、职业安全和工作环境保护、危险废物的管理。

（1）有关化学品工业条约和其他文件目前比较集中于化学品登记和分类、化学品国际贸易、持久性有机污染物和化学品运输 4 个领域。

（2）放射性物质对人类的安全、健康和环境存在巨大的潜在破坏力，提出了有关和平利用的放射性物质管理的条约主要有：1980 年《核材料实物保护公约》、1986 年《核事故及早通报公约》、1986 年《核事故或辐射紧急情况援助公约》、1994 年《核安全公约》以及 1997 年《乏燃料管理安全和放射性废物管理安全联合公约》。这五项条约都是在国际原子能机构的主持下签订的。

（3）生物安全管理。是对生物技术的应用进行法律控制，防止由生物技术改变活生物体或应用生物技术的活动，对人类健康、安全和生物多样性产生不利影响。对于现代生物技术对人类与环境的潜在负面影响，国际社会采取措施，相关条约和国际法的文件主要有：1992 年《生物多样性公约》以及《卡塔赫纳生物安全议定书》、1995 年联合会环境规划署《关于生物技术生物安全的国际技术准则》、1991 年联合国工业发展组织《关于将生物微生物应用环境的资源行为准则》、1990 年欧共体《关于转基因生物的封闭利用的指令》（第 90/219 号）和《关于对环境谨慎引入转基因生物的指定》（第 90/220 号）。

（4）事故预防和控制。联合国环境规划署于 1992 年 1 月在日内瓦成立联合国环境紧急救援中心。现有的关于环境事故预防和控制的专门国际法文件，只有欧洲的 1982/1996 年欧共体理事会《关于某些工业活动的重大事故危害的指令》（又称 1982/1996 年欧共体《色维索指令》）和 1992 年《工业事故越界影响公约》。

（5）危险物质和从事危险物质的活动含有损害劳动者的健康、安全和工作环境的潜在风险，所以国际社会中的很多条约都是在国际劳工组织的主持下签订的。现有的这方面的条约包括两大类：其一，对职业安全和工作环境保护作出一般性规定的条约；其二，针对特定危险物质或活动引起的职业安全和工作环境问题的条约。

中国也加入了国际上的一些相关条约，主要包括：《关于在国际贸易中对某些危险化学品和农药采取事先知情同意程序的鹿特丹公约》《关于持久性有机污染物的斯德哥尔摩公约》《核安全公约》《生物安全议定书》。因此，我们对它们如何善加利用和管理，扬其长、避其短，是各国政府所面临的共同问题。

（十八）第十八章：国际废物管理法

废物，主要指工业废物和城市生活废物，污染了河流、湖泊、水源和土地。在发达国家，由于基础设施比较发达，因而得到了控制和处理，处置废物的情况比发展中国家好得多。但对于一些难于处理、处置的或国内处理处置的费用很高的废物，发达国家公司更愿意将其出口到发展中国家处置，由此引起了关于废物国际转移的争议。

第一，废物的国际法定义。其一，废物本身具有相对性；其二，废物涉及国家的经济利益和环境利益。除一般性定义之外，废物通常以其来源或特性分为生活废物，工业废物，危险废物和放射性废物等类型。

第二，防止废物造成污染的根本办法。尽量减少或消除废物的排放，即实行污染物的源削弱。国际社会有一些法律文件作了原则性的规定，主要体现在《21世纪议程》《巴塞尔公约》及其缔约方大会通过的一些决议和《巴马科公约》等国际文件中。

第三，废物的处置。途径主要有海洋处置、河流湖泊处置、空气处置、焚烧、土地处置和回收利用。本章介绍关于通过焚烧、土地处置和回收利用废物的条约或其他国际文件。

第四，废物的越境转移。1988年，绿色和平组织发表《废物国际贸易绿色和平组织清单》的第3版，揭露了发达国家向非洲国家等发展中国家“倾销”废物的情况。为控制废物转移的条约在全球一级和区域一级有了较大的发展，现有的这类条约和其他国际法文件主要有全球性的1989年《巴塞尔公约》以及《责任赔偿议定书》和一些区域性公约。

中国高度重视危险废物越境转移的问题，于1990年3月22日签署《巴塞尔公约》，于1995年10月30日颁布《固废法》，该法确立了减少固体废物的产生量和危害性，充分合理利用固体废物和无害化处置固体废物的原则以及污染者依法负责的原则。该法有效地保护我国环境，防止污染转嫁，严厉打击了废物的非法越境转移，有力地维护了国家主权，打击和遏制了危险废物非法越境转移活动。

（十九）第十九章：大规模毁灭性武器管制与环境保护

大规模毁灭性武器，是指对人类和自然界其他生物及其生存环境具有大规模毁灭性和致命性严重杀伤力或破坏能力的武器，又称为“大规模杀伤性武器”，这些武器的使用对人类和自然环境都带来了灾难性的后果。

为了禁止或限制这种武器的研制、生产和使用，保障国际和平与安全，国际社会已签订了一些条约。其中主要的有关于核武器、生物武器、化学武器和“环境”武器的条约。这些条约的主要目的虽不是保护环境，但它们在保障国际和平和安全的同时也有保护人类环境的作用。

第一，关于核武器的条约可分为两大类。第一类，关于限制或禁止核武器的实验和部署的条约；第二类，一些无核国家为保障本地区或区域的和平与安全而签订的无核区公约。第二，关于生物武器的条约主要有1925年《毒气议定书》和1972年《禁止生物武器公约》。第三，关于化学武器的条约主要是1993年《禁止化学武器公约》。第四，关于“环境武器”的条约主要有1977年《环境致变技术公约》，所谓“环境致变”是指为军事或其他任何敌对目的而使用的环境致变技术。

中国对大规模毁灭性武器管制主要体现在中国的防扩散政策和措施上。主要有以下几点：①防止大规模杀伤性武器有利于维护国际和地区的和平与安全，符合国际社会的共同利益；②中国以负责任的态度对待国际事务，主张全面禁止各类大规模杀伤性武器；③积极推动多边防扩散机制建设完善和发展，签署相关条约，并参加相关国际组织；④本着依法治国的原则，加强防扩散法制建设，确保政策的有效实施；⑤制定防扩散出口管制的具体措施；⑥严格执行防扩散出口管制法规；⑦完善防扩散政策是一个循序渐进、不断发展的过程。

（二十）第二十章：贸易与环境

贸易与环境的关系是由于 1992 年在巴西举行的联合会环境与发展大会和 1993 年《关税与贸易总协定》乌拉圭回合谈判的完成以及世界贸易组织的建立这两件大事提出的。当前国际贸易政策和环境政策之间的矛盾，不平等的国际经济秩序，发展中国家与发达国家之间存在巨大差距。

贸易自由化对环境保护影响具有积极影响和消极影响。积极影响为：①可以实现更有效的环境要素使用和消费模式；②贸易扩张和鼓励自然资源的可持续开发有利于消除贫困；③贸易自由化增加与环境有关的产品和服务的供应。贸易自由化和环境的联系在很大程度上间接地取决于生产和消费的水平和模式。消极影响为：①某些产品的流通本身可能造成环境污染的扩散和转移；②造成特定国家对资源的过度开发，成为发达国家对发展中国家进行资源掠夺的手段；③加大环境的负荷。以 GATT 案例和 WTO 案例为例。

在解决跨境环境问题时，多边机制要优于单边措施，联合国环境发展大会强烈建议用多边环境协定谈判来解决全球环境问题。以《控制危险废物越境转移及其处置的巴塞尔公约》《濒危野生动植物物种国际贸易公约》《关于消耗臭氧层物质的蒙特利尔议定书》为例。

中国在贸易与环境问题上遇到的问题与挑战，是由当前的国际贸易制度和中国的社会经济发展状况所决定的，分别从环境和贸易两个角度进行阐述。第一，贸易自由化对中国环境的影响。①出口产品的盲目开发和大量需求。造成了对资源的过度开发和使用，导致对生态环境的破坏；②我国的环境保护起步较晚，技术水平较低，导致环境保护在其发展的过程中呈现了三大致命弱点，即体系不完善、环境标准低、措施相对薄弱。第二，严格的环境标准，增加出口产品的成本，削弱中国产品在国际市场的竞争力。

中国在贸易与环境问题上的政策，分为国际合作和国内政策措施两个方面。1990 年 7 月，中国通过了《中国关于全球环境问题的原则立场》，加入了与贸易有关的环境协定。在环境保护基本国策和方针的指引下，国内的环境保护政策体系分为环境经济政策、环境管理政策环境、产业政策、环境技术政策、环境贸易政策和环境国际交流合作政策六个部分。贸易与环境问题的实质是改变旧的不平等的国际经济秩序的问题。至今存在的旧的国际经济秩序，对贸易与环境关系的影响主要表现：一是南北之间不平等、不合理的资源转移；二是对环境不适应的产品、技术和物质向南方的转移；三是发达国家的高消费生产方式和生活方式；四是贸易自由化的影响。

本着建立新的、平等的国际经济秩序和新的、全球伙伴关系的思想，各国共同努力，调整现行多边国际贸易制度和多边环境条约之间的关系，实现人类社会的可持续发展。

五、思考题

1. 国际环境法的不断发展对于我国来说，是个巨大的挑战，我们应该怎么做？具体表现在哪些方面？

2. 国际环境争端问题日趋尖锐，联合国商讨其解决办法，中国作为常任理事国之一，面对此情况有什么解决办法？

3. 贸易的自由化发展与环境问题之间存在矛盾，为实现“绿水青山就是金山银山”，中国应当以何种措施去实现此目标？

（撰稿人：姚俊颖）

第二十六章

《公平地对待未来人类：国际法、共同遗产与世代间衡平》

——（美）爱蒂丝·布朗·魏伊丝

【本章提要】

该书在国际环境法学界中影响力较大，作者指出全球公民目前所面临的资源耗竭、环境质量下降、资源取得和利用的不公平实质上是世代间的公平问题，并分析了世代间公平理论在理论意义上何以可能，对世代间关系中的地球义务和地球权利进行了详细的剖析。作者还从例举和理论扩展的角度，在核废料、生物资源、可更新资源及文化资源等领域中以世代间公平理论为工具给与解读。本章要求掌握世代间公平理论的内容以及可能面临的理论困境，并能延伸思考该理论在生态环境制度中的理论与现实价值。

一、作者简介

爱蒂丝·布朗·魏伊丝，教授国际公法学、环境法和水资源法领域的教授。她从事了许多专业活动，包括1994年4月至1996年担任美国国际法学会会长、1996—2002年担任北美环境委员会特别法律顾问、1989—1994年担任社会科学研究理事会全球环境变化研究委员会主席、1990年—1992年担任美国环境保护局国际活动助理总法律顾问、普林斯顿大学土木工程和政治学助理教授、哥伦比亚大学和布鲁金斯研究所研究助理，后当选为美国法律研究所外交关系委员会成员，和自然保护联盟环境法委员会成员。她是国家科学院地球科学，环境和资源委员会，NAS水科学和技术委员会，NAS、以色列、约旦、巴勒斯坦领土中东可持续供水小组和NAS环境研究委员会的成员。2002年9月，她被任命为世界银行3名成员的检查小组成员，任期5年。自2012年1月以来，她一直担任国际货币基金组织行政法庭法官，并担任美洲开发银行行政法庭庭长。她曾在日本全球环境战略研究所、库斯托协会顾问委员会、国际环境法中心董事会和国家大气研究中心咨询委员会任职。学术方面，爱蒂丝·布朗·魏伊丝教授是《美国国际法杂志》《国际经济法杂志》《国际公法百科全书》《马克斯·普朗克国际程序法百科全书》《印度国际法杂志》《跨国环境法杂志》《国际环境协定：政治、法律和经济学》编辑委员会成员，是乔治敦国际环境法评论的教师顾问。2017 年 7 月，爱蒂丝·布朗·魏伊丝教授在海牙国际法学院举办了国际公法普通课程。在荣誉方面，2010 年，布朗·魏伊丝教授获得了美国国际法协会颁发的曼利·哈德森奖；2008 年，国际环境法中心颁发了国际环境法奖；2003 年，美国律师协会（ABA）环境法和政策杰出成就奖；1996 年美国国际法协会杰出妇女国际法奖；1994 年布鲁塞尔自由大学和国际环境法理事会颁发的伊丽莎白·豪布国际环境法奖。

二、作品版本

《公平地对待未来人类：国际法、共同遗产与世代间衡平》于 2000 年 12 月由法律出版社出版，作者是美国的国际法、环境法的教授魏伊丝，译者为北京大学法学院的汪劲、于方、王鑫海几位学者。该书是几位译者第一次将其介绍到中国，隶属于“外国环境思想与法律文库”，主要对包含未来时代在内的各时代对自然、文化的环境资源的利益平衡问题作了深刻的反思与探讨。

三、写作背景

自 20 世纪 80 年代后，由于两大阵营冷战的结束以及现代科技的发展，国际社会和各国均面临一些新的问题，现在的国际法律秩序面临的困难更加复杂、更具危险性。以下因素导致了这些情况的出现。第一，技术加改进已经影响到社会生活的方方面面，包括自然界本身，它使得人们疲于作出反应和对这种变化重新进行调整。时间显得越来越紧迫，然而要做的事却越来越多。第二，区域层面的国家尊严与全球层面的国际安全、生态稳定及其经济管理之间也发生了冲突，它们以被经济学家称作“共同财产问题”的引人注目的形式出现在世人面前。第三，人们已经形成了这样一种看法，即现行的发展政策限制了、甚至有可能破坏了未来世代的福祉，使得长期规划和管理变得不可靠，并且有关的体制并未在人们和政府的实践中得到改进。第四，某些事关生活质量乃至人类生死存亡的威胁日甚一日，这就更加凸显出建立有效预警机制的重要性，继续依靠被动的反应机制是无济于事的。第五，毁灭性技术的扩散使得众多的政客、包括一些非政府团伙很容易获得大规模毁灭性武器，而生物、化学及航天领域的新进展令人可以想见未来战争将呈现何等恐怖的景象面对这些变化，国际法研究并未作出多大的反应。绝大多数的国际法著作依旧是“事后诸葛亮”（对既成事实的损害案例评头论足），它们喋喋不休地讨论与主权国家有关的老一套规则。各国政府当前关心的一些时髦问题，如限制恐怖主义和使用暴力、武器控制、难民、剥夺所有权、人权、司法审判的程序问题、条约解释、立法以及与海洋利用相关等受到了特别的关注。这些问题甚至比以往更值得研究，因为当代的国际政治是如此的复杂与脆弱。对这些“盘根错节”的领域进行研究是必需的，同时更多的空间有待律师和法学家们进行创造性的研究。

面对这样的挑战，需要谋求解决这些问题的理论工具。该书是爱蒂丝·布朗·魏伊丝承担并得到了联合国大学的资助研究项目的成果之一。书中对国际环境法面临的挑战作出了回应：即必须发展国际法的功能以适应问题的要求。目前的国际社会从理论到制度都要作出反应，必须要建立一个更加复杂、成熟的秩序。当然，作者只讨论了其中一些特定的问题，而需要探讨的东西还有很多。从目前看来，本书在思考方式上并不是毫无瑕疵，但是其研究的目的和指向毋庸置疑是具有启示意义的。

四、主要内容

正如书中由前联合国大学副校长爱德华·普罗曼在英文版前言中所写，该书作者爱蒂丝·布朗·魏伊丝的研究项目是“影响人类生存、发展和福祉的全球性问题”。爱蒂丝·布朗·魏伊丝本人在2000年中文版序言中表达她所讨论的是“世代间公平”问题，也就是“可持续发展”问题。由此可见，本书是关于地球上环境与资源的利用权益的分配之讨论。

全书整体结构分为两编。第一编是世代间公平问题及其相关理论，包括第一章至第五章；第二编是世代间理论在具体领域内的研究，包括核废料、生物资源、可更新资源、文化资源这四个方面，包括第六章至第十章。从篇幅看，第一编的基础理论是略重于第二编的。

（一）第一编　世代间公平问题及其相关理论

在第一编的前言中引用了印第安族族长给当时的美国总统富兰克林的信中的语言，开宗明义地点出了人类在地球上的地位：不是地球属于人类，而是人类属于地球……所有的物种像一个具有血缘关系的大家庭一样紧密联系……地球和她的子民血脉相通，同呼吸，共命运。人类并非生命之网的编织者，他只是生命之网中的一根丝，人类在这个网中的一举一动都将作用于他自身。爱蒂丝·布朗·魏伊丝也正是在认同这一看法的基础上，开始思索如何阐释“每一世代都从前代人手中以信托的方式继承自然与文化遗产，然后再为未来世代的信托利益而持有这项遗产”。

1. 世代间公平问题

世代间公平的问题有三方面，首先，是属于后代人的资源的耗竭；其次，是属于后代人的资源质量的下降；最后，是从前代人获得的资源使用并从中获益的可能性。

关于资源耗竭。人类发展的历史其实就是不断调整与自然相处模式的过程。人类从最初时期的畏惧自然，到逐渐理解并利用自然，再到人类自大时期的征服自然，这也是自然界环境资源的耗竭过程。根据爱蒂丝·布朗·魏伊丝书中所言，当代人有三种行为可能导致资源耗竭：第一，消费质量较高的资源，导致后代人的资源的实际价格上涨；第二，消费还没有被当代人确认为有价值的或者还没有发现它们的最佳用途的资源；第三，耗竭资源，使人们可以得到的资源范围缩小。

关于环境质量的下降。由于人类不断地生产生活，会产生很多的废弃物。同时，人类的行为也会通过损害森林、土壤、流域等目前的环境功能降低环境质量。具体有：排放废弃物造成对环境质量的有破坏性的、代价昂贵的、实质上不可逆转的改变；减少特定资源用途多样性的行为；严重损害环境质量以至耗竭特定资源的行为；降低自然资源可能提供的环境功能的质量的行为。这些行为带来以下几方面的问题：当代人把自然环境当作廉价的甚至是免费的资源用来处置时，会使得后代人遭受严重的健康影响和福利损失，并将清理质量下降的环境的费用转嫁给他们，而且他们可能根本无法清理环境；由于环境的损害，后代人在利用自然资源时仅有较小的灵活性；由于某些污染资源的行为直接造成动植物的耗竭。当然，自然资源管理失误以及文化资源的严重退化都对当代和后代带来不利影响。

关于资源取得和利用上的世代间问题。每一代人都是地球信托的受益人，都应当拥有取得和利用自然资源的公平权利。但是，由此涉及三个公平问题：其一，后代人的需要，是否会剥夺当代人利用地球的自然资源和人类的文化资源并从中获益合法的权利；其二，在地球上，某些群体的严重贫困化，将会使他们不能公平地分享地球遗产。这从表象看是一个代内问题，但是，那些现在就从地球资源中得到好处的人有更多的东西传给自己的后代，这加剧了不公平，所以也是一个世代间的问题；其三，当代人的一些成员行为如果对自然与文化资源造成环境等损害，会妨碍其他同代成员享用自然与文化资源，这种行为将成本外部化，也带来代际代内的双重问题。

2. 世代间公平理论

世代间公平理论是基于这样一种认识：在任何特定时期，各世代人既是未来世代地球的管理人或受托人，同事也是地球所有成果的受益人。这样的认识观念在伊斯兰教、犹太教—基督教、民法传统、社会主义法传统、非洲习惯法等不同的文化传统都能得到体现。

世代间公平理论的核心是各时代人在利用地球的自然和文化资源这些共同遗产的时候，同其他世代人也即过去和将来的世代人所特有的内在关系问题。这一关系中包括世代间的地球义务和地球权利，但也必然相对应地包括时代内的地球义务和地球权利。

书中对两种极端主义都进行了解析并给以否定：保护主义和富裕模式。前者强调当代人什么也不消费，为未来世代人保存全部资源；而后者认为是否存在未来世代现在没有完全的确证，或者，今天的最大化消费可视为未来世代富裕的最大化的最好办法。作者将人类社会视为世代间的伙伴关系，如E·巴克论述：这种伙伴关系的目的也许在许多时代内都不能达成，因此不仅在现在已生存的人们之间，而且在已经死去的人们和刚出生的人们之间也有伙伴关系。（法国革命的思考，载于《伯尔克二部作品集》）

世代间公平理论要求世代间的最低水平的公平，各时代至少享有继承与前世代相同程度的良好的地球以及文化资源基础的权利。而时代间的相互关系中如何明确国家间的正义是困难之所在。因为国家对本国现在的国民和未来时代的国民负有义务可被认可，但一个国家是否对其他国家未来世代国民负有义务是有争议的。本书主张，将所有国家作为一个与国际无关的集团，对未来世代负有世代间的义务。由于贫穷是生态系统恶化的主要原因，所以，在世代之内的公平要求那些从保护一般的地球环境过程中得到好处的富国与社会，承担起贫困的国家社会在保护这种资源之际所负担的费用，帮助他们获得经济上的好处，保护他们不因环境质量恶化而受到不利影响。

在国际法的时间尺度上，现在的国际法对时际问题的规定主要表现在当今时代和过去世代的关联方面。胡伯法官在古典的“帕尔马斯岛仲裁案”中就运用了时际原则。

世代间公平的原则是世代间权利义务的基础，非常重要。最早明确表述公平的亚里士多德提出，在普通法不能涵盖的情况下将公平作为处理问题的方法。公平经常被理解为“公平地配置和分配资源和福利的标准”，从地球财产管理人的目的中导出为：为所有世代而维持福利和幸福。世代间公平有三个基本原则：第一，要求各时代保护自然和文化遗产的多样性，这样便不会对后代人解决自身问题和满足自身价值观造成不适当的限制，而且未来世代享有同其以前世代相当的多样性（保护选择）。选择多样性作为世代间公平的一个因素，应当注意到与环境健康相联系的生物多样性是包含了构成生态系统的物种的变动的。而且，这个目标除了通过保护现有资源外，还可以通过发展技术，开发代替产品以及提高资源利润率来实现；第二，要求各世代维持地球的质量，从而使地球质量在流传给未来世代时状态不比其从前代继承时有所下降，并且其有权享有与前世代所享受的相当的地球质量。质量保持原则要求我们将自然和文化资源的质量保持在我们继承它们时的水平（保护质量）；第三，各世代的每个成员都有权公平地获取其从前代继承的遗产，并应当保护后代人的这种获取权（保护获取）。这三个原则可以认为是“可持续发展”的实施，根据世界环境与发展大会，可持续发展是在满足当今时代需要的同时，不损害未来世代需要的能力。

关于地球权利和义务。恰好是世代间公平的原理，构成了一系列地球权利和义务的基础，每一代人作为未来时代和当代的地球财产的受托人和地球遗产的受益人的双重角色都可以使这一代人承担一定的义务并赋予他们相应的权利。地球权利与义务首先是集体权利和集体义务，因为他们是通过每一代人作为人类社会的一部分，随时间延伸的状况来定义的。在世代层面上，义务的对象是来世代与权力相联系的前代人；在同代层面上，地球权利与义务则存在于同代人的成员之间。

3. 地球义务

地球义务既针对未来世代，也针对当今世代中的其他成员。要求每一代人为当代和未来世代保护自然和文化资源的质量和品种，确保他们可以平等的获得和使用这些资源。

与我们国内法的思维不一样，地球义务对国际社会的每一位成员都有约束力。例如，《月球条约》宣称月球和它的自然资源是人类的共同财产。所以国际社会的所有成员（国家、跨国公司、其他非政府组织和个人）都必须尊重地球义务。人类共同遗产学说是建立地球义务的必要性，如马耳他的阿姆·帕多所阐明的五个要点：无人具有所有权；共同管理；共同受益；只为和平目的使用；为人类，包括未来时代，保护该遗产。

如前所述，地球义务包括：保护多样性、质量和可获得性，只有将他们在国际和国内法中转化成具体的使用自然和文化资源并保护环境的义务时才是有意义的。具体有五个方面：其一，保护资源的义务。对资源的保护适用于可再生的、不可再生的资源以及文化资源。对可再生资源，义务核心是以可持续的方式开发和使用它们。对濒危的动植物品种可以采取严厉的保护措施，如禁止交易这些品种。对某些特殊的自然资源保护可能意味着维持它们的现状；对不可再生资源保护资源的义务意味着找到更有效的提取和使用这些资源的方法；对文化资源来说，保护的义务意味着制定为当代和后代保护我们的文化遗产的方案。其中，收集数据和做弃数据的标准是很关键的。保护资源的主要困难是保护行动所需要的资金。最好的办法是找到措施，以产生足够的回报率，来证明保护行动在经济上是合算的。但这经常是不可能的，必须考虑建立某种机制，使那些使用资源并从中受益的一方也必须对资源的保护作出贡献。其二，保证平等使用的义务。该义务是基于每一代人都有权使用地球的自然和文化资源并从中受益，这意味着每个人都不受歧视获得资源。非歧视原则是国际法的核心，它的古典形式暗指存在一种各国必须给予所有外国人的最低待遇的国际标准，但这可能意味着外国人会比本国人享有更多的权利。实际上，保证平等使用的义务从理论上既适用于一国内部也适用于国与国之间。对那些被视为世界共同遗产的领域，如远海和外层空间，国际条约已经规定了免费地、非歧视地获得的原则。对于天气和气候模式的信息、对地球资源的卫星数据和对环境监测数据的平等使用有三个层次的获得问题：获得原始的科学依据、获得对数据的评估、获得基于这些数据做出的预测。此外，国家至少必须使他国获得那些有益于防止对自然环境的重大损害和警告即将到来的自然灾害有用的信息。其三，避免负面影响的义务。可能造成重大负面影响的活动有两类。一是在境内或境外从事的、有可能对自然和文化资源造成事故性损害的、单独的、不连续的活动，如核废料处理或主要河流改道项目。而几个同时进行的活动，可以集体造成污染的，如酸性沉降。对于可能造成巨大的、超越国境的环境破坏的项目，为保卫资源必须采取几个步骤，包括通知受影响方、提供信息、评估项目对环境的影响以及咨询受影响方。对可能引起重大的、跨国境的空气污染的行为，通知和咨询是必须的。环境影响评估也正在成为预测和减轻重大的、跨国的环境影响的必要程序。监测也是防止和减轻负面影响的关键步骤。通过双边或地区性条约来履行地球义务是解决多源污染问题与单个项目的核实手段，可以分别建立适合于各个领域的规定。为保护现代以及未来世代，避免负面影响的义务必须包括从事发现和评估影响现代和未来世代福祉的威胁所必需的科学研究。其四，防止灾难、减少损失和提供紧急援助的义务。该义务适用于：对环境有重大跨国影响的事故、影响共同自然资源的自然灾难、影响位于一国境内的人类共同遗产的事故和自然灾难，如世界自然和文化遗产、基因银行。防止环境灾难危险的义务要求各国采取措施减少主要环境事故发生的可能性。对现代以及未来世代来说，预防远比补救要有效的多。减少损失和提供紧急援助的义务适用于发生事故的国家和那些受影响的国家，如果达成一致，它也可以包括那些虽未直接受到影响，但有能力减轻事故损害的国家。一个发生重大环境事故的国家有义务减少该事故对人类环境的损害。这就要求该国及时通知那些可能受影响的国家，提供有关事故成因的信息，以及它正在采取的减轻损害的措施。早在 1949 年在 Corfu Channel 案中，国际法院已经肯定了一国有义务警告他国发生在该国的、可能导致死亡或严重损害的危险。提供紧急援助的义务要求各国在对付环境灾难时互相帮助。因此，越来越多的双边和多边条约规定了紧急援助和合作减少损失。例如，许多双边条约规定对扑灭森林大火、消除对国际河流的威胁和控制其他环境灾难提供紧急援助。提供紧急援助的一个难题是如何分配提供援助的费用，最有效方式是各国事先规定好分配费用的程序，可以把这些程序包括进提供紧急援助的条约中。其五，赔偿环境损失的义务。根据国际平等的理论，赔偿环境损失的义务既起源于现代人对未来世代的义务，也起源于现代成员对彼此的就合理使用自然和文化资源遗产的义务。传统国际法强调责任和赔偿是解决环境问题的适当方式，但是重点应当是防止环境损害而不是对其进行赔偿，这就意味着应当为对人类环境构成巨大威胁的活动制定标准和规定。

关于国家责任。书中强调，传统的国家责任强调一国如何对待外国人和他们的财产。这种观念后来得到扩充，包括了其他义务，如保护环境的义务。将国家的责任扩充到与环境有关的国际义务领域可追溯到 1972 年《人类环境宣言》，该宣言第 21 条原则规定国家有义务确保在其管辖或控制下的行为不对其他国家或地区的环境造成破坏。到了现在，已经有足够多的权威认为，根据国际惯例法，当适用于环境保护时，一国对他自己的以及人们的行为，不管他们是个人或私人和公有公司，只要这些行为是属于该国管辖的，该国就必须负责。

该书也探讨了国际犯罪的问题，尽管在何为国际犯罪的定义上以及如何执行皆不清楚。但是在某些可怕的情况下，例如，无限制地将高放射性废物排放到海洋，或故意破坏国际银行，将它定为“对人类的犯罪”可能是适当的，这种犯罪可以由任何“人”，个人或法人或国家实行。

4. 地球权利

根据本书，地球权利是指每一代人都有权得到不比上一代人所得到的更差的地球，有权继承同样丰富多彩的自然和文化资源，并且有权平等地使用此遗产并从中获益。从理论上讲，国家是当今时代以及未来时代的地球权利的首要保证人。

虽然，关于未来世代享有权利这一点有人提出质疑。因为，我们无法得知后代的个人是谁以及后代中有多少个人，后代享有权利就是不可能的。

（1）地球权利的本质。书中认为，地球权利来源于代与代之间在使用自然环境和文化资源时形成的暂时关系，是代间权。地球权利集中于对共同遗产的权利，此遗产每代人都可以使用和开发，但必须至少以同等条件传给未来世代。值得注意的是，地球权利并不是个人所拥有的权利。它们是一代人的权利，只有在群体的层面上看待这些权利才是有意义的。如果将它们放在当代背景下视为代内权时，它们又具有个人权利的因素。尽管权利总是导致义务，反之却并不总是正确的，从理论上讲义务的存在并不必须导致权利的存在。如果个人的规定的行为并不指向另一个明确的个人，而是指向一个法律群体，那么就可以假定存在一项法定义务而并没有相应的权利。

（2）地球权利的内容。地球权利包括自然以及文化资源，其具体内容逻辑上与当今世代作为遗产的受益人对未来世代所负有的以及当今世代对其他人所负有的义务相连。作者甚至建议，起草一份《地球义务和权利宣言》，将共同遗产、文化遗产，教育和培训，社会和医疗帮助，以及老年人和儿童获得保护等纳入其中。

（3）一旦地球权利得以明确，其权利之行使将带来最困难的问题。由于国家在实现和执行地球权利方面有着首要责任，国家可以按他们所参加的条约规定的范围或者按国际惯例规定的权利和义务的范围来执行地球权利和义务。国家的执行合理采取国际法庭、地区法庭和形式，或者如果合适的话，通过国家法律或者行政的手段。但是当国家不能履行他们的行使地球权利的义务时，不管是针对其他国家还是针对本国的实体，就会产生执行困难。一个执行地球权利的最为有效的方法可以是设立一个或更多的地球权利专员，他们可以接受个人和非政府组织的投诉，并进行调查。另外一个重要方面就是国家在该方面进行的教育。

（4）“所有的人对适合他们的健康和福利的环境享有权利。”作为代间权，地球权利的时间维度可以为那些我们现在认为是集体权利和社会权利的人权，或者称为新人权，如发展的权利，提供理论基础。但关于良好环境的人权常会引起争论，一个主要的原因是经济发展和环境保护之间所谓的紧张关系；引起争论的另一个原因是对保护环境和保护少数民族权力的关注。如果存在对良好环境的人权的话，对如何对待它也存在着争论：是与基本人权融合在一起，还是在基本的人类需要范围内，还是作为人权的第三代？地球权利提供了解决这个问题的一个办法：他们仅代表着最低限度的利益，由每代人分享，包括人们试图定义为对良好环境的权利和与健康相联系的权利的许多方面。

5. 实施策略

多数政治体制都是短视型的，实现我们对后代世代的责任很困难。我们的组织，不论是国际、国内还是地区性的，都是为处理几年内的短期问题而设计的，这些组织并不适合应付长期问题，尤其是那些在一代或几代内感觉不到其影响的长期问题。

（1）我们需要制定全球策略，策略中包含八个因素：第一，未来世代利益的代表。应当鼓励各国给予未来世代的代表在国内诉讼及行政程序中的主体资格，作为诉讼代理人，更有效地是指定后代利益的调查委员，负责保证实体法中规定的地球权利与义务得到遵守，受理申诉、警告公众对于不保护地球遗产会产生的威胁；第二，对可更新资源的持续利用；第三，维持设备与服务。实现我们对未来时代责任所要求的许多行动都表明，仅仅用政治资本、金融及其他资源进行一次投资是不够的。保护自然与文化资源的设备建成后，必须对其进行维持以使未来时代能够利用，不能维持资金投入会对未来时世代造成其所不能承受的额外负担。例如，保存关于气候的卫星资料的磁带与光盘必须维持并定期翻新；第四，监管自然与文化遗产。建立维持一个全球性的网络以监管我们的自然资源基础的多样性、自然环境的质量和文化资源，殊为必要。各国需要系统收集基准数据，同时在监控中收集监控数据，把监控数据与基准数据进行比较。由于全球性监测系统只能通过各个国家的参与才能实施，所以其成功与否有赖于各国对于拨款建立和维持监控站的态度；第五，世代间保存的评价。如果想要避免或减轻对留给未来世代的地球遗产造成的影响，我们便有必要对我们的行为、对自然与文化资源造成的长远效果进行评价。许多国家已经通过立法要求国内建设项目进行环境影响的评述与评价。从理论上说，影响未来世代的行为都受一国法律框架的控制，但实际上许多人都规定或采取其他方式逃避国家控制，或者通过努力干脆阻止这类控制措施的制定。大公司则利用他们的政治影响阻止有效控制措施的制定；第六，科学与技术的研究与开发。有力的科学研究与技术开发体系对于履行我们对未来世代的义务具有至关重要的作用。对于任命监控的重要特点和所需尺度，包括地点与频率等，对于开发与推动的收集、储存回收、维持必须的数据以及科学研究都是很关键的。另外，危险废物处置问题则表明了进行科学研究应尽量减少人类行为的负面影响作用。科学研究和技术开发对于提高我们提取和利用资源的效率，开发我们可能用竭的资源的替代品，找出虽对现代人意义不大，但却对未来时代非常宝贵的资源，都是很必要的。最后，技术上的研究与开发对发展新的策略与技术，增进管理世界环境的信息基础和自然与文化资源基础是十分必要的；第七，法典化。为了将我们对后代的关注转变为强制执行的条款，我们必须将我们的地球权利与义务条文化。我们还应当扩展国际法中的国家责任原则，来包容为未来世代保护地球与文化资源的国际义务，并且应当考虑详细的国际协定；第八，教育。我们必须培养一种把自己看作是过去、现在、将来世代社会一员的意识。教育全球化公众关于对未来世代的地球意识的教育应当率先进行，关注出版业、非政府组织对于地区和国际社会的地球权利与义务教育的重要作用。

（2）建立组织。许多提议的策略可以由现有的国际政府组织和地区组织，以及国际非政府组织的帮助来完成。但现有的组织是不够的，为了将世界注意力集中于我们对于未来世代的地球义务，应当考虑一个新的组织，建立一个为了地球未来的独立委员会。许多组织和委员会都可以为建立地球未来委员会提供经验。委员会的委员将对自然与文化资源和环境质量正在遭受的威胁提出警告，受理和调查申诉，以及就为后代保护地球问题对人们进行教育。

（3）资金支持。有些环境损失，如物种灭绝和气候变化，在实质上说是不可逆转、不可量化的。信托基金可以用来消除长远的环境损害或因其损害可以上溯到前代人为受害个人提供补偿。从未来世代角度来说，最好的办法是建立一种机制自动地为保护自然与文化环境投资，关键是为全球性的税费与使用者收费。

（4）环保换债务。最具有革命性的在国家层次上进行的国际自助行为之一是债务换自然，又称债务环保交换，这是一种允许发展中国家通过保护他们自己的自然资源而抵消其部分外债的做法。可以采用几种不同的方式，取决于债权人是私人银行还是多边与单边借贷结构。如果债权人是外国私人银行，那么通常存在一个二级市场，债权以远低于其面值的价格在其中交换，因为存在着很高的违约风险，这种交换是帮助发展中国家建立可持续发展基础而避免其未支付利益的短期的毁灭性利用资源。

（5）鼓励合作。哈丁在其“公地的悲剧理论”中得出结论：除非有管理手段阻止，每个个人以自身利益为目的行为会将公共物毁掉。问题转化为是否所有的国家都需要合作，或是否有些国家可以逃避而作为“搭便车者”为它们自己的后代摄取合作果实。各国要意识到维持合作作为世代间公平的组成部分的重要性，就要注意他们在将来为未来时代保护自然与文化资源的努力中多次与同样的伙伴进行合作的可能性。为促进合作行为以履行我们对未来世代的责任，应当尽可能地将有关世代间公平的规则法典化，还需要建立国际环境体制来管理与协调特定自然与文化资源的管理手段，或影响这些资源的行为。

（二）第二编　世代间理论在具体领域内的研究

第一编提出了世代间理论问题，第二编主要通过个案的研究进一步阐明世代间公平的原则以及地球权利与义务。

1. 关于核废料

各国一般把核废料分为：尾矿、低—中放射性核废料、高放射性核废料及用过的核燃料。后者的危害最大，其同位素的半衰期可能长达数千年。核废料带来的世代间公平有四个：污染邻近资源、污染全球共有资源、威胁公众健康、限制贮藏地附近土地的使用。

因此，必须把实行保护环境质量跨时代原则置于优先的地位。在核废料处置上，有的处置技术能给未来世代提供较大的保护，但当今世代耗资巨大；有的处置技术则对当今世代来说比较廉价，但可能会使未来时代开支不菲，必须权衡这两种技术。世代间共公平理论要求我们采取一切必要措施，确保我们遗留给后代的地球环境不比我们继承时糟糕。有人建议当今世代遗留给未来世代的任何核废料造成的风险不能超过未来世代的预期承受值。

现在处置核废料的方法主要有四种：第一，等待最终贮藏决定期间的就地贮藏；第二，可恢复的处置；第三，把核废料不可恢复地埋藏在地质构造中。该方式由于不要求对设施进行积极地维护而只依赖于物理屏障，核废料深层埋藏相对而言不受政治和制度变化的影响；第四，向海洋倾倒特定类型的核废料。一些国家正在试验在河床底下埋藏高放射性核废料的可能性，倾倒在海洋里的核废料必须是包装好的固体或固化的液体。现在绝大多数利用核能的国家参加了一项暂停向海洋倾倒低—中放射性的核废料的协议。

保护资源和避免损害的责任承担上，有必要采取国际性的措施，确保安全处置核废料，监控各处置场以及保存有关核废料和处置场的数据。首先，有必要确立一个国际安全标准，如现有的《放射性矿石开采加工业工人辐射防护规程》，还有一些海洋公约控制放射性废液排放入海洋，包括《伦敦海洋倾废公约》（1972 年），以及《联合国海洋法公约》（1982 年）等。在持续的几十年中，有不少的核反应堆面临退役，国际社会需要一些指导核设施退役的准则。为了保护未来世代，所有国家都应当接收国际原子能机构放射性物质释放标准和核燃料设施安全措施的约束。

核废料处置者应当实施适当的监控并维护处置方式，包括处置设施、公众接触的辐射以及处置场周围的自然环境，特别是土壤和地下水蓄水层，除非核废料已处于不可恢复状态。

保存核废料处置场的数据很有必要。对于作为核武器制造业副产品的高放射性核废料的某些信息，各国也许不愿意批露。但是，尽管不愿意提供废料的数量，至少也应当提供处置地点、处置方法、防止环境污染的措施等信息。此外还要进行跨世代保护评估，适用于各国的进行评估的国际性指导原则值得推广。

在核废料问题上，向他国通报环境灾难和提供紧急援助的国际义务适用于所有核活动，包括核废料处置。如果事故发生在核废料处置场和核废料运输途中，或者某地的监测显示有大量放射性物质意外扩散、进入环境，就极有必要通知其他国家，他们可以提供控制局势所必须的紧急援助。如果我们处置核废料于河床和基地，这就显得格外重要，这意味着需要促进双边和多边安排，通报上述紧急情况，为紧急援助提供便利。早在 1963 年斯堪的纳维亚国家就谈判达成协议在发生核事故时提供紧急援助。

当今世代是产生放射性物质的核工业及其产品的主要受益者，因此应当负担处置和采取补救措施的主要费用。当今时代可能是唯一能避免核废料损害未来世代的时代，或者能以最小的代价避免这种损害，因此我们有必要至少从跨时代的角度出发确立当今世代对这些损害的责任。该责任承担可从一个信托基金中开支，这一基金通过向产生或者处置核废料者强行征收设立。

2. 关于生物资源

书中强调，世界基因多样性的丧失的危害超过“能源耗尽，经济危机有限的核战争和集权政府的压迫”。生物资源是无价的遗产。然而，我们的生物资源，包括动物和植物正在加速减少。虽然新物种在不断地出现，但远远赶不上灭绝的速率。当我们破坏物种时，也许能给当今世代的某些人带来暂时的经济效益，却会使未来时代甚至当今时代的其他人承受不可逆转的损失。作者宣言，野生基因资源是全人类的共同遗产，任何国家都不能以最初发现于该国为理由对野生基因资源（地方性物种、传统栽培作物）的利用主张排他的权利。

生物资源带来的世代间公平问题在于：第一，资源减少。基因资源多样性的加速丧失导致资源减少。阿延苏在《正在消亡的世界植物资源》中写道：自农业出现以来，人们利用过的可食植物大约有 80 000 种，其中只有 300 种被经常利用，而大规模种植的大约只有 150 种，大约 25 种植物产生了全球 90% 的食物。第二，品质退化。污染在导致自然环境品质退化的同时，也导致生物资源多样性的退化。外来物种入侵并排挤本地品种也能导致品质退化。第三，利用和获益的机会。即当今世代可能会剥夺未来世代利用数以百万计的物种的机会。对应的三个原则为：保留选择权，从物种内和物种间两个方面保护生物多样性；保留品质，保持生物圈特别是物种栖息地的品质并致力于控制外来物种造成的生物入侵；保留机会。

为了给未来世代保留基因资源，应当承担四种具体的国际性义务：第一，保护资源的措施，在不同的情形下采取就地或异地保存，监测生物资源的多样性和品质，至少在国家（或更低级）层面进行管理规划。异地保护的重要形式是基因库和动物园或生物公园的建立；第二，保留机会。富于野生基因资源的国家应当提供利用当地资源的机会，除了合理的限制和保护资源以及实现自身的受益权。资源保护的受益者应当负担资源保护的费用，如征收使用费。交换种质资源、种子、活体、动物等也是有效的机制；第三，提供紧急援助的义务。野生基因资源是人类的共同遗产，我们有义务在它们受到火灾，洪水，地震等自然灾害和重大事故威胁时互相提供援助加以保护；第四，损害责任。补偿未来世代甚或当今世代因生物多样性的丧失而承受的损失是不可能的。只能建立一种责任制，让能够以最小的代价避免破坏的当事人负有首要的义务。

作者最后建议，保护基因资源要求我们转变三个基本观念。其一，我们的行动应当基于这样的前提，及基因资源必须得到保护，除非有充足的理由可以不这样做；其二，除了保护物种及其栖息地，还要控制物种栖息地的污染、生物入侵和向生态系统引进外地的或基因变异的物种；其三，我们必须清醒地认识到维护生态保护区和保护设施是事关世间的公平。

3. 关于可更新资源

书中主要讨论森林、淡水和土壤，并视三者为一个整体性生态系统。一方面，它们位于国家领土边界之内，受传统国家主权辖制；另一方面，它们是世代相传的地球共同遗产的一部分，这种主权要受到一定的限制。

（1）森林。根据作者所述，森林于人类有五种好处：它们直接产生经济效益；它们是发展中国家农村居民燃料的重要来源，还提供牲畜饲料乃至食物；它们具有美学价值；它们在涵养水源方面具有极为重要的作用；它们的环境效应直接给下游地区带来经济效益。但目前，森林也受到几方面的威胁：人口压力导致人类居住地附近的森林被砍伐；为了经济利益破坏和非持续地开发森林；大气污染造成森林退化甚至死亡。

关于森林资源的世代间公平，所存在的问题是：其一，资源衰减。最严重的衰减是热带森林中基因资源多样性的丧失。还有一种资源衰减的形式，即森林的环境效益（环境功能）丧失。最严重的毁林原因是农村贫民为了满足燃料和家用的需要过度的砍伐森林；其二，资源品质退化。对森林开发管理不善和污染是造成森林品质退化和其基因资源丧失的主要原因；其三，不公平的利益分配。例如，开发利用热带森林的主要获益者其实居住在远离森林的地方，在一国之内，城市居民的受益往往以牺牲生活在森林里或森林附近的农村居民的利益为代价。

那么，该如何运用世代间公平原则呢？保留选择权原则意味着保护现成的各种类型的森林及他们储藏的各种生物资源。我们需要可持续地开发利用森林，保留那些生物多样性丰富的区域。根据这一标准，一些生物资源丰富的区域得到保留，而另一些区域则得到有效的，可持续的开发利用；保持品质原则要求维护森林的生产能力，这包括对土壤、水资源、动物和植物的管理，必须控制污染；保证平等地利用机会原则意味着应当让森林资源丰富和基因资源多样化的国家从资源中获益。

在森林的管理过程中，我们必须考虑：采取积极行动可持续的开发和利用森林；使森林免受污染；在必要时提供紧急援助，保护森林；补偿森林的损失；要求让那些为他国提供机会的富林国获得合理的利益。

作者建议：第一，必须在世界范围内监测森林的生长和衰减；第二，应当起草一个国际性的指导原则指导各国的森林立法，综合考虑森林政策、水资源管理和土壤保护；第三，各国应当考虑谈判签署双边或地区性协定，在发生威胁森林的紧急情况时，互相提供援助；第四，应当采取措施确保木材公司在采伐时承担保护环境的责任，资助当地的森林保护项目，加强当地从木材资源获益的能力；第五，必须保护好富于基因多样性的热带森林，把它们完好无损地交给未来世代，除非有充足的理由可以不这样做；第六，必须进一步努力检测和控制破坏森林的污染物。

（2）水资源。当下，我们利用水资源的有损行为有：排放有毒化学物质、有害废物和盐类造成水污染；超过自然补充速率的速度消耗、开采地下水资源；建造大型的河流与湖泊分水工程。这些活动会带来水资源方面的世代间公平问题：一是水质的下降，包括地表水和地下水。尤其地下水源，一旦遭到有毒化学物质的污染，就不能被未来世代利用；二是淡水资源枯竭。淡水资源主要贮存在地下，如果抽取的地下水超过自然补充量，就会造成跨世代的影响；三是对淡水资源利用产生限制。例如，大规模地把地表水从水源地分流到其他地区也许能给他们带来潜在的经济利益，但同时有可能限制水源地（或分流区）将来的供水能力，干扰生态系统。并且由于在输水过程中大量损失使可利用的总水量减小，也将严重影响生态系统中的动物和植物，这种影响有可能是不可逆转的。

如何运用三个原则呢？保留选择权意味着我们应当尽可能保留各种各样的淡水资源，这要求消耗地下水的速率不能超过补充速率；保持品质原则要求防止有毒物质对河流、湖泊以及与它们息息相关的蓄水层的污染，尤其是长期污染；保留利用机会原则就是不同世代之间和同一世代各成员之间能公平地利用和取得水资源。

为了有效的管理淡水资源，必须对整个流域的生态系统采取措施，该地区受影响的各个国家都应当参与，鼓励流域内的国家通过协定使国内的法律和政策适应完好地保护水资源的需要。对某些湖泊和国际性水系来说，也许有必要设立一位巡视官。他的职责是在生态系统面临危险时发出警报，处理水质受到威胁的投诉以及组织保护资源的地方性支持行动。我们应当考虑制定一个国际性导则，保护那些蓄水层横贯两国或多国或与国际河道有着显著水文联系的地下水资源，高效地开发、输送和使用水资源。最后，我们需要制定地区性的和国际性的导则，指导那些可能影响他国和未来世代的利益的大型分水项目。

（3）土壤。书中引用托马斯·杰弗逊之言："尽管农场主牢牢地掌握着土地，但它实际上属于所有的人，因为土地是文明之母。"所以，从代际的角度看它们是地球遗产的重要组成部分，它们的状况与世代间公平息息相关。三个有关土壤世代间公平的原则为：我们传递给未来世代的土壤的质量，土壤的多样性以及未来世代利用这些土壤资源的机会。

人类的干预会导致土壤侵蚀、养分流失、化肥和农业污染、归因于排水不当的盐碱化，这些问题都会影响未来世代利用土地的数量和质量。

土壤世代间公平的三原则要求我们在可持续的基础上管理各类土壤，适当恢复一些地区土壤的生产能力。

有效措施包括：第一，各国应当监测土壤的丧失和退化；第二，任命一位国际巡视官和监察官；第三，环境教育工作应当包括可持续的利用土地；第四，召开一个国际会议讨论制定有关保护土地及其所属的可更新资源系统的国际性原则或导则。

4. 文化资源：对自然界的认识

该书也讨论了智力遗产的保护，即保存知识，特别是有关自然界的知识。因为这与未来世代的福祉相关，能让未来世代感受到社会的进程，获得利用自然界和在自然界中生存的知识。

以前有一些文化遗产的国际协定，如《世界遗产公约》《禁止文物贸易的公约》，以及其他一些双、多边协定。但总体而言，保护重点是单个的文物和有形的地点，对文化价值观和有关习俗的保护则甚为不足。作者认为，以两个方面来分析文化遗产的重要性是很有启发价值的：有关植物和生态系统的传统知识、有关气候的知识。

（1）世代间公平问题。自然界知识的运用涉及的世代间公平问题体现为知识库的衰竭和机会的剥夺。知识库衰竭的原因有三：第一，人们可能无法保存已有的有关自然界运行的知识；第二，如果没有保存相应的档案，我们想要为未来世代保存的知识也会丢失；第三，如果我们不及时收集信息，未来世代将无法取得它们。这种知识的贫乏将对未来世代的福祉产生很多重大的不利影响，如不能有效利用自然、取得信息费用的增加、无法适应自然界的变化等等。机会的剥夺则指当今和未来世代接触与运用已有知识可能性与能力的降低。

（2）世代间公平原则的运用。保留选择权，即维持资源库的多样性；保持质量，即留给后人的资源库不能比我们从前人那里继承时糟糕；保留机会，即平等地享有利用资源并获益的机会。

（3）有关自然界的传统知识。前工业化社会和史前社会通过现代人很难理解的方式积累并保存了从远古洪荒时代流传下来的有关自然界的知识。在这些社会里，民间文化习俗起到了知识传播器的作用，此类习俗包括教育和听老年人讲故事。部落居民和传统居民是主要的知识储存库，储存着世代积累的经验——我们现存的历史纪录。现在，这些知识遗产面临失传的危险。

作者认为，至少有五种传统知识值得现代社会保存：可用于防病治病和避孕的植物的生物学和医药学知识；千百年来人们掌握的有关农业管理的技能和策略；有关生物圈的知识（气候、水文、森林植被、动物种群、昆虫疾病等等）；从社会学的角度考察经济开发项目的新观点；有关人类在自然环境中的位置的神圣的看法。

为了履行对未来世代的义务，我们必须采取积极的行动保存现有的传统知识。保存的方法是收集、维护文字和图画资料，或者保留现存的文化和社会习俗。保存传统知识的最佳方法是从整体上保护传统居民的文化。有一种措施叫作民族化发展，它的目标是在实施经济发展计划时保护传统居民文化的完整性。当然，把文化完好无损地保存下来是不可能的，只能努力收集现存的与自然界的传统知识有关的文化资料。为此，我们应当确立一个建议性的标准，规定收集哪些知识以及怎样收集它们，并确立丢弃信息的导则，这一点非常重要。虽然发达国家从事这一信息收集很必要，但提高发展中国家收集和保存本国传统居民有关自然界的知识的能力不可或缺。

5. 有关全球气候规律的知识

有关全球气候规律的知识也可以被视作为一种资源，而且从本质上看是全球共同财产，应该供过去、现在和将来所有的世代分享。世界气象组织就从事着这样的工作，它协调着全球观测系统，该系统的组成包括地面站、飞行器、船舶和卫星的观测，一个交换观测数据的全球电讯网和一个处理来自全球各地的数据的全球数据处理系统。

全球气候信息包括原始数据、处理过的数据和根据处理过的数据获得的知识。对气候信息的收集基本可依靠现有技术完成，但信息收集耗资不菲，有必要建立气候信息的收集标准。收集信息比储存信息要宽泛得多，同时，储存和维护费用非常高昂，而且过量的信息可能会掩盖有价值的信息。所以，需要确立一些丢弃信息——特别是原始气象信息的标准。

不论是气象信息还是其他种类的信息维护的费用都很高昂，但信息的储存和维护关乎世代间公平。解决这一问题，一个最好的有用的保存信息的方法是在不同的地方保存多个副本，这样即使一个地方的信息丢失了也无碍大局。

获得和利用信息需要各国间的合作。现在大多数国家都是自行收集本国的信息，并依靠国际合作取得全球性信息。一些国家正在要求所有获益于天气和气候信息的收集和处理的国家分担相关的费用，但获益国可能负担不起费用，这会导致公平问题。

如果信息收集储存国与获益国无法达成共识，交换天气和气候信息的国际合作体系将面临崩溃，这对未来时代而言不是福音。

6. 关于结论

书中结论部分总结重申了前面九章的内容与观点：从世代间的观点看，整个地球和人类的文化资源都必然是人类的共同财产，必须将所有的自然系统都打上具有共同遗产因素的烙印。虽然国家对其领土享有主权，但是这种主权应当受到来自世代间公平的制约。国家有权使用地球资源并从中获益，但应当尊重未来世代的利益，保护其不受损害。更重要的是，我们存在于那些先我们而去和后我们而来的世代的关系中，我们必须建立一种地球伦理，承认我们同当今、未来所有的时代分享我们的地球。

五、思考题

1. 爱蒂丝·布朗·魏伊丝在书中提出了“地球权利”“地球义务”，请以我们在传统意义上的法律权利、义务理论来审视这两个概念。

2. 学者刘卫先撰文，认为“人类各代之间存在信托关系”只不过是一种虚构的学术比附。原因有三：其一，受托人管理委托事务是建立在委托人明确授权的基础上的，需要委托人作出意思表示，而作为永远不在场的未出生的后代人是无法作出意思表示的；其二，委托管理关系是建立在委托人对委托事物享有权利的基础上的，如果委托人对某一事物不享有权利，他就无权把此事物委托给他人进行管理。因此，如果后代人把自然环境委托给当代人进行管理，其逻辑前提是承认后代人已经对自然环境享有权利。然而这一逻辑前提正是此理论所要证明的结果，即后代人享有权利，从而出现了循环论证的逻辑悖谬；其三，根据信托的一般理论，如果受托人违反信托义务而危及受益人的利益时，委托人有权取消该信托关系。但在代际信托关系中，无论委托人是后代人还是前代人，他们都无能力取消当代人对地球环境资源的管理和使用，所谓的委托人在此只不过是一种理论虚构。对于这一观点，你是怎么看待的？

3. 爱蒂丝·布朗·魏伊丝在书中强调不同世代的“人”之间的伦理与法律关系，你认为以何种伦理观来守护人类赖以生存的自然资源最合适？为什么？

（撰稿人：张强）

后　记

本书以生态文明建设为主线，从生态法学教育的角度，汇编了近现代中外涉及生态法学的26本著作，包括生态伦理、生态经济和生态法学有关著作，所选著作具有代表性和较高的学术价值，既可作为生态法学学科、专业的教材使用，也可供生态环境类学科、专业参考借鉴。

本书的编写提纲由黄勇、陈悦提出，经编委会集体讨论确定。

编写人员和具体分工如下：

第一章《寂静的春天》，欧阳杉（云南财经大学）；

第二章《敬畏生命》，黄勇（西南林业大学）；

第三章《沙乡年鉴》，郭诗华（西南林业大学）；

第四章《环境伦理学》，宋蕾（湖北省环境科学研究院）；

第五章《大自然的权力》，黄勇（西南林业大学）；

第六章《中国环境史，从史前到现代》，谢嗣强（西南林业大学）；

第七章《环境哲学：生态文明的理论基础》，宋蕾（湖北省环境科学研究院）；

第八章《增长的极限》，欧阳杉（云南财经大学）；

第九章《封闭的循环：自然、人和技术》，罗艺（甘肃政法大学）；

第十章《多少算够——消费社会与地球的未来》，陈悦（西南林业大学）；

第十一章《我们需要一场变革》，陈悦（西南林业大学）；

第十二章《生态经济学》，黄勇（西南林业大学）；

第十三章《我们共同的未来》，邱寅莹（西南林业大学）；

第十四章《基于生态文明的法理学》，宋向杰（西南林业大学）；

第十五章《环境法原理》，胡潇潇（中南林业科技大学）；

第十六章《生态法新探》，宋向杰（西南林业大学）；

第十七章《环境法新视野》，胡潇潇（中南林业科技大学）；

第十八章《环境法治的中国路径：反思与探索》，陈磊（西南林业大学）；

第十九章《我国民法典制定中的环境法律问题》，陈磊（西南林业大学）；

第二十章《刑法生态法益论》，谢嗣强（西南林业大学）；

第二十一章《俄罗斯生态法》，姚俊颖（普洱学院）；

第二十二章《日本公害诉讼理论与案例评析》，高敏（华南农业大学）；

第二十三章《美国环境法》，高敏（华南农业大学）；

第二十四章《环境法故事》，郑晨蓉（西南林业大学）；

第二十五章《国际环境法》，姚俊颖（普洱学院）；

第二十六章《公平地对待未来人类：国际法、共同遗产与世代间衡平》，张强（西南林业大学）。

在整个编写和统稿过程中，陈悦组织联系各位编写人员并汇集整理了全书资料。最后，由黄勇、陈悦统稿，罗艺、胡潇潇、陈悦、杨海潮校稿。

在本书的编写过程中，除原著外，还参考借鉴了大量国内外生态法学相关的研究资料和学术成果。在此，我们再次对原著和被引用资料的作者表示深切感谢！同时，我们还要衷心感谢中国林业出版社对本书的编辑出版给予了大力支持和热情帮助！

本书难免有不妥之处，敬请广大读者和专家学者批评指正！

黄 勇　陈 悦

2019 年 12 月